U0795341

中国大学出版社图书奖首届优秀教材奖一等奖

21 世纪高职高专规划教材 · 财经管理系列

现代企业管理

（第 2 版）

严成根　李储东　主　编

胡道成　副主编

清华大学出版社

北京交通大学出版社

· 北京 ·

内容简介

本书针对高职高专教学实际，根据高职经济管理类专业培养目标，结合学生实际情况，以能力培养为主线，构建本教材体系。本书介绍了企业管理总论、企业战略管理、企业决策与计划、企业生产管理、企业物流与供应链管理、物资与设备管理、全面质量管理、人力资源管理、企业营销管理、企业财务管理、企业信息管理等方面内容。教材特点是：内容上尽可能减少与其他教材的交叉与重叠，知识详略得当，重点难点突出，重视学生能力培养和提高。

本教材既适合作为大专院校和专业培训教学用书，也可作为成人教育等在职人员的自学用书。

本书荣获中国大学出版社图书奖首届优秀教材奖一等奖。

图书在版编目（CIP）数据

现代企业管理／严成根，李储东主编．—2 版．—北京：清华大学出版社；北京交通大学出版社，2009.9（2014.8 重印）
（21 世纪高职高专规划教材·财经管理系列）
ISBN 978-7-81123-706-1

Ⅰ.现…　Ⅱ.①严…　②李…　Ⅲ.企业管理-高等学校：技术学校-教材　Ⅳ.F270

中国版本图书馆 CIP 数据核字（2009）第 134586 号

责任编辑：吴嫦娥　　特邀编辑：林　欣
出版发行：清 华 大 学 出 版 社　　邮编：100084　　电话：010-62776969
北京交通大学出版社　　邮编：100044　　电话：010-51686414
印 刷 者：北京鑫海金澳胶印有限公司
经　　销：全国新华书店
开　　本：185×230　　印张：21　　字数：471 千字
版　　次：2009 年 9 月第 2 版　　2014 年 8 月第 6 次印刷
书　　号：ISBN 978-7-81123-706-1/F·501
印　　数：16 001 ～ 18 000 册　　定价：32.00 元

本书如有质量问题，请向北京交通大学出版社质监组反映。对您的意见和批评，我们表示欢迎和感谢。
投诉电话：010-51686043，51686008；传真：010-62225406；E-mail：press@bjtu.edu.cn。

出版说明

高职高专教育是我国高等教育的重要组成部分，它的根本任务是培养生产、建设、管理和服务第一线需要的德、智、体、美全面发展的高等技术应用型专门人才，所培养的学生在掌握必要的基础理论和专业知识的基础上，应重点掌握从事本专业领域实际工作的基本知识和职业技能，因而与其对应的教材也必须有自己的体系和特色。

为了适应我国高职高专教育发展及其对教学改革和教材建设的需要，在教育部的指导下，我们在全国范围内组织并成立了“21世纪高职高专教育教材研究与编审委员会”（以下简称“教材研究与编审委员会”）。“教材研究与编审委员会”的成员单位皆为教学改革成效较大、办学特色鲜明、办学实力强的高等专科学校、高等职业学校、成人高等学校及高等院校主办的二级职业技术学院，其中一些学校是国家重点建设的示范性职业技术学院。

为了保证规划教材的出版质量，“教材研究与编审委员会”在全国范围内选聘“21世纪高职高专规划教材编审委员会”（以下简称“教材编审委员会”）成员和征集教材，并要求“教材编审委员会”成员和规划教材的编著者必须是从事高职高专教学第一线的优秀教师或生产第一线的专家。“教材编审委员会”组织各专业的专家、教授对所征集的教材进行评选，对所列选教材进行审定。

目前，“教材研究与编审委员会”计划用2～3年的时间出版各类高职高专教材200种，范围覆盖计算机应用、电子电气、财会与管理、商务英语等专业的主要课程。此次规划教材全部按教育部制定的“高职高专教育基础课程教学基本要求”编写，其中部分教材是教育部《新世纪高职高专教育人才培养模式和教学内容体系改革与建设项目计划》的研究成果。此次规划教材按照突出应用性、实践性和针对性的原则编写并重组系列课程教材结构，力求反映高职高专课程和教学内容体系改革方向；反映当前教学的新内容，突出基础理论知识的应用和实践技能的培养；适应“实践的要求和岗位的需要”，不依照“学科”体系，即贴近岗位，淡化学科；在兼顾理论和实践内容的同时，避免“全”而“深”的面面俱到，基础理论以应用为目的，以必要、够用为度；尽量体现新知识、新技术、新工艺、新方法，以利于学生综合素质的形成和科学思维方式与创新能力的培养。

此外，为了使规划教材更具广泛性、科学性、先进性和代表性，我们希望全国从事高职高专教育的院校能够积极加入到“教材研究与编审委员会”中来，推荐“教材编审委员会”成员和有特色的、有创新的教材。同时，希望将教学实践中的意见与建议，及时反馈给我们，以便对已出版的教材不断修订、完善，不断提高教材质量，完善教材体系，为社会奉献更多更新的与高职高专教育配套的高质量教材。

此次所有规划教材由全国重点大学出版社——清华大学出版社与北京交通大学出版社联合出版，适合于各类高等专科学校、高等职业学校、成人高等学校及高等院校主办的二级职业技术学院使用。

21世纪高职高专教育教材研究与编审委员会

2009年9月

第2版前言

本教材自2005年出版后受到不少高校教师的认可和好评。总的来说符合高等职业教育课程设计方向，教学内容切合财经类专业培养目标，重视启发学生的自主思考，突出案例教学，注重实践能力的训练，教学效果较好。这次修订主要调整一些相对陈旧的案例，根据读者的建议，对部分章节的结构进行了微调，相关的内容进行了修改，使教材内容更加充实，结构更加完善。本版主要修订了第2章企业战略管理、第5章企业物流管理与供应链管理、第6章物资与设备管理、第9章企业营销管理、第10章企业财务管理、第11章企业信息管理。

参与本书修订工作的同志主要有严成根、李储东、胡道成、万根南和葛伟伦。严成根和李储东担任本版主编，胡道成担任本版副主编。在本书修订过程中，参阅了同行相关专家的研究成果，在此表示感谢。

感谢广大读者对本书的关心和支持，编者希望向读者提供优秀书籍。但由于水平有限，书中不免存在不妥之处，恳请广大读者不吝批评指正，并提出宝贵意见和建议。

本书配有教学课件，需求者可登录北京交通大学出版社网站（http://press.bjtu.edu.cn）下载，或发邮件至cbswce@jg.bjtu.edu.cn索取。

编者

2009年9月

第1版前言

企业管理理论研究和实践经历了100多年，企业管理理论和实践积累了丰富的成果。目前市场有关企业管理方面的教材和书籍也很多，但专门针对高职高专经济类专业教学需要而编写的教材不多，大部分企业管理类教材与有关教材内容交叉、重叠，教材的针对性较差，影响了教材的教学效果。本书在充分研究高职高专专业设计和课程体系的基础上，构建本教材的体系，使之系统地介绍现代企业管理基本理论和基本方法，在兼顾知识体系完整的基础上，侧重生产过程管理。本书主要内容有企业管理总论、企业战略管理、企业决策与计划、企业生产管理、物资管理、设备管理、质量管理、人力资源管理、企业财务管理、信息管理和企业管理展望。

本书在编写上突出以下三个方面的特点。

- 系统性和全面性相结合。通过本教材的学习，学生可系统地掌握企业管理的基本知识、原理方法和技能。
- 实用性和可操作性相结合。本教材着力结合企业管理的实际，重视实例分析和案例实训，达到实践技能的提高。
- 科学性和先进性相结合。本教材力求吸收最新的理论研究成果，融入当前高职教育的培养目标中，使之切合高职的教学需要。

本书由严成根、洪江如担任主编，胡道成、储先兆担任副主编。各章的编写人员分别是：孙方思（第1章）、严成根（第2、9章）、马进华（第3、10章）、储先兆（第4、6章）、胡道成（第5、7、11章）、洪江如（第8章）。本书大纲由严成根拟定，全书由严成根修改、总纂和定稿。本书配有教学课件，可从北京交通大学出版社网站下载或发邮件至cbswce@jg.bjtu.edu.cn索取。

本书在编写过程中广泛参考了国内外教材和书籍，借鉴和吸收了同行的研究成果。限于篇幅，除少数文献在书末列出之外，不能全部列出，在此一并致谢。

由于编写时间仓促，编写水平有限，不妥之处在所难免，恳请广大读者批评指正。

编者

2005年1月

目　录

第 1 章

企业管理总论

学习目的

通过本章的学习，使学生了解企业及现代企业制度的概念，掌握管理及管理者定义及分类，熟悉企业管理组织及其结构形式，认识企业管理理论的产生与发展的客观规律。

关键术语

现代企业制度　管理的职能　管理者　管理理论　企业管理组织结构

1.1　企业与现代企业制度

1.1.1　企业的概念与类型

1. 企业的概念

企业是从事生产、流通、服务等经济活动，以产品或劳务满足社会需要，以盈利为目的，自主经营、自负盈亏、独立核算、依法设立、具有法人资格的一种营利性组织。

企业的概念中主要包括以下几个方面的内容。

① 企业必须拥有一定的资源（人、财、物、信息等），是一个以盈利为目的的经济实体，是从事生产、流通、服务等经济活动的组织。

② 企业是依法设立、自主经营、自负盈亏、独立核算的经济组织，具有独立的经济权益。

③ 企业的生产经营成果（产品或劳务）通过交换与消费者或其他生产单位发生经济联系，在满足社会需要的同时获得收益。

④ 企业是国家的基本经济单位，是社会经济力量的基础。

2. 企业的类型

按照财产的组织形式和所承担的法律责任不同，企业通常分为3类：个体企业、合伙企业、公司企业。

1）个体企业

个体企业，又称独资企业、单个业主制企业。企业是业主个人财产，由业主直接经营。业主享有该企业的全部经营所得，同时对他的债务负有完全责任。如果经营失败，出现资不抵债，业主要用个人的财产来抵偿。这样，就使业主的所有私人财产都是有风险的。这是企业组织最早出现的、最简单的形式。

2）合伙企业

合伙企业，又称合伙制企业。合伙企业是由两个或两个以上的个人共同出资、共同经营的企业。合伙人分享企业所得，并对营业亏损共同承担责任。它可以由一位合伙人经营，其他合伙人仅仅出资并共负盈亏；也可以由所有合伙人共同经营。某一合伙人的退出或更换，必须征得其他合伙人的同意，方可进行。

3）公司企业

公司是指以盈利为目的，依公司法组织登记成立的企业。

公司的优点有以下5个方面。

① 责任的有限性。股东以其出资额为限对公司承担责任。

② 出资者所有权与企业法人财产权的分离性。股东不直接经营企业，持所有权的股东只作为一个整体，间接地、观念地、抽象地支配着公司的财产，而公司则靠“法人治理结构”来管理，由各方面的专家共同承担起公司的经营管理职能，两者之间形成委托代理关系，委托人（出资者）和代理人（经理人员）各自追求自己的目标，并通过复杂的授权与控制，建立了一套有效的激励制衡机制。

③ 资本的稳定性。出资者一旦购买公司的股票而成为股东，其股份一般不允许兑回，从而使公司具有资本的稳定性。

④ 所有权的可转移性。在大多数情况下，股票可以自由买卖、抵押等。这样，股东就可以根据自己的意愿转移自己所拥有的那部分公司的所有权。

⑤ 寿命的持续性。只要经营得好，不亏损，不破产解散，公司的寿命就可以不断延续，股东或高级职员的死亡、退出、股权的转手等，对公司的生存不构成威胁。

公司的缺点有以下两方面。

① 公司的设立和解散程序复杂，都要通过一定的法定程序。

② 股东购买股票，只为取得股利和从股票升值中获利，对公司缺乏个体企业和合伙企业下所有者同企业之间的血肉相连的关系。

公司作为法人实体，它的资产与出资人的个人财产相分离而存在，属于公司所有。公司可以通过两种途径获得资金：一种是通过出售公司股票；一种是通过借贷，通常是通过发行债券来获得长期借款。因此，它便于把社会上的一些游资吸收过来，使公司能筹集到巨额资金，以扩大企业规模。市场经济条件下社会化大生产发展所提出的资本集中的要求与资本属不同所有者之间的矛盾，为公司的存在与发展提供了客观必要性。公司这种企业组织形式自身的一系列优点为公司的发展提供了微观上的可能性。而信用制度的发展，公司立法的逐步完善、健全，为公司的发展提供了客观上的可能性。因此，公司已经成为现代企业的典型形态。

公司可以分为两种基本的形式：有限责任公司和股份有限公司。

（1）有限责任公司

这是指股东以出资额为限对公司承担责任，公司以其全部资产对公司的债务承担法律责任的企业法人。有限责任公司的最基本特点，就是募股集资上的封闭性，即它不得向社会公开募股集资，不得发行股票；出资的转让法律上有较多限制；股东可以直接参与公司的管理，董事由大股东兼任。

（2）股份有限公司

这是指其全部资本分为等额股份，股东以其所持股份为限对公司承担责任，公司以其全部资产对公司的债务承担责任的企业法人。股份有限公司的最基本特点，就是募股集资的公开性，即它可以向社会公开募股集资，股东人数没有上限规定；其股份可以自由转让，上市买卖；董事往往不是从股东中选拔，而是在社会上聘任。

从以上介绍不难看出：不同组织形式企业的出现顺序依次为：个体企业→合伙企业→公司企业（有限责任公司→股份有限公司）；另一方面，企业可以募集到的资金越来越多，企业的规模越来越容易做大，资金的社会化程度越来越高，企业财产所有权和经营权越来越分离，出资者的所有权越来越抽象，经营管理工作越来越复杂，经理人的作用越来越明显。

1.1.2 现代企业制度

现代企业制度是产权清晰、责任明确、政企分开、管理科学的企业制度。它以产权清晰为前提，以法人财产制度为主体，以有限责任制度为核心，以经济效益为目的，以科学管理为手段。公司是现代企业制度的主要形式，有限责任公司和股份有限公司能够较好地体现现代企业的内涵。公司企业之所以能称之为现代企业，是因为它是一种比个体企业和合伙企业更适合现代社会化大生产方式、更有利于企业资源有效整合的制度形式。

1. 现代企业制度的特点

（1）产权关系明晰化

现代企业制度的基本特征是企业的资产所有权与企业的资产控制权、经营决策权、经济活动的组织管理权相分离。现代企业制度中的这种权利结构客观上要求必须有一系列的制度规范予以保障，使之符合企业资产的所有者和经营者各自的利益要求。在现代企业制度中，企业资产的所有者与经营者之间是委托代理关系，即企业资产的所有者或出资者（委托人）委托企业经营者（代理人）根据出资者的利益从事经济活动，并相应地授予经营者享有除出资者所有权之外的其他权利的契约关系。

（2）企业地位法人化

现代企业制度必须是真正的法人制度，企业应是人格化的经济组织，成为独立的商品生产者和经营者。企业法人以其法人财产权，依法自主经营、自负盈亏、照章纳税，对出资者承担财产保值增值的责任。只有这样，企业才能成为市场经济主体，从而形成正当、有效的市场竞争秩序。

(3) 出资者责任有限化

出资者按投入企业的资本额享有所有者的权益，如资产受益、重大决策和选择管理者等权利。企业破产时，出资者只以投入企业的资本额对企业债务负有限责任，出资者可免除承担无限责任。

(4) 政企关系合理化

企业按照市场需求组织生产经营，以提高劳动生产率和经济效益为目的；政府不直接干预企业的生产经营活动，而是为企业的生产经营创造良好的外部环境。

(5) 管理体制科学化

企业实行股东大会—董事会—总经理—监事会的治理结构，以达到保障所有者权益，赋予经营者经营管理权，调动生产者积极性，充分保证企业的有效经营。

2. 现代企业制度的内容

现代企业制度是一种制度体系，这个体系主要包括以下3部分内容。

1) 法人财产制度

现代企业制度的核心是法人财产制度。法人财产制度是以企业法人作为企业资产控制主体的一项法律制度，它以企业出资者不直接控制企业的资产为特征。法人财产制度的建立，使企业的财产权利被分解为财产终极所有权和法人财产权。在这种制度中，财产终极所有权即出资者所有权，在一定条件下表现为出资者拥有股权，并只能运用股东权利影响企业行为，而不能对法人财产中属于自己的部分进行支配，也不能直接干预企业的经济活动。由出资者投入企业的资本金形成企业的法人财产，企业对法人财产依法拥有独立支配的权利，具体表现为企业对法人财产的占有、使用、收益和处分权。由于法人财产制度割断了出资者与企业法人财产的直接联系，从而保证了企业资产的相对独立性和完整性，使企业的经营者能够对企业资产进行统一地支配和运营。

2) 有限责任制度

所谓有限责任，一是企业以出资者出资构成的法人财产为限对债务承担有限责任。当企业出现资不抵债时，以其全部财产进行清偿，不牵涉公司以外的其他个人和法人的财产。二是出资者以其投入企业的资本额为限对企业的债务承担有限责任。实行有限责任制度，既划清了各个主体的责任，又能够降低出资者的风险。这种有限财产责任制度不仅能够使出资者的责任与权利相对等，而且对企业的经营者也构成了一种财产约束，强化了企业经营者的财产责任。

3) 组织管理制度

在现代企业中，由于企业财产权利的分解及委托代理关系的存在，要求保护企业出资者的权益，同时对代理人损害委托人利益的行为进行有效的控制，这在客观上就需要对企业内部的权力进行适当的安排，形成科学的法人治理结构。建立法人治理结构的核心是在企业内部形成激励机制和约束机制，使企业的股东大会、董事会、总经理和监事会之间相互独立、权责利明确，从而使各方的积极性得到调动，行为受到约束，利益得以保证。

根据我国公司法规定，公司组织机构通常包括股东大会、董事会、监事会和总经理及其下属机构，并由此形成决策权、执行权和监督权 3 种权力形式。公司的组织机构如图 1－1 所示。

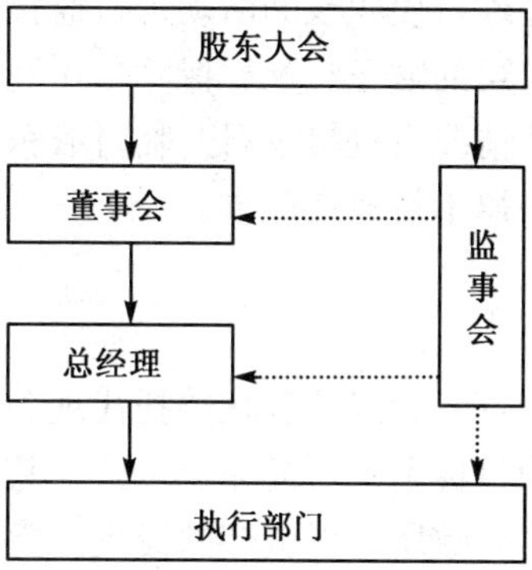

图 1－1　公司的组织机构图

（1）决策机构

股东大会及其选出的董事会是公司的决策机构。股东大会是公司的最高权力机构，董事会是股东大会闭会期间的经营决策机构。股东大会由出资人或其代表组成，它的职权为：选举和罢免董事会和监事会成员；制定和修改公司章程；审议和批准公司的财务预决算、投资及收益分配等重大事项。股东大会通常每年召开一次年会，它是资产所有者的代表，以维护股东权益为宗旨，保持着对公司的最终控制权，股东的表决权以其出资额为标准，所持每一股份有一票表决权。股东大会从资产关系上对公司的董事会形成必要的制约，但无权直接干预公司的经营活动。

董事会是公司的经营决策机构。董事会对外代表公司，由公司董事组成。其职责是执行股东大会的决议，对公司的经营作出决策。具体包括：决定公司的经营方针和投资方案；决定公司内部管理机构的设置和基本管理制度；制订公司财务预算方案、利润分配和亏损弥补方案、公司增减资本和发行公司债券的方案等。董事会直接向股东大会负责并执行股东大会决议，负责任免公司经理并根据总经理的提名聘任和解聘公司副经理、财务负责人等，并决定其报酬。董事长和副董事长由董事会选举产生，董事长一般为公司法定代表人。董事会实行集体决策，董事应对董事会的决议承担责任，董事会每年至少召开两次会议，董事会会议应由 1/2 以上的董事出席方可举行。

（2）执行机构

总经理及其下属机构是董事会领导下的公司管理和执行机构。公司的总经理负责公司的日常管理，按董事会决议主持公司的生产经营管理工作，组织实施公司年度经营计划和投资方案，拟定公司内部的机构设置方案和管理制度及规章，提请任免公司的副经理、财务负责人，任免其他管理人员。

(3) 监督机构

监事会由股东大会选举产生，是对董事会及其经理人员活动进行监督检查的机构。监事会成员一般不得少于3人，由股东和员工代表按一定比例组成，对股东大会负责。监事会依法和依照公司章程对董事会和经理行使职权的活动进行监督，防止出现违反法律法规或公司章程的行为；监事会有权审核公司的财务状况，保障公司利益及公司业务活动的合法性，维护员工的权益；监事会根据具体情况有权提议召开临时股东大会。为保证监督的独立性，公司的董事、经理及业务负责人一律不得兼任监事。

1.1.3 管理层收购

在现代企业制度中，企业出资者和经营者在委托代理关系中，由于委托人和代理人具有不同的地位和身份，因而在行为目标上不可能完全一致，甚至还可能出现代理人为追求自身利益而损害委托人利益的情况，导致所有者资产的流失。党的十六大以后，国企体制正酝酿重大变革，深化产权制度已是大势所趋。企业经营者激励不足被认为是困扰我国国有企业发展的主要问题之一，如何将管理层利益和公司发展紧密联系在一起已成为人们关注的话题。管理层收购被认为是国企深化产权变革的理想选择。

管理层收购（Management Buyout，MBO），又称为经营层融资收购，国内一般译为管理者收购、管理层收购或管理层融资收购。具体来说，它是指目标公司的管理者或经营层利用借贷融资或股权交易收购本公司股份的行为，从而改变公司所有者结构、控制权结构和资产结构，进而达到重组本公司并获取预期收益的一种收购行为。根据被收购公司不同的资产结构、经营层的收购意愿及被收购公司原股东的转让意愿，MBO的操作主要有以下几种模式：经营层收购股东的公司、经营层收购母公司下属的子公司、经营层收购母公司下属的业务部门、经营层收购母公司。

MBO是20世纪70年代在传统并购理论基础上发展起来的一种新型的并购方式，是企业重视人力资本、提升管理价值的一种激励模式。通过收购，企业的经营者变成了企业的所有者，完成由单纯的企业管理者到企业主人的转变。MBO的实行，意味着对管理作为一种资源价值的承认。通常，上市公司管理层和员工共同出资成立职工持股会或者上市公司管理层出资成立新的公司作为收购主体，一次性或多次通过其授让原股东持有的上市公司国有股份，从而直接或间接成为上市公司的控股股东。

MBO通过设计管理层既是企业所有者又是企业经营者的特殊身份，希望企业在管理层的自我激励机制及在高负债的外部约束下充分挖掘企业潜力，实现企业价值的最大化。管理层收购的基本出发点是解决企业内部激励机制问题，降低企业所有者与经营者之间的委托代理成本。解决内部激励、降低委托代理成本的方式有许多，而MBO是最直接的一种方式。

目前，我国资本市场一直在探索解决国有股减持的方法，MBO 在我国是近几年才出现的新生事物。

直观来看，在目前我国国有企业面临内部激励不足和扭曲的情况下，管理层收购成为解决我国国有企业激励不足的一种可行的选择。

管理层收购作为一种制度创新，对于企业的有效整合、降低代理成本、提高经营管理效率及社会资源的优化配置都有重大的意义，越来越成为现代企业并购的重要形式而得到迅速发展。

1.2　管理的含义与职能

1.2.1　管理与企业管理的含义

1. 管理的含义

管理是一个广义的名词，它包括各种各样的管理，如政治管理、军事管理、城市管理、交通管理、经济管理、企业管理等。虽然这些领域都有自己的具体对象，但在管理的含义上却有着共性，即一般意义上的管理实质。由于考察角度不同，人们对管理的解释也不尽相同，但可以概括为以下 3 个方面的内容。

① 管理包括计划、组织、领导、控制 4 项基本活动。这 4 项基本活动也称为管理的四大基本职能。

② 管理是通过人力、物力和财力资源实现组织目标的活动，即围绕着组织目标使组织的各类资源的利用和谐化、活动同步化。

③ 管理是协调组织资源，使组织成员更高效地达到组织目标的过程。

根据以上 3 个方面的内容，管理可以定义为：管理是通过计划、组织、控制和领导等环节，协调人力、物力和财力资源以期高效率地达到组织目标的过程。

2. 企业管理的含义

企业管理是指为实现企业生产经营目标，完成企业生产经营任务，对企业生产经营过程进行计划、组织、控制和领导等工作的总称。

企业管理的对象是企业，企业管理的目标是在提高企业经济效益基础上，保证社会效益的实现，具体包括社会生产目标、盈利目标、自我发展目标等。为实现这些目标，企业必须完成产品开发、资源开发、资金筹措、职工队伍建设、生产、销售等任务，而这些任务的完成有赖于企业管理。

1.2.2　管理的特点与必要性

1. 管理的特点

通过以上对管理定义的分析，可以概括出管理具有以下几个特点。

（1）管理是共同劳动的产物

由于共同劳动，人们结成分工和协作关系，并形成了共同的目标，从而使管理工作成为必要。如果没有管理活动，人们各行其是，就连组织活动也难以实现，更不用说大规模复杂的社会生产经营等活动了。

（2）管理是一系列相互关联、连续进行的活动过程

管理贯穿于共同劳动的始终，在组织活动的不同阶段，管理工作有着不同的重点。但是，这些管理工作的中心只有一个，这就是维护共同劳动的顺利进行和组织任务的有效完成。因此，管理的各个环节要求能够相互关联、连续一致，而不能相互脱节和相互矛盾。

（3）管理具有明确的目标

一切管理活动都服从和服务于组织的既定目标。没有共同的目标，就没有共同劳动，也就不需要管理。

（4）管理是各种资源要素的合理配置和有效利用

管理的对象是组织中的人力和物力资源。管理的实质就是通过计划、组织、领导和控制等手段，实现组织内部各种资源要素的合理配置和有效利用。它有别于组织为实现目标的其他活动，如纯技术性、作业性等方面的非管理活动。

2. 管理的必要性

管理作为实现组织目标的重要途径，其必要性主要表现在以下几个方面。

（1）管理是共同劳动的黏合剂

管理是共同劳动的客观要求和必然产物，是共同劳动的黏合剂。社会活动的规模越大，人员越多，管理就越重要。随着生产社会化程度的提高，要使生产等活动所需的各种资源要素实现有效配置和充分利用，需要科学地组织生产。因此，管理不仅是促进有效分工与协作的需要，而且是促进资源（人、财、物、技术、信息等）优化配置的需要。

（2）管理是技术进步的推进器

管理是现代科学技术发展的客观要求，是技术进步的推进器。科学技术是第一生产力，管理是生产力中的结合因素，生产力诸因素的有机结合是通过管理实现的。特别是现代科学技术的迅猛发展，要求企业加快科学技术成果向实际应用转化，而管理则是这一转化的手段和中介。“三分技术，七分管理”反映的就是：若没有科学的管理，任何先进技术都无从发挥作用。

（3）管理是提高企业经济效益和社会效益的金钥匙

在一定的生产技术和资源条件下，一个企业经济效益的高低，在很大程度上取决于管理水平的高低。科学的管理能实现以较少的资源占用和消耗，生产出更多更好的、符合社会需要的产品。

1.2.3 管理的职能

管理活动在日常生活中随处可见，如政府机关的各层领导管理着城市和农村行政的运行；工厂的管理者管理着企业的生产经营活动；交通警察队的领导管理着公共交通秩序的维护；学校校长管理着学校的教育工作；等等。尽管这些组织的目标不同，管理的要求也不同，但是如果抛开这些管理工作的具体形式，可以看到有些管理工作所采取的基本步骤和手段是共同的。这些管理过程中的要素、基本步骤和手段，总称为管理职能。许多管理学者对管理职能的划分说法不一，但一般认为管理有以下 4 种职能。

1. 计划职能

计划职能是指为适应社会需要，通过外部环境和内部条件的调研、预测，对组织的目标、经营方针和战略作出决策，制定长期和短期计划，确定实现计划的措施和方法，并将计划指标层层分解并落实到各个部门和各个环节的职能。

计划是管理的首要职能，是实现组织、领导、控制职能的前提，它使企业的经营活动具有方向性、目的性和自觉性。没有计划的管理是无序的、盲目的管理。计划职能运用得当可以获得最大的成效；若运用不当，则导致极大的浪费和损失。

计划职能有如下 4 个方面的作用：

① 在企业管理诸职能中处于主导地位，为组织、领导、控制职能提供目标、要求和标准；

② 使企业员工明确奋斗目标，起到统一人心的作用；

③ 正确地把握未来，使企业的生产经营与整个社会的需要协调一致；

④ 有利于企业合理地开展经营活动。

2. 组织职能

组织职能是指为实现组织的目标，把组织活动的各个要素、各个环节和各个方面，从劳动的分工和协作上，从纵横交错的相互关系上，从时间和空间的相互衔接上，合理地组织起来，以形成一个有机整体，从而有效地进行实现组织目标的各项活动。

组织职能属于执行性职能，它是完成计划目标的手段，是实现计划目标的组织保证，并为领导、控制职能的实施创造条件。

组织职能有以下 4 个方面的作用。

① 根据企业的基本任务和计划目标，确定企业管理体制，建立合适的组织结构，设置和完善相应的经营管理机构。

② 确定全体员工的职务、职责、职权及其相互间的协作关系，从而使组织群体具有较高的生产力和工作效率。

③ 把企业的基本任务及各种物质要素具体落实到不同的部门和个人，保证企业目标的实现。

④ 根据计划职能所形成的目标和方案建立相应的规章制度，使企业管理有章可循。

3. 领导职能

领导职能又称为指挥职能，是指带领和指导组织成员去实现共同目标的各种活动的整个过程。领导职能有两个要点：一是要对组织各层次、各类人员的领导、沟通或指导，二是协调组织内部各部门、组织成员，以及组织同外部各类利害关系集团之间的关系。领导工作的核心和难点是调动组织成员的积极性，这就需要领导者运用科学的激励理论和领导方式。

领导职能属于执行性职能，它是实现企业目标和计划的必要条件。因为计划职能为企业经济活动确定了目标和实现目标的途径，组织职能为实现计划目标建立了有机联系的整体结构，这些都是企业生产经营管理的必要前提。但是，如果没有集中的指挥，没有一个统一的意志，即使有周密的计划、完善的组织，也不能使企业按既定目标良性运行。

领导职能有以下 3 个方面的作用。

① 传递信息。领导者通过下达各种信息，有效地引导被领导者实现目标计划。

② 提供动力。领导者运用多种领导方式，使企业上下团结一致，人际关系和谐，员工心情舒畅。

③ 排除故障。领导者对企业在生产经营过程中出现的困难、矛盾及问题予以及时的指导、处理和解决。

4. 控制职能

控制职能是指检查、监督、确定组织活动的进展情况，纠正偏差，从而确保总的计划及组织目标得以实现的过程。控制工作一般涉及 3 个基本问题：确定目标、衡量业绩和纠正偏差。控制职能是管理职能的组成部分，它属于保障性职能。没有计划、组织、领导，也就无从实行控制；没有控制，则无法保障计划、组织、领导职能的实施。

因为实现控制的必要前提是要有明确而完整的计划，否则就没有衡量的标准；要有组织机构，即确定由哪个部门或个人来采取检查、监督和调节措施，由谁来承担产生偏差的责任，否则就没有人履行控制职能；要有关于控制对象的及时而准确的信息，否则就无从控制。另一方面，实施控制职能，可以纠正计划、组织、领导职能在实践工作中的偏差，从而确保管理职能的实施及其成果与预期目标一致。

控制职能有以下 3 个方面的作用。

① 反馈信息。通过控制系统的信息反馈，不断接受企业内外部各方面的信息，使企业同经营环境相适应。

② 纠正偏差。综合性的管理控制，可以随时发现决策与计划中存在的问题，以便采取补救措施或进行必要的调整，从而尽可能减少损失，并为新决策与计划提供资料和依据，最终实现企业的经营目标。

③ 提高效益。通过各种专项控制，使生产经营成本降低、质量改善，从而提高企业的经济效益。

管理的 4 个方面的职能是相互联系、相互制约的。其中，计划是管理的首要职能，是组织、领导和控制职能的依据；组织、领导和控制职能，是有效管理的重要手段，是计划及其目标得以实现的保障。只有统一协调这 4 个方面，使之成为管理活动的整体过程，才可能为组织目标的实现提供完整的管理条件。

1.3 管　理　者

1.3.1　管理者的定义与分类

1. 管理者的定义

管理者都是在组织中工作的。组织是对完成特定目标的人们的系统性安排。组织有大有小，但都具有以下 3 个特征。

① 有一个明确的目的。这个目的一般是以一个或一组目标表示的。

② 都由一群人组成。

③ 形成一种系统性的结构，用以规范和限制成员的行为。如建立规章制度，以便使组织成员知道应当做什么和怎样做。

根据人们在组织中的地位和作用的不同，有操作者和管理者之分。

所谓操作者，是指在组织中直接从事具体的业务、一般不承担对他人工作监督责任的组织成员。如工厂的工人、学校的教师、医院的医生、商店的营业员等，他们的任务就是做好组织分派的具体操作性工作。

所谓管理者，是指那些在组织中指挥他人完成具体任务的人。如企业的厂长、车间主任，学校的校长、系主任，机关中的局长、处长，公司的经理等。

管理者虽然有时也承担一定的具体事务性工作，但他们的主要职责是指挥下属工作。下属向其汇报工作，是管理者区别于操作者的显著特点。

2. 管理者的分类

1）管理者的层次分类

组织的管埋人员可以按其所处的管埋层次区分为高层管埋者、中层管埋者和基层管埋者。

（1）高层管理者

高层管理者是指那些对组织的管理负有全面责任、侧重负责制定组织的大政方针、沟通组织与外界交往联系的人，如公司的总经理、工厂的厂长、大学的校长等。高层管理者对组织发展战略、行动计划、资源安排拥有充分的权力。他们决策是否科学、职权利用是否得当等直接关系组织的存亡兴衰。

（2）中层管理者

中层管理者是指那些主要以贯彻高层管理者所制定的大政方针、指挥基层管理者活动为职责的人，如工厂的车间主任、公司的事业部经理、大学的系主任等。他们管理的下属规模差异很大，多则数百人，少则几十人，因此不可能去做太多的具体工作，而是根据上级的计划和部署，把具体任务分配给各基层单位，同时指导、支持和协调基层管理者的工作。中层管理者在组织中起着承上启下的作用，对上下级之间的信息沟通、政令通行等负有重要的责任。

（3）基层管理者

基层管理者是指那些直接指挥和监督现场作业人员去完成上级下达的各项计划和指令的人，即第一线管理人员，如车间的班组长、学校的课程组长、宾馆的前台领班等，他们所管辖的仅仅是作业人员而不涉及其他管理者。基层管理者的主要职责是给下属作业人员分派具体任务，保证各项任务的有效完成。

作为管理者，不论他在组织中的哪一层次上承担管理职责，其工作内容都涉及计划、组织、领导和控制几个方面，但不同层次管理者履行各项管理职能的程度和重点有所不同，如图1－2和表1－1所示。高层管理者用在计划、组织和控制职能上的时间要比基层管理者多，而基层管理用在领导职能上的时间要比高层管理者多。即使是同一管理职能，不同层次管理者所从事的具体管理工作的内涵也并不完全相同。例如，就计划工作而言，高层管理者关心组织整体的长期战略规划，中层管理者偏重于中期、内部的管理性计划，基层管理者则侧重于短期的业务和作业计划。

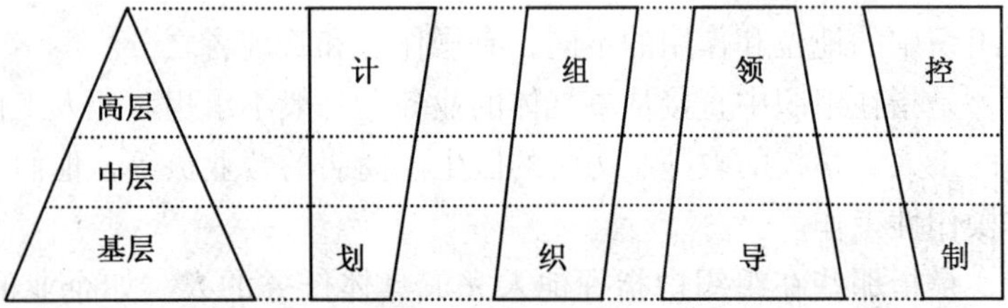

图1－2　管理者的层次分类与管理职能

表1－1　不同层次管理者管理职能活动时间分布

管理者	管理职能活动时间分布/%			
	计划	组织	领导	控制
高层管理者	28	36	22	14
中层管理者	18	33	36	13
基层管理者	15	24	51	10

2）管理者的领域分类

管理者按其所从事管理工作的领域宽度及专业性质的不同，可划分为综合管理者与专业管理者两大类。

（1）综合管理者

综合管理者是指负责整个组织或组织中某个事业部全部活动的管理者。小型组织可能只有一个综合管理者——总经理，他要统管该组织包括生产、营销、人事、财务等在内的全部活动。而对于大型组织来说，可能会按产品类别设立几个产品分部，或按地区设立若干个地区分部。此时，该公司的综合管理者就包括总经理和每个产品或地区分部的经理，每个分部经理都要管理该分部包括生产、营销、人事、财务等在内的全部活动。

（2）专业管理者

专业管理者是指负责组织中某一类活动或职能的管理者，如生产部门管理者、营销部门管理者、人事部门管理者、财务部门管理者及研究开发部门管理者等。现代组织随着规模的不断扩大和环境的日益复杂多变，将需要越来越多的专业管理者。相应地，专业管理者的地位也将变得越来越重要。

1.3.2 管理者的职责和技能

1. 管理者的职责

设计和维护一种环境，使身处环境中的组织成员在组织内协调工作，从而实现组织的目标，是所有管理者需承担的基本职责。具体说来，任何层次的管理者都承担着以下 4 个方面的职责。

① 作为领导者，保证组织活动的顺利进行。包括代表组织或组织内部某一部门与外界保持必要的接触；负责本单位、部门成员的任用、训练、评价和指导等。

② 作为信息收集和发布者，保证信息的集散和畅通。包括通过人际交流、调查研究等方式了解情况，把握全局；向组织成员下达指令和通报有关信息；向外界和上级介绍本单位、本部门的工作情况。

③ 作为决策者，保证决策的及时正确。包括目标、战略和制度的确定；不断探索新的途径，进行组织运行的创新；随时对目标和计划的实现情况进行监控，对组织出现的问题进行妥善解决；决定权限范围内的资源在组织成员之间合理分配和利用等。

④ 作为联络人和谈判者，保证同组织内部其他成员之间，以及外部相关利益集团沟通渠道的畅通；代表本单位、本部门就某些问题与外部或组织内部其他成员进行必要的谈判和磋商等。

2. 管理者的技能

管理者要尽到组织赋予他的职责，必须要具备相应的管理技能。管理学者对管理者应具备哪些技能，可谓仁者见仁，智者见智，但至少有以下 4 个方面的管理技能是管理者不可缺少的。

（1）专业技能

专业技能是指在涉及方法、工艺和过程等活动中所需要的知识和水平，即要求管理者能够利用专业技术和工具。如机械工使用工具工作，其主管应当具备教会工人如何使用工具的能力；会计主管也需要具备指导会计师处理账务核算的能力。

（2）人际交往技能

人际交往技能是指与他人一起工作的能力，即协作精神和团队精神，也就是善于创造良好的氛围，使组织成员能够自由地表达个人的观点和能力。

(3) 理性技能

理性技能是指能够总揽全局、沉着冷静地判断重要因素之间的能力，也就是善于把握机会和处理复杂、突发事件的能力。

(4) 设计技能

设计技能是指以有利于组织利益的各种方式解决问题的能力。特别在组织的高层，管理者不仅善于发现问题，还应具备像优秀工程师那样善于找出对某一问题切实可行的解决办法的能力。

上述管理者的技能，在组织内不同管理层次的相对重要性是不同的。如高层管理者，更需要理性、人际交往和设计技能，对专业技能的要求相对较低；而基层管理者则更需要专业技能，对理性技能则要求较低。

1.4 管理理论的产生与发展

20 世纪是真正工业化管理产生和发展的世纪。从 1903 年泰勒的科学管理理论诞生以来，经历了 100 多年的沧桑巨变。如今，管理已经成为一个门类齐全、全方位、多层次的科学体系，管理越来越成为影响社会经济生活的重要因素。

1.4.1 古典管理理论阶段

西方古典管理理论（科学管理）阶段的主要理论，指的是 19 世纪末 20 世纪初在美、法、德等国形成的管理理论。科学管理理论是人类第一次运用系统的方法来讨论管理问题，所以又被叫作古典或经典管理理论。具体包括美国泰勒的科学管理理论、法国法约尔的一般管理理论和德国韦伯的行政组织体系理论。

1. 科学管理理论

“所有的日常活动中不注意效率的行为都在使整个国家资源遭受巨大损失，而补救低效能的办法不在于寻求某些出众或是非凡的人，而在于科学的管理。”提出这个观念的人就是被西方管理界誉为“科学管理之父”的泰勒（Frederick W. Taylor）。泰勒的科学管理理论的根本目的是谋求最高效率，而要达到最高工作效率的重要手段是用科学化、标准化的管理方法代替旧的经验管理。为此，泰勒提出了一些基本的管理制度：

① 对工人提出科学的操作方法，以便有效地利用工时，提高工效；

② 对工人进行科学地选择、培训和晋升；

③ 制定科学的工艺规程，使工具、机器、材料标准化，并把作业环境标准化，用文件形式固定下来；

④ 实行具有激励性的计件工资报酬制度；

⑤ 管理和劳动分离。

上述这些措施虽然在现在已成为管理常识，但在当时却是重大的变革。随后，美国企业的生产效率有了大幅度的提高，出现了高效率、低成本、高工资、高利润的新局面。科学管理不仅仅是将科学化、标准化引入管理，更重要的是泰勒所倡导的精神革命，这是实施科学管理的核心问题。许多人认为雇主和雇员的根本利益是对立的，而泰勒所提出的科学管理却恰恰相反，它相信双方的利益是一致的，只有雇主和雇员双方互相协作，才会达到较高的绩效水平，这种合作观念是非常重要的。

泰勒是科学管理的先锋，其追随者和同行者也对科学管理做出了重要的贡献。亨利·甘特用甘特图进行计划和控制的做法是当时管理思想的一次革命，他根据这个思想设计的甘特图现在还常用于编制进度计划。亨利·福特在泰勒的单工序动作研究基础上，进一步对如何提高整个生产过程的效率进行了研究，创建了第一条流水生产线——福特汽车流水生产线；同时，福特进行了多方面的标准化工作，包括在产品系列化，零件规格化，工厂专业化，机器、工具专业化，作业专门化等。泰勒及其追随者和同行者的理论与实践构成了泰勒制，人们称以泰勒为代表的学派为科学管理学派。

泰勒的科学管理理论主要有两大贡献：一是管理要走向科学，二是劳资双方的精神革命。前者是有效管理的必要条件，后者是有效管理的必要心理。当然，科学管理存在过于重视技术、强调个别作业效率、忽视企业的整体功能等历史局限因素，但在当时是一次史无前例的革命，具有划时代的历史意义，科学管理的许多思想和做法至今仍被许多国家参照采用。

2. 一般管理理论

与泰勒同时提倡科学管理的法国的法约尔（Henry Fayol，1884—1925 年）进一步发展了管理组织的理论。亨利·法约尔，欧洲最杰出的管理大师，被后人尊称为“现代经营管理之父”。他早期就参与企业管理工作，并长期担任企业高级领导职务。因此，法约尔的管理理论是把企业作为一个整体进行研究，着眼于全局性的管理。他最主要的贡献在于 3 个方面，即从经营职能中独立出管理活动、提出管理活动所需的五大职能和 14 条管理原则。这三个方面也是其一般管理理论的核心。它与泰勒的科学管理并不矛盾，只不过是从两个方面来看待和总结管理实践。泰勒的研究是从“车床前的工人”开始，重点内容是企业内部具体工作的效率；法约尔的研究则是从“办公桌前的总经理”出发，以企业整体作为研究对象。法约尔认为，管理理论是指“有关管理的、得到普遍承认的理论，是经过检验并得到论证的一套有关原则、标准、方法、程序等内容的完整体系”。有关管理的理论和方法不仅适用于公私企业，也适用于军政机关和社会团体，这正是一般管理理论的基石。法约尔在他的代表作——《一般管理与工业管理》（1916 年发表）和其他的一些著作中主要提出了以下 3 个方面的思想。

① 提出管理不同于经营。认为这是两个不同的概念，管理包括在经营之中。通过对企业全部活动的分析，将管理活动从经营职能（包括技术、商业业务、安全和会计等五大职能）中提炼出来，成为经营的第六项职能。

② 将管理活动分为计划、组织、指挥、协调和控制五大管理职能，并进行了相应的分

析和讨论。

③ 提出了一般管理的 14 项原则：劳动分工、权利与责任、纪律、统一指挥、统一领导、个人利益服从整体利益、报酬、集权化、等级链、秩序、公平、人员稳定、创造性、集体精神。

法约尔的一般管理理论是西方古典管理思想的重要代表，后来成为管理过程学派的理论基础（该学派将法约尔尊奉为开山祖师），也是以后各种管理理论和管理实践的重要依据，对管理理论的发展和企业管理的历程均有着深刻的影响。管理之所以能够走进大学讲堂，全依赖于法约尔的卓越贡献。一般管理思想的系统性和理论性强，对管理五大职能的分析为管理科学提供了一套科学的理论构架。来源于长期实践经验的管理原则给实际管理人员巨大的帮助，其中某些原则甚至以“公理”的形式为人们所接受和使用。因此，继泰勒的科学管理之后，一般管理理论也被誉为管理理论发展史上的第二座丰碑。

3. 行政组织体系理论

德国的马克斯·韦伯（Max Weber，1864—1920 年）被称为“组织理论之父”，与泰勒、法约尔是西方古典管理理论的三位先驱。韦伯认为，任何组织都必须以某种形式的权力作为基础，没有某种形式的权力，任何组织都不能达到自己的目标。

人类社会存在三种为社会所接受的权力：传统权力，由传统惯例或世袭得来；超凡权力，来源于别人的崇拜与追随；法定权力，是法律规定的权力。

对于传统权力，韦伯认为：人们对其服从是因为领袖人物占据着传统所支持的权力地位；同时，领袖人物也受传统的制约。但是，人们对传统权力的服从是在习惯义务领域内的个人忠诚。领导人的作用似乎只为了维护传统，因而效率较低，不宜作为行政组织体系的基础。

超凡权力的合法性，完全依靠对于领袖人物的信仰，他必须以不断的奇迹和英雄之举赢得追随者。超凡权力过于带有感情色彩并且是非理性的，不是依据规章制度，而是依据神秘的启示。所以，超凡的权力形式也不宜作为行政组织体系的基础。

韦伯认为，只有法定权力才能作为行政组织体系的基础，其最根本的特征在于它提供了慎重的公正。原因在于：首先，管理的连续性使管理活动必须有秩序地进行；其次，以“能”为本的择人方式提供了理性基础；最后，领导者的权力并非无限，应受到约束。

有了适合于行政组织体系的权力基础，韦伯勾画出理想的官僚组织模式。它具有下列特征。

① 组织中的人员应有固定和正式的职责并依法行使职权。组织是根据合法程序制定的，应有明确目标，并依靠这一套完整的法规制度，组织与规范成员的行为，以期有效地追求与达到组织的目标。

② 组织的结构是一层层控制的体系。在组织中按照地位的高低规定成员间命令与服从的关系。

③ 人与工作的关系。成员间的关系只有对事的关系而无对人的关系。

④ 成员的选用与保障。每一职位根据其资格限制（资历或学历），按自由契约原则，经公开考试合格予以使用，务求人尽其才。

⑤ 专业分工与技术训练。对成员进行合理分工并明确每人的工作范围及权责，然后通过技术培训来提高工作效率。

⑥ 成员的工资及升迁。按职位支付薪金，并建立奖励与升迁制度，使成员安心工作，培养其事业心。

韦伯认为，凡具有上述 6 项特征的组织，可使之表现出高度的理性化，其成员的工作行为也能达到预期的效果，组织目标也能顺利地达成。韦伯对理想的官僚组织模式的描绘，为行政组织指明了一条制度化的组织准则，这是他在管理思想上的最大贡献。

韦伯理论的主要创新之处缘于他对有关官僚制效率争论的忽略，而把目光投向其准确性、连续性、纪律性、严整性与可靠性。韦伯这种强调规则、强调能力、强调知识的行政组织理论为社会发展提供了一种高效率、合乎理性的管理体制。现在普遍采用的高、中、低三层次管理就是源于他的理论。

行政组织化是人类社会不可避免的进程，韦伯的理想行政组织体系自出现以来得到了广泛地应用，它已经成为各类社会组织的主要形式。

1.4.2　现代管理理论阶段

现代管理理论产生于 20 世纪 20 年代末期。它力图克服古典管理理论的弱点，重视人的因素，重视社会、心理因素对人们的影响；强调把现代科学技术新成果用于管理，作出准确的决策，于是形成两大学派：行为科学学派和管理科学学派。

1. 行为科学学派

行为科学产生于 20 世纪 20 年代末 30 年代初，当时叫作人际关系学说。它着重从社会和心理方面研究企业中人们之间的相互关系，是由美国管理学家埃尔顿·梅奥（1880 1949 年）等人创立的。梅奥受过心理学等方面的教育，20 年代末期开始主持有名的霍桑实验，并依据试验结果提出了人际关系学说。人际关系学说的观点主要包括以下 3 个方面。

① 职工是“社会人”。这是针对当时流行的“经济人”观点提出来的新观点，他认为职工是复杂的社会系统的成员，受社会和心理各方面的制约。因此，必须从社会和心理各方面来激励工人。

② 企业中除了“正式组织”之外，还存在着“非正式组织”。非正式组织成员有其特殊的共同感情、惯例和倾向，无形地左右着其他成员的行为，对提高生产率有很大的影响。

③ 领导的能力在于通过对员工“满足度”的提高来激励他们的“士气”，从而达到提高生产率的目的。

人际关系学说以后又发展为行为科学，20 世纪 60 年代出现了组织行为科学的名称。行为科学从怎样认识和处理人际关系出发，形成了行为科学的两大理论体系，即“人的本质理论”和“激励理论”。

1）人的本质理论

美国的麦戈雷格在20世纪50年代提出了“人的本质理论”，他的主要著作是《企业中人的方面》（1957年发表）。从哲学的角度来看，麦戈雷格等人的理论有3种观点：一种叫X理论，一种叫Y理论，一种叫权变学说。这三种理论都是研究人的本性的。

X理论认为人的本质是坏的，认为管理的全部问题在于一个“管”字，管理的作用就是用各种方法强迫工人去完成工作。所以，机构的建立、制度的制定、管理人员的选择，都应按此原则进行。在机构上突出监工的作用，在制度上强调惩罚，在理论上强调管制。

与X理论相反的是Y理论。Y理论认为人的本性是好的，认为人有创造性，有想像力，人是愿意进步的、向上的。管理的作用就是启发人的这种本性，给人创造各种机会，引导他们为实现自己的需要而努力工作，用适当的组织方法把个人的目标和集体的目标结合起来。由此可见，Y理论强调教育，认为教育是管理的重要组成部分。

权变学说，即X理论和Y理论的结合，又称为Z学说或超Y学说。它认为人与人是有区别的，参加工作的动机不一样，个人的爱好和特点不一样，不能一概而论。管理的作用就是把工作和个人的特点结合起来。显然，这样思考问题要比Y理论全面一些。

2）激励理论

人的行为是由动机决定的，而动机的产生又依赖于需要。为了使人达到目标，从外部给以推动力来满足人的内在需要或欲望，就可以促进人的行为。管理者的责任在于：了解下属在各个时期的各种不同需要，分析人们在各种场合产生各种不同行为的原因，从而引起和激励人们趋向正当需要、正确的动机和积极的行为，这就是激励理论研究的内容。

（1）需要层次理论

需要层次理论是由美国著名心理学家和行为科学家亚伯拉罕·马斯洛（A. H. Maslow）提出的。该理论提出，人的需要有一个从低级到高级发展的过程；每个时期都有一种需要占主导地位，而其他需要则处于从属地位。马斯洛将人类的需要分为5个层次，如图1－3所示。

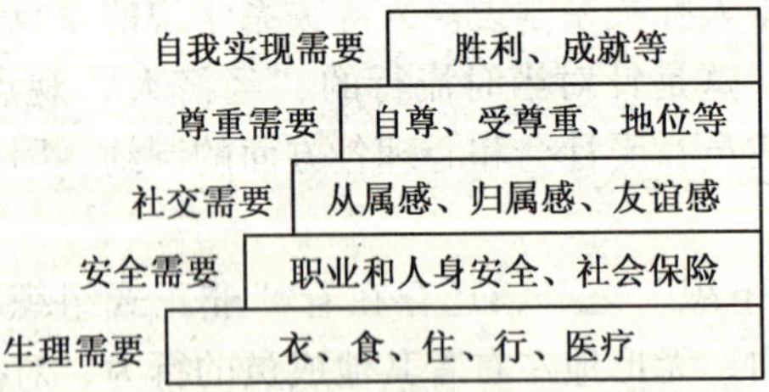

图1－3 人的需要层次

生理需要是人类的第一层次需要。它是指能满足个体生存所必需的一切需要，如食物、衣服、住房等。

安全需要是人类的第二层次需要。它是指能满足个体免于身体与心理危害恐惧的一切需要，如收入稳定、强大的治安力量、福利条件好、法制健全等。

社交需要是人类的第三层次需要。它是指能满足个体与他人交往的一切需要，如友谊、爱情、归属感等。

尊重需要是人类的第四层次需要。它是指能满足他人对自己的认可及自己对自己认可的一切需要，如名誉、地位、尊严、自信、自尊、自豪等。

自我实现需要是人类的最高层次的需要。它是指满足个体把各种潜能都发挥出来的一种需要，如不断地追求事业成功、使技术精益求精等。

其中，图 1－3 中底部的 3 种需要称为缺乏型需要，只有满足了这些需要后个体才能感到基本上舒适；顶部的两种需要称之为成长型需要，因为它们主要是为了个体的成长与发展。

马斯洛认为各层次的需要之间有以下一些关系。

① 一般来说，这 5 种需要像阶梯一样，从低到高。低一层次的需要获得满足后，就会向高一层次的需要发展。

② 这 5 种需要不是每个人都能满足的，越是靠近顶部的成长型需要，满足的百分比就越少。

③ 同一时期，个体可能同时存在多种需要，因为人的行为往往受多种需要支配。每一个时期总有一种需要占支配地位。

马斯洛的需要层次理论认为人们希望需要得到满足，但已满足的需要就不像未满足的需要那样具有相同的激励作用。对于员工来说，得到他们所追求的事物比得到更多的他们已拥有的事物有更强的激励性；已经完全满足的需要不会成为强的激励源。

马斯洛的需要层次理论对于现代管理者具有很强的影响，因为它提供了一些有用的思想，以帮助管理者考虑如何激励员工。管理人员要确认员工需要，承认不同员工会有不同的需要，满足尚未实现的特定需要要比满足已得到满足的需要具有更强的激励作用；认识到提供相同的报酬（特别是用来满足低级需要的）对于激励的作用是递减的。

（2）双因素理论

赫茨伯格（F. Herzberg）在 1959 年与他人合著出版的《工作激励因素》和 1966 年出版的《工人和人性》两本著作中，提出了激励因素和保健因素理论，简称双因素理论。赫茨伯格在美国匹兹堡地区对 200 名工程师和会计人员进行访问谈话，了解他们在什么条件下感到满意，什么条件下感到不满意。他调查的结果发现，使职工感到满意的都是属于工作本身或工作内容方面的，称之为激励因素；使职工感到不满意的都是属于工作环境或工作关系方面的，称之为保健因素或维持因素。保健因素不能起到激励职工的作用，但能预防职工的不满。

赫茨伯格归纳出 6 个以工作为中心的激励因素：

① 工作上的成就；

② 得到赏识；

③ 进步；

④ 工作本身；

⑤ 个人发展的可能性；

⑥ 责任。

保健因素有 10 个：

① 公司的政策与行政管理；

② 技术监督系统；

③ 与监督者个人之间的关系；

④ 与上级之间的关系；

⑤ 与下属之间的关系；

⑥ 薪金；

⑦ 工作安全性；

⑧ 人的生活；

⑨ 工作环境；

⑩ 地位。

赫茨伯格的激励因素相当于马斯洛的较高层次需要，保健因素相当于较低层次需要，两者的侧重点有所不同。马斯洛侧重分析需要或动机，赫茨伯格侧重分析满足这些需要的目标或诱因。但这两种理论都没有把个人需要的满足同组织目标的实现联系起来。

（3）期望理论

期望理论的基础是：人之所以能够从事某项工作并达到目标，是因为这些工作和组织目标能够帮助他们达到自己的目标，满足自己某方面的需要。弗鲁姆认为，某一活动对人的激励力量取决于他所能得到结果的全部预期价值乘以他认为达到该结果的期望概率。如式（1－1）所示。

$$M = VE \tag{1-1}$$

式中：M——激励力量，指调动一个人的积极性，激发出人的潜力的强度；

V——目标效价，指达到目标后对于满足个人需要其价值的大小；

E——期望值，指根据以往的经验进行的主观判断，达到目标并能导致某种结果的概率。

弗鲁姆的期望理论辩证地提出了在进行激励时要处理好这 3 方面的关系，这些也是调动人们工作积极性的 3 个条件，具体如下所述。

一是，努力与绩效的关系。

人们总是希望通过一定的努力达到预期的目标，如果个人主观认为达到目标的概率很高，就会有信心，并激发出很强大的工作力量；反之，如果他认为目标太高，通过努力也不会有很好成绩时，就失去了内在的动力，导致工作消极。

二是，绩效与奖励的关系。

人总是希望取得成绩后能够得到奖励。当然，这种奖励也是综合的，既包括物质的，也包括精神的。如果他认为取得绩效后能够得到合理的奖励，就可能产生工作热情；否则就可能降低工作积极性。

三是，奖励与满足个人需要的关系。

人总是希望自己所获得的奖励能够满足自己某方面的需要。然而，由于人们在年龄、性别、资历、社会地位和经济条件等方面都存在着差异，他们对各种需求得到满足的程度就不同。因此，对于不同的人，采用同一种奖励办法能满足的需要程度不同，使之激发出的工作动力也就不同。

对期望理论的应用主要体现在激励方面，这启示管理者不要泛泛地采用一般的激励措施，而应当采用多数组织成员认为效价最大的激励措施，而且在设置某一激励目标时应尽可能加大其效价的综合值，适当加大不同人实际所得效价的差值。在激励过程中，还要适当控制期望概率和实际概率，加强期望心理的疏导。期望概率过大容易产生挫折，期望概率过小又会减少激励力量；而实际概率应使大多数人受益，最好实际概率大于平均的个人期望概率，并与效价相适应。

（4）公平理论

公平理论是美国行为科学家亚当斯（J. S. Adams）提出来的一种激励理论。该理论侧重于研究工资报酬分配的合理性、公平性及其对职工产生积极性的影响。

公平理论的基本观点是：当一个人做出了成绩并取得了报酬以后，他不仅关心自己所得报酬的绝对量，而且关心自己所得报酬的相对量。因此，他要进行种种比较来确定自己所得报酬是否合理，比较的结果将直接影响今后工作的积极性。

2. 管理科学学派

现代管理科学中的另一重要学派就是管理科学学派。管理科学学派的理论认为：管理就是指定和运用数学模型与程序的系统，用数学符号和公式来表示计划、组织、控制、决策等合乎逻辑的程序，求出最优解，以达到企业的目标。管理的很多问题可以应用系统工程、控制论、信息论及建立数学模型，通过计算机作为管理手段来解决。只有进行定性定量分析，通过数学模拟、方案选优，才能进行正确决策和合理组织生产与控制，最优地达到目标，这才是适应先进生产技术要求的现代管理方法。这套理论就本质而言，仍是泰勒制的继承和发展。

现代管理两大学派观点不同，行为科学学派强调生产关系，管理科学学派侧重生产力研究。从管理的两重性来看，两者都不完善。所以从 20 世纪 70 年代起，新的管理理论已经把两派进行了综合。

现代管理有以下几个主要特点。

① 突出经营决策，面对市场用户，力求提高盈利水平，提出“管理的重心在经营，经营的重心在决策”的观点。

② 把开发新产品、提高技术水平作为企业发展的核心问题。

③ 实行以“人”为中心的管理。标榜“管理民主化”，以“尊重人”为口号，采用激励手段，并进行智力开发投资，重视教育。

④ 广泛应用电子计算机等现代科技成果。

⑤ 实行系统管理。运用系统论，把企业管理作为一个开放系统。外部受社会系统的政治因素制约，内部又将各管理部门分为若干子系统。应用系统工程，从系统的最优化观点出发，进行经营管理的战略决策。

1.4.3 当代管理理论的发展

1. 过程方法

1961 年 12 月，哈罗德·孔茨（Harold Koontz）发表了一篇论文，详细地阐述了管理研究的各种方法。孔茨先是承认“管理理论的丛林”中每一种方法都对管理理论有一定的贡献，然后他进一步指出：第一，人力资源方法和数量方法与其说是一种管理理论，倒不如说是管理者采用的一种方法；第二，过程方法能够包含和综合当今的各种管理理论。过程方法最初由亨利·法约尔提出。它是基于管理职能的，这些职能（计划、组织、领导、控制）被看成是一个连续的循环过程。

虽然孔茨的文章激起了大量的争论，大多数管理学家和实践者都坚持各自的观点，但孔茨仍然树立了一个标志。当今大多数管理教科书都采用过程方法这一事实，证明了过程方法越来越成为一种可行的统一框架。

2. 系统理论

系统是由相关的部分组合在一起构成的。为了实现共同的目标，各构成部分能够像整体一样进行运转。对于一个系统而言，其运转包括从外部环境获取输入、以某种方式进行处理和重新把输出释放回环境中的过程。图 1－4 描述了组织的一种基本的系统理论。在这个系统中，总共有 5 个构成要素，分别是输入、转化加工过程、输出、反馈和组织环境。其中，

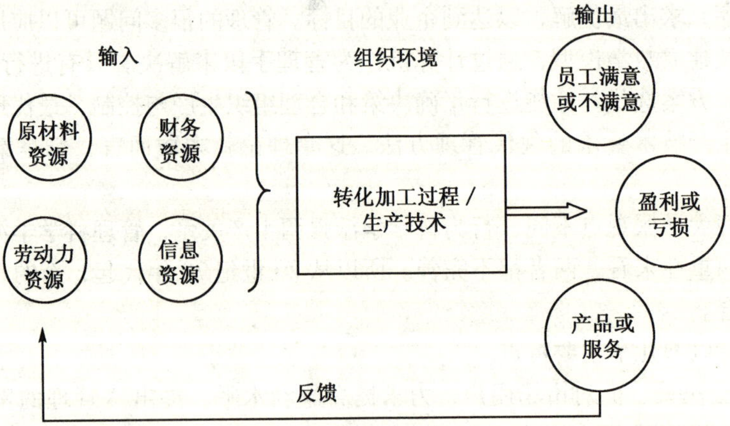

图 1－4 组织的系统理论

输入包括原材料、劳动力、财务或信息资源等用于生产产品或服务的资源；转化加工过程是管理者利用管理和生产技术把输入转化为输出的过程；输出包括产品或服务、组织的盈利或亏损状况及员工的满意程度等；反馈是指能够影响下一次循环过程的输入选择的相关知识；组织环境包括社会、政治、经济等因素。

系统理论中有些观点对管理思想具有十分重要的影响，其中包括开放系统与封闭系统、熵、协同和子系统及其相互依赖性。

① 开放系统必须与环境相互作用才能够生存，而封闭系统则不必如此。在古典管理理论与管理科学观点中，组织常常被认为是封闭系统。在管理科学观点中，封闭系统假设在不存在外部干扰要素时，有时用于简化分析问题。然而现实中，所有的组织都是开放系统，忽视环境的代价可能是组织经营的失败。

② 熵是系统的普遍特性，是指系统由衰退走向死亡的趋势。如果不能从环境中接收新鲜的输入和能量，系统最终就会走向灭亡。因此，组织必须监控环境，不断进行调整，持续地获得新的输入。只有这样，才能够使系统繁荣昌盛。因此，为了减少熵，管理者必须精心地设计组织与环境的界面。

③ 协同是指整体大于部分之和。当组织设立时，就会产生某些新的东西。以前并不存在的管理阶层间的协调和生产，现在都存在了；同时，几个组织单位一起运转，可以完成一些单个组织单位无法完成的工作。例如，销售部门必须依靠生产部门，而生产部门也必须依靠销售部门。

④ 子系统是彼此相互依赖的系统的各项构成要素。在组织中，某一部分的变化势必会对其他部分产生影响。例如，新信息技术的采用，可能会对组织的其他部分产生重要影响。因此，必须把企业有机地组合在一起，作为一个整体进行管理和协调。

3. 权变观点

管理思想在当代的一个延伸是权变观点。实际上，古典的管理理论坚持一种普遍主义观点，认为管理概念都是普遍的、通用的，即在一个组织中有效的领导风格、官僚式组织结构等管理因素，在另一个组织中也必然有效。然而在企业管理中，存在着另外一种观点，即人们所说的案例观点，它强调每种特定的场合都具有一定的独特性，认为并不存在通用的原则，因此人们必须通过大量的案例问题研究来学习管理知识和了解管理实践。这样，管理者的主要任务之一，就是决定采用什么方法在新的形势下才有效。

为了把上述观点整合起来，权变观点就出现了。根据权变理论的观点（如图 1－5 所示），上述两种观点都是不完全正确的。在管理实践中，存在着可以帮助管理者识别和理解形势的诱因及变量。诱因是指诱发形势变化的原因；变量是指影响形势继续变化的因素。管理者的反应依赖于对每种组织形势下的关键诱因及变量的识别。例如，一位咨询师可能会错误地对某家制造企业提出建议，建议它采用与一所学校相同的目标管理系统。权变观点告诉我们，在一种环境下有效的方法在另一种环境中未必有效，管理者的工作就是搜寻重要的诱因或变量。当管理者学会识别重要模式和组织特征时，他们就能够找到与这些特征相适合的解决办法。其中，管理者必须理解的重要诱因包括产业、技术、环境和国际文化等。例如，在快速变化的产业中，管理实践肯定与在稳定产业中的管理实践明显不同。

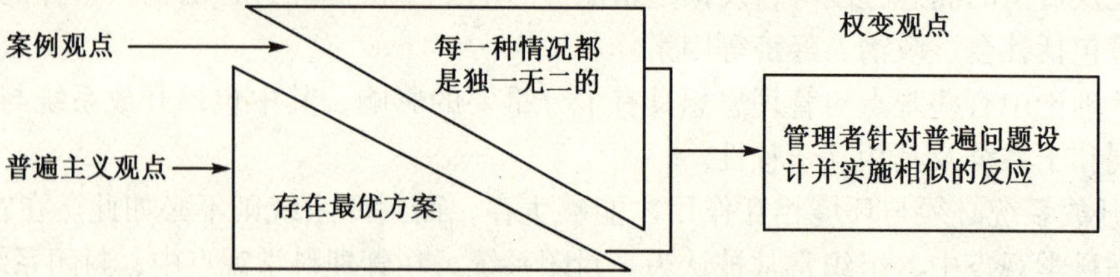

图 1-5　管理的权变观点与案例观点、普遍主义观点

4. 其他相关理论

除以上 3 个方面外，当代管理理论还有一些重要的发展方向，以企业再造理论和学习型组织理论为代表。

1）企业再造

企业再造的基本内涵是以企业长期发展战略需要为出发点，以价值增值流程（使客户满意的任务）的再设计为中心，强调打破传统的职能部门界限，提倡组织改进、员工授权、顾客导向及正确地运用信息技术，建立合理的业务流程，以达到企业动态地适应竞争加剧和环境变化的目的的一系列管理活动。一般说来，企业再造对企业组织所能起到的积极作用可以概括为以下 4 个方面。

① 针对特定的业务流程与工作流程进行改善，注重通过成本的降低、工作项目与内容的简化、工作流程的流畅化来改善企业内部各项管理职能与例行作业的运作效率，从而达到所设定的改进目标。

② 以信息技术及各类最新科技的应用为手段，注重从技术应用的角度，充分发挥新技术的应有功效，从而创造出传统业务模式无法比拟的整体性业务流程。

③ 实现企业内部跨部门的团队工作方式。这些工作团队知道如何不断加强和改进运作绩效，并在最高管理层的支持下，最大可能地发挥潜力与创造力，以达到顾客对产品与服务品质的高满意度。

④ 实现对企业整体业务流程的战略性改进与优化。通常以企业的长远发展或战略远景目标为出发点，勾勒出整个企业基于最新信息技术及其他技术成果的组织构架，进而以各种仿真建模技术来完成企业核心业务流程的重新设计与再造，最终推动企业整体业务流程的全面持续性改进和优化。

2）学习型组织

学习型组织是一个能熟练地创造、获取和传递知识的组织，同时也要善于修正自身的行为，以适应新知识和见解。组织学习过程分为知识获得（技能、观察力、关系的发展或创造）、知识共享（学习内容的扩散）、知识利用（学习如何将知识概括到新的形势中，产生效益）。而学习型组织正是自觉地运用知识的获得、共享和利用这三个步骤的组织。

需要强调指出的是，知识的获得、共享和利用是和工作同步展开的，而且直接导致工作绩效的提高。学习型组织从形式上说，既是一个学习体，又是一个工作体。学习的效果必须同时体现为工作的效果。空洞谈论学习效果的“学习型组织”是虚假的。所以，从知识的角度来看，学习型组织是工作与学习融为一体的组织。在工作过程中，学习型组织能够通过不断获得知识和共享知识，并及时地利用知识提高工作绩效。

1.5　企业管理组织

企业的人、财、物、信息等资源，需要通过组织领导，才能形成现实的生产力。企业领导制度确定之后，需要建立和健全相应的管理组织来发挥管理的效能，并且保证企业预期目标的实现。企业管理组织是与企业领导制度紧密相连的。

1.5.1　企业管理组织的概念

所谓组织，是指为实现既定目标，通过人与人、人与物质资料及信息的有机结合所形成的社会系统。企业组织，是指为了有效地向社会提供产品或劳务，将企业的各种资源按照一定的形式结合起来的社会系统。企业组织一般分为以下两个方面。

① 劳动者和生产资料相结合，形成企业的生产劳动组织。

② 企业管理组织。它指的是根据管理的要求，将企业的生产行政系统按分工协作的原则划分，并且对各个管理层次或环节明确规定其职责、权限和信息沟通方式，相应地向其配置一定数量和一定能力的管理人员所形成的系统。

企业管理组织通过整体性活动和信息传递，决定影响着企业生产劳动组织配置的合理性和效率。这使整个企业组织浑然一体，产生良好的整体效应，完成企业的任务。

1.5.2　管理组织的构成及其作用

1. 管理组织的构成

管理组织是由多种要素结合起来的整体。这些要素主要有管理人员、企业信息、管理规章制度及管理的方法手段等，其中最根本的是管理人员、企业信息和管理的规章制度。

（1）组织的主体——管理人员

管理人员是管理组织中的主体，其数量、质量（素质）和结合的方式决定性地影响到整个组织的效率和其他各个方面。管理人员的主体作用，主要通过以下 3 个环节来表现。

① 职务和人员素质的协调一致。通过个别管理岗位职务和人员的优化配置，可促进组织群体素质的优化。

② 管理人员和职位、责权的统一。这是决定管理人员发挥效用的基本措施。

③ 管理人员素质的培养和提高。这需要通过组织的适当激励方式，以及经常性、有目

的的措施来实现。

以上3个方面的结合，影响组织的主体作用能否发挥，进而影响整个管理组织的效率。

(2) 组织行为的准则——规章制度

这是组织的凝聚力之一。整个组织系统中的层次、环节，以及岗位的不同、管理人员能力素质的差异，需要有共同的纪律加以约束和协调，这样才能取得组织的群体效应。这就是规章制度的作用。有了规章制度，组织系统才能有秩序地、协调地运行。

(3) 管理组织的媒介——企业信息

管理人员在组织中的活动是通过相互传递、交流信息来进行的，整个管理组织对企业内部生产经营活动的安排、贯彻落实，也要通过信息指令进行。企业吸收有关外部信息，采取适当决策和措施来安排自身的活动。信息是管理组织的神经系统，其完整与灵活与否同样会影响和决定管理组织的功效。

以上管理组织的各个要素，缺一不可，必须使它们很好地结合起来，不断改进，才能发挥出组织的最大功效，为完成企业的目标服务。

2. 管理组织的作用

管理组织的作用具体表现在以下几个方面。

① 在确定企业目标、进行决策及贯彻落实方案的过程中起重要作用。企业领导者是确定和实现目标的组织者和指挥者，对管理组织整体有很大的影响力。但是，在现代企业管理中，企业目标及决策的制定、实施都是以组织的力量、集体的智慧来体现的，领导者的作用与组织的作用融为一体。

② 合理组织生产力，实现企业目标。为实现企业经营目标，管理组织必须运用各种管理方法对企业的人、财、物作出合理的安排和配置，在时间和空间上保持衔接平衡，以保证企业生产经营活动的顺利进行。

③ 协调企业各个部门、各个环节的工作，使组织运行处于良性循环。企业在供、产、销各个环节中，各个部门之间有时会出现脱节和不平衡的现象，管理组织的职能就是及时发现和解决这些问题，以保证企业各个部门工作的协调发展。

④ 组织的凝聚作用。企业通过组织制度和激励措施，把分散的企业员工凝聚成一个整体，使全体员工都为一个共同的企业目标进行工作，以促进企业经济效益不断提高。

1.5.3 现代企业管理组织设计的内容和原则

1. 企业管理组织设计的内容

企业管理组织设计是实现企业管理组织职能的首要环节，要建立一个完善的企业管理组织系统，关键在于精心进行企业管理组织设计。其内容主要包括以下几个方面。

(1) 上层决策组织系统的设计

上层决策组织系统的设计主要是指企业领导制度和顾问或咨询组织的设置。现代企业制度要求企业实行公司制治理结构，由股东大会、董事会、总经理和监事会负责企业各项事务。顾问或咨询组织在企业领导进行决策时充当顾问，以及提供咨询。

（2）生产经营指挥系统的设计

企业的生产经营指挥系统是以厂长（经理）为首的各级生产经营单位及其行政负责人和成员所组成的垂直形态的管理组织系统。其基本任务是：在厂长（经理）的直接领导下，负责统一指挥企业的生产经营活动，保证企业生产经营活动顺利而有效地进行。

（3）职能或参谋组织系统的设计

职能或参谋组织系统是由各级职能或参谋机构及其负责人和成员所组成的水平形态的管理组织系统。各级职能或参谋机构，是同级生产经营行政负责人的参谋和助手，分别负责某一方面的管理任务。

（4）管理组织实体的设计

任何组织系统都是由许多具体的组织实体（单位和部门）构成的。因此，企业管理组织实体的设计是企业管理组织系统设计的重要内容之一。每一个管理组织实体的设计，通常应按下列顺序进行：

① 设定该组织实体目标；

② 确定为实现该目标所必须进行的活动项目；

③ 为完成全部活动项目而必须配备的职务人员；

④ 设置管辖这些职务人员的机构；

⑤ 明确该组织实体在整个管理组织系统中的地位、作用，以及与其他组织实体之间的关系。

2. 企业管理组织设计的原则

要建立一个完善的企业管理组织系统，在进行企业管理组织设计时，必须遵循以下一些基本原则。

（1）目标一致原则

设置每个组织机构的目标时都要服从企业管理目标的需要，并且上下目标一致。要让企业的每个部门、每个人了解企业的总目标，并围绕目标计划自己的行动；同时，不能为了本部门的利益，影响总目标的实现，应动员全体职工为完成总目标而努力。

（2）集权与分权原则

大型企业要把重要权力和方针、政策和制度及重要的人事任免等集中在高层领导，而把处置日常业务的一般权力授予下级管理人员。集权与分权的程度要根据领导与下属的素质及外部环境来决定。适当分权不仅可以使高层领导集中精力于重大决策，而且可以调动下级的积极性，发挥更多人的专长，增强企业的灵活性。

（3）统一指挥原则

每个职工只能有一个上级，只接受一个上级的命令和指挥，并对其负责；否则，多重领导、令出多门，会造成下级无所适从，权力和纪律就会遭受严重破坏。一个企业自上而下存在多层次指挥系统，为避免执行中呆板、迂回、缺乏横向的联系，根据科学管理原则，可以在上级许可的前提下，同一层次的职工可以直接联系，并事后将沟通的结果报告上级。这样既节省了时间，又维护了统一指挥原则。

（4）管理幅度与管理层次原则

管理幅度是指一个领导有效管理下属的人数，管理层次是指一个企业组织机构分为几个层次领导。管理幅度与管理层次有内在联系。在完成同样数量工作情况下，管理幅度和管理层次的宽窄、大小是互为倒数的。

管理幅度一方面取决于管理者职务的复杂程度，另一方面取决于组织机构中管理层次和管理人员的数量。管理层次少、管理人员少，管理幅度就宽；管理层次多、管理人员必然多，管理幅度就窄。因此，管理幅度有一定限度。最佳的管理幅度取决于管理者和下属双方的能力，具体主要有承担非管理职务的多少、解决问题的复杂程度、新问题的发生率及下属分散的程度等因素。

一般认为中上层领导的管理幅度要狭窄一些，以 4 ～ 8 人为宜；基层领导的管理幅度要宽一些，以 10 ～ 15 人为宜。

管理层次也受管理人员、信息沟通的制约。管理层次多，不仅管理人员多、开支大，而且信息传递路线长、环节多，容易失误。管理层次一般以少为宜。目前，我国企业组织机构的管理层次，大中型企业为三四个层次，小型企业为两个层次。

（5）权责对等原则

企业中每一个机构都应按权责对等的原则设置。有一定的职务应负担一定的责任，同时也享有相应的权利。责任是随权利而产生，又是权利的对等物；权利是为了更好地履行职责。责任与权利应该一致，每一个机构不应有权无责、有责无权或权责不相称，更要避免“因人设事”地建立机构。

（6）专业化原则

企业组织机构的设置，必须根据专业化原则进行分工，明确每一部门及个人的职责；但分工要适当，既要考虑分工的专业化，又要从合作的角度来考虑把各种分工组合起来，即对类似的工作应组合在一个部门，这样可以减少部门与部门、人与人之间的工作矛盾，提高工作效率。一般可根据目标和活动方式来组合部门。如产品型部门、顾客型部门、地区型部门、职能型部门、生产过程型部门及混合型部门等。采取何种类型，应权衡利弊，加以选择。

（7）适应性原则

现代企业的组织机构必须对外部环境的变化有适应能力。由于内外环境因素都在不断地发生变化，设计组织机构时要有一定的适应性。这样才能使组织机构既能适应不断变化的情况，又能达到相对的稳定性。当企业的内外环境发生巨大变化时，则应重新设计与改革企业的组织机构。

总之，企业组织机构必须根据上述基本原则，结合企业的外界环境和内部条件加以设计，不断实践、不断总结、不断完善。

1.5.4　企业管理组织结构的形式

1. 传统组织形式

在传统组织形式阶段，企业管理组织结构先后经历了 3 种基本形式，即直线制、职能制、直线职能制。

1）直线制

直线制企业，是指从最高管理层到最低管理层按垂直系统排列，各级生产行政领导者执行统一指挥，而不设置专门的职能部门的一种形式。直线制组织又称为军队式组织，组织结构如图 1－6 所示。

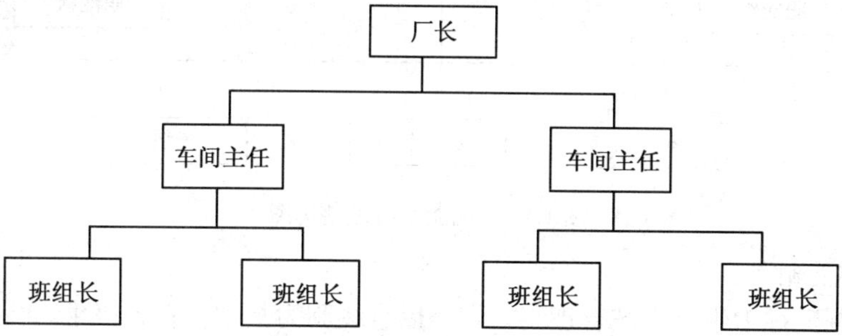

图 1－6　直线制组织结构图

直线制是工业发展初期的一种最早、最简单的组织形式。这种组织结构的优点是结构简单，权责分明，指挥和命令统一，工作效率高；缺点是在管理业务工作繁重的情况下，领导者容易陷入日常行政事务中，不利于集中精力思考与研究企业重大问题。采取这种组织形式，要求管理者具有多方面的管理业务知识和技能。

直线制一般适用于规模较小、生产技术简单的小型企业。

2）职能制

职能制是指在各级生产行政领导者之下，按照专业分工设置管理职能部门，专门在其业务范围内向下级发布命令和下达指示，下级领导者既服从上级领导者的指挥，也听从上级职能部门的指挥，其结构如图 1－7 所示。

这种组织形式的优点是适应企业生产技术发展和经营管理复杂的要求，能够发挥职能机构的专业管理作用和利用专业管理人员的专长；缺点是妨碍了企业年度经营活动的集中统一指挥，形成多头领导，命令不统一，下属无所适从，不利于责任制的建立，有碍于工作效率的提高。

职能制是在 19 世纪 80 年代初期由美国的泰勒首先提出的，并在米德瓦尔钢铁公司以职能工长制的形式加以试行。1908 年泰勒在初版《工场管理》一书中对此做了介绍。但由于职能制妨碍集中统一领导，故未被广泛采用。

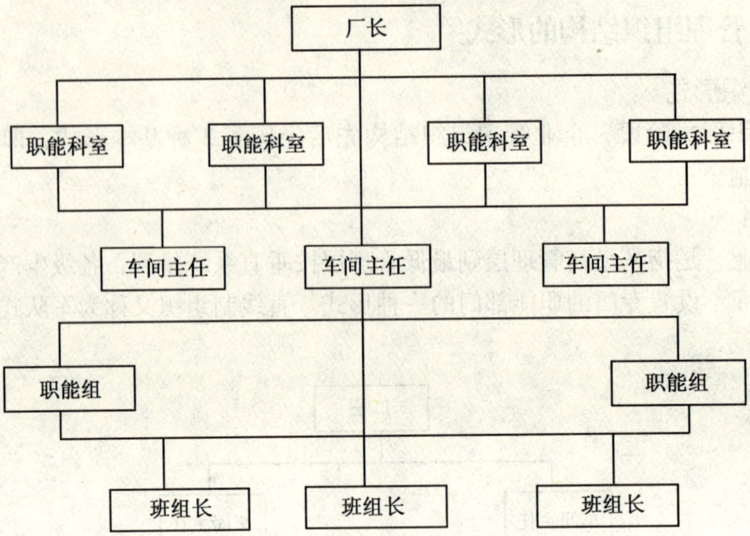

图 1－7　职能制组织结构图

3）直线职能制

直线职能制又称为生产区域管理制。它是以直线制为基础，在各级生产行政领导之下设置相应的职能部门，分别从事专业管理，并作为该级领导者的参谋部，是企业管理机构的基础组织形式。职能部门拟定的计划、方案及有关指令，由生产行政领导者批准下达。职能部门对下级领导者和下属职能部门无权直接下达命令或进行指挥，只起到业务指导的作用。直线职能制组织结构如图 1－8 所示。

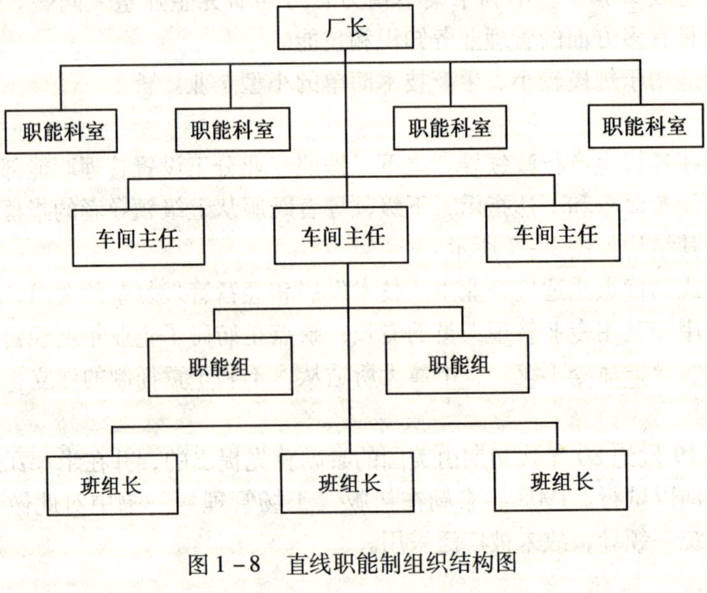

图 1－8　直线职能制组织结构图

这种组织形式是在综合了直线制和职能制的优点、扬弃其缺点的基础上形成的。优点是各级直线领导者都有相应的职能机构和人员做参谋和助手，因而能够对本部门（单位）的生产、技术、经济活动进行有效的组织和指挥；同时，每个部门都是由直线领导者，即主管人员统一领导和指挥，为发挥生产行政指挥系统的作用提供组织保证。其缺点是企业生产活动中许多问题需要许多部门协同解决，但各部门由于分管不同的专业管理工作，观察和处理问题的角度不同，因而往往会产生种种矛盾，所以横向协调比较困难；又由于在直线职能制下，各职能部门的意见只有通过直线行政领导人员方能得到处理，这样也贻误工作。为了克服这些弊端，可以在职能参谋部门的业务范围之内，授予直线领导者一定程度的决策权、控制权和协调权，以利于职能部门作用的发挥。

2. 现代组织形式

现代管理组织形式是随着现代大工业的发展应用而产生的。特别是第二次世界大战以后，跨国公司的出现使原来的传统组织形式日益不能适应生产经营的需要，因而出现了矩阵制组织形式、事业部制组织形式等现代化管理组织形式。

1）矩阵制

矩阵组织又称为规划－目标结构组织。它是把按职能划分的部门和按产品（或工程项目或服务项目）划分的小组结合起来组成一个矩阵，使该项目的管理人员既同原职能部门保持组织与业务上的联系，又参加产品或项目小组的工作。为了保证完成一定的管理目标，每个项目小组的成员受双重领域的领导。一方面受项目小组领导，另一方面受原职能部门的领导，矩阵制组织结构如图1－9所示。

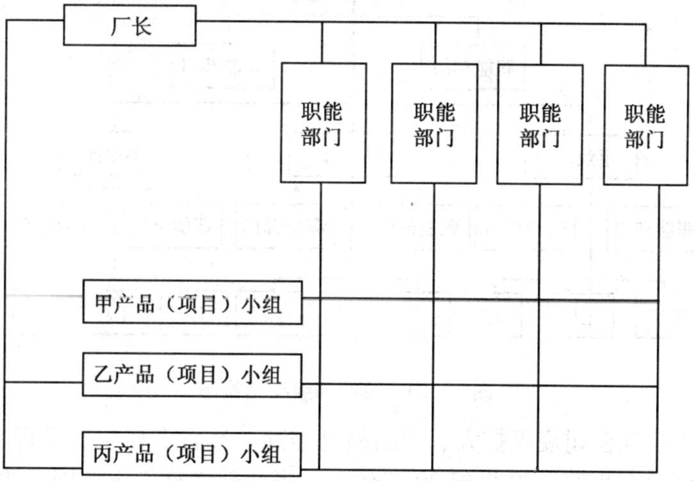

图1 9 矩阵制组织结构图

这种组织结构的优点是：使企业中的纵向联系和横向联系很好地结合起来，加强了各职能部门之间的配合，及时互通情况，共同决策，使各项专业管理部门能够比较协调灵活地执行任务，提高工作效率；把不同部门的专业人员组织人员组织在一起，有助于激发人们的积极性和创造性，培养和发挥专业人员的工作能力，提高技术水平和管理水平；将完成某项任务所需要的各种专业知识和经验集中起来，有利于加速开发新技术和试制新产品，推广现代科学管理方法，同时为企业综合管理和职能管理的结合提供了组织结构模式；这种组织结构具有较好的适应性和稳定性，每个小组所担负的产品或项目，可以根据情况的不同而变化。

它的缺点是由于领导关系的双重性，往往会产生一些矛盾。

20 世纪 50 年代末，为了执行巨大的军事生产计划，美国休斯飞机公司最先采用这种矩阵组织，以后逐渐推广到其他领域。这种组织形式，适用于某些需要集中各方面专业人员参加完成的项目或业务。

2）事业部制

事业部制又称为分权组织，或称为部门化组织结构。它是在公司统一领导下，按产品或地区、市场划分的统一进行产品设计、采购、生产和销售活动的半独立经营单位。事业部制是一种分权制的管理组织形式，实行相对的独立核算，拥有一定的经营自主权，设有相应的职能部门。它是在总公司控制下的利润中心，具有利润生产、利润计算和利润管理的职能；同时又是产品责任单位，有自己的产品和独立的市场。按照“集中政策，分散经营”的管理原则，公司最高管理机构有制定决策、财务控制、规定价格幅度、监督等大权，并利用利润等指标对事业部进行控制。事业部的经理根据总经理的指标进行工作，统一领导其主管的事业部和研制、技术等辅助部门。事业部制的组织结构如图 1－10 所示。

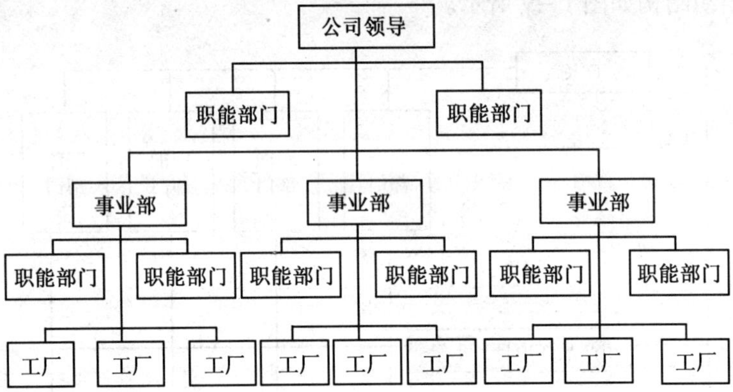

图 1－10　事业部组织结构图

事业部制是为适应公司规模扩大、产品品种增加、经营多样化、管理层次和部门增多，以及市场竞争加剧而产生的。20 世纪 20 年代初，事业部制首创于美国通用汽车公司，任副经理的小阿尔弗雷德·P·斯隆研究和设计的企业管理组织机构，是事业部制的典型，被称为“斯隆模型”。斯隆按照“政策制定与行政管理分开”的原则，把公司的任务分为决策任务和执行任务。领导部门担负决策任务，事业部指挥各级业务经营活动。董事会是决策机构，在它下面设立财务委员会和执行委员会。前者对公司的财务及其财务工作人员实行全面控制；后者对公司的业务经营活动实行全面控制。各事业部是公司内部的独立经营单位，它也是利润中心，根据公司的方针政策和统一制度，全权指挥所管辖的各单位生产经营活动，并对完成总公司赋予的任务负全面责任。据 1969 年统计，美国最大的 500 家公司中有 76% 采用事业部制，1977 年日本 104 家公司有 79.4% 采用事业部制。这种组织形式，一般适用于经营多样化、品种多、产量大、各种产品有独立的稳定市场的大公司，以及适宜独立自主经营的部门。

事业部的组织形式可按产品、顾客、地区标志划分。按产品划分的事业部，是在产品品种较多、各种产品都能形成独立市场的情况下采取的一种组织形式；按顾客（市场）划分的事业部，是在顾客类型和市场不同的情况下所采用的一种组织形式；按地区划分的事业部，是在销售地区广、工厂分散的情况下采取的一种组织形式。事业部内部的组织构成因公司的行业、规模、工厂或分店分布、生产技术和历史情况而不同，主要形式有以下 3 种。

① 事业部兼管生产和销售。事业部内部设置生产组织和销售组织，以及相应的职能部门，成为与独立企业相似的组织，履行利润责任。

② 事业部只管生产不管销售，销售业务由销售事业部进行。

③ 建立超事业部。对有关的几个事业部实行统一规划和分工，执行相关事业部带有共同性的研究开发或服务性的管理职能，以协调各事业部的活动，避免执行同样职能所造成的不经济和低效率的现象。

事业部制的优点是：经营单一产品系列，对产品和销售实行统一领导，独立经营，便于灵活地根据市场动向作出相应的决策，取得竞争的主动权；有利于公司最高管理者摆脱日常生产经营业务工作，专心致力于公司的战略决策和长期规划；有助于调动部门和员工的主动性和创造性，发展新产品，采用新技术，开拓市场，充分利用公司资源，有效控制产品成本和利润；有益于锻炼和培养管理人员，提高部门领导者的专业知识、领导能力和工作效益；便于公司考核和评定部门的生产经营成果，促进各事业部的利益与整个公司利益之间的协调一致。

事业部制的不足之处是：容易产生本位主义；由于允许事业部之间的竞争，造成事业部之间人员互换的困难；影响先进技术和科学管理方法的交流，并为总公司推进事业部组成统一经营系统带来困难；各事业部设置职能部门，造成管理机构交叉、重叠，管理人员浪费，增加了管理费用。

案例分析

建新通讯仪器厂的企业管理组织机构

建新通讯仪器厂原是军工企业，在我国体制改革过程中，为适应自身生存和发展的需要，在生产军用品的基础上又转向民用品的开发和生产，并获得了成功。现在该厂共有军用通讯设备、电话机、电话交换设备、小型计算机、VCD 机五大产品系列，企业资产总值 2 亿元，职工 5 600 人。30 多年来，建新通讯仪器厂一直采用直线职能制的组织机构形式，共设有 21 个职能科室，各职能部门负责一部分管理业务。5 个副厂长分别负责生产、销售、技术、财务和人事工作，并各自分管若干个职能科室。

随着体制改革的深入，民用品的市场竞争日益激烈，该厂领导人越来越感到这种组织已经不能适应生产经营的需要。为了增强企业的竞争能力，使企业获得更好的发展，该厂经过分析研究，决定把企业的组织机构由原来的直线职能制改为事业部制，以产品为中心成立事业部，每个事业部是一个利润中心，在总公司的领导下实行独立核算、自负盈亏。由此，该厂制定了一个事业部组织机构方案，如图 1－11 所示。

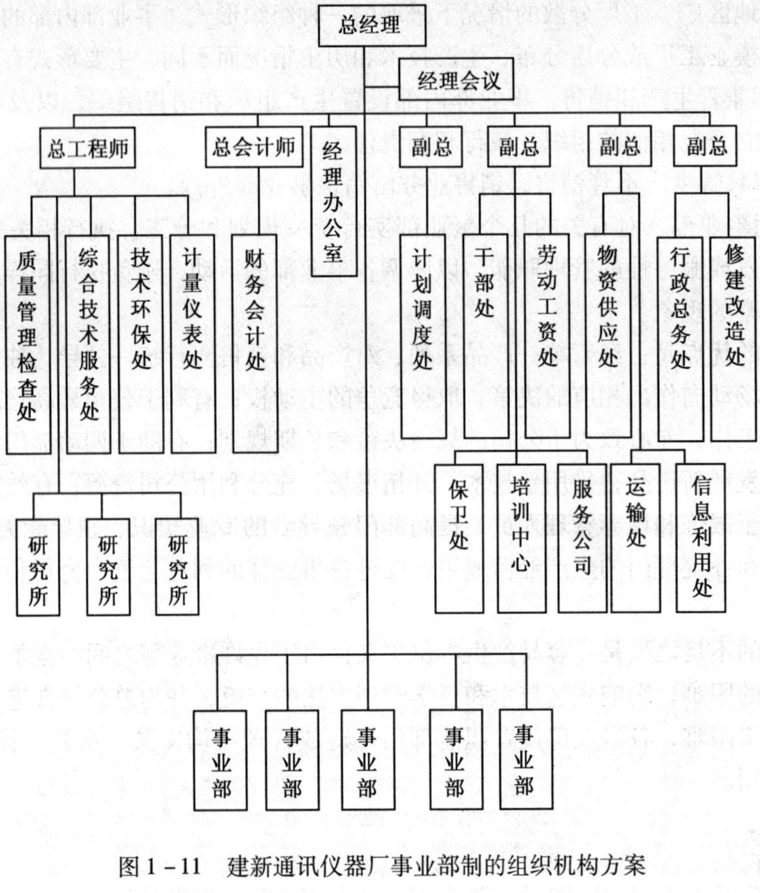

图 1－11　建新通讯仪器厂事业部制的组织机构方案

这个方案在准备实施前，厂长召集有关人员共同商讨组织机构改组问题。会上，大家对成立事业部所需解决和可能出现的一些问题发表了各自的意见。以下是会上提出的几个问题。

1. 如何处理好军用品和民用品的关系

该生产军用品的任务，带有一定的计划指令性质，且订货时有时无，时紧时松，军用品的利润也低于民用品。原来全厂统一核算，矛盾尚不突出，若实行事业部制，军用品事业部显然处于不利地位。

2. 关于事业部的职权问题

即究竟授予事业部经理多大的权限，才能使其在不改变企业经营方针、经营结构的前提下充分发挥其聪明才智，使该事业部取得最大的经济效益。有人认为，本厂技术力量虽比较雄厚，但管理人员少且素质低，因而事业部经理开始时的权限不应该过大，也不必让事业部经理承担过大的盈亏责任，让其通过锻炼逐步成为有较高能力的管理人才，然后再赋予其较大的管理权限和责任。还有人认为，事业部的领导人必须拥有较大的经营自主权，各事业部实行独立核算、自负盈亏，这样可以促使事业部搞好工作；同时，通过给事业部以更多的自主权，才能使企业最高领导层摆脱日常行政事务，成为强有力的决策机构，而且还有利于调动事业部领导人的积极性和主动性。否则，这种组织机构形式不会给企业带来太大改观。

3. 关于事业部间的横向联系

以前各部门之间不存在竞争，所以也不存在很大矛盾。如果实行事业部，有助于事业部之间的协作，但各事业部由于有着自己的利益，因而可能影响各事业部之间的协作，如军用品和民用品之间的协作就会发生困难；而且各事业部之间由于经营方法不同，其效果也不同，从而就会造成不平衡和不协调。对此有人认为，这种不协调可由总公司通过计划或财务手段来协调，也有人认为这可以通过市场竞争由它们自己去协调，不必诉诸行政手段。

4. 关于人员问题

该厂现有的中层以上管理人员占全厂人员的3%，而实行事业部必然会相应地增加管理人员，但该厂由一定能力和水平的管理人员又很少，这是一个矛盾。与此同时，实行事业部制，对工作人员来说，由于有明确的责任界限，便于考核，能够更好地调动他们工作的积极性，从而事业部内部的劳动生产率就会提高，这样就会出现一部分多余的生产人员，这部分人在本厂规模较小的情况下如何合理安排，这也是一个问题；而且由于各种产品的利润高低相差较大，不同事业部之间的利益差别就会加大。原来是全厂平衡，一旦实行事业部，由于利益差别可能会影响一部分部门的积极性。

思考讨论题

1. 你认为建新通讯仪器厂是维持直线职能制好，还是改成事业部制好？为什么？
2. 事业部的职权如何界定？究竟以多大为宜？
3. 如何加强事业部之间的横向联系？如何看待实行事业部制后的利益差距？

本章练习题

一、单项选择题

1. 现代市场经济中，市场的主体是（　　）。

A. 政府　　B. 行业机构　　C. 企业　　D. 人

2. 公司的日常管理机构是（　　）。

A. 股东大会　　B. 董事会　　C. 经理机构　　D. 监事会

3. 最先提出科学管理理论的代表人物是（　　）。

A. 法约尔　　B. 韦伯　　C. 甘特　　D. 泰罗

4. 管理层次和管理幅度的关系是（　　）。

A. 正比例关系　　B. 反比例关系

C. 没有什么关系　　D. 有密切

5. 企业管理的具体职能中，首要职能是（　　）。

A. 计划　　B. 组织　　C. 用人　　D. 控制

二、多项选择题

1. 影响组织的外部环境因素包括（　　）。

A. 政治环境　　B. 社会环境　　C. 经济环境　　D. 技术环境

2. 西方现代领导理论的发展，经历了 3 个阶段，即（　　）。

A. 传统领导理论阶段　　B. 特制领导阶段

C. 领导行为阶段　　D. 领导权变理论阶段

3. 公司制企业的法人治理结构由（　　）构成。

A. 股东会　　B. 董事会

C. 以经理为首的执行机构　　C. 监事会

4. 政治环境包括（　　）。

A. 政局的稳定　　B. 国家的社会制度

C. 政府政策　　D. 法律法规

5. 公司企业的优点是（　　）。

A. 责任的有限性　　B. 所有权与财产权分离性

C. 资本的稳定性　　D. 所有权的可转移性

E. 寿命的持续性

三、思考题

1. 什么是有限责任公司？什么是股份有限公司？

2. 现代企业制度及其特点是什么？
3. 管理者的层次与管理者技能之间的关系如何？
4. 简述一般管理理论的基本内容。
5. 简述管理组织设计的原则。
6. 简述直线职能制的优缺点。

第 2 章

企业战略管理

学习目的

通过本章的学习，要求学生掌握企业战略的概念及战略管理的概念与特点，企业战略环境分析的基本内容与技术方法，企业总体战略、竞争战略的基本内容及战略管理过程。

关键术语

战略　企业战略　战略管理　SWOT 分析　五力分析法　总体战略　竞争战略

2.1　企业战略管理概述

2.1.1　企业战略的概念

1. 战略

战略是贯穿于一个系统在一定历史时期内的决策或活动中的指导思想，以及在这种思想的指导下，作出的关系到系统全局发展的重大谋划。战略具有全局性、未来性、系统性、竞争性、相对稳定性的特点，由战略思想、战略目标、战略阶段、战略重点和战略对策构成。

2. 企业战略

企业战略是企业以未来为导向，根据企业外部环境变化和内部资源条件，为求得企业生存和发展而作出的全局性、整体性的谋划。这里要重点区别企业战略、战术和策略三者之间的关系：企业战略是解决正确地“做”什么的谋划；战术是解决怎么“做”的途径；而策略则是具体做的措施、办法、手段。企业战略与战术之间是全局与局部的关系；与策略之间是目的与手段的关系。

2.1.2　企业战略管理及其特点

1. 企业战略管理的含义

企业战略管理是指企业为了长远生存与发展的需要，根据企业环境和企业发展各个层次的目标，所进行的企业战略制定、战略选择和战略实施等全部活动的总称。

企业战略管理的概念包含以下几个要点：

① 战略管理是一项“综合性的管理活动”，它涉及企业生产经营的各个方面；

② 战略管理是一个“无止境的管理过程”，只要企业想生存与发展就会一直需要；

③ 战略管理是一门“科学与艺术相结合的管理活动”。

2. 战略管理的特点

（1）战略管理具有全局性

企业的战略管理是以企业的全局为对象，根据企业总体发展的需要而制定的。它所管理的是企业的总体活动，所追求的是企业的总体效果。虽然这种管理也包括企业的局部活动，但是这些局部活动是作为总体活动的有机组成在战略管理中出现的。具体地说，战略管理不是强调企业某一事业部或某一职能部门的重要性，而是通过制定企业的使命、目标和战略来协调企业各部门自身的表现，是它们对实现企业使命、目标、战略的贡献大小。这样就使战略管理具有综合性和系统性的特点。

（2）战略管理的主体是高层管理者

由于战略决策涉及企业活动的各个方面，虽然它也需要企业上、下层管理者和全体员工的参与和支持，但企业的高层管理人员介入战略决策是非常重要的。这不仅是因为他们能够统观企业全局，了解企业的全面情况，更重要的是他们具有对企业战略资源进行分配的权力。

（3）战略管理涉及大量资源配置

企业的资源包括人力资源、财力资源和物力资源，或者在企业内部进行调整，或者从企业外部来筹集。在任何一种情况下，战略决策都需要在相当长的一段时间内致力于一系列的活动，而实施这些活动需要有大量的资源作为保证。因此，这就需要为保证战略目标的实现，对企业的资源进行统筹规划、合理配置。

（4）战略管理从时间上具有长远性

战略管理中的战略决策是对企业未来较长时期（5 年以上），就企业如何生存和发展等进行统筹规划。虽然这种决策是以企业当前外部环境和内部条件为出发点，并且对企业当前的生产经营活动有指导、限制作用，但是这一切是为了更长远的发展，是长期发展的起步。从这一点上，战略管理也是面向未来的管理，战略决策要以经理人员所期望或预测将要发生的情况为基础。在迅速变化和竞争性的环境中，企业要取得成功必须对未来的变化采取预应性的态势，这就需要企业作出长期性的战略规划。

（5）战略管理需要考虑企业外部环境中的诸多因素

现代企业都处于一个开放的系统中，它们影响着这些因素，但通常是受这些不能由企业自身控制的因素所影响。因此，在未来竞争的环境中，企业要想使自己占据有利地位并取得竞争优势，就必须考虑与其相关的因素，这包括竞争者、顾客、资金供给者、政府等外部因素，以使企业的行为适应不断变化中的外部力量，使企业能够继续生存下去。

2.1.3 战略管理的作用

① 增强企业适应性。

② 指导企业管理实践。

③ 增强企业创新意识。

例如，海尔集团始终利用战略管理指导着企业的发展，其发展战略如图 2－1 所示。

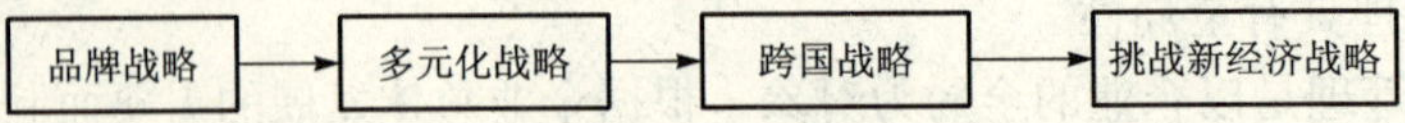

图 2－1　海尔集团的发展战略

战略管理的故事——熊的故事

从前，有两位在同一产业相互竞争的公司经理，他们正在进行一次野营以商讨两公司合并的可能。当他们共同走入密林深处时，突然遇到一只灰熊，灰熊直立着身子向他们吼叫。其中一位经理立即从背包里取出一双运动鞋，另一位经理忙说："喂，你不要指望能跑过熊。"那经理回答到："我可能跑不过那只熊，但肯定能跑得过你。"

故事的启示

这个小故事是对战略管理的形象比喻，有预见性，并能实现和保持竞争优势。

首先，战略管理包含了企业对环境的反应（来了一只大黑熊）。

其次，战略管理包含了一系列重要决策（坐以待毙，赶快离开，还是与大黑熊搏斗）。

再次，战略管理包括行动（穿运动鞋、快跑）。

最后，战略管理是为了达到一定的目的（比竞争者跑得更快）。

2.2 企业战略环境分析

2.2.1 企业战略环境的含义

企业战略环境是指对当前企业经营与前途具有战略性影响的变量，它包括外部环境和内部环境。

企业外部环境是指企业所面临的外部条件与环境因素的总和。企业的外部环境又可分为一般环境与任务环境。前者是众多企业所共同面对的环境，对个别企业的经营产生间接的影响；后者是指某类或个别企业所面对的特殊经营环境，对个别企业的经营产生直接的影响。企业内部环境是指企业自身的各种条件因素的总和。企业内部环境包括营运因素、组织与领导、企业文化等。

2.2.2　企业战略环境分析的基本模型

1. SWOT 分析

SWOT 分析是企业战略环境分析的基本架构。分析内部环境主要是找出企业经营的优势（Strengths）和劣势（Weaknesses）；分析外部环境主要是找出经营的机会（Opportunities）和威胁（Threats）。将这 4 种因素综合起来进行分析，就简称 SWOT 分析。这是企业战略环境分析的最基本思路与架构。

SWOT 分析法的形式有两种：SWOT 分析表（见表 2－1）和 SWOT 分析图（见图 2－2）。其中，SWOT 分析图主要用于确定战略方向。

表 2－1　SWOT 分析表

内部 / 战略组合 / 外部	优势（S） 1. 2. 3. 4.	劣势（W） 1. 2. 3.
机会（O） 1. 2. 3. 4.	SO	WO
威胁（T） 1. 2. 3. 4.	ST	WT

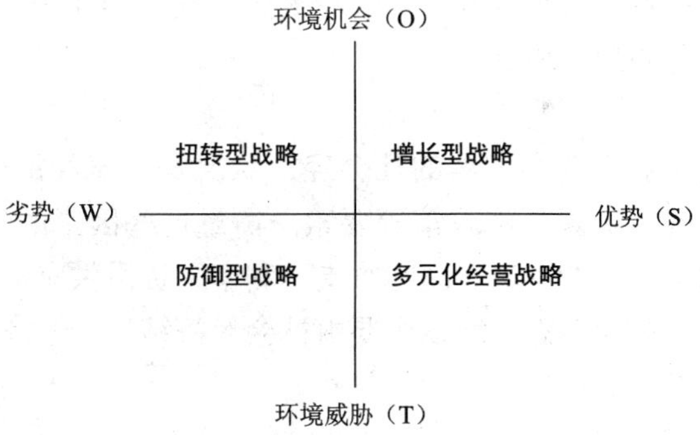

图 2－2　SWOT 分析图

2. 企业战略环境分析的系统模型

进行企业战略环境分析，应包括外部环境分析与内部环境分析两大部分。外部环境分析包括对一般环境的分析和任务环境的分析。通过外部环境的分析，主要是找出企业经营的机会，以便抓住机会，优化经营；同时要发现威胁，主动地规避风险。企业内部环境分析主要包括对营运因素、组织结构、企业文化进行分析。通过内部环境的分析，要发现劣势，提前进行防范；同时要找出优势，充分发挥已有的优势，真正构建企业在经营上的竞争优势，如图2－3所示。

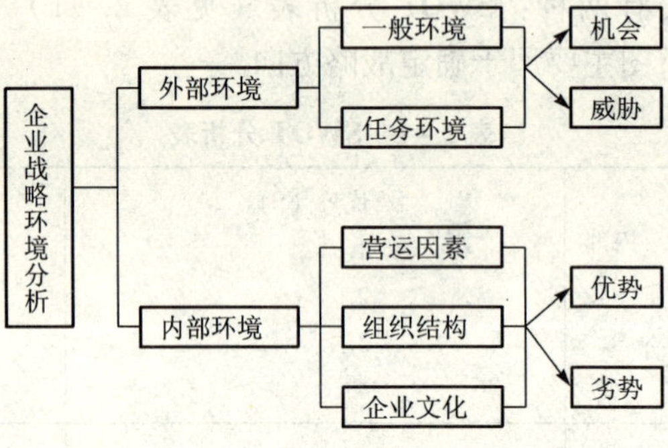

图2－3 企业战略环境分析图

企业在经营过程中，一个关键性的问题是要在分析环境的基础上建立本企业的竞争优势，以在激烈的竞争中立于不败之地。只有准确把握环境机会、规避风险，并正确认识自我、扬长避短，才能创造真正的竞争优势。而竞争优势的形成，必须与特定的环境相结合，在特定的环境下形成并发挥其作用。

2.2.3 企业外部经营环境分析

1. 一般环境分析

企业外部经营环境中的一般环境，是企业经营所共同面对的环境，对每一个企业的经营活动都产生极为重要的影响。对企业经营影响较大的一般环境主要有经济环境、技术环境、政治与法律环境、社会与心理环境等。

1）经济环境

经济环境是指构成企业生存和发展的社会经济状况及国家经济政策，包括社会经济结构、经济体制、发展状况、宏观经济政策等要素。衡量这些因素的经济指标有国内生产总值、就业水平、物价水平、消费支出、国际收支、利率、货币供应量、政府支出、汇率等。

企业经济环境是一个多元动态系统，主要由社会经济结构、经济发展水平、经济体制和宏观经济政策等4个要素构成。

2）技术环境

技术环境是指企业所处的环境中的科技要素及与该要素直接相关的各种社会现象的集

合，包括国家科技体制、科技政策、科技水平和科技发展趋势等。在科学技术迅速发展的今天，技术环境对企业的影响可能是创造性的，也可能是破坏性的，企业必须准确判断新的技术对本企业的影响，在战略上作出相应的调整，以获得新的竞争优势。

3）政治与法律环境

政治与法律环境是指那些制约和影响企业经营的政治和法律因素，政府就是通过各种行政和法律手段来调控企业的生产经营。特别是对于政府合同或补贴依赖度高的产业或企业，政治与法律环境分析是其宏观环境分析的首要因素。在国际贸易联系日益密切的今天，对于那些跨国企业来说，政治分析越来越重要、越来越复杂。今天的企业管理者必须时刻注意收集政治和法律信息，并作出正确的分析和决策，才能保证其战略的顺利实施。

企业的政治与法律环境主要包括以下 8 个方面：

① 政治制度；

② 政党和政党制度；

③ 政治性团体；

④ 国家的方针政策；

⑤ 政治气氛；

⑥ 国家的法律规范；

⑦ 国家司法、执法机关；

⑧ 企业的法律意识。

以上 8 个方面的政治与法律环境因素，影响和制约着企业的领导制度、生产经营和管理发展等诸多方面。企业必须注意搜集关于这些方面的资讯，才能更好地抓住机会、规避风险。

4）社会与心理环境

社会与心理环境主要是指企业所在地的人口、教育、生活习俗、道德、价值观念以及成员的各种心理状况等。企业经营过程离不开人与人之间的关系，离不开人们的社会心理因素。社会上的各种人文环境及心理氛围必然对企业的成员及经营过程产生广泛而深刻的影响。经营者必须高度重视这些社会与心理环境的影响，并能主动地通过思想教育、激励与沟通、服务与交流，做好适应、协调工作，并因势利导，使其能为实现组织目标服务。

2. 任务环境分析

任务环境是某一个或某一类企业开展经营活动所面临的环境，主要是指产业环境。与一般环境相比，任务环境对企业的经营更具有针对性，对企业的经营发挥着更为直接的作用。

1）任务环境的构成

企业在经营过程中主要直接面对以下任务环境。

（1）产品市场

任务环境中最直接、最明显影响企业经营的是市场。对企业生产经营的产品市场是对企业经营影响最大的任务环境因素。例如，本企业产品的市场容量、需求强度、供求状况等，直接决定着企业的经营规模与效益。

(2) 顾客

企业的顾客是企业生存的衣食父母，“顾客是上帝”。顾客的购买能力、需求强度和偏好，决定着企业生产与经营的方向。

(3) 竞争者

竞争者是指与本企业从事相同或相近的生产经营活动的个人或企业。竞争者的数量、实力及经营方式与竞争策略构成对本企业经营的威胁，对企业的经营产生重要的影响。

(4) 供应商

供应商决定着企业生产经营的产品或原材料的货源。因此，供应商对于保证企业产品或原材料的货源，降低生产经营成本，提高经营效益具有重要作用。

(5) 金融机构与融资渠道

银行和非银行金融机构对企业融资需求提供保障，银行和非银行金融机构对企业经营的影响是巨大的。

(6) 相关法律与法规

与企业经营直接相关的法律、法规，以及政府产业规划构成企业经营的重要任务环境。例如，国家及地方政府关于发展居民住房的战略、规划、政策，对于一家房地产开发企业的决策非常重要。

2) 任务环境分析的重点

在分析企业经营的任务环境的过程中，应侧重分析两个方面的内容：第一个是产业环境，即企业所在行业的需求、供给与产业竞争结构等情况。这是任务环境分析的主体内容。第二个是本企业所处的地位，即本企业在整个行业的竞争中所处的地位。只有准确地把握这两个重点，才能作出正确的经营决策。

3. 产业环境的分析模型——五力分析法

美国学者迈克尔·波特提出了产业竞争结构的分析模型。通过对5种竞争力的研究来分析任务环境。他认为一个产业的竞争状态取决于5种基本的竞争力量。这5种竞争力量是：新加入者的威胁、替代品的接近程度、购买者的议价能力、供应商的议价能力、产业现有企业间的竞争，如图2-4所示。

系统地考察这5种竞争力量，就可以正确地估价所在产业的竞争结构。对这5种竞争力量的简要分析如下。

1) 新加入者的威胁

新加入者的威胁是指潜在的竞争对手进入本产业的可能性。企业所处产业的竞争不是静态的，当有大批的竞争对手进入本产业时，就会大大加剧本产业的竞争，从而威胁现有企业。潜在竞争者能否进入本产业，以及进入可能性的大小，关键是产业屏障的大小，屏障大的产业，潜在竞争者就很难进入；而屏障小的产业，就可能有更多新加入者的威胁。对于不同的产业，产业屏障的大小是明显不同的。例如，开一间餐馆要比开一家生产彩电的工厂容

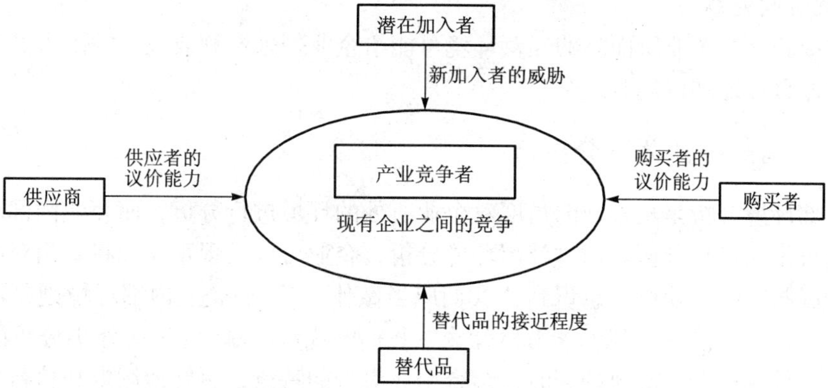

图 2－4　迈克尔·波特的产业竞争结构的分析模型

易得多，前者的产业屏障比后者的产业屏障小得多。

2）替代品的接近程度

替代品是指具有相同或相近功能的产品或服务，它们在使用上是可以相互替代的。如果本企业的产品几乎占据了绝大部分的市场份额，但是，由于有替代品的存在，则该企业并没有在行业中处于垄断地位。如果替代品与其产品特别接近，那么，该行业的竞争就是非常激烈的。

3）购买者的议价能力

购买者的议价能力是指顾客或用户在交易中讨价还价的能力。在买方市场或买方占据有利条件时，顾客或用户就会有非常强的议价能力，企业则处于被动的地位，增加了同业之间的竞争强度。

4）供应商的议价能力

供应商的议价能力是指企业的供应商向企业提供产品或原材料时的讨价还价能力。当原材料趋于紧张时，供应商就会有更大的议价能力，企业生产成本加大，企业竞争力下降。

5）同业之间的竞争

同业之间总会有若干家企业，它们之间存在着正面的竞争。其中任何一个企业的竞争行动对其竞争对手都会有显著的影响，从而引起其他企业对其行动采取报复或应对办法，进而引发新一轮竞争。同业之间的竞争是企业经营过程中存在的最直接、最现实的，也是影响最大的竞争力量。

以上 5 种竞争力反映了一般行业的竞争构成因素，具有普遍性。

4. 找出机会与威胁

外部环境分析的关键是要找出企业发展的机会与面临的威胁。

1）发现并抓住机会

这里的机会是指能为企业经营带来运作空间与发展潜力的商业机会。企业抓住机会不但有利于当前的发展，而且有利于未来的发展。

2）发现并规避威胁

这里的威胁是指企业所面临的经营环境可能给企业带来不利或危害的因素。企业应及早发现，并千方百计地加以规避。

2.2.4 企业内部经营环境分析

企业外部环境分析是从宏观的角度对企业所处的环境进行分析，而企业内部环境分析是对企业的自身素质进行分析。通过外部环境分析，企业可以发现正在和将要面对的环境中有哪些机会和威胁，使企业可以意识到“我们应当做什么?”而企业内部环境则是通过对企业内部条件的分析，来回答“我们能够做什么？我们的优势在哪里?”内外部分析的结合可以使企业在认清外部机会和威胁的同时，结合企业自身的特点，更好地制定和执行企业战略。

企业内部环境分析的目的是了解企业自身的各种条件和组织状态，确认企业自身的优势与劣势，在战略的实施过程中要注意发掘长处，克服自身的不足。企业内部环境分析是企业内部生产经营活动是制定和实施企业战略的基础。分析企业内部环境的基本方法是：首先分析企业经营的各种营运范畴；再分析企业制度与组织结构；然后分析企业的文化因素；最后找出企业的竞争优势与劣势。

1. 企业经营的营运范畴分析

企业的经营活动是一系列具有特定功能的营运活动。通过对这些营运功能的分析，可以挖掘出本企业的竞争优势，并发现劣势。企业的营运范畴主要包括以下几个方面。

1）市场营销

市场营销活动是企业经营的关键环节，是将企业与市场连接起来的桥梁。通过对企业市场营销活动的分析，检验企业的营销思想、营销策略、营销方式和营销手段是否与企业的经营目标相适应，以有效改进营销管理工作。

2）研发

以适销对路的优质产品投放市场，是企业竞争力的核心内容。因此，要认真分析企业的科技开发与产品开发，并重点分析本企业的产品开发是否适应市场需求及其趋势，是否有配套的商品化与市场推广工作。

3）生产与作业

生产过程直接关系产品的质量、生产成本、生产效率，对经营活动具有极为重要的作用。对于企业的生产与作业管理，应重点分析生产技术与设备的先进性、原材料与产品的质量和数量、生产成本控制等。

4）财务管理

资金运动是企业经营活动与成果的价值表现。对于企业的财务管理，应重点分析筹资管理、投资管理、营运管理、利润分配管理。

5）人力资源

企业中人的素质与管理对整个经营活动影响极大，是分析企业内部环境不可忽视的因素。

2. 组织与领导

企业制度、组织结构、领导方式等因素是影响企业经营成果的重要因素。科学有效的结构与体制本身，就是企业的竞争优势；结构与体制的僵化与落后，就是企业的最大劣势。

1）企业制度

企业制度是决定企业管理机制与管理方式的基础，对企业经营的效率与成果具有决定性影响。建立现代企业制度能为企业的经营创造强大的竞争优势。分析企业制度时应着重分析其产权制度，特别是企业的法人治理结构。

2）组织结构

企业的组织结构应与企业产品结构、规模、所在行业及实行的战略相适应。对于企业的组织结构，应重点分析组织结构的模式、职权关系、人员配备等。

3）领导方式

领导者的理念、领导方式、集体决策与民主管理的程度等，会在很大程度上影响企业的经营活动与绩效，也应将其列入内部环境分析的重要内容。

3. 企业文化

企业文化是一个企业区别于其他企业的重要特质之一，对于经营活动具有很大的影响，构成了重要的企业内部经营环境。

1）企业精神

符合时代发展的企业精神是企业的灵魂，也是企业经营之魂。企业精神将会在经营的所有领域与环节发挥潜移默化的作用。

2）士气

企业员工的士气是做好经营工作的巨大动力，应着重分析员工对工作的满足程度、认同度和激励度。

3）人际关系

企业内良好的人际关系，有利于提升企业的凝聚力与向心力。

4. 分析模型与方法——价值链

企业价值链理论是迈克尔·波特教授在 1985 年提出的，他在对企业各项生产经营活动进行审查、分析和归类后提出：企业的经营可以视为一个由设计、生产、营销、交货，以及对产品起辅助作用的各种价值活动的集合，这样的集合就称为价值链。

虽然同一行业中的企业都有大致相同的价值链，但是仔细分析后会发现，不同企业的价值链在细节上有很大的不同，这是由于不同的企业具有不同的竞争优势，因此造成价值链的差异。价值链分析法的目的就是通过分析企业内部条件，找出对顾客最有价值、企业最有优势的活动，加以改进提高，以达到提高企业竞争力的目的。价值链分析如图 2－5 所示。

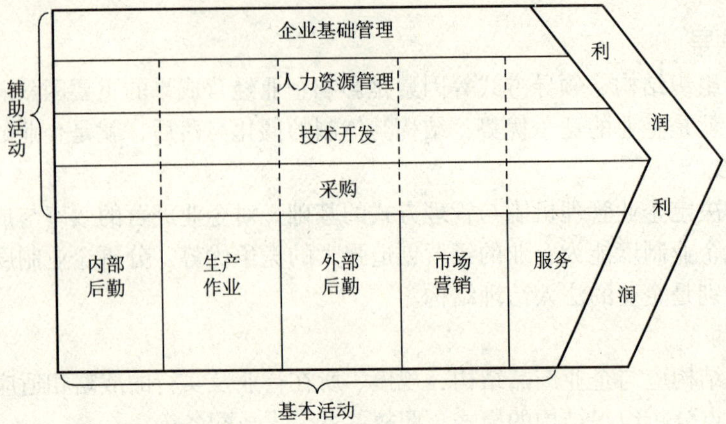

图 2-5 迈克尔·波特价值链分析图

价值链分析是分析企业内部经营环境的重要方法。

1）价值链的分析基础

价值链分析是建立在企业的经营宗旨是为顾客创造价值的理念基础上的。企业的一切生产经营活动的目的都是为顾客创造价值，要提高企业经营效率，就要在每个经营环节上千方百计地增加价值。

2）价值链的相关因素

价值链的相关因素包括：

① 为顾客带来价值是价值链的核心功能；

② 企业生产经营的商品是价值传递的载体，企业为顾客创造的价值是通过商品传递给顾客的；

③ 顾客是价值的认知者、评价者和享用者；

④ 企业是价值的创造者，是通过一系列生产经营活动创造的。

3）价值链的构成

价值链是由一系列生产经营活动构成的，主要包括以下两类。

① 基本活动：主要有内部后勤（资源接收、储存和分配活动，如原材料搬运、仓储、库存控制、车辆调度等）、生产作业、外部后勤（包括产品发送、储存、运输等）、市场营销、服务等活动。

② 辅助活动：主要有采购、技术开发、人力资源管理、企业基础管理等活动。

所谓价值链分析，就是对企业上述各种经营活动（主要是基本活动与辅助活动）领域与环节，进行深入地分析。一方面是对每一项价值活动进行分析；另一方面是对各项价值活动之间的联系进行分析。通过分析，找出优势与劣势，以提高企业的价值创造能力。

5. 企业竞争优势与劣势分析

分析企业内部环境的关键，是找出竞争优势与劣势。

1）建立竞争优势的基础

企业建立竞争优势的基础主要有以下 4 个方面。

（1）质量

生产经营适应顾客需要的高质量产品，是形成企业竞争优势的最重要的基础。

（2）效率

效率主要是指有效的使用经济资源，降低产品的成本，从而形成竞争优势。

（3）创新

创新可以为企业带来生机与活力，只有坚持不断创新的企业，才能在激烈的竞争中确保优势。

（4）顾客回应

顾客作为价值的认知者和评价者，是企业经营效益的源泉。只有向顾客提供满意的产品，并与顾客保持密切而稳定的联系，真正获得顾客的认可与惠顾，才能建立更加稳定和强有力的竞争优势。

2）建立竞争优势的策略

在系统的价值链分析的基础上，发掘企业的竞争优势，采取正确的策略，不断增强企业的竞争优势。构建企业竞争优势主要有以下 3 个策略。

（1）成本领先策略

成本领先策略是通过先进的技术与管理，显著地提高生产效率、降低成本，实现成本优势，从而获得竞争优势。

（2）产品差异化策略

产品差异化策略是通过细化的市场需求调研，开发出适合消费者需求的产品，实现产品特色鲜明、功能合理，使本企业的产品与竞争对手的产品区别明显，从而形成竞争优势。

（3）集中化策略

集中化策略是重点服务某个特殊的顾客群或某个细分市场，以求在狭窄的市场面构建经营优势。

3）劣势分析

导致企业失败的隐患与劣势主要有以下 5 个方面：

① 企业经营环境情况不明，缺乏清晰的战略；

② 技术落后，没有优势的产品与品牌；

③ 营销乏力，不能有效地占领市场；

④ 组织结构与管理机制僵化，管理观念与管理方式落后；

⑤ 企业缺乏创新与活力。

4）企业劣势的消除

消除企业劣势的途经有以下 4 种：

① 深刻认识企业劣势的危害，树立危机意识；

② 深入分析企业内部环境，发掘企业存在的劣势；
③ 通过改革、重组、调整等多种手段，堵塞漏洞，消除劣势；
④ 建立完善的结构与机制，从源头消除产生劣势的环境。

2.3 企业战略与管理过程

2.3.1 企业战略的结构

企业的目标是多层次的，与之相对应的企业战略也具有多层次性。对于一个多业务领域的大型企业而言，完整的企业战略可以包括3个层次：公司总部的企业总体战略（Corporation Strategy）、事业部层的业务战略（Business Strategy）或称为竞争战略（Competitive Strategy），以及各职能层的功能战略（Functional Strategy）也称职能战略。企业战略组织结构如图2-6所示。

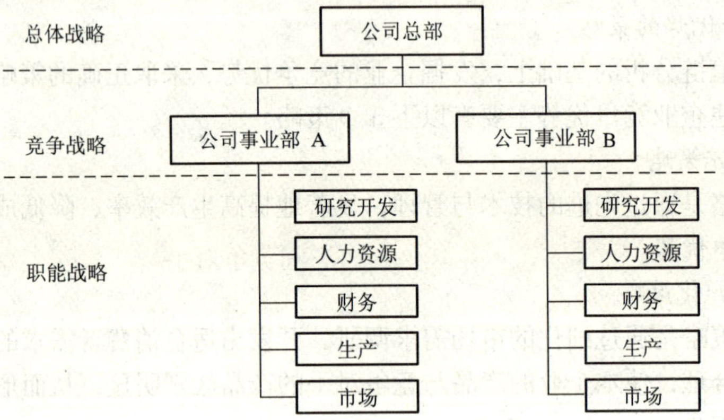

图2-6 企业战略组织结构图

2.3.2 企业总体战略

企业总体战略是关于企业整体发展的方向、目标、策略和资源配置的长期计划。企业总体战略主要解决两个关键问题：企业应从事什么样的业务领域；企业应如何管理这些业务领域（即这些业务领域的优先顺序和关系是什么）。

从战略态势看，企业的总体战略可以分为成长战略、稳定战略和紧缩战略三大类。

1. 成长战略

成长战略又称增长型战略，是指企业在现有的战略基础上向更高的水平发展，包括扩展业务领域、扩大企业规模、提高市场份额、获得超额利润等。从企业发展的角度，任何成功的企业都应有增长型战略实施期，因为从本质上，只有增长型战略才能不断扩大企业规模，使小企业发展成长为大企业。

1）企业实施成长战略的基本动因

① 在动态的竞争环境中，增长是一种求生的手段。

② 扩大生产规模和市场占有率可以使企业利用经验曲线获得规模经济效益。

③ 寻求发展是企业的本性。

④ 企业家强烈的发展欲望是企业发展的第一推动力。

⑤ 许多企业管理者把增长等同于成功。这种认识上的误区是因为没有意识到简单的总量增长有时可能意味着效率和效益的下降，从而追求增长型战略。

⑥ 增长快的企业容易掩饰其决策失误和低效率。

2）成长战略的特征

与其他类型的战略态势相比，成长战略具有以下特征。

（1）规模快速扩张

实施成长战略的企业往往比其他企业的产品在市场上的平均增长水平高。市场占有率的增长可以说是衡量增长的一个重要指标，成长战略的体现不仅是绝对市场份额的增加，更应体现在市场总容量增长的基础上相对份额的增加。

（2）盈利能力提高

实施成长战略的企业往往取得超过行业平均水平的利润率。由于发展速度较快，这些企业更容易获得较好的规模经济效益，从而降低生产成本，获得超额利润。

（3）采用非价格竞争

采用成长战略的企业倾向于采取非价格的手段同竞争对手抗衡。由于采用成长战略的企业不仅在开发市场上下工夫，而且在新产品开发、管理模式上都力求具有竞争优势，总是以创新的产品和服务作为竞争手段。

（4）积极实施创新

实施成长战略的企业常常开发新产品、新市场、新工艺和老产品的新用途，以把握更多的发展机会，谋求更大的高回报。

（5）努力改变环境

与简单的适应外部环境不同，采用成长战略的企业倾向于通过创造新的需求来改变外部环境并使之适合自身，这种引导或创造合适的环境是由其发展的要求决定的。

3）成长战略的具体类型

（1）单一产品增长战略

单一产品增长战略是指不扩展新的产品而集中力量增加现有产品的产量与市场份额。这对于现有产品有市场潜力的企业而言，是一种稳妥的选择。要实现这一战略，一方面要提高产品技术含量，增加系列品种；另一方面要加大营销力度，提高市场占有率。

（2）同心多元化战略

同心多元化战略是指利用现有技术与优势，增加与现有产品相类似的新产品的一种发展战略。该战略适应于拥有技术专长和经营优势的企业，是一种低风险的发展战略。实行这种战略，一方面是以技术专长为基础与核心进行多样化经营；另一方面是向相关行业进行拓展经营。

(3) 纵向一体化战略

纵向一体化战略是指企业通过纵向延伸的方式拓展业务领域的一种战略，包括前向一体化战略和后向一体化战略。前向一体化战略是指企业对其产品作进一步的深加工，或者对相关资源进行综合利用，或者从生产延伸到销售或服务，从而扩展业务的范围；后向一体化战略是指企业自己供应其生产所用原材料，或者自己生产其制造机器所用的零部件。一体化战略的益处是：前向一体化可以控制销售和分销渠道；后向一体化战略可以增加对原材料的控制权。一体化战略的弊端是：由于规模过大而带来的管理效率下降，若介入过深，则退出难度较大。

(4) 多角化战略

多角化战略是指企业增加与现有产品、技术或市场都没有联系的全新产品，以建立多种产品领域的复合经营结构战略。当企业扩张到一定规模，在管理上具有明显的竞争优势，要想长期发展时，常常采取多角化战略。多角化战略的优点是：可以分散经营风险，获得稳定收益；可以在企业内部进行资源的协调与调度；具有规模优势，增强整体竞争实力。多角化战略的弊端是：导致企业规模过度膨胀；管理的复杂化；资源分散化，导致核心竞争力下降。

4) 成长战略的适用条件

(1) 宏观经济和产业经济状况良好

企业的成长战略需要从环境中获得必要的资源。如果未来阶段宏观环境和行业环境较好，企业就比较容易获得这些资源。从需求的角度，如果宏观环境和行业环境的走势较为乐观，消费需求和投资需求有较好的预期，则企业成长战略将具有良好的外部条件。

(2) 成长战略必须符合国家政策法规

世界上大多数国家都鼓励高新技术的发展，因而企业实施成长战略的可行性较为充分。

(3) 企业必须有能力获得充分的资源满足成长战略的要求

企业发展所需的资源包括财力资源、人力资源、信息资源等。在资源充分性的评价过程中，企业必须问一个问题：如果企业在实行成长战略的过程中由于某种原因暂时受阻，它是否有能力保持自己的竞争地位？如果回答是肯定的，那表明企业具有充分的资源来实施成长战略，反之则不具备。

(4) 企业具有适合于发展的企业文化

如果一个企业的文化是以稳定性为主旋律的话，那么成长战略的实施就要克服相应的文化阻力。

2. 稳定战略

稳定战略是指企业基本保持现有经营规模和范围的一种战略。稳定战略的基本特征是在战略上无变化或微小变化；维持业务范围和利润水平；暂停增长；慎重对待扩张等。稳定战略的特点是可以减少经营风险、避免资源闲置，并为企业发展提供一个良好的休整期，但也可能使企业丧失发展机会。通常，稳定战略应用于相对稳定的竞争环境。

稳定战略的主要类型如下。

（1）无变化战略

无变化战略（No Change Strategy）是维持现有战略不进行调整，可能源于企业对现状的满足，或者是资源调整困难。

（2）维持利润战略

维持利润战略（Profit Strategy）是维持现有利润水平，注重短期效益，忽略长期发展。

（3）暂停战略

暂停战略（Pause Strategy）是在一定时期内降低企业目标和发展速度，使速度、资源、能力保持一致。

（4）慎重战略

慎重战略（Caution Strategy）是由于环境变化难以预测，采取慎重态度。

3. 紧缩战略

紧缩战略是指企业从目前的战略经营领域和水平收缩与撤退，且偏离起点战略较大的一种战略 。紧缩战略的基本特征是对企业现有的业务和市场领域实行收缩、调整和撤退；严格控制资源运用；尽量削减各项费用支出，包括裁员等。紧缩型战略具有明显的过渡性，其根本目的并不是停止发展，而是为今后发展积蓄力量。紧缩战略的主要类型如下。

（1）抽资转向

抽资转向（Harvest）是企业在现有经营领域不能维持原有市场规模的情况下，采取缩小规模或转向更好的发展机会。

（2）调整

调整（Turnaround）是通过对组织结构、管理体制、产品和市场、人员和资源的调整，使企业度过财务难关。

（3）放弃

放弃（Divestment）是转让、出售或停止经营某项业务或事业部，将有限资源集中到有发展前途的领域。

（4）清算

清算（Liquidity）是通过清算程序，终止企业的经营活动。

2.3.3 竞争战略

竞争战略又称事业部战略或业务战略，是指战略经营单位、事业部在企业总体战略的指导下的子战略，它是决定如何在选定的经营领域与竞争者竞争的战略。竞争战略回答的是“在我们的每一项事业里应当如何进行竞争”这一问题。

竞争战略的重点是要改进一个战略经营单位在其所从事的行业，或者某一特定的细分市场中所提供的产品和服务的竞争地位。

1. 成本领先战略

成本领先战略是指企业通过在内部加强成本控制，在研究开发、生产、销售、服务和广告等各个环节把成本降低到比所有竞争对手更低的水平，成为行业中的成本领先者。

成本领先的战略逻辑是要求企业成为产业内真正的成本领先者，而不仅仅是几个领先企业之一；要求企业对竞争者具备明显的成本优势，而不只是微小的领先。

成本领先并不意味着获取绝对低的成本，而是比竞争对手相对低的成本。在寻求成本领先地位时，企业必须认真思考哪些是购买者认为至关重要的特色和服务。一味地追求成本降低而丧失产品特色，会削弱产品的竞争力而不是加强产品的竞争力。

1）成本领先战略的基本动因

（1）规模经济

一项价值活动的成本，不仅取决于活动所使用的技术，而且取决于使用技术的方式。规模是影响价值活动经济性的重要因素。当生产规模不断扩大时，单位产品的生产成本就会随之降低，从而使企业获得由规模扩大而带来的效益。

（2）经验效应

在重复性价值活动中，企业会积累一些提高效率的方法，从而降低成本。不同的企业活动中，都具有学习效应，但学习速度会有所不同。生产活动具有经验效应，同样，分销、采购、宣传和基础设施建设等，也具有经验效应。

2）成本领先战略的实施途径

企业要实施成本领先战略主要通过以下途径。

① 实现产品的大批量生产。这是最重要的途径，要求实现产品生产的标准化和较高的市场占有率作为保障。

② 科学设计便于制造和维修的系列相关产品，搞好协调与配合，以降低直接生产成本和分摊的成本。

③ 更新设备，实现生产设施的现代化。

④ 建立科学完善的成本控制系统，实行成本的有效控制。

3）成本领先战略的优缺点

成本领先战略的优点是产品成本低，可以为企业带来较高的利润；以很低的成本击败竞争对手，构建竞争优势；由于成本低，有较大的降价空间，在应对产品购买者和材料供应商的价格压力时，有较大的运作能力；可以以很低的生产成本，阻止新的竞争者进入本行业；可以在较长时期内维持本企业的竞争优势。

成本领先战略的缺点是由于将精力与资源过多地集中于产品成本的降低，则很难形成产品的差异化；生产技术的变化和新技术的出现，会使企业长期降低成本的努力付诸东流。

2. 差异化战略

差异化战略是提供与众不同的产品和服务，满足顾客的特殊需求，形成竞争优势的战略。企业形成差异化战略主要是依靠产品和服务的特色，而不是产品和服务的成本。但是应该注意，差异化战略不是说企业可以忽略成本，只是强调这时的主要战略目标不是成本问题。

随着技术的成熟和管理的完善，企业降低成本的空间会日渐狭小，同时，价格的持续下降和顾客消费水平与模式的逐步升级，将导致顾客的价格敏感性锐减，价格在顾客购买决策中的主导地位会逐步让位于非价格要素。而非价格要素所具备的丰富性和不可即时模仿性，使差异化战略受到越来越多企业的青睐。

1）差异化战略的关键条件

实施差异化战略的关键条件是通过产品和服务的独特性提供顾客价值；这种价值被顾客所认可；顾客愿意为独特性支付溢价；企业具有提供独特性的能力。

首先，差异化应该能够为顾客提供独特的价值，这种价值是竞争对手没有或不能提供的。其次，这种差异化价值被顾客所认知，并且愿意为其支付更高的价格。最后，企业需要拥有能够持续提供独特价值的能力。

企业成功地实施差异化战略，通常需要特殊类型的管理技能和组织结构。同时在组织结构上，成功的差异化战略需要有良好的结构以协调各个职能领域，以及有能够激发员工创造性的激励体制和管理体制。在这里，企业文化也是一个十分重要的因素，高技术的企业格外需要良好的创造性文化，鼓励技术人员大胆创新。

2）差异化战略的基本类型

企业可以从以下多个角度寻求差异化。

① 产品差异性（产品特性、产品性能、规格一致性、耐用性、可靠性、可修理性、产品外观等）。

② 服务差异性（交货、安装服务、修理服务、咨询服务、顾客训练、其他特色服务等）。

③ 人员差异性（知识技能，可靠服务，友善、礼貌和体贴的态度，快速反应，了解顾客，及时沟通，社会关系等）。

④ 形象差异化（品牌、广告、产品信息、报告与报道、标识符号、事件等）。

3）差异化战略的实施

差异化战略的目标是发现并提供顾客需要的独特性，因此差异化战略的实施包括 4 个方面：认识独特性的来源；识别顾客的购买标准；获取顾客需要的独特性；令顾客感知并认同独特性的价值。

值得注意的是，不是每一种差异化都具有创造企业与顾客利益的潜力。因此，企业必须谨慎地选择差异化，使本企业与竞争对手有实质性的区别。具体可以考虑以下因素。

（1）重要性

此项差异能否给足够的顾客带来较多的利益。

（2）获利性

此项差异能够给本企业带来多大的利润。

(3) 优越性

在获得相同利益的情况下，此项差异显然优于其他方式。

(4) 独特性

此项差异竞争对手无法获得或不易模仿。

(5) 可负担性

顾客有能力并且愿意支付此项差异的附加价值。

(6) 可宣传性

此项差异可以介绍给顾客并使之明白了解。

4) 差异化战略的优缺点

差异化战略的优点是增加顾客对本企业产品的信赖与忠诚度，形成产品的某种"准垄断性"，可以以较高的价格出售，从而获得高额的利润；由于有高额利润的存在，对于顾客与供应商的讨价还价有较大的机动权；这种"准垄断性"使本企业与竞争对手之间形成一个隔离带，构建了较强的竞争优势。

差异化战略的缺点是由于集中力量研制产品差异特质，可能会大幅度增加生产成本；较大投入形成的产品差异，可能被竞争者模仿，从而丧失优势。

3. 集中化战略

集中化战略是指企业的经营集中在某一特定市场面，以提供比竞争对手更为有效的服务并获得更高收益的一种战略。

1) 集中化战略的适应情况

集中化战略主要适应于实力有限的中小企业。

2) 集中化战略的实施途径

① 将经营活动集中于较狭窄的目标市场范围内，如集中于特定的购买者集团，集中于产品线的某一部分，集中于地域上的某一区域，以进行重点经营。

② 通过重点经营适应顾客的需求，为顾客提供比竞争对手更好的服务，以达到产品差异化战略的效果。

③ 可以实行低成本战略，即在狭窄的细分市场内同时实现低成本和差异化两个目标。

3) 集中化战略的优缺点

集中化战略的优点是可以将成本领先战略与差异化战略较好地结合起来，既可以提高企业的收益水平，又可以构建较为可靠的竞争优势。

集中化战略的缺点是由于这是一种"孤注一掷"的战略，一旦市场需求发生变化，或者有更好的新产品出现，或者更有优势的竞争者进入，企业经营就会陷入绝境。

2.3.4 影响战略选择的主要因素

环境分析的目的在于先明确企业的自身条件，然后选择合适的战略。决策者通过对几种战略方案进行比较和优选，从中选择一种较满意的战略方案。但很多情况下，往往是决策者经过综合分析评价后，面对多个各具优缺点的战略难以作决定，这就需要对影响战略选择的主要因素进行分析。影响企业战略选择的主要因素有以下几个方面。

1. 现行战略的继承性

由于企业在实施现行战略中已投入了相当的时间、精力和资源，企业员工也承担了相应的责任，同时制定战略的决策者又多数是现行战略的缔造者，在这种情况下新战略对现行战略有一定的继承性也是很合理的。新战略只需对现行战略作局部修改，这样也便于新战略的实施。但同时也应当注意，当现行战略有重大缺陷时，战略决策者也应有克服继承性的决心。

2. 企业对外部环境的依赖程度

企业战略必然要涉及企业在外部环境中所采取的战略行为，企业的相关利益者如供应商、顾客、政府、战略联盟、竞争者等都从外部制约着企业的战略选择。企业对外部因素的依赖度越大，其战略选择的余地和灵活性就越小。例如，需要政府给予相关扶持的产业，在战略选择时就不得不遵守政府的相关政策要求。

3. 企业领导人的价值观及对待风险的态度

企业领导人的价值观对战略选择的影响是直接的，敢于冒风险的领导人在选择企业战略时能有较大的选择余地，他可能会选择风险较大而收益丰厚的战略；而面对风险比较谨慎的领导人在选择企业战略时，会倾向于选择较为稳妥的战略，可能选择收益较低但风险不高的战略。

4. 企业内部的人事和权力因素

很多时候企业战略的选择并不是出于理性，而是更多地由企业内部各权力主体的协调后得出的。例如，最高负责人倾向于选择某战略，虽然并非最优战略，但是最终还要由其说了算，其他决策者也可能因此而妥协；或者企业内部一些权力较大的组织成员因利益关系结成联盟，共同干预战略的选择。这种现象也并非坏事，如果最后通过协调可以明确目标达成一致，反而可以加强企业的向心力，选择出更切合实际的企业战略。由此可以看出，企业战略的选择往往是一个协商的过程，是企业内部各方面人事关系及权力平衡的结果，并非完全是系统分析的过程。

5. 时间因素

时间因素对企业战略选择的影响有以下几个方面。

（1）战略选择的时限

有时必须在某个时限前完成企业战略的选择，由于时间紧迫，来不及进行全面仔细评价分析的情况下，决策者往往选择防御性战略，将战略失败的可能性降低到最小。

（2）战略选择的实际问题

一个很好的战略也应当在环境和条件成熟的时候开始实行，如果推出的时机不当，即便是很好的战略，也有可能失败。

(3) 战略产生效果的时间

企业战略的选择还取决于决策者的期望，如果管理者希望战略可以尽早产生效果，那么他们就会倾向于选择短期就可以收到效果的战略。

6. 竞争对手的反应

战略决策者在选择战略时，也应该考虑到竞争对手可能产生的反应。如果预见到选择的进攻性战略可能造成竞争对手激烈的反击，就必须权衡获得的收益和竞争造成的损失是否值得，如果竞争带来的损失大于可能获得的收益，即便战略对企业的发展十分有利，也不应该贸然采用。

2.3.5 企业战略管理的过程

1. 战略制定过程

战略制定是根据环境变化和企业目标来发现企业的机会与威胁，分析企业的资源识别企业的优势与劣势，从而制定企业战略方案的过程。

2. 战略实施过程

企业战略实施是把企业战略计划方案变为实践活动，并实现其战略目标的过程。

3. 战略控制过程

战略控制是指在企业战略的实施过程中，为保证企业生产经营活动按照战略计划的要求进行，达到预期的战略目标，对实施的实际效果不断进行检测评审，及时发现和纠正偏差的过程。

案例分析

沃尔玛公司的竞争战略

沃尔玛公司的战略标志是：天天低价，商品的选择范围宽广，较大比例的名牌商品，使顾客感到友善而温馨的商店环境，较低的营业成本，对新的地理含义上的市场进行训练有素的扩张，创新性的市场营销，以及优良的售后服务保证。在每一家沃尔玛商店的外面都用大字母传递着这样的信息：永远的低价，永远！沃尔玛公司还向他的顾客灌输这样一种观念：竞争者在当地做出任何广告，我们都将对之产生反应！从而使其创立了低价的形象。沃尔玛公司的主要商品系列包括：家庭用品、电器用品、体育用品、用于草坪和花园的器具、健身与健美器材和设备、家庭时尚用品、油漆、涂料、床上用品和浴室用品、五金商品、家用修理设备、玩具和游戏软件，以及杂货类商品。到2001年，沃尔玛商店的规模从40 000平方英尺到180 000平方英尺不等，平均的规模为84 000平方英尺。每个商店的结构都大体一致，商店的光线明亮，气氛欢快，空气新鲜，而且商店里的通道宽阔，并有吸引人的最流行的商品陈列。商店的员工友善并乐于助人，他们的目标就是要使每一个逛商店的顾客都感到愉悦满意。节约成本的意识贯穿于沃尔玛公司经营的方方面面——从商店的建设，到供应商给沃尔玛公司提供低价的仓储商品，再经由高速的分销系统给每个商店配送商品，从而使沃尔玛公司保持着成本领先优势。而沃尔玛公司节约的成本又以更低零售价格的形式转移给了商店的顾客。

1. 竞争环境

折扣零售业是一个竞争激烈的行业。沃尔玛公司的两个最近的竞争者是凯马特公司和西尔斯公司，3家公司都有着相似的战略，并有相似的成长过程，但是在整个20世纪80年代，沃尔玛公司的增长速度远比凯马特公司和西尔斯公司要快。在2000年，沃尔玛公司升到了行业老大的地位。沃尔玛公司由此开始推行天天低价的战略，并将各种名牌商品贯以其自身的商标推向市场。此后，几乎所有的折扣商都采用了某种形式的天天低价战略。折扣零售商竞争的中心主要围绕定价、商店位置、商店布局的交换、商品组合、商店规模、购物环境及商店形象。在前10家最大的折扣零售商中，沃尔玛公司是唯一的一家将其大部分商店设立于乡村市场的。将沃尔玛与凯马特和塔吉特作比较的家庭调查表明，沃尔玛公司具有很强的竞争优势。《折扣商店新闻》的资料揭示，当被要求对沃尔玛和凯马特及塔吉特作比较时，各个家庭比较一致的意见是沃尔玛更好或至少一样好。沃尔玛公司的声誉传到其还没有开商店的地区，从而降低了它进入新的地理区域的推广成本。在各种媒体中，有关于山姆·沃尔顿和沃尔玛的市场营销超凡能力或超凡技术的大量报告，这使沃尔玛公司在顾客心目中树立了极佳的形象和品牌认知度。在实施战略方面，沃尔玛公司将其重点置于与供应商和员工结成稳固的工作关系，对商品陈列和市场营销的任何一个最小细节都给予关注，充分利用每一个节约成本的机会，并且造就一种追求高业绩的精神。对于大公司的成长和成功来说，经常有这样一种阻碍因素：过多的管理层次，缺乏内部交流，以及不愿或不能做出改变。而这些因素在沃尔玛商店中是找不到的。

2. 天天低价的战略主题

虽然沃尔玛公司并没有发明天天低价战略，但在“执行”这个要领上，它比任何一家别的折扣商店都要做得更好。在市场中，沃尔玛公司有这样的声誉：它每天均是最低价格的日用品零售商。在沃尔玛公司开设有商店的区域，对顾客的调查表明，55%的家庭认为沃尔玛的价格比其竞争者更低或更优；而在沃尔玛没有开设商店的区域，也有33%的家庭持有同样的观点。沃尔玛公司采用多种方式向顾客宣传其低价战略，如在商店的前面、在广告中、在商店内的各种标志上，以及在包装袋的广告语中，随处可见“我们的售价更低”。

3. 广告

沃尔玛公司比其竞争者更少依赖于广告公司，在第一个月只发布1次或2次，通过使其环保包装的产品更为夺目，沃尔玛也得到了免费的媒体报道。公司还经常允许各种慈善机构使用其停车场进行各种募集资金的活动。

4. 分销

这些年来，沃尔玛公司的管理层已经把公司的中心分系统变成了一个有竞争力的武器。

大卫·格拉斯说："我们的分销设备是我们成功的关键之一。如果我们比竞争对手做得更好一点的话，那就是我们的分销设备。"由于沃尔玛在乡村的商店布局，其在分销效率方面在早期就已经走在了竞争对手的前面。因为其他的折扣零售商依赖于生产厂家或分销商将货物直接运送到它们在大城市区域内的商店。沃尔玛公司发现，它在20世纪70年代的快速增长充分利用了供应商的能力——使用其独立的运货公司给沃尔玛公司不断增加的乡村商店进行频繁而及时的货物运送。在1980年，沃尔玛公司开始建立地区分销中心。当新的、边远的商店从现有的分销中心不能得到可靠而经济的服务时，沃尔玛公司就设立新的分销中心。在2001年，公司拥有22家分销中心。沃尔玛的分销中心采用了大量的自动化系统。最初的运输装置系统采用单体运送的方式，这样就有一个顺序选择问题。纸板盒通过运输装置运送到处理中心，在那里，操作员将纸板盒放入分类系统。激光扫描机识别商品的条形码，并且指示分类机对纸盒进行分类，其处理速度为每分钟超过120个纸板盒。2002年的研究数据表明，沃尔玛公司对西尔斯公司和凯马特公司的分销成本优势是很明显的。沃尔玛公司具有向其几乎所有商店当天分销的能力，而凯马特公司要每4～5天分销一次，塔吉特要每3～4天分销一次。

5. 最新技术的使用

沃尔玛公司积极应用最新技术成果，以提高生产率和降低成本。公司的技术目标就是要向员工提供这样的工具：通过对这些工具的应用，可以使他们更有效地做好工作，更好地作出决策。在2002年，公司开始在其分销系统中心和各家商店运用计算机基于一定的标准进行库存控制。在2003年，沃尔玛公司开始在销售点使用扫描机，并且承诺到2003年，在其整个连锁店系统都用上条形码扫描系统。这一变动导致其顾客服务速度提高了25%～30%。在2004年，沃尔玛公司开发了一套计算机辅助市场营销系统。这套系统可以在每一家商店按照自身的市场环境和销售类型制定出相应的产品组合。在2005年，沃尔玛公司与大约1 700个供应商建立了直接的卫星联系，而后者供应着沃尔玛近80%的所售商品，这种联系使沃尔玛公司可以使用电子订货，并迅速地进行数据交换。沃尔玛公司也利用了卫星系统的能力，即通过开发一套信用卡的授权程序，平均5秒钟就可以完成一宗授权的买卖，从而相对于原来的手工处理系统，顾客使用信用卡结账的速度可以提高25%。沃尔玛公司不仅开发了计算机系统，从公司经营的每一个方面为公司的管理层提供详细的数据，而且在世界上同类规模的公司中，沃尔玛也被认为是成本最低、数据处理效率最高的公司之一。沃尔玛公司在其遍布各个地域的众多商店中，对于最新零售技术的快速采纳，又使其拥有了对于大多数其他折扣商的技术优势。

6. 与供应商的关系

由于有巨大的购买力作支持，沃尔玛公司有着强有力的与供应商讨价还价的能力。公司的采购部门严格而功利，采购代理商们也尽其所能去获得最低的价格，并且他们从不接受供应商的宴请。虽然沃尔玛公司在为绝对低价的谈判中态度表现强硬，沃尔玛公司仍会努力与供应商做到相互尊重，并结成互惠的长期伙伴关系。供应商被邀请到沃尔玛公司的分销中心参观，以亲临现场看到事情是怎样运转的，并且也了解到沃尔玛公司在获得更高效率方面所碰到的各种难题。供应商们也会被鼓励就他们与沃尔玛关系中的任何难题发表意见，并且积极地参与沃尔玛公司的未来发展计划。

思考讨论题

1. 沃尔玛公司如何进行战略环境分析？
2. 沃尔玛公司“天天低价”的战略主题是如何制定的？
3. 沃尔玛公司如何实施“天天低价”战略？
4. 分析沃尔玛公司的竞争战略的风险。

本章练习题

一、多项选择题

1. 企业战略管理特征有（　　）。

A. 高层次　　B. 整体性　　C. 竞争性
D. 动态性　　E. 长远性

2. 根据波特教授对竞争对手的分析，对竞争对手的分析有 4 个方面主要内容，即竞争对手的（　　）。

A. 未来的目标　　B. 替代性　　C. 自我假设
D. 潜在能力　　E. 现行战略

3. 战略目标的特征有（　　）。

A. 可接受性　　B. 可检验性　　C. 可实现性
D. 可预测性　　E. 可挑战性

4. 战略能力分析主要包括（　　）。

A. 财务能力　　B. 营销能力　　C. 组织职能分析
D. 企业文化业绩与问题　　E. 核心能力分析

5. 构建企业竞争优势的策略主要有（　　）。

A. 成本领先策略　　B. 产品差异化策略　　C. 集中化策略　　D. 一体化策略

二、思考题

1. 什么是企业战略？企业战略管理有什么特点？
2. 简述企业战略环境分析的基本模型和系统模型。

3. 企业战略环境分析的基本内容是什么?
4. 简述企业战略的基本结构体系。
5. 什么是企业总体战略？企业总体战略的三大基本类型及内容是什么？
6. 什么是企业竞争战略？企业竞争战略的基本内容是什么?
7. 影响企业战略选择的主要因素有哪些?
8. 简述企业战略管理的基本过程。

第 3 章

企业决策与计划

学习目的

通过本章的学习，要求学生了解决策的定义，认识经营决策与经营计划在生产经营活动中的重要性；明确决策和计划管理的原则；领会确定型决策、风险型决策和不确定型决策，并能具体运用；理解企业经营计划编制与执行的程序。

关键术语

决策　经营决策　确定型决策　风险型决策　计划　计划管理

3.1　企业决策概述

3.1.1　决策的定义

决策是人们对于未来行为方式的判断。决策有狭义与广义之分，狭义的决策是指行动方案的确定或决定；广义的决策是指人们为了达到一定目的，运用科学的理论和方法，提出、选择并实施行动方案的过程。

决策具有以下几个方面的特征。

（1）决策有明确的目标，是理智行动的基础

决策必须对行动方案作出选择。要作出选择，首先要有明确的目标，目标是判断方案可行与否的标准。没有目标，决策就没有方向；没有目标，行动就是盲目的。

（2）决策是一个过程

决策是一个提出问题、分析问题、解决问题的过程。在这个过程中，必须按一定程序进行一系列的科学研究。

（3）决策的核心是选优

如果实现目标的可行方案只有一个或不存在，也就无须决策。只有当实现目标有两个或两个以上方案时，才存在分析、比较、判断和选优。因此，决策的过程就是选优的过程。

（4）决策具有风险性

决策是根据预测所作出的抉择。由于人们对未来认识的局限性，预测与实际总是存在一定的差距，因而决策都有不同程度的风险。这就要求决策者既要勇于承担风险，大胆决策，又要遵循科学程序，运用科学方法，提高决策的准确性。

3.1.2 决策的分类

在企业生产经营活动中，存在着大量的决策问题，内容也十分广泛。根据不同的划分标准，可以分为许多种类，见表3－1。

表3－1 企业决策的基本分类

分类标志	类别	特 点
决策问题的重要程度	战略决策	确定企业发展方向和远景的决策，重点是解决企业与外部环境的关系问题
	战术决策	是实现战略决策的短期具体决策，重点是解决如何组织、动员内部力量的具体问题
决策所处的管理层次	高层决策	企业最高领导层所负责的决策，即经营决策
	中层决策	企业中层领导所负责的管理决策，多是执行性决策
	基层决策	企业基层所进行的作业性决策，技术性强、时间紧
问题出现的重复程度和解决问题经验的成熟程度	程序决策	所解决的是经常出现的问题，且已经有了处理经验、程序和方法，可按常规办法来解决
	非程序决策	所解决的是不经常出现的问题，没有固定的处理程序和方法，完全要靠决策者的判断和信念来解决
决策目标与所用方法	计量决策	决策目标有准确的数量，容易采取数学方法来解决
	非计量决策	难以用准确的数量来表示目标，主要靠决策者的分析判断
决策问题所处的条件	确定型决策	一种方案只有一种结果，而且方案的后果是已知的
	风险型决策	存在不可控因素，一个方案会出现几种不同结果，且结果可以按客观概率来确定
	不确定型决策	每个方案都可以出现几种不同结果，而每一种结果出现的概率是不确定的

企业决策是在国家规定的权限范围内，由企业各级领导，特别是高层领导来负责。其主要内容包括：经营战略和方针决策；经营目标计划决策；技术发展与投资决策；产品决策；定价决策；生产方案决策；市场营销决策；财务决策；成本决策；投资决策及经营组织与人事决策等。

3.1.3 经营决策

1. 概念及其意义

经营决策是企业全局性、长期性的大政方针方面的决策。经营决策尽管只是企业决策中的一部分，但却对企业的生死存亡有着极为重要的影响。

经营决策在企业经营中的重要意义主要表现在以下3个方面：

① 经营决策是现代化经营管理的核心；

② 经营决策正确与否，关系着企业的兴衰存亡；

③ 正确的经营决策是提高企业经济效益的手段。

2. 经营决策的原则

企业经营决策，必须遵循以下 6 个原则。

（1）目标性原则

决策目标是确定方案是否可行的依据。确定经营目标既是经营决策的内容，又是经营决策的前提。没有目标，决策就失去了方向。因此，经营决策目标必须明确、具体并具有可衡量性。

（2）系统性原则

企业是社会大系统中的一个子系统，企业内部条件要服从和适应外部环境的情况和要求，企业的经营决策也必须从社会整体利益出发，树立系统思想和全局观念，要统筹兼顾、综合平衡。

（3）经济性原则

经济效益是企业一切生产经营活动的核心。企业在进行决策过程中，必须以经济效益为主要依据；但必须以不损害国家利益、社会利益为前提。

（4）可行性原则

企业经营决策必须建立在实际需要和可能的基础上，从实际出发分析主客观条件是否具备，所采用的措施是否可行，并且要顾及社会、政治、道德等因素的限制。

（5）创新性原则

一个企业只有不断地注入新的经营决策、新的产品、新的经营方式，才能适应市场经济发展变化的需要。决策者要积极进取，勇于开拓，富有创新精神。

（6）科学性原则

决策是一项科学性很强的工作。决策者必须以科学的理论作指导，并运用科学的方法，严格按自然规律和社会经济规律办事，力求决策结果科学、准确、合理、可行。

3. 经营决策的程序

决策是一个提出问题、分析问题和解决问题的系统分析过程，若要提高经营决策的科学性，必须遵循正确的决策程序。

1）确定决策目标

确定决策目标，应该在对企业外部环境和内部条件进行调查、分析的基础上，确定企业应达到的经营状态；找出差距，分析问题产生的原因；最后根据企业的经营问题及外部环境和内部条件的变化，确定决策目标。

2）制订可行方案

提供各种可行方案以作出评价和选择，是决策的一个基础。它是决策过程中能否寻求到合理方案的关键所在。可行方案的制订要经过两个阶段：一是广泛列举；二是对各方案的可行性进行分析论证，去掉不符合要求或不具备实施条件的方案，并对符合要求的方案加以补充和完善。

3）方案的评价和选优

评价就是对所拟订的被选方案，从理论上进行综合分析后对其加以评价，从而得出各被选方案的优劣和利弊。

选优是在对各被选方案的技术先进性与经济合理性进行分析论证的基础上，通过不断比较、筛选，从中选取一个理想方案。

4）决策方案的实施和反馈

决策的目的在于执行。方案的确定并不意味着决策过程的结束，将决策方案落实到实际经营过程中，才是决策过程的最后阶段。在实施过程中，要不断地检查实施效果，及时发现问题，积极反馈，以便及时调整和采取措施加以补救。

3.2 企业经营决策的方法

3.2.1 决策方法的种类

随着决策理论和实践的发展，人们在决策中对所采用的方法不断完善和充实。当前，企业经营决策常用的方法有两大类：一是定性分析法，二是计量决策法。

1. 定性分析法

定性分析法是指直接利用各位专家的智慧和经验进行决策，吸收社会学、心理学等多学科的知识，结合专家经验和能力，根据已知的情况和资料分析，对企业的决策目标、方案和实施提出见解，供决策者选择。这种经营决策的方法具有简便、灵活的优点。由于集中了各方面专家，能够信息全面、新颖，不需要较高的数学知识，对于一些运用计量决策法难以施展的地方，特别是非程序化的高层次经营决策和战略决策较为适用；但这种决策方法主观成分比较多，缺乏严格的科学论证，且受参加者的知识、经验和倾向性的影响较大。

2. 计量决策法

计量决策法主要是运用数学方法，建立数学模型，对较复杂的问题，通过计算求得结果，最后经过比较，选择满意方案。它的核心是把决策的变量与变量、变量与目标之间的关系，用数学关系表达出来，借助于科学方法和工具对各种因素进行定量分析。此方法适用于重复性和程序性决策。

计量决策法根据决策问题所处的条件，可以分为确定型决策、风险型决策和不确定型决策等方法。

3.2.2 确定型决策

确定型决策是指各方案的实施只有一种明确的结果，并且能够确定地计算各方案的损益值，从中选取满意方案的决策。常用的确定型决策方法有线性规划法和量本利分析法。

1. 线性规划法

线性规划法是指在一些线性等式或不等式的约束条件下，求解线性目标函数的最大或最小值的方法。

运用线性规划法建立数学模型的步骤是：

① 确定影响目标大小的变量；

② 列出目标函数方程；

③ 找出实现目标的约束条件；

④ 找出使目标函数达到最优的可行解，即为该线性规划的最优解。

例3－1　某企业生产两种产品——桌子和椅子，它们都要经过制造和装配两道工序。有关资料如表3－2所示。假设市场状况良好，企业生产出来的产品都能卖出去，试问何种产品组合使企业利润最大？

表3－2　某企业的有关资料

	桌子	椅子	工时可利用时间/h
在制造工序上的时间/h	2	4	48
在装配工序上的时间/h	4	2	60
单位产品利润/元	8	6	—

这是一个典型的线性规划问题。

第一步，确定影响目标大小的变量。在本例中，目标是利润（G），影响利润的变量是桌子数量 T 和椅子数量 C。

第二步，列出目标函数方程：$G=8T+6C$。

第三步，找出约束条件。在本例中，两种产品在一道工序上的总时间不能超过该道工序的可利用时间，即

制造工序：$2T+4C\leqslant 48$；

装配工序：$4T+2C\leqslant 60$。

除此之外，还有两个约束条件，即非负约束：$T\geqslant 0$，$C\geqslant 0$。

从而线性规划问题成为：如何选取 T 和 C，使 G 在上述4个约束条件下达到最大。

第四步，求出最优解——最优产品组合。上述线性规划问题的最优解为 $T_{max}=12$ 和 $C_{max}=6$，即生产12张桌子和6把椅子使企业的利润最大。

2. 量本利分析法

量本利分析法，又称保本分析法或盈亏平衡分析法，是通过考察产量或销售量、成本和利润的关系，以及盈亏变化的规律来为决策提供依据的方法。这种方法是简便有效、使用范围较广的计量决策方法，它广泛应用于生产方案的选择、目标成本预测、利润预测、价格制定等决策问题上。

量本利分析法的基本原理是边际分析理论。其具体方法是，把企业的总成本分为固定成本和可变成本，比较产品销售单价与单位可变成本的差额，若单价大于单位可变成本，则存在“边际贡献”。当总的边际贡献与固定成本相等时，恰好盈亏平衡。这时每增加一个单位产品，就会增加一个边际贡献的利润。在应用量本利分析法时，关键是找出企业不盈不亏时的产量，这称为保本产量或盈亏平衡产量，此时企业的总收入等于总成本。如图 3－1 所示。

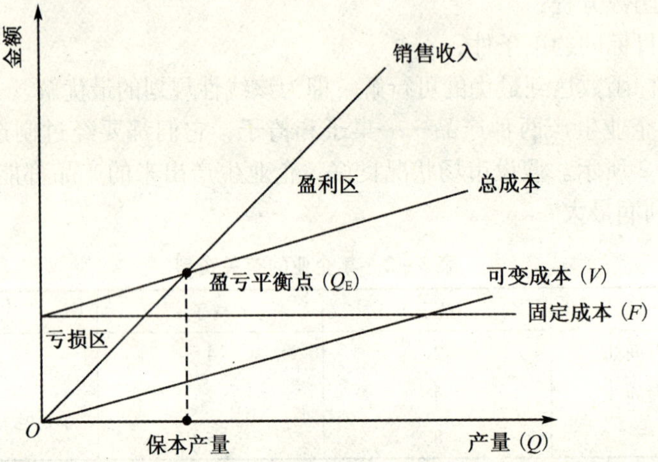

图 3－1　量本利分析图

从图 3－1 中可知，当销售收入与总成本相等时，这一点所对应的产量销量就称为盈亏平衡点。在盈亏平衡点上，企业既不盈利也不亏损，因此盈亏平衡点又称为保本点或盈亏临界点。企业的产量若低于平衡点的产量，则会亏损；而高于平衡点的产量，则会获利。这一基本原理在企业的经营决策中运用得相当广泛。企业的经营决策，几乎都与产量、成本、利润有关，许多问题都可以通过量本利分析法加以解决。

根据上述分析，在产品的销售价格、固定成本、可变成本都已知的情况下，就可以找出盈亏平衡点。

假设 P 代表单位产品价格，Q 代表产量或销售量，F 代表总固定成本，V 代表单位变动成本，G 代表总利润，M 代表边际贡献。

则当企业不盈不亏时

$$PQ = F + VQ$$

保本产量为

$$Q = \frac{F}{P - V}$$

设目标利润为 G，则

$$PQ = F + VQ + G$$

这样，实现目标利润的产量为

$$Q=\frac{F+G}{P-V}=\frac{F+G}{M}$$

利润为

$$G=PQ-F-VQ$$

例 3－2　某企业生产甲产品，销售单价为 10 元/个。生产该产品的固定成本为 5 000 元，单位产品可变成本为 5 元/个。

求：(1) 企业经营的盈亏平衡产量；

(2) 若企业目标利润为 5 000 元，求企业经营该种商品的目标利润销售量和销售额。

解　(1) 根据题意，盈亏平衡点产量为

$$Q_E=\frac{F}{P-V}=\frac{5\ 000}{10-5}=1\ 000\text{（件）}$$

(2) 目标利润销售量 $Q=\frac{F+G}{P-V}=\frac{5\ 000+5\ 000}{10-5}=2\ 000$（件）

目标利润销售额 $PQ=\frac{P\cdot(F+G)}{P-V}=10\times\frac{5\ 000+5\ 000}{10-5}=20\ 000$（元）

3.2.3　风险型决策

风险型决策是一种随机决策，它是根据方案在各种可能的自然状况下发生的概率，计算各方案损益值的期望值，并以此判断方案的优劣。由于客观概率只代表可能性大小，与未来的实际还存在着差距，这就使任何方案的实施都要承担一定的风险，所以称为风险型决策。

风险型决策的常用方法是决策树法。简单地说，决策树法就是利用树形图进行决策的方法。它是通过图解的方式将决策方案的相关因素进行分解，估计其发生的概率，计算其期望值，进而进行比较和选优的方法。

1. 决策树的构成要素

决策树由以下要素构成。

- 决策点：即所要决策的问题，用方框“□”表示。
- 方案枝：从决策点引出的直线，每条直线代表一个方案，它与状态结点相连。
- 状态结点：反映各种自然状态所能获得的机会，在各个方案枝的末端，用圆“○”表示。
- 概率枝：从状态结点引出的若干条直线，反映各种自然状态可能出现的概率。每条直线代表一种自然状态。
- 损益值点：反映在各种自然状态下可能的收益值或损失值，用三角形“△”表示。

图 3－2 即为一个决策树形图。

2. 决策树法的步骤

利用决策树法进行决策，主要有以下 3 个步骤。

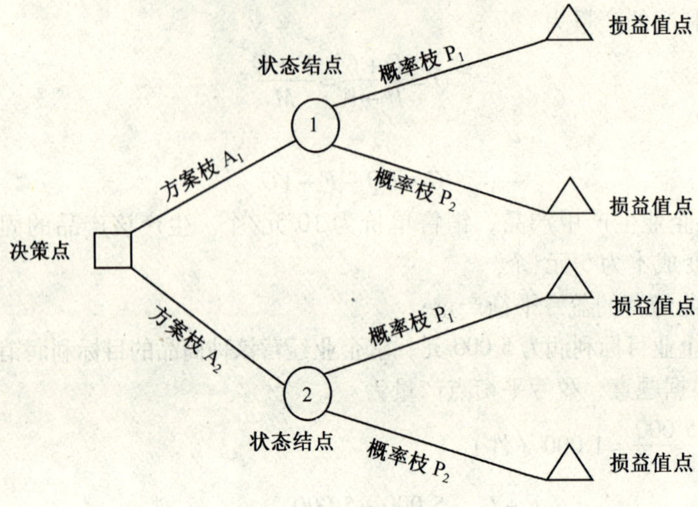

图 3－2 决策树形图

第一步，绘制决策树形图。从左至右，首先绘出决策点，引出方案枝，再在方案枝的末端绘出状态结点，引出概率枝，然后将有关参数包括概率、不同自然状态、损益值等注明在图上。

第二步，计算各方案的期望值。期望值的计算要从右向左依次进行。首先将各种自然状态的损益值分别乘以各自概率枝上的概率，再乘以计算期限，然后将各概率枝的值相加，标在状态结点上。

第三步，剪枝决策。比较各方案的期望值，如方案实施有费用发生，应将状态结点值减去方案的费用后再进行比较，除掉期望值小的方案。在落选的方案枝上画上“//”，表示舍弃不用，最终只剩下一条贯穿始终的方案枝，它的期望值最大，是最佳方案，将此最大值标在决策点上。

例 3－3 某企业准备投产一种新产品，现有新建和改建两个方案，分别需要投资 140 万元和 80 万元。未来 5 年的销售情况预测是：畅销的概率为 0.4，销售一般的概率为 0.4，滞销的概率为 0.2。各种自然状态下的年度销售利润如表 3－3 所示。试问企业应选择哪个方案？请用决策树法进行决策。

表 3－3 决策方案损益值表 万元

方案 \ 销售情况预测	畅销	一般	滞销
新建	120	50	－30
改建	100	30	10

解 步骤 1：先绘制决策树形图和计算期望值，如图 3－3 所示。

结点① $EMV_1 = [120 \times 0.4 + 50 \times 0.4 + (-30) \times 0.2] \times 5 = 310$（万元）

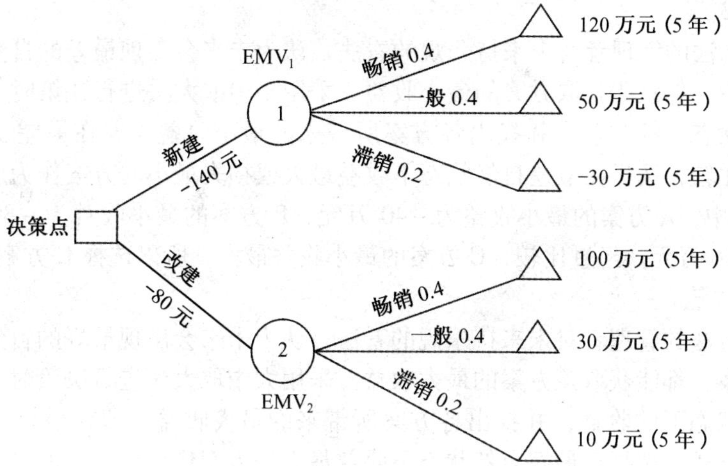

图 3－3　决策树计算图

结点② $EMV_2 = [100 \times 0.4 + 30 \times 0.4 + 10 \times 0.2] \times 5 = 270$(万元)

步骤 2：计算两个方案的净收益。

新建方案的净收益 = 310 － 140 = 170(万元)

改建方案的净收益 = 270 － 80 = 190(万元)

步骤 3：比较两个方案的净收益。

经比较，应选择改建方案。

3.2.4　不确定型决策方法

不确定型决策是指由于存在不可控的因素，一个方案可能出现几种不同的结果，而对各种可能结果没有客观概率作为依据的决策。对于不确定型决策来说，有一些常用的决策方法，如小中取大法、大中取大法和最小最大后悔值法等。下面通过举例来介绍这些方法。

例 3－4　某企业打算生产某产品。据市场预测，产品销路有 3 种情况：销路好、销路一般和销路差。生产该产品有 3 种方案：A 方案为改进生产线；B 方案为新建生产线；C 方案为与其他企业协作。据估计，各方案在不同情况下的收益如表 3－4 所示。问企业应选择哪个方案？

表 3－4　各种方案在不同情况下的收益　　万元

方案 \ 收益 \ 自然状态	销路好	销路一般	销路差
A　改进生产线	180	120	－40
B　新建生产线	240	100	－80
C　与其他企业协作	100	70	16

1. 小中取大法

采用这种方法的管理者对未来持悲观的看法，认为未来会出现最差的自然状态，因此不论采取哪种方案，都只能获取方案的最小收益。采用小中取大法进行决策时，首先计算各方案在不同自然状态下的收益，并找出各方案所带来的最小收益，即在最差自然状态下的收益，然后进行比较，选择在最差自然状态下收益最大或损失最小的方案作为所选择的方案。

在例3－4中，A方案的最小收益为－40万元，B方案的最小收益为－80万元，C方案的最小收益为16万元。经过比较，C方案的最小收益最大，所以选择C方案。

2. 大中取大法

采用这种方法的管理者对未来持乐观的看法，认为未来会出现最好的自然状态，因此不论采取哪种方案，都能获取该方案的最大收益。采用大中取大法进行决策时，首先计算各方案在不同自然状态下的收益，并找出各方案所带来的最大收益，即在最好自然状态下的收益，然后进行比较，选择在最好自然状态下收益最大的方案作为所选择的方案。

在例3－4中，A方案的最大收益为180万元，B方案的最大收益为240万元，C方案的最大收益为100万元。经过比较，B方案的最大收益最大，所以选择B方案。

3. 最小最大后悔值法

这种方法的基本思路是如何使选定决策方案后可能出现的后悔值最小，即蒙受的损失最小。各种自然状态下的最大收益值与实际采用方案收益值之间的差额，叫作后悔值。

这种决策方法的步骤如下：

① 先从各种自然状态下找出最大收益值；

② 再用各个方案的收益值去减最大收益值，求得各方案后悔值；

③ 从各个方案后悔值中找出每个方案最大后悔值；

④ 从中选择最大后悔值最小的方案为决策方案。

在例3－4中，在“销路好”这一自然状态下，B方案（新建生产线）的收益最大，为240万元。在将来发生的自然状态属于销路好的情况下，如果管理者恰好选择了这一方案，他就不会后悔，即后悔值为0。如果他选择的不是B方案，而是其他方案，他就会后悔没有选择B方案。比如，他选择的是C方案，该方案在销路好时带来的收益是100万元，比选择B方案少带来140万元的收益，即后悔值为140万元。例3－4中各个后悔值的计算结果见表3－5。

表3－5　各种方案在各自然状态下后悔值　　万元

自然状态 / 后悔值 / 方案	销路好	销路一般	销路差
A　改进生产线	60	0	56
B　新建生产线	0	20	96
C　与其他企业协作	140	50	0

由表 3－5 可以看出，A 方案的最大后悔值为 60 万元，B 方案的最大后悔值为 96 万元，C 方案的最大后悔值为 140 万元。经过比较，A 方案的最大后悔值最小，所以选择 A 方案。

3.3　企业计划管理概述

3.3.1　企业计划与计划管理

1. 计划的含义

计划有狭义与广义两种不同的解释。狭义的计划是指为实现既定目标所制订的具体行动方案；广义的计划是指为实现组织既定目标，对未来的行动进行规划和安排的活动。也就是说，计划是预先确定要做什么、怎么做、何时做和谁来做的一种程序。现代企业管理中讲的计划是广义的计划。

2. 企业计划的作用

计划作为企业管理基本职能之一，对企业经营活动的成功和失败起着关键的作用，其主要表现在以下 3 个方面。

1）计划是实现决策目标的保证

企业计划是为了具体实现已定的决策目标，而对整个目标进行分解、计算并筹划人力、财力，在此基础上拟定实施步骤、方法和制定相应的策略、政策等一系列管理活动。任何计划都是为了促进实现某一个决策目标而制定的。计划管理的一个重要功能就是把注意力时刻集中在决策目标。如果没有计划，实现目标的行动就会成为一堆杂乱无章的活动，决策目标也就很难实现。

2）计划是管理的实施纲领

任何管理都是管理者为达到一定的目标对管理对象所实施的一系列的影响和控制活动，这些活动包括计划、组织、指挥、控制等。计划是管理过程的重要职能，是管理中一切实施活动的纲领。只有通过计划，才能使管理活动按时间有步骤地顺利进行。因此，离开计划，企业管理过程的其他职能就会减弱甚至不能发挥作用，当然也就难以进行有效的管理。

3）计划能够协调社会劳动，合理利用一切资源，使管理活动取得最佳的效益

随着社会生产力的发展，各行各业及它们内部各组成部分之间的分工协作愈加严密，生产社会化程度日益提高。在这种情况下，每一项活动或任何一个环节如果出了问题，就可能影响到整个系统的有效运行。

3.3.2　企业计划的类型与内容

计划是事先对未来应采取的行动所做的规划和安排。计划的种类很多，从不同角度可划分为不同的类型。

1. 按计划的层次分类

根据计划的层次高低，可分为高层计划、中层计划和基层计划。

1）高层计划

高层计划由企业高层管理机构制定，是涉及企业长远发展战略目标的计划。高层计划一般是带有全局性的、影响时间较长的工作任务的筹划。

2）中层计划

中层计划是指由中层管理机构制定，下达或颁布到有关基层执行并负责检查的计划。中层计划一般是战术或业务性计划。它涉及企业生产、经营、资源分配利用，是战略计划转化为能够实施的具体行动计划，因而相对高层计划来说比较具体。

3）基层计划

基层计划是指由基层执行机构制定、颁布和负责检查的计划。基层计划一般是执行性的作业计划，也属于资源分配利用计划，但它比中层计划更具体、更详细。基层计划的制定必须以高层计划的要求为依据，保证高层计划或战略目标的实现。

2. 按计划期限分类

根据计划期限的长短，可分为长期计划、中期计划和短期计划。

1）长期计划

长期计划的期限一般在5～10年以上，又可称为长远规划或远景规划。长期计划一般只是纲领性、轮廓性的计划，它只有一个比较粗略的远景规划设想。由于计划期限较长，不确定性因素较多，而且有些因素也难以预料。因此，它只能以综合性指标和重大项目为主，必须有中、短期计划来补充，把计划目标加以具体化。

2）中期计划

中期计划的期限一般为3～5年。由于期限较短，可以比较准确地衡量计划期内各种因素的变动及其影响，所以在一个较大系统中，中期计划是实现计划管理的基本形式。它一方面把长期的战略目标分阶段具体化，另一方面又可为年度计划的编制提供基本框架，因而成为联系长期计划和年度计划的桥梁和纽带。

3）短期计划

短期计划的期限通常在1年以内，包括年度计划、季度计划和月份计划，以年度计划为主要形式。短期计划是企业中、长期计划的具体实施计划、行动计划。它根据中期计划具体制定本年度的任务和有关措施。其内容比较具体、细致、准确，有执行单位还有相应的人力、物力、财力的分配，它为中、长期计划的贯彻执行提供了可能，也为检查计划的执行情况提供了依据，从而使中、长期计划的实现有了切实的保证。

3.3.3 企业计划管理的原则

为了保证企业计划任务和目标的实现，企业计划管理工作必须遵循以下4个方面的原则。

1. 全面性原则

企业生产目的是为满足日益增长的社会需求，企业的一切生产经营活动都必须立足于社会需要这个大前提。在计划管理工作中，必须首先考虑和研究国家经济政策和法令，使企业计划与之相适应，并区别轻重缓急、兼顾全局利益，体现计划目标的全面性、全局性。

2. 科学性原则

企业计划必须建立在充分的市场调查和科学的市场预测的基础上，及时准确地分析、判断企业内部情况与外部环境的变化，充分认识企业生产经营活动的客观规律，运用科学的手段和方法，并力求切合实际，使企业制定的战略目标和经营方向符合客观发展的需要。

3. 平衡性原则

企业计划的制定，不仅要考虑资源的合理分配，还要兼顾各环节、各部门之间保持一定的比例关系，保持综合平衡，避免出现比例失调现象。在计划执行过程中，如果某个环节出现了新的不平衡现象，要及时采取措施，及时调节，使之达到新的平衡。

4. 弹性原则

弹性原则是指计划在实际管理活动中的适应性、应变能力和与动态的管理对象相一致的性质。任何计划都只是预测性的，在计划执行过程中，往往会出现某些事先预想不到或无法控制的事件。因此，计划的制定要适当地留有余地，使计划具有弹性和灵活的应变能力。

3.4 企业经营计划的编制与执行

3.4.1 企业经营计划的内容

企业经营计划是企业计划工作的重要内容，是指导企业全部经济活动的总纲领。企业经营计划的编制内容包括长期经营计划和短期经营计划。

1. 长期经营计划

长期经营计划，其实质由任务、目的、策略、目标、方案和计划 6 个要素构成。主要内容包括：产品的发展方向、生产规模的发展、生产技术的发展、主要技术经济指标的发展、市场的开发、企业经营组织结构的完善、职工培训和集体福利水平的提高等。

2. 短期经营计划

短期经营计划主要包括利润计划、产品销售计划、市场营销计划、生产计划、生产技术准备计划、产品质量计划、产品的研制开发和科研计划、物资供应计划、产品成本计划、劳动工资计划、财务计划、机器设备利用计划、能源利用计划等。

3.4.2 企业经营计划指标

企业经营计划指标体系是由不同类型的指标构成的，而每一类指标，又包括许多具体指标。概括起来，可以划分为以下 4 类。

1. 数量指标和质量指标

(1) 数量指标

它是以数量来表现计划任务，用以反映计划对象的发展水平和规模。如产量、总产量、投资额等。

(2) 质量指标

它是以深度、程度来表现计划任务，用以反映计划对象的素质、效率和效益。如合格品率、劳动生产率、设备利用率、成本降低率等。

2. 实物指标和价值指标

(1) 实物指标

它是用重量、容积、长度、件数等计量单位来表现实物的使用价值的指标。运用实物指标，可以具体确定各生产单位的生产任务，确定各种实物产品的生产与消费的平衡关系。

(2) 价值指标

这是以货币作为计量单位来表现产品价值量和资金运动的指标。价值指标是进行综合平衡和考核的重要指标，它能够将不同产品和劳务综合起来，反映生产和管理的总成果，并对各种生产情况进行比较分析和评价。

3. 考核指标和核算指标

(1) 考核指标

它是考核计划任务执行情况的指标。它既可以是实物指标，又可以是价值指标；既可以是数量指标，又可以是质量指标。总之，它应该能够比较准确、全面地反映基层单位的生产、工作成果，并有利于调动计划单位的积极性、主动性。

(2) 核算指标

它是指在编制计划过程中供分析研究用的指标，只作为计划的依据。

4. 单项指标和综合指标

单项指标，是反映单项任务完成情况的指标。

综合指标，是反映计划任务综合情况的指标。

计划指标应随着客观情况的发展、经济体制的变化、计划水平的提高而不断调整、充实和完善。

3.4.3 企业经营计划的编制和执行

1. 经营计划的编制

1) 长期经营计划的编制

企业长期的战略性经营计划要根据整个国家国民经济发展总体规划、社会需要，以及企业自身发展方向和其可能性来编制。长期经营计划的编制步骤一般可分为以下 4 个阶段。

(1) 策略分析阶段

这个阶段的重点是分析企业的经营环境和内部条件。企业经营环境的分析是指企业对外部环境进行科学预测，探索今后可能出现的制约企业发展的因素和全面发展的机会；同时，分析环境变化给企业经营活动所带来的影响，以及企业应当采取的相应措施。对企业内部条件的分析包括企业生产能力现状分析、资金状况分析。

（2）策略设计阶段

这一阶段是提出经营目标的阶段。它是策略分析的结果，也是长期经营计划编制的依据。经营目标的确定要保证其科学性和可能性，做到目标的制定有依据、目标的实现有措施。

一般来说，企业长期经营计划的目标主要包括利润、利润率、销售量、销售额、市场占有率、企业和职工的收益水平等。

（3）编制长期经营计划阶段

这一阶段是拟订、形成计划文件的过程。经过充分的调查研究和科学的预测，计划部门掌握了形成计划的足够数据和资料，于是根据这些数据和资料，结合企业的具体情况提出长期经营计划的战略目标、主要任务、有关指标和实施步骤的设想，并附上必要的说明。

（4）经营计划的实施与考核阶段

计划的实施与考核主要包括经营计划的执行、控制和分析。

2）年度经营计划的编制

编制年度经营计划，要以企业的经营思想、经营目标、经营策略和经营方针为前提，广泛地掌握信息资料，力求计划科学、合理、切实可行。年度经营计划的编制包括以下 4 个阶段。

（1）调查研究，收集信息，分析编制计划的各项依据

编制计划，必须弄清计划对象的客观实际，做到目标明确、有的放矢。因此，在计划编制之前，首先要根据计划编制的目的和要求，对计划对象中的各个方面进行现状和历史的调查研究，并要针对掌握的信息进行及时深入的分析，发现矛盾，找出原因，去伪存真、去粗取精。

（2）确定目标，提出计划方案

企业根据前两个阶段的研究分析结果，组织有关部门集思广益，统筹安排，提出多个可行的计划目标和方案，采用科学的方法核算和确定各项指标，并对各备选方案进行分析评价、排队选优。

（3）试算平衡

根据选定的计划方案，组织有关部门进行研究论证，通过各种形式和渠道征集群众意见，广泛收集修改建议，不断修正、补充计划方案。

（4）正式编制和审定计划

企业计划部门组织有关部门分别编制出各种专项计划，再经企业领导与职工讨论通过，上报上级主管部门审批或备案，正式编制年度计划并付诸执行。

2. 经营计划的执行

制定计划的目的在于执行。编制计划只是计划工作的开始，大量的工作还在于组织经营计划的实施。经营计划的执行就是把计划蓝图变为现实的过程。

长期经营计划，由于涉及的时间跨度大，影响计划的因素多，有些因素在编制计划时难以预测。所以，长期经营计划只能是一个粗线条的计划大纲，需要在实施过程中结合年度经营计划的编制与执行加以调整和充实。这样才能保证其科学性和现实性，对企业的长期经营活动真正起到指导作用。

对于年度经营计划的执行，应遵循全面和均衡两个基本要求。所谓全面地完成计划，是指完成各项计划指标，而不能有偏废；所谓均衡地完成计划，是指不仅按年、按季，而且要按月、按日地完成计划，消除前松后紧或时松时紧现象。

在具体执行年度经营计划的过程中，应做好以下几方面的工作。

1）分解指标，实行归口分级管理

这是指把企业计划指标分解到各部门、车间、班组直至个人，各基层部门再把各自的计划指标按系统、按类别分为若干个具体的小指标，层层下达落实，并将责任与利益挂钩，保证计划的顺利执行。

2）实行科学管理，建立完整的经营管理保证体系

计划的贯彻执行要求做好动态的平衡调度工作，做好生产准备、物资供应和生活后勤工作，组织各项技术措施的落实，开展经济活动分析，发现问题及时解决，保证各环节的顺畅。

3）改善各项管理工作

坚持群众路线，做好思想政治工作，加强劳动纪律，开展群众性劳动竞赛和技术革新活动，及时总结和推广先进经验，不断改善各项管理工作。

3. 经营计划的控制

经营计划的控制，就是根据既定的指标和标准，与实际执行情况进行对比分析，及时发现计划本身和执行过程中的缺陷，采取有效措施予以克服，使工作能按原定计划进行，以达到预期经营目标的管理活动。

计划和控制是一个问题的两个方面，计划是控制的基础，控制是计划的保证，也是提出下期计划的重要依据。

经营计划的控制包括事前控制和事后控制。事前控制是在生产经营活动发生之前按标准实行控制，如人员配备、预定费用开支、限额采购及限额发料等；事后控制就是在生产经营活动进行过程中或结束后，将实际情况与标准对比，发现差异、分析原因、采取措施、加以处理。

1）有效控制的基本条件

（1）树立长远、全面的观念

控制不仅要在偏差出现后，及时发现并采取有效措施加以纠正，更要尽可能在重大偏差

出现之前能有所预见，从而及时采取预防措施；同时，控制还要纵观全局，保证整体利益和整体目标的实现。

(2) 实事求是，有的放矢

控制是对实际工作进行监督、检查和衡量，因而必须是客观的、实事求是的；同时，要从工作需要出发，建立不同的控制标准，采用不同的控制方式，做到有的放矢。

(3) 控制要有重点，并与组织结构相适应

控制的主要任务是发现、纠正偏差。因此，要分清主次，重点控制。同时，要与企业组织形式、机构设置和人员分工相适应，做到责、权、利相结合，防止出现越权和混权现象。

(4) 控制要迅速及时，并具有应变能力

控制应及时迅速，防止偏差由小变大，以及出现失控的局面。同时，控制应具备应变能力，使其能够适应各种复杂情况和难以预料的变化，实现有效控制。

(5) 控制在经济上要科学合理

实施控制，要花费一定的人力、物力，控制系统的开支必须低于它所带来的收益。

2) 经营计划的控制程序

(1) 确定控制标准

确定标准，是进行控制的前提。控制标准是从计划方案中选出那些对工作成效进行评价的关键指标或关键点。控制标准的确定可以使管理人员了解计划执行进展的关键情况，而不必过问执行过程中的每一步骤。

(2) 对实际成果进行衡量、比较和分析

标准一旦确定后，计划控制机构就要用标准去衡量活动的成效，揭示偏差，并为纠正偏差提出要求，指明方向。

对计划执行结果进行分析评价，不仅要在工作完成之后对其成果进行衡量，而且要在工作过程中加强检查、监督，及时获取信息，经过整理、分析，找出偏差的性质、程度和原因，以便制定纠偏措施。所以，衡量绩效是关系控制是否准确、是否有效的重要步骤。

(3) 纠正偏差，保证计划目标的实现

纠正偏差是指根据反馈的偏差信息，进行分析、决策、制定措施，并付诸实施，以使系统重新进入原定轨道。控制最终是通过纠正偏差来实现的。因此，纠正偏差是控制的目的。

案例分析

新民钟表公司的决策

新民钟表公司位于W市城乡接合部，约有固定资产5 000万元，是一个拥有1 000

人的国有中型企业。公司自20世纪50年代成立以来，有过辉煌的历史。进入20世纪90年代后，全国手表行业中除飞亚达、罗西尼等少数几个企业经营情况尚好外，大多数企业经营状况都不好，新民钟表公司也出现了经济效益恶化的局面。为此，W市轻工局撤换了企业原有领导班子，经过竞选，李茂盛担任了公司总经理。李茂盛一上任就大刀阔斧地精简机构，把公司科室人员由80人精简到40人，加强了现场管理和质量管理。

新民钟表公司主要产品是机械表和机芯。经市场调查，机械表在国内市场已不受欢迎，全行业销售额呈逐年下降趋势。公司年产机芯100万只，主要卖给中国香港地区的中间商，每个机芯的售价为12.6～12.7元。该公司由于没有达到1 000万只左右的生产规模，每个机芯的成本为12.5元左右，比同行厂家高出许多。公司生产的低档机械表在省外根本卖不出去，在本省的市场占有率已由前年的10%下降到了5%，并且其主要购买对象在农村。目前企业实际上已处于亏损状态。李经理担心，一旦中国香港地区的中间商停止订货，企业将陷入更大的困境。公司经过多次研究，认为必须搞多元化经营。

为此，公司在厂区外租了几间房子和一块空地，开设了餐厅与卡拉OK厅，建造了钓鱼池和游泳池，并办起了一个“新民度假村”。公司还进入第一产业，办了养猪、养鸡、养兔场。公司了解到在距公司100多公里的山区，许多农民开采铁矿砂非常赚钱。李经理通过亲自考察，并经全体员工讨论，决定开办新民铁矿砂厂。在征得金融管理同意后，公司召开了全体职工大会，李经理在会上对职工进行了动员，动员职工为开办铁矿砂厂集资。在李经理的号召和带动下，仅两周时间公司就集资一百余万元。再从各车间抽调了得力人员，经过紧张的筹备，半年后新民铁矿砂厂就土法上马了。开工第一个月盈利40万元。但是好景不长，过了不久，土法上马的铁矿砂厂出了事故，山坡上的废泥浆由于堆放过多，流进了农民的庭院，冲毁了几间民房。环保部门勒令新民铁矿砂厂停产并处以罚款。由于地理位置不好，游客不多，再加上经营不善，“新民度假村”也出现了亏损。公司的养殖业原来是由一个农大毕业生管理，但他认为公司没有发展前途，不久前离职而去。这些使李经理及公司陷入了极大的困境。

思考讨论题

1. 根据案例中给出的背景资料，你认为新民钟表公司还要不要继续生产机械表？并为其进行决策，说出你的决策根据。

2. 新民钟表公司上马铁矿砂厂属于什么类型的决策？这个决策是否正确？为什么？

3. 你认为新民钟表公司对度假村、养殖业和铁矿砂厂的决策在哪些方面存在着共同性？为什么3个决策都不成功？

本章练习题

一、单项选择题

1. 决策的依据是（　　）。

A. 完全信息　　B. 适量信息　　C. 少量信息　　D. 与信息无关

2. 某一决策方案，只有一种执行后果并能事先测定，此种类型的决策称为（　　）。

A. 确定型决策　　B. 风险型决策　　C. 非肯定型决策　　D. 概率型决策

3. 某企业生产某产品，单价 5 元，单位变动成本 3.4 元，固定成本总额为 3 200 元，其盈亏平衡点产量为（　　）件。

A. 640　　B. 2 000　　C. 941　　D. 380

4. 常用的风险型决策方法有（　　）。

A. 小中取大法　　B. 大中取大法　　C. 线性规划法　　D. 决策树法

5. 选择在最差的自然状态下收益最大或损失最小的方案作为所要方案的准则是（　　）。

A. 小中取大法　　B. 大中取大法　　C. 后悔值法　　D. 决策树法

二、多项选择题

1. 决策理论主要有（　　）。

A. 古典决策理论　　B. 行为决策理论　　C. 现代决策理论　　D. 当代决策理论

2. 从环境因素的可控程度来划分，可将决策分为（　　）。

A. 确定型决策　　B. 风险型决策　　C. 追踪型决策　　D. 非确定型决策

3. 决策树的构成包括（　　）等要素。

A. 决策点　　B. 自然状态点　　C. 方案枝　　D. 概率枝

4. 决策的影响因素主要包括（　　）。

A. 环境　　B. 预测　　C. 组织文化　　D. 时间

5. 下列属集体决策的是（　　）。

A. 头脑风暴法　　B. 量本利分析法　　C. 德尔菲法　　D. 边际分析法

三、思考题

1. 为什么说企业决策是一个过程？它包括哪几个阶段？

2. 企业经营决策应遵循哪些原则？

3. 如何区别确定型决策、风险型决策和不确定型决策？

4. 企业计划管理的原则是什么？

5. 某企业准备生产某种产品，预计该产品的销售有 3 种可能性（如表 3－6 所示）：销路好，其概率为 0.3；销路一般，其概率为 0.5；销路差，其概率为 0.2。可采用的方案有两个：一是新建一条流水线，需投资 120 万元；二是对原有设备进行改造，需投资 50 万元。

两个方案的使用期均为5年，各种自然状态下年度销售利润如表3－6所示，问该企业应该如何决策?

表3－6 投资方案比较表（年度销售利润表）

方案	投资/万元	年收益/万元			使用期/年
		销路好（0.3）	销路一般（0.5）	销路差（0.2）	
新建流水线	120	80	40	0	5
技术改造	50	60	30	15	5

第4章

企业生产管理

学习目的

通过本章的学习，要求学生掌握生产管理的有关概念及基本理论，合理组织生产过程，正确制定生产计划和生产作业计划，加强作业控制，熟练使用网络计划技术，了解企业生产管理的内容、目标与基本问题。

关键术语

生产过程　生产管理　作业控制　网络计划技术

4.1　企业生产管理概述

4.1.1　企业生产管理的有关概念

1. 生产

生产是企业一项最基本的活动，是企业一切活动的基础，是利用资源将输入转化为输出的活动过程。输入由输出决定，输入转化为输出是通过人的劳动实现的。

需要指出的是，生产过程的输出，不仅指有形的实物产品，还包括无形的产品服务。西方学者习惯将与工厂联系在一起的有形产品的制造称为生产，而将提供劳务的活动称为运作，或把两者结合起来并称为生产与运作。

2. 企业生产过程

1）企业生产过程的概念

企业的生产过程，有狭义和广义之分。狭义的生产过程，是指从原材料投入生产开始，直到制成成品为止的全部过程；广义的生产过程是指从某种产品技术准备开始，直到产品制造完成出产为止的全部过程。

生产过程主要是劳动过程，即劳动者在劳动分工和协作的条件下，利用劳动工具，按照一定的方法和步骤，直接和间接地作用于劳动对象，使之成为具有一定使用价值的产品的过程。但生产过程有时又表现为劳动过程和自然过程的统一，也就是指在某些生产技术条件下，生产过程的进行还要借助于自然力的作用使劳动对象发生物理的或化学的变化，如铸件、锻件热处理后的自然冷却及油漆的自然干燥等。

2）企业生产过程的构成

企业生产过程一般由生产技术准备过程、基本生产过程、辅助生产过程和生产服务过程组成。

（1）生产技术准备过程

这是指产品在投入生产前所进行的各种技术准备工作。如产品设计、工艺设计、工艺装备的设计和制造、标准化工作、物资定额和劳动定额的制定、设备的布置与调整、劳动组织的改善及新产品的试制与鉴定等工作。

（2）基本生产过程

企业产品包括基本产品和辅助产品。基本产品代表企业的专业方向。基本生产过程是指直接把劳动对象转变为企业基本产品的过程。如柴油机厂柴油机的生产，汽车制造厂汽车的生产，钢铁企业的炼钢、炼铁、轧钢等。

（3）辅助生产过程

这是企业为保证基本生产过程的正常进行，而从事的辅助产品的生产和劳动过程。如基本生产所需要的由本企业生产的电力、蒸汽、煤气、压缩空气和模具、夹具、刀具的制造及设备的维修与备件生产等。

（4）生产服务过程

这是指为保证基本生产和辅助生产所进行的各种生产服务活动，如原材料、半成品保管等。

3. 生产管理

生产管理就是对企业生产活动进行的计划、组织和控制工作。由于生产活动可以指不同的范围，因而生产管理有狭义、广义之分。

狭义的生产管理，是指以生产产品或提供劳务的生产过程为对象的管理，即对企业生产技术准备、原材料投入、工艺加工直至产品或劳务完工的具体活动过程所进行的管理。

广义的生产管理，是指以工厂生产系统为对象，包括所有与产品制造或劳务提供密切相关的各方面工作的管理。也就是指从原材料、设备、人力、资金等的输入开始，经过生产转换系统，直到产品、劳务输出为止的一系列管理工作。

4. 生产类型

生产类型是指企业根据产品结构、生产方法、设备条件、生产规模、专业化程度等方面的情况，按照一定的标准对生产过程进行的分类。生产类型可从多角度进行划分，具体如下：

① 按生产性质分为物质生产型、劳动服务型；

② 按生产工艺特点分为流程型、装配型；

③ 按物流特点分为连续型、离散型；

④ 按组织生产的特点分为订货型、备货型；

⑤ 按生产批量分为大量生产、成批生产、单件生产。

不同的生产类型其工作重点是不同的。现以物流特点分类（连续型、离散型）为例（见表 4－1），说明其工作重点。

表 4－1　生产系统按物流特点分类的工作重点

	离散型	连续型
组织特点的区别	复杂	一次性
工作重点的区别	提高柔性	设备预防
物料管理的重点	外协管理	采购管理
计划重点的重点	作业计划	主体计划
生产控制的重点	配套性	过程控制
库存控制的特点	重点在期	重点在量
重点控制的物料	半成品	成品

另外，通过表 4－2，可以较为详细地认识不同生产类型的特点。

表 4－2　不同生产类型的特点

比较项目	大批量	成批生产	单件小批
产品品种	单一或很少	较多	很多
产品产量	很大	较大	单个或很少
工作地工序数目	1 道或 2 道	较多	很多
设备布置	按对象原则，采用流水生产或自动线	既有按对象原则排列，又有按工艺原则排列	基本按工艺原则排列
生产设备	广泛采用专用设备	专用、通用设备并存	采用通用设备
设备利用率	高	较高	低
应变能力	差	较好	很好
劳动定额的制定	详细	有粗有细	粗略
劳动生产率	高	较高	低
计划管理工作	较简单	较复杂	复杂多变
生产控制	容易	难	很难
产品成本	低	较高	高
产品设计	易按“三化”设计	“三化”程度较低	按用户要求设计

5. 生产能力

企业的生产能力是指企业在一定时期内，企业的全部生产性固定资产，在一定的技术组织条件下，所能生产的一定种类和一定质量产品的最大数量，或者是能够加工处理一定原材料的最大数量。它是反映企业生产可能性的一个重要指标，是企业安排生产任务，制定规划的依据。目前，我国的生产能力主要从用途和结构角度进行分类。

1）从用途的角度分为设计能力、查定能力和计划能力

设计能力是企业在设计任务书和技术文件中所规定的，在正常条件下应达到的生产能力。

查定能力是指经过技术改造或革新，原有设计能力发生实际变化，进行重新调查和核定后的生产能力。

计划能力又称为现实能力，是指在计划年度内，依据现有的生产技术组织条件，以及年度内能够实现的技术组织措施而实际能够达到的生产能力。计划能力是编制年度生产计划和各项指标的依据。

2）按结构分为单机生产能力、环节生产能力和综合生产能力

从结构上看，单机生产能力决定环节生产能力，环节生产能力决定综合生产能力，综合生产能力受环节中最薄弱部分生产能力的制约。

4.1.2 企业生产管理的内容、目标与基本问题

1. 企业生产管理的内容

广义的生产管理涉及企业全部的生产活动，按照管理的职能，它的内容可归纳为以下几个方面。

（1）生产的决策和计划

主要是确定企业的生产方向、规模及其具体安排。包括产品品种、数量、质量及生产方式的决策；生产计划、生产作业计划的制定及作业分配等。

（2）生产的组织和指挥

这是指生产的物质技术准备工作和组织工作。主要包括厂址的选择，工艺路线和工艺方法的制定，工厂布置，生产过程的组织，劳动力组织，生产指挥系统的组织和生产调度等。

（3）生产的控制和协调

这是指围绕完成计划任务所进行的管理工作。主要包括生产作业控制、质量控制、物资消耗和库存控制、设备运作控制，以及生产协调等。

2. 企业生产管理的目标

1）为保证实现企业的经营目标

组织生产过程按计划要求高效运行，全面完成产品品种、质量、产量、成本、交货期和环保与安全等各项要求。

2）有效利用企业的制造资源

不断降低物耗，降低生产成本，缩短生产周期，减少在制品，压缩占用的生产资金，以不断提高企业的经济效益和竞争能力。

3）为适应市场、环境的迅速变化

要努力提高生产系统的应变能力，使企业根据市场需求不断推出新产品，并使生产系统

适应多品种生产，能够快速地调整生产，进行品种更换。

简而言之，生产管理的目标就是高效、低耗、灵活、准时地生产合格产品或提供满意服务。

3. 企业生产管理的基本问题

1）如何保证和提高产品质量

质量包括产品的使用功能、操作功能、安全性能和保全性能等多方面含义。这些特性在企业生产管理中相应地转化为产品的设计质量、制造质量和服务质量问题——质量管理。

2）如何保证适时、适量地将产品投放到市场

在现代化大生产中，生产所涉及的人员、物料、设备、薪酬等资源成千上万，如何将全部生产要素在需要它们的时候组织起来，筹措到位，是一项十分复杂的系统工程，也是生产管理所要解决的一个最重要的问题——产品数量与交货期管理。

3）如何才能使产品价格既为顾客所接受，又为企业带来利润

这涉及人员、物料、设备、能源、土地等资源的合理配置和运用，涉及生产率提高，还涉及资金的运营和管理问题。归根结底，可以归结为一个问题：如何努力降低生产运作成本——成本管理。

4）如何提供独具特色的附加服务

对于产品制造企业而言，随着产品的技术含量、知识含量的提高，在产品销售过程和顾客的使用过程中，所需要的附加服务越来越多。当制造产品的硬技术基本一样时，企业通过提供独具特色的附加服务，就有可能赢得独特的竞争优势。

对于服务业企业来说，在提供基本服务之外提供附加服务，也会赢得更多的客户。一些跨国公司，如 IBM、索尼等，就十分重视提供优良的服务，借此吸引大量的消费者。我国的企业，如海尔，也是大打服务牌，赢得了消费者的青睐。

5）如何保护环境和合理利用资源

企业在生产对社会有用产品的同时，也会生产出一些负产品，如废水、废气、废渣等，从而对环境造成污染。当今，保护我们共同生存的环境，合理获取、节约利用资源，保持可持续发展已经是人类所面临的重大课题，企业对此也责无旁贷。为了实现保护环境和合理利用资源的目标，企业应当在生产运作管理中注意兼顾经济效益、社会效益和生态效益，合理开发和利用资源。

以上 5 个问题，构成了当今企业生产管理的基本问题。本章只介绍制造企业生产管理的内容。

4.1.3　现代生产管理与传统生产管理的区别

生产管理的发展过程经历了 3 个阶段。

第一个阶段是 1911 年以前的时期。机械时钟的发明和制造，要求人的活动必须精确地协调一致起来，人们还逐渐认识了零件标准化和劳动分工的意义。

第二个阶段是以泰勒的科学管理理论为代表的管理理论所奠定的基础。具体包括动作研

究、工业心理研究、移动装配原理、数理统计理论在生产管理中的运用，运筹学、系统论方法的应用等。

第三个阶段是以电子计算机的应用为根本特征。20 世纪 70 年代以后，美国和欧洲开始推出专门解决生产和库存管理难题的管理软件包。这些软件包极大地提高了生产管理者处理相关问题的能力，产生了很好的效果，并迅速得到推广，从而使企业管理的状态和水平发生了根本性的改变。与此同时，成组技术和柔性制造系统在工厂里得到了应用，无人工厂开始出现。这些对于解决多品种、小批量生产与工作效率的矛盾起到了很好的作用。

现代生产管理与传统生产管理相比，其特点有以下两方面。

（1）现代生产管理面更宽

一方面，传统生产管理的范围集中在制造业，而现代生产管理的范围则扩展到服务业；另一方面，传统生产管理的着眼点主要在生产系统内部，即着眼于一个开发、设计好的生产系统内，对开发、设计好的产品的生产过程进行计划、组织与控制，而现代生产运作管理既包括对生产运作系统内部运行的管理，又包括对生产运作系统设计的管理。

（2）现代生产管理的管理组织结构和管理技术方法更先进

由于计算机已经替代手工成为企业管理的主要手段，各项先进的管理技术和手段日新月异，加之市场需求的多样化，企业生产类型的主流已由大批量的生产类型转化为多品种、中小批量的生产类型。因此，现代生产管理与传统生产管理相比，无论是在管理组织结构还是在管理技术方法上，都更先进。一些新型的生产方式和管理模式，如精益生产方式、敏捷制造等，相继出现，使生产效率大幅度提高，产品的质量不断提升，显示出现代科学技术的强大生命力。

4.2 生产过程组织

4.2.1 生产系统与生产管理系统

1. 生产系统

1）生产系统的含义及构成要素

生产系统是由若干要素构成的，是将投入要素转换成为某种产出要素的一个有机整体。它是企业的一个子系统，是支撑企业生产过程运行的物质基础。

生产系统由系统的硬件和软件两部分组成。

生产系统的硬件通常是指生产场地、厂房、机器设备、工位器具、运输工具及各种生产设施。它们构成生产系统的物质形式。这些硬件要按一定的数量比例和一定的空间布局进行配置。硬件要素的构成反映生产系统的工艺特征和技术水平，决定生产系统的功能特点和生产能力。

生产系统的软件是指生产组织形式、人员配备要求、工作制度、运作方式及管理上的各种规章制度。它是安排和控制生产过程顺利进行的规范和手段。建立生产系统的软件所需投资相对较少，承担的风险相对较小。但由于其组成因素比较复杂，实施时受人为因素的影响较大，产生的效果便会有很大的差异。这是软件系统的重要特点。

2）生产系统的功能目标

如何构造企业的生产系统，取决于对系统提出什么样的功能要求。制造企业生产系统的主要功能是制造产品。要制造什么样的产品决定了需要什么样的生产系统。一个企业决定生产何种产品，受社会需求和市场竞争状况的影响，也决定于企业采用何种经营战略。所以，设计和构造一个生产系统，要求它具有什么样的功能，就取决于用户对产品的要求和企业的经营战略。

具体地说，用户需求就是用户对产品的各种要求。用户的需求归纳起来可以分为 7 个方面。

（1）款式

其表现形式为产品品种规格的特殊性、产品系列的宽度和纵深度、产品品种的新颖程度等。对品种款式的不同要求，反映了用户需求的多样性。

（2）质量

它表现为产品的使用功能、外观、可靠性、寿命和经济性。对用户需求的满足程度是评价产品质量高低的标准。

（3）数量

用户对产品数量的需求是因时因地变化的，这就形成了市场需求的波动起伏。

（4）价格

指用户为获得产品的使用价值所需付出的代价。包括产品的销售价格，以及在产品使用过程中需要支出的各种费用（如消耗的动力、维修费用、占用的空间等），还涉及与可替代产品的比价、与竞争对手的产品差价等。

（5）服务

指售前、售后对用户提供的服务。如使用培训、安装服务、使用过程中提供的维修、保险等，以及在产品更新换代后为老产品提供的服务保障等。

（6）交货期

用户对产品有交货时间的要求，对生产通用产品的企业而言，应有随时提供现货的能力，对专用产品则通过合同与用户商定交货期限。

（7）环保与安全

产品在使用过程中应该为用户提供安全保障。有些产品在这方面有特殊的要求，如飞机、电梯、锅炉、儿童玩具等。环保的要求是指在产品的生产过程、使用过程及其报废时，不对环境产生污染。

用户对产品提出的上述 7 个方面的要求，是通过企业生产系统加工出相应的产品来得到满足的。为了使产品能满足用户提出的各种要求，生产系统就需要具有这样或那样的功能。

相应地，企业的生产系统就应该具备以上7个方面的功能，形成生产系统基本的功能目标体系，具体功能主要有以下7个方面。

（1）创新

即生产系统开发新产品的能力，对产品系列宽度和深度的扩展能力。创新能力还表现为对新技术、新工艺的采用吸收能力、应用能力和系统自我完善的能力。

（2）生产质量

指生产系统对产品质量的保证能力。生产系统从产品设计、制造工艺、原材料供应和作业过程等多方面来控制产品的质量，使之达到规定的标准，使顾客满意，并能保持质量的稳定性。

（3）柔性

生产系统对产品品种款式和生产数量变化的应变能力。由于市场需求多变，而且变化的速度大大加快，因此对生产系统的柔性要求将越来越高。

（4）成本

指生产系统对产品制造成本的控制能力。保持低的成本水平，企业在价格上才有竞争优势。

（5）继承性

产品升级或更新换代的速度加快，为了使用户在产品升级后减少损失，就要求所生产的产品有继承性、可扩展性和兼容性。

（6）按期交货

产品能否按期交货，取决于产品的生产技术准备周期和制造周期。缩短准备周期和制造周期，提高按期交货的保证能力，与生产系统的组织形式及所采用的计划控制方式有密切关系。

（7）环保与安全

要使产品满足环保与安全的需要，就要求企业的生产系统成为绿色生产系统，在制造过程中不对环境产生污染，生产的产品符合安全要求和不污染环境。

以上7项功能就是生产系统的功能目标体系。它们是一个整体，只有每一项功能都达到当时社会要求的基准水平，生产系统产出的产品才能在市场上销售。

用户的需求通过产品转化为对生产系统的功能要求，在这一转化过程中还受到企业经营战略的影响。由于用户需求的差异性，在激烈的市场竞争条件下，企业为了争夺市场，常常采用市场细分化的经营策略。此时，企业已不满足于自己的产品达到上述7个方面的基准要求，而且还要求产品具有一定的特色，即能满足目标市场中用户提出的特殊需求，如图4－1所示。

2. 生产管理系统

企业的生产管理系统，就是把企业生产过程中所需要的劳动力、设备、材料、资金、生产信息等要素及其活动作为一个系统，对产品或劳务的生产全过程进行合理的计划、组织和

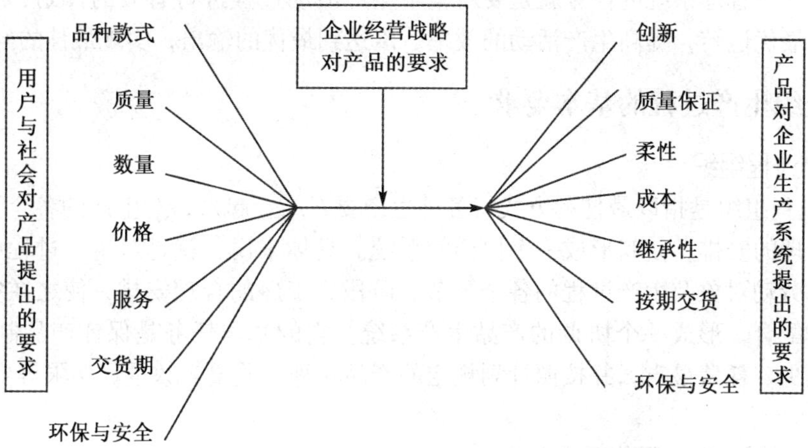

图4－1　用户需求与生产系统功能目标的关系图

控制，以达到最优输出，保证实现预期生产目标的一种组织管理系统。这个系统由输入、转换、输出和反馈4个部分组成。

1）输入——生产要素

输入的要素一般包括以下4个部分。

① 人，指劳动力，即具有一定智力和体力的劳动者。这是生产的第一要素。

② 物，指劳动手段和劳动对象。劳动手段包括各种机器设备、工艺装备、仪器仪表等劳动工具和厂房建筑物，以及其他物质技术的辅助条件；劳动对象包括原材料、辅助材料及零件、部件等。

③ 财，指资金。资金是劳动手段和劳动对象的货币表现。现代企业的生产活动过程，从价值形态看，实际上也就是资金运动和价值增值的过程。

④ 信息，指生产计划、工艺图纸、技术情报、科技档案及各种数据等。

2）转换——生产过程

对生产企业来说，就是产品的制造过程，即输入生产所需要的各种要素后，劳动者按照一定的工艺步骤，利用劳动手段对劳动对象进行加工，使物质要素不断流动的过程。

3）输出——产品、劳务和信息

产品是指新制造的具有一定使用价值的成品或半成品；劳务是指为恢复或提高原有产品的使用价值或承做个别工序而进行的工业生产活动的成果；信息包括产量、质量、消耗、进度、成本等。

4）反馈——输出信息的回授

即把输出端的信息回授到输入端或转换过程，使其与输入的信息相比较，使生产管理人员及时掌握生产过程的运行情况，发现差异，查明原因，采取措施，予以解决。

以上4个部分构成了生产管理系统，它们之间是相互影响、相互制约的。从其运行规律可以看出，生产管理系统的任务就是要对整个生产活动过程进行有效的计划、组织和控制，实现系统的最优运转，提高生产活动的效率，以达到最优的输出，实现最佳的经济效益。

4.2.2 组织生产过程的基本要求

1. 生产过程组织

生产过程组织是指以最佳的方式将各种生产要素结合起来，对生产的各个阶段、环节、工序进行合理的安排，使其形成一个协调的系统。具体来说，就是对生产过程中的劳动者、劳动工具、劳动对象及生产过程的各个环节、阶段、工序的合理安排，使之在空间上衔接，时间上紧密配合，形成一个协调的产品生产系统。它的基本任务是保证产品制造的流程最短、时间最少、耗费最省，并按照计划规定的产品品种、质量、数量、期限等生产出社会需要的产品。

2. 合理组织生产过程的基本要求

（1）连续性

生产过程的连续性包括空间上的连续性和时间上的连续性。空间上的连续性是要求生产过程的各个环节在空间布置上合理紧凑，使加工对象所经历的生产流程路线短，没有迂回往返的现象；时间上的连续性是指生产对象在加工过程各工序的安排上紧密衔接，消除生产中断和不应有的停顿、等待现象。

（2）比例性

生产过程的比例性是指生产过程各阶段、各工序之间，在生产能力上要保持一定的比例关系，以适应产品生产的要求。这表现在各个生产环节的工人人数、设备数量、生产速率、开动班次等，都必须互相协调配套。比例性是保证生产连续性的前提，并有利于充分利用企业的设备、作业空间、人力和资金。

（3）均衡性

生产过程的均衡性，是要求生产过程的各个基本环节和各个工序在相同的时间间隔内，生产相同或者稳定递增数量的产品，每个工作地的负荷经常保持均匀，不出现前松后紧或时紧时松的现象，保持有节奏的均衡生产。这有利于提高产品质量，降低产品成本，保证企业正常、安全生产；而生产不均衡会造成忙闲不均，既浪费资源，又不能保证质量，还容易引发设备、人身事故。

（4）平行性

生产过程的平行性是指物料在生产过程中实行平行交叉作业。平行作业是指相同的零件同时在数台相同的机器上加工。交叉作业是指同一批零件在上道工序还未加工完成时，将已完成的部分零件转到下道工序加工。也就是生产过程的各工艺阶段、各工序在时间上实行平行作业，产品各零部件的生产能在不同空间进行。平行交叉作业可以大大缩短产品的生产周期，在同一时间内生产更多的产品。平行性是生产过程连续性的前提。

（5）生产过程的精确性

保证零部件在生产过程中以最准确的时间、最准确的数量到达最准确的位置，并实现指定的加工。

（6）适应性

这是指企业生产过程能够适应外界环境变化的要求，及时调整生产组织形式。

（7）经济性

这是指在生产过程中，以最少的物化劳动和活劳动的消耗及资金的占用，获得尽可能多的符合社会需要的生产成果。因此，在生产环节上要实现电子计算机控制和管理，提高设备自动化程度，以提高生产和管理的效率。

合理组织生产过程的各项要求是相互联系、相互影响的，在生产过程的组织、计划、控制过程中，要根据具体情况综合考虑时间、资金占用、有关费用等多项因素，统筹安排，提高经济效益。

4.2.3　生产过程组织的基本内容

生产过程的组织包括生产过程的空间组织和时间组织。

1. 生产过程的空间组织

生产过程的空间组织就是企业生产系统的布置，是指应用科学的方法和手段对组成企业的各个部分、各种物质要素（设施、设备等）进行合理的配置和空间及平面布置，使之形成有机的系统，以最经济的方式和较高的效率为企业的生产经营服务。生产过程的空间组织有以下两种典型的形式。

1）工艺专业化形式

工艺专业化又称为工艺原则，就是按照生产过程中各个工艺阶段的工艺特点来设置生产单位。在工艺专业化的生产单位内，集中着同种类型的生产设备和同工种的工人，完成各种产品的同一工艺阶段的生产。即加工对象是多样的，但工艺方法是同类的，每一生产单位只完成产品生产过程的部分工艺阶段和部分工序的加工任务，产品的制造完成需要各单位的协同努力。如机械制造业中的铸造车间、机加工车间及车间中的车工段、铣工段等，都是工艺专业化生产单位。

工艺专业化组织形式的优点是：

① 由于设备不是针对某一产品配置的，而是根据多种产品某一工艺阶段的特点配置的，故对品种变化有较强的适应能力；

② 由于同种设备集中在一起，故有利于组织设备维修，便于对工人进行技术指导和技术培训，从而提高设备的利用率；

③ 由于车间仅有一类工程的工艺，故有利于提高工艺管理的水平。

工艺专业化组织形式的缺点是：

① 产品加工过程中运输路线长，运输数量大，停放、等待的时间多，生产周期长；

② 增加了在制品数量和资金占用；

③ 生产单位间的协作复杂，生产作业计划管理、在制品管理、成套性进度管理等诸项管理工作，量大而且复杂。

工艺专业化形式适用于企业产品品种多、变化大、产品制造工艺不确定的单件小批生产类型的企业。它一般表现为按订货要求组织生产，特别适用于新产品的开发试制。

2）对象专业化形式

对象专业化又称为对象原则，就是按照加工对象的不同来设置生产单位，即根据生产的产品来确定车间的专业分工，每个车间完成其所负担的加工对象的全部工艺过程，工艺过程是封闭的。在对象专业化生产单位（如汽车制造厂的发动机车间、底盘车间，机床厂的齿轮车间、底盘车间等）里，集中了不同类型的机器设备、不同工种的工人，对同类产品进行不同的工艺加工，独立完成一种或几种产品（零件、部件）的全部或部分的工艺过程，而不用跨越其他的生产单位。

对象专业化形式的优点是：

① 生产比较集中，生产周期短，运输路线短，周转量小；

② 计划管理、库存管理相对简单；

③ 在制品占用量少、资金周转快、协作关系少，有利于强化质量责任和成本责任，便于采取流水生产等先进生产组织形式，提高生产效率。

对象专业化形式的缺点是：

① 对市场需求变化适应性差，一旦因生产的产品市场不再需求而进行设备更换，则调整代价大；

② 设备投资大（由于同类设备的分散使用，会出现个别设备负荷不足，生产能力不能充分利用）；

③ 不利于开展专业化技术管理。

对象专业化形式适用于企业的专业方向已定，产品品种稳定、工艺稳定的大批量生产，如家电、汽车、石油化工品生产等。

由于工艺专业化和对象专业化两种形式各有优缺点，因此在实际生产中，企业具体采用哪一种组织形式组织生产，应从企业自身的条件出发，全面分析、比较各种组织形式的利弊和技术经济效果。既要考虑当前需要，又要考虑长远发展；既可以采用其中的一种形式，又可以把两种专业化形式结合起来应用，如在对象专业化形式基础上，局部采用工艺专业化形式；在工艺专业化形式基础上，局部采用对象专业化形式。

2. 生产过程的时间组织

合理组织生产过程，不仅要求生产单位在空间上密切配合，而且要求劳动对象和机器设备在时间上紧密衔接，以实现有节奏的连续生产，达到以提高劳动生产效率和设备利用率、减少资金占用、缩短生产周期的目的。生产过程在时间上的衔接程序，主要表现在劳动对象在生产过程中的移动方式。劳动对象的移动方式，与一次投入生产的劳动对象数量有关。以加工零件为例，当一次生产的零件只有一个时，零件只能顺序地经过各道工序，而不可能同时在不同的工序上进行加工。而如果当一次投产的零件有两个或两个以上时，工序间就有不同的移动方式。一批零件在工序间存在着 3 种移动方式，这就是顺序移动、平行移动、平行顺序移动。

例如，生产 3 件某产品，经 4 道工序加工，每道工序加工的单件工时分别为 10、5、20、10min。现按 3 种移动方式计算其生产周期，3 种移动方式如图 4－2 ～图 4－4 所示。

1）顺序移动方式

顺序移动方式是指一批零件在前一道工序全部加工完毕后，整批转移到下一道工序进行加工的移动方式。其特点是：一道工序在工作，其他工序都在等待。

若将各工序间的运输、等待加工等停歇时间忽略不计，则该批零件的加工周期 $T_{顺}$ 的计算公式为

$$T_{顺} = n\sum_{i=1}^{m} t_i$$

式中：n——该批零件数量；

m——工序数；

t_i——第 i 道工序的单件加工时间。

顺序移动方式的优点是：一批零件连续加工，集中运输，有利于减少设备调整时间，便于组织和控制；其缺点是：零件等待加工和等待运输的时间长，生产周期长，流动资金周转慢。顺序移动方式如图 4－2 所示。

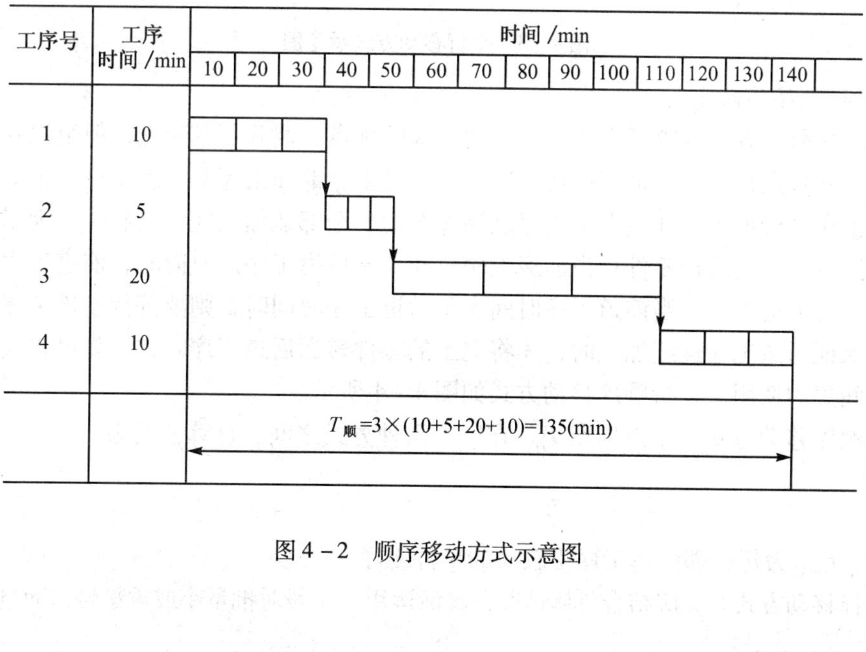

图 4－2　顺序移动方式示意图

2）平行移动方式

平行移动方式是指一批零件中的每个零件在每道工序加工完毕以后，立即转移到后道工序加工的移动方式。其特点是：一批零件同时在不同工序上平行进行加工，因而缩短了生产周期，其加工周期的计算公式为

$$T_{平移} = (n-1)t_{长} + \sum_{i=1}^{m} t_i$$

式中，$t_{长}$ 为各加工工序中最长的单件工序时间。

采用这种移动方式，不会出现制件等待运输的现象，所以整批制件加工时间最短，但由于前后工序时间不等，当后道工序时间小于前道工序时间时，后道工序在每个零件加工完毕后，都有部分间歇时间，如图4－3所示。

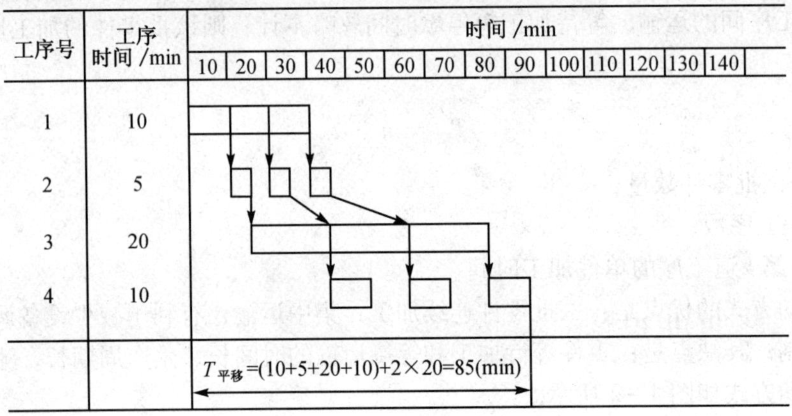

图4－3　平行移动方式示意图

3）平行顺序移动方式

平行顺序移动方式吸收了上述两种移动方式的优点，避开了其短处，但组织和计划工作比较复杂。其特点是：当一批制件在前道工序上尚未全部加工完毕，就将已加工的部分制件转到下道工序进行加工，并使下道工序能够连续地、全部地加工完该批制件。为了达到这一要求，要按以下规则运送零件：当前道工序时间少于后道工序的时间时，前道工序完成后的零件立即转送下道工序；当前道工序时间多于后道工序时间时，则要等待前道工序完成的零件数足以保证后道工序连续加工时，才将完工的零件转送后道工序。这样就可将人力及设备的零散时间集中使用。平行顺序移动方式如图4－4所示。

平行顺序移动方式的生产周期 $T_{平顺}$ 在以上两种方式之间，计算公式为

$$T_{平顺} = n\sum_{i=1}^{m} t_i - (n-1)\sum_{i=1}^{m-1} t_{i较短}$$

式中，$t_{i较短}$ 为每相邻两道工序中较短的单件工序时间。

在选择移动方式时，应结合具体情况，灵活运用。一般对批量小或重量轻，而且加工时间

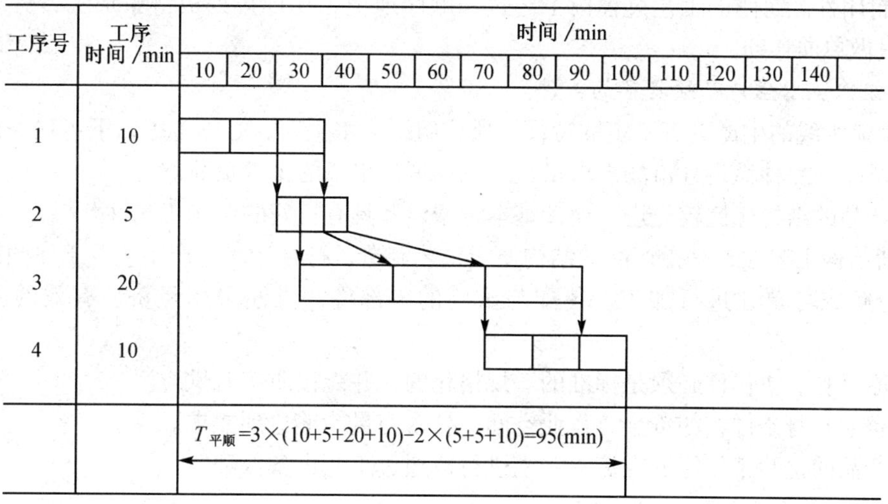

图 4－4　平行顺序移动方式示意图

短的零件，宜采用顺序移动方式，反之宜采用另外两种移动方式；按对象专业化形式设置的生产单位，宜采用平行顺序移动方式或平行移动方式；按工艺专业化形式设置的生产单位，宜采用顺序移动方式；对生产中的缺件、急件，则可采用平行移动方式或平行顺序移动方式。

4.2.4　生产过程的组织形式

研究分析生产过程的基本目的，在于寻求高效、低耗的生产组织形式，将生产过程的空间组织与时间组织有机地结合。企业必须根据其生产目的和条件，采用适合自己生产特点的生产组织形式。

1. 流水生产线

流水生产线，又称为流水作业线，是指劳动对象按照一定的工艺过程，顺序地通过各个工作地，并按照统一的生产速度（或节拍）和路线完成工序作业的一种组织形式。它将对象专业化的空间组织方式和平行移动的时间组织方式高度结合，是一种先进的生产组织形式。

1）流水生产线的特点

流水生产线有以下 5 个方面的特点。

① 专业性。在流水线上固定地生产一种或少数几种产品，在每个工作地固定地完成一道或几道工序。

② 连续性。劳动生产对象在工序间采用的是平行移动方式或平行顺序移动方式，最大限度地减少了工序间的间断时间。

③ 节奏性。劳动对象在各道工序上按一定的时间间隔投入和出产。

④ 比例性。各道工序的工作地（设备）数量与各道工序的生产时间之比相一致。

⑤ 封闭性。封闭的工艺过程按工艺过程顺序地把工作地排列成链条形式，劳动对象在工序间只做单向移动。

2）组织流水生产必须具备的条件

由于流水线的生产具有一定的特征，所以组织流水生产，必须考虑以下各项条件。

① 产品的品种稳定且市场需求量大，以保证流水线的正常负荷。

② 产品的结构应比较先进，设计基本定型，并具有良好的结构工艺性。

所谓结构工艺性，是指产品的结构便于工艺制造，符合流水生产工艺及工序同期化的要求，能分解成可单独进行加工、装配与试验的零部件，以便采用经济、有效的工艺加工方法。

③ 原材料、协作件必须是标准的、规格化的，并能按质按时供应。

④ 企业自身条件，如资金、作业空间、技术力量能够达到要求。

⑤ 产品的检验工作能够在流水线上进行或通过工艺设备保证。

3）流水生产线分类

根据流水生产线的特点和组织流水线的条件，工业企业中的流水生产线是多种多样的，可按不同的标准进行分类。

① 按照流水线的连续程度可分为连续流水线和间断流水线；

② 按流水线上生产对象的数目可分为单一品种流水线和多品种流水线；

③ 按生产对象的移动方式可分为固定流水线和移动流水线；

④ 按流水线节拍的方法可分为强制节拍流水线、自由节拍流水线和粗略节拍流水线；

⑤ 按流水线的机械化程度可分为手工流水线、机械化流水线和自动化流水线；

⑥ 按产品的运输方式可分为普通运输设备的流水线和专用运输设备的流水线。

2. 成组技术和成组加工单元

随着社会经济的发展，社会需求出现了多品种、多变化的趋势。为提高多品种、小批量生产的效率，出现了成组技术，使多品种、小批量生产能获得流水线生产的高效率和低成本效果。成组技术是一种以零部件的相似性（主要指零件的材质结构、工艺等方面）和零件类型分布的稳定性、规律性为基础，对其进行分类、归并成组，并进行编码制作，以提高加工的批量，获得较好的经济效益的技术。在应用成组技术中，发展了一具多用的成组夹具，一组成组夹具一般可用于几种甚至几十种零件的加工。成组技术根本改变了传统的生产组织方法，它不以单一产品为生产对象，而是以“零件组”为对象编制成组工艺过程和成组作业计划。

成组加工单元，就是使用成组技术，以“组”为对象，按照对象专业化布局的方式，在一个生产单元内配备不同类型的加工设备，完成一组或几组零件的全部工艺的生产组织。采用成组加工单元，加工顺序可在组内灵活安排，多品种、小批量生产可获得接近于大量流水生产的效率和效益。目前，成组技术主要应用于机械制造、电子、兵器等领域，它还可以应用于具有相似性的众多领域，如产品设计和制造、生产管理等。

3. 柔性制造单元

柔性制造单元，即以数控机床或数控加工中心为主体，依靠有效的成组作业计划，利用机器人和自动运输小车，实现工件和刀具的传递、装卸及加工过程的全部自动化和一体化的生产组织。它是成组加工系统实现合理化的最高级形式。它具有机床利用率高、加工制造与研制周期短、在制品及零件库存量低的优点。柔性制造单元与自动化立体仓库、自动装卸站、自动牵引车等结合，由中央计算机控制进行加工，就形成了柔性制造系统；柔性制造单元与计算机辅助设计功能的结合，则成为计算机一体化制造系统。

总之，上述技术的出现改变了单件小批量生产的生产过程的组织形式和物流方式，使之获得了接近于大量流水生产的技术经济效益，符合市场需求的多样化、小批量和定制方向的趋势，代表了现代制造技术的发展方向。

4.3　生产计划与生产作业计划

4.3.1　生产计划

1. 生产计划的3个层次

制造企业的生产计划一般分为综合计划、主生产计划和物料需求计划3种。

1）综合计划

综合计划又称为生产大纲。它是对企业未来较长一段时间内资源和需求之间平衡所做的概括性的设想，是根据企业所拥有的生产能力和市场需求预测对企业未来较长时间内出产内容、出产量、劳动率水平、库存投资等问题所作出的决策性描述。综合计划并不具体制定每一品种的生产数量、生产时间和每一车间及人员的具体工作任务，而是按照以下方式对产品、时间和人员做安排。

(1) 产品

按照产品的需求特性、加工特性、所需人员和设备的相似性等，将产品综合为几大系列，以系列为单位来制定综合计划。例如，服装厂根据产品的需求特性分为女装、男装和童装三大系列。

(2) 时间

综合计划的计划期通常是年，因此有些企业也把综合计划称为年度生产计划或年度生产大纲。在该计划期内，使用的计划时间单位是月或季。在采用滚动式计划方式的企业，还有可能未来3个月的计划时间单位是月，其余9个月是季等。

(3) 人员

综合计划可采用几种不同的方式来考虑人员安排问题。例如，将人员按照产品系列分成相应的组，分别考虑所需人员的水平，或将人员根据产品工艺的特点和人员所需的技能水平分组等。综合计划中还应考虑需求变化所引起的人员数量的变化，以决定是采取加班还是增加聘用人数。

2）主生产计划

主生产计划要确定每一具体的最终产品在每一具体时间段内的生产数量。

这里的“最终产品”是指对企业而言，必须最终完成，可以马上出厂的完成品，它可以是直接用于消费的消费产品，也可以作为其他企业产品的部件或配件。

这里所指的“具体时间段”，通常以周为单位，有时也可能是日、旬或月。

3）物料需求计划

主生产计划确定后，生产管理部门下一步要做的事情是，保证完成主生产计划所规定的最终产品所需的全部物料（原材料、零件、部件等）及其他资源的供应。物料需求计划就是要制定这些原材料、零件、部件等的生产采购计划，外购什么、生产什么、什么物料必须在什么时候订货或开始生产、每次订多少、生产多少等。也就是说，物料需求计划所要解决的，是与主生产计划规定的最终产品相关物料的需求问题，而不是对这些物料的独立的、随机的需求问题。

2. 生产计划的主要指标

生产计划是企业经营计划的重要组成部分，是企业在经营计划期间内完成生产目标的行动纲领，是企业生产管理的依据，也是企业编制物资供应、财务、劳动等其他计划的主要依据。

生产计划的主要指标包括产品品种、质量、产量与产值等。它们各有不同的经济内容，从不同的侧面反映企业计划期内生产活动的要求。

1）品种指标

产品品种指标是指企业在计划期内规定生产的产品名称、型号、规格、种类和数量。确定品种指标是编制生产计划的首要问题，关系到企业的生存和发展。品种指标反映了企业的专业化协作水平、技术水平和管理水平。

2）质量指标

产品质量指标是指企业在计划期内生产的产品应达到的质量标准，反映了产品的内在质量和外观质量。它是衡量产品使用价值的重要标志，也综合反映了企业的技术水平和管理水平。产品质量指标包括两大类：一类是反映产品本身内在质量的指标，主要是产品平均技术性能、产品质量分等；另一类是反映产品生产过程中工作质量的指标，如质量损失率、废品率、成品返修率等。

3）产量指标

产品产量指标是指企业在计划期内出产的符合产品质量要求的实物数量和工业性劳务的数量，是表示企业生产成果的一个重要指标，反映了企业向社会提供的使用价值的数量及企业的生产发展水平。

4）产值指标

产品产值指标是用货币表示的产量指标，能够综合反映企业生产经营活动成果，以便进行不同行业间的比较。根据具体内容与作用不同，它分为商品产值、总产值和净产值3种形式。

上述各项生产计划指标的关系十分密切。既定的产品品种、质量和产量指标，是计算各种产值指标的基础，而各种产值指标又是企业生产成果的综合反映。企业在编制生产计划时，应先落实产品的品种、质量与产量指标，然后据以计算产值指标。

3. 生产计划工作的原则

1）以需定产，以产促销

就是要求企业的生产计划既要根据预测的市场需求和订货合同中规定的产品品种、规格、质量、数量作为制定生产计划的依据，又要结合企业专长，充分发挥企业的人才、技术和管理等资源方面的优势，开发新产品或生产具有一定特色的优质产品，唤起新需求，指导销售。

2）合理利用生产能力

企业的生产计划同企业的能力相适应，因而要求企业的生产计划工作必须做到以下几点：

① 生产计划安排产品的生产工艺过程必须同企业设备性能相一致；

② 生产计划安排产品的产量必须同企业生产能力相一致；

③ 生产计划安排出产进度均匀，使设备均匀负荷；

④ 生产计划必须与销售计划、人员计划、库存计划、物资供应计划、设备计划、资金计划相衔接，协调一致。

3）进行综合平衡

因生产计划的确定不是孤立的，而是受各方面因素的制约，既涉及产供销，又涉及人财物，这就必须对它们进行综合平衡。只有进行综合平衡后的生产计划指标，才是先进的、切合实际的。

4）生产计划安排最优化

生产计划安排最优化的主要内容包括两个方面。

① 企业生产的各种产品的产量，在资源一定的条件下，应有取得经济效益最高的产品数量组合方案，这是一种静态的最优化方案。

② 在其他条件不变的条件下，由于用户和市场对各种产品的数量及交货时间的变化，而对生产计划从动态上进行的最优安排。

4. 生产计划工作的主要内容

1）做好编制生产计划的准备工作

这项准备工作是预测计划期内的市场需求，核算企业自身的生产能力，为确定生产计划提供外部需要和内部可能的依据。

（1）生产预测

生产预测属于市场预测的范畴，是一种侧重（年度和年度以内）以一个企业作为基本出发点的微观预测。在预测时，要重视对计划期需求特征的描述，分清是线性趋势还是季节性变化，是独立需求还是从属需求。不仅如此，还要选择比较经济、准确的预测方法。

(2) 核定生产能力

生产能力是生产系统内部各种资源能力的综合反映，直接关系到能否满足市场需要，所以在制定生产计划前，必须核定企业的生产能力。

2) 确定生产计划指标

根据满足市场需要、充分利用各种资源和提高经济效益的原则，在综合平衡的基础上，确定和优化生产计划指标。

3) 安排产品的生产进度

在编制完生产计划和确定了全年总的产量任务后，企业要进一步将全年的生产任务具体安排到各个季度和各个月份，这就是安排产品的生产进度。安排产品生产进度的总原则是：保证交货期，实现均衡生产，注意和企业技术准备工作及各项技术组织措施的衔接。不同类型的企业生产特点不同，安排产品生产进度的方法也不同。

(1) 大批量生产企业产品生产进度的安排

大批量生产企业，产品品种单一、产量大、生产稳定。这类企业安排产品生产进度的主要内容，是将全年生产任务均衡地按季、按月分配，以便充分利用生产能力，增加产量，更好地满足社会需求。均衡地分配，并不等于各季各月的平均日产量绝对相等，而是可以采用以下几种分配形式。

① 平均分配。即全年生产任务等量分配，各季各月的平均日产量相等。这种形式适合于市场对该种产品需要比较稳定，而企业生产过程自动化程度比较高的情况。

② 分期递增。即全年生产任务分期分阶段增长，每隔一阶段时间的平均日产水平有所增长，而在每段时期内平均日产水平大致相同。

③ 小幅度连续递增。即全年生产任务在各月连续地、小幅度均匀增长。它和分期递增都适合于市场对该产品需要量不断增加，而企业的劳动生产率稳步提高的情况。

④ 抛物线形递增。即将全年生产任务按照开始增长较快，以后增长逐渐缓慢，形成“抛物线”的形状安排各月生产任务。这种方式适合于新产品生产任务的安排，且市场对该产品需要不断增长的情况。

(2) 成批生产企业产品生产进度的安排

成批生产企业，由于品种多、各种产品交替生产，所以在安排生产进度时，不仅要合理分配产品产量，而且要合理组织不同时期（季、月）内各种产品之间的搭配生产。这是安排产品生产进度的关键。具体安排时，应充分考虑以下几个问题。

① 对于产量较大的、市场需求比较稳定的产品，可采取“细水长流”的办法，在全年各季各月做比较均衡的安排，以保证企业生产的稳定性。

② 对于产量分淡季、旺季或同系列的产品，可采取集中生产或集中轮番生产，这样可以扩大批量，减少同期生产品种，简化组织工作。

③ 新产品和老产品的生产要合理搭配。新产品品种的上市，要考虑到技术准备工作的可能。复杂产品和简单产品、劳动量大与劳动量小的产品，以及需要关键设备加工的产品，

应合理搭配，均衡地分配到各个时期。这样有利于技术力量、劳动力、设备和占用空间得到均衡负荷，合理利用。

④ 要尽可能地使各季各月的产品产值同该产品生产的批量相等或成整倍数，以便简化计划组织工作，提高工作效率。

(3) 单件小批生产企业产品生产进度的安排

单件小批生产企业产品品种繁多，每种产品产量很少甚至是一次性生产，技术准备工作量较大又复杂，许多订货来得迟、要得急、变动多。这类企业在安排产品进度时，应注意以下几个问题。

① 先安排已经明确的订货任务，尚未明确的生产任务，用概略的计算单位做粗略的安排。待接到订货任务后，再按订货合同的要求，做详细的安排。

② 新产品和需要关键设备加工的产品，在满足订货要求的前提下，尽可能按季分配，交错安排，以免生产技术准备工作和关键设备忙闲不均。

③ 小批生产的产品，要集中轮番生产，尽量把通用件多的产品，安排在同一时期内生产，以减少同一时期内生产的品种，简化组织工作，提高经济效益。

企业在安排产品生产进度的同时，还要安排各车间的生产任务。即把全年的生产任务具体落实到各个车间，使各车间做好技术准备工作，平衡生产任务和生产能力，使企业内部各主要环节的生产任务在产品品种、数量和时间上相互协调，确保全厂产品生产进度按计划进行。

4.3.2　生产作业计划

生产作业计划是生产计划的具体执行计划。它把生产计划中规定的月度生产任务具体分配到各车间、工段、班组以至每个工作地和个人，规定他们在月、旬、周、日以至轮班和小时内的具体生产任务，并按日历顺序安排生产进度，从而保证按品种、质量、数量、期限和成本完成企业的生产任务。生产作业计划是建立企业正常生产秩序和管理秩序的主要手段，是企业计划管理的重要环节。

1. 作业计划标准

作业计划标准又称为期量标准，是指为制造对象（如产品、部件、零件等）在生产期限和生产数量方面所规定的标准数据。期量标准是编制生产作业计划的重要依据和组织均衡生产的有力工具。企业的生产类型不同，生产过程组织也不同，因而形成了不同的期量标准。

大量流水生产的期量标准有节拍、流水线工作指示图表、在制品定额等。

成批生产的期量标准有批量、生产间隔期、生产周期、生产提前期、在制品定额等。

单件生产的期量标准有产品生产周期、生产提前期等。

1) 节拍

节拍是指流水线上前后两件相同制品出产的时间间隔。其计算公式为

$$节拍=\frac{计划期有效工作时间}{计划期制品的投入量}$$

2）批量和生产间隔期

批量是指一次投入（出产）相同制品的数量。生产间隔期是指相邻两批同种制品投入（出产）的时间间隔。两者之间的关系可以表示为

$$批量=生产间隔期\times平均日产量$$

$$生产间隔期=\frac{批量}{平均日产量}$$

式中，“平均日产量”等于计划期产量除以计划期工作日数。

3）生产周期

生产周期是指产品或零件从原材料投入生产起，一直到成品出产为止所经历的全部时间。它是确定产品在各个工艺阶段的投入期和出产期的主要依据。产品的生产周期由各个工艺阶段的生产周期组成。

4）生产提前期

生产提前期是指产品（或零件）在各个工艺阶段出产（投入）的日期比成品出产日期要提前的时间。生产提前期有投入提前期和出产提前期。提前期是编制生产作业计划，保证按期交货，履行订货合同的重要期量标准。

提前期是根据车间和生产间隔期计算的，同时要考虑一个保险期。提前期是按反工艺顺序连续计算的，计算公式为

$$某车间投入提前期=本车间出产提前期+本车间生产周期$$

$$本车间出产提前期=后车间投入提前期+保险期$$

5）在制品定额

在制品定额是指在一定技术组织条件下，为了保证生产连续而均衡地进行所必需的最低限度的在制品数量。一定数量的在制品是保证生产正常进行的客观需要。但在制品过多，就会增加占用面积和资金占用，影响经济效益；如果在制品过少，往往导致生产脱节，设备停歇。因此，必须把在制品定额控制在适当的水平上。在制品、半成品定额计算公式为

$$车间在制品定额=平均每日出产量\times车间生产周期+保险储备量$$

$$库存半成品定额=后车间平均每日需要量\times库存定额天数+保险储备量$$

2. 生产作业计划的编制

编制生产作业计划包括编制分车间的作业计划及分工段或分小组的作业计划。这两步工作的方法原理是相同的，区别是计划编制的详细程度和责任单位有所不同。分车间的作业计划由厂部编制，解决车间与车间之间生产数量及时间衔接等平衡问题。对于对象专业化车间，因各个车间平行地完成各种不同产品的生产任务，按照车间的产品分工、生产能力和各种具体生产条件，直接分配给各车间；对于工艺专业化车间，因各个车间之间依次提供半成品，则应根据生产类型和其他情况采用下列方法。

1）在制品定额法

在制品定额法适用于大批量生产类型。这类企业生产品种比较单一，产量比较大，工艺和各车间的分工协作关系密切稳定，只要把在制品控制在定额水平上，就可以保证生产过程协调正常地进行。采用在制品定额法，就是运用预先制定的在制品定额，按照产品的反工艺顺序，从出产成品的最后车间开始，连续地计算各车间的出产量和投入量。其计算公式为

某车间出产量 = 后车间投入量 + 本车间半成品外售量 +（库存半成品定额 − 期初库存半成品预计结存量）

某车间投入量 = 车间出产量 + 本车间计划废品量 +（车间在制品定额 − 期初车间在制品预计结存量）

2）提前期法

提前期法适用于成批生产的企业。这类企业轮番生产各种产品，各个生产环节结存的在制品的品种和数量经常不一致；但各种主要产品的生产间隔期、批量、生产周期和提前期都比较固定。因此，可以采用提前期法来规定车间的生产任务。所谓提前期法，就是通过将预先制定的提前期标准转化为提前量，来规定车间的生产任务，使车间之间由“期”的衔接变为“量”的衔接。其计算公式为

提前量 = 提前期 × 平均日产量

采用提前期法，对生产的产品应实行累计编号，所以又称为累计编号法。所谓累计编号，是指从年初或从开始生产这种产品起，依成品出产的先后顺序，为每一单位产品编上一个累计号码。最先生产的那一单位产品编为1号，以此类推，累计编号。因此，在同一时间上，越是处于生产完工阶段上的产品，其编号越小；越是处于生产开始阶段的产品，其累计编号越大。在同一时间上，产品在某一生产环节上的累计号数，同成品出产累计号数相比，相差的号数就叫提前量。

3）生产周期法

生产周期法适用于单件小批生产企业。这类企业的生产任务多数是根据订货合同来确定的，生产的品种、数量和时间都很不稳定，产品是一次性生产或不定期重复生产。因此，各车间的生产在数量上衔接比较简单，关键是合理搭配订货，调整处理类似品种多变与保持车间均衡负荷之间的矛盾。

采用生产周期法规定车间的生产任务，就是根据订货合同规定的交货期限，为每批订货编制出产品生产周期进度图，然后根据各种产品的生产周期进度表，确定各车间在计划月份应该投入和出产的订货项目，以及各项订货在车间投入和出产的时间。通过产品投入和出产进度表，就可以保证各车间的衔接，协调各种产品的生产进度和平衡车间的生产能力。

4.3.3 生产作业的控制

生产作业控制是按照生产计划的要求，组织生产作业计划的实施，全面掌握企业的生产情况，了解计划与实际之间的差异及其原因，及时调整生产进度，调配劳动力，合理利用生

产设备，控制物料供应、储存及厂内外物料的运输工作，并统一组织力量，做好生产服务工作。生产作业控制是实现生产作业计划的重要保证，是整个生产过程的一个重要组成部分。

1. 实施作业控制的两个重要环节

(1) 产前控制

产前控制是生产过程控制的开始，主要指投产前的各项准备工作控制，包括技术、物资、设备、动力、劳动力等的准备，以保证投产后整个生产过程能均衡、协调、连续进行。

(2) 产中控制

产中控制即投入出产控制，是在投料运行后对生产过程的控制。它具体分为投入控制和出产控制两个方面。投入控制（又称为投入进度控制）是指按计划要求对产品开始投入的日期、数量、品种的控制，是预先性的控制。出产控制（又称为出产进度控制）是指对产品（包括零件、部件）出产日期、生产提前期、出产数量、出产均衡性和成套性的控制。

投入出产控制主要是从生产进度与计划进度的对比中发现偏差，观察生产运行状态，分析研究其原因，采取相应措施纠正偏差。通常是根据企业不同生产类型，通过一系列进度控制图表加以控制的。

2. 作业控制的手段

作业控制的手段包括生产调度工作、生产作业核算、在制品管理。

(1) 生产调度工作

生产调度工作就是组织执行生产作业计划的工作。它包括检查、督促、协助有关部门做好生产作业计划准备工作，检查、了解、控制生产环节的生产进度（投入进度、出产进度、工序进度），对计划完成情况进行统计分析。

(2) 生产作业核算

生产作业核算是指在实施生产作业计划过程中，对生产各阶段、各环节中的原材料投入、在制品流转和产品出产，以及设备运转、维修时间消耗、分析检验等所进行的核算，是为保证作业计划的实现而进行的日常统计、汇总、对比分析工作。

(3) 在制品管理

在制品管理是生产作业控制的辅助性手段，是指对在制品的计划、协调和控制工作的总称。它起着调节各车间、工作地、工序之间连续、协调、平衡生产的重要作用。在制品管理工作体现在对在制品的投入、出产、领用、发放、保管、周转等方面，要做到“有数、有据、有手续、有制度、有秩序”。

4.4 网络计划技术

网络计划技术（又称为计划评审技术或计划协调技术，PERT），是一种组织生产和进行计划管理的技术与方法，是应用网络图形式来表达计划项目或任务的进度安排及其各项工作间的相互关系，并在此基础上进行网络分析，计算网络时间，确定关键路线，进而利用时差不断改善网络计划，选择最优方案并付诸实践，使在工期、成本、资源利用等方面达到预定目标。

网络计划技术最适用于大型而复杂的一次性工程，也适用于企业新产品研制、生产技术准备、机器维修和生产安排等。

4.4.1　网络图

1. 网络图的构成

网络图从左到右表示一项工程从开工到完工的整个计划，用箭头直观地反映组成工程的各项活动及相互间的内在关系，故网络图也称为工序流程图。

网络图由实箭线“→”、结点“○”、虚箭线“⇢”及结点和箭线连成的线路构成。

1）箭线

一条实箭线代表一项工作（工序或活动）。它是劳动过程或消耗时间和资源的行动。箭头方向表示作业进行的方向。一般在箭线上方标明作业的名称，下方标明完成这项作业所需要的时间。虚箭线代表作业之间的关系，但不消耗时间和资源。在网络图中任意两个相邻的箭线，前者为紧前作业，后者为紧后作业。

2）结点

结点又称为节点或事项。它是两项作业的连接点，标志着一项或多项作业的开始或结束，既不占用时间，也不占用资源，仅仅表示作业发生变化的瞬时状态。一般一项工程只有一个总开始事项和一个总结束事项，分别称为始点事项和终点事项。除此之外，其他各事项为中间事项。

3）线路

线路又称为路线或路径。在网络图中，线路是指从始点事项开始沿着箭线方向，连续不断地到达终点事项为止的一条通道。在一个网络图中，一般有多条路线，其中所需时间最长的路线叫作关键路线。关键路线决定着整个项目或工程的工期。

2. 绘制网络图的原则

绘制网络图时，要注意以下 5 个方面的原则：

① 一个网络图只能有一个始点事项和一个终点事项；

② 网络图的建立一般是从左到右，结点编号不能重复且沿箭线方向由小到大；

③ 相邻两个事项中间只能有一条箭线存在；

④ 在网络图中不允许出现循环线路；

⑤ 网络图要能正确反映工艺流程，不允许出现没有紧前作业或没有紧后作业的中间事项。

4.4.2　网络图时间的计算

1. 作业时间

作业时间是指在一定的条件下，完成一项作业所需要的时间，也称为工序时间、工作时间。作业时间的确定，有以下两种方法。

1）单一时间估计法

对作业完成所需要的时间，要凭经验或统计资料，结合现实生产条件，确定一个时间。这种方法适用于不可知因素较少、有先例可循的情况。

2）三点时间估计法

三点时间估计法，认为完成一项作业估计以下3种时间：

① 最乐观时间（最短时间），是指在最有利的情况下，完成该项作业可能需要的最短时间，以 a 表示；

② 最保守时间（最长时间），是指在最不利的情况下，完成该项作业可能需要的最长时间，以 b 表示；

③ 最可能时间（正常时间），是指在正常情况下，完成该项作业可能需要的时间，以 c 表示。

则该项作业完成时间的平均值（T）为

$$T=\frac{a+4c+b}{6}$$

该法适用于具有随机性、不可控因素较多、没有先例可循的情况，如研究、试验计划，新产品开发项目等。

2. 结点时间参数的计算

1）结点最早开始时间（T_i^{E}）

它是指从该结点开始的各项作业最早可能开始工作的时间。结点最早开始时间从网络图始点开始计算，一般将始点的最早开始时间规定为零，然后按结点编号顺序依次计算其他各结点的最早开始时间，直至终点。其计算公式为

$$T_j^{\mathrm{E}}=\max\ \{T_i^{\mathrm{E}}+T_{ij}\}$$

式中：T_j^{E}——结点 j 的最早开始时间；

T_i^{E}——结点 i 的最早开始时间；

T_{ij}——作业 $i\sim j$ 的作业时间。

2）结点最迟结束时间（T_i^{L}）

它是指进入该结点的所有作业最迟必须完成的时间。在此时间如果没有完成作业，就会影响后续作业的按时开工。

结点最迟结束时间的计算是从网络图最后一个结点开始，逆箭线方向依次计算。而网络图终点的最迟结束时间就等于它的最早开始时间。终点最迟结束时间的计算公式为

$$T_i^{\mathrm{L}}=\min\ \{T_j^{\mathrm{L}}-T_{ij}\}$$

式中：T_i^{L}——结点 i 的最迟结束时间；

T_j^{L}——结点 j 的最迟结束时间；

T_{ij}——作业 $i\sim j$ 的作业时间。

在网络图中，一般把结点最早开始时间用“□”表示，把结点最迟结束时间用“△”表示。如图4－5所示。

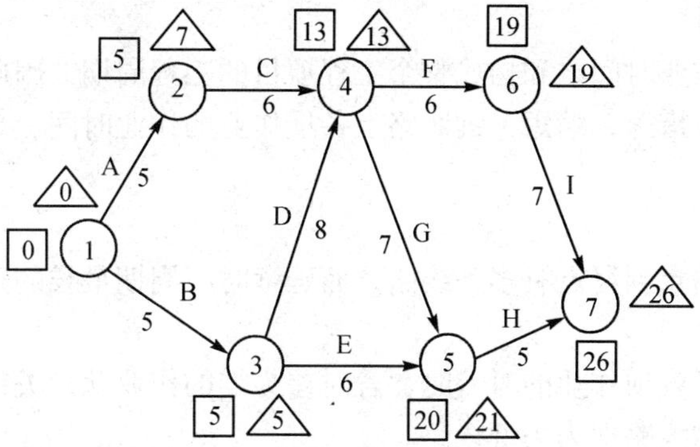

图 4－5　网络图及结点时间计算

3. 作业时间参数的计算

1）作业的最早开始时间（T_{ES}^{ij}）

它是指作业最早可以在什么时间开始，其大小等于代表该项作业的箭线的箭尾结点的最早开始时间，即

$$T_{ES}^{ij} = T_i^E$$

2）作业的最早结束时间（T_{EF}^{ij}）

它是指作业最早可以在什么时间结束，其大小等于代表该项作业的箭线的箭尾结点的最早开始时间加上该作业时间。计算公式表示为

$$T_{EF}^{ij} = T_{ES}^{ij} + T_{ij}$$

3）作业的最迟结束时间（T_{LF}^{ij}）

它是指该项作业最迟在什么时间结束，其大小等于代表该项作业的箭线的箭头结点的最迟结束时间。即

$$T_{LF}^{ij} = T_j^L$$

4）作业的最迟开始时间（T_{LS}^{ij}）

它是指该项作业最迟应在什么时间开始，其大小等于代表该项作业的箭线的箭头结点的最迟结束时间减去该项作业本身的作业时间。计算公式为

$$T_{LS}^{ij} = T_j^L - T_{ij}$$

4. 时差的计算

作业的时差是指在不影响整个工程项目完工的条件下，某些活动在开工时间安排上可以机动使用的时间，即宽裕时间。作业的总时差等于作业的最迟开始时间与最早开始时间之差，或者等于作业的最迟结束时间与最早结束时间之差。计算公式为

$$R_{ij} = T_{LS}^{ij} - T_{ES}^{ij}$$

或

$$R_{ij} = T_{LF}^{ij} - T_{EF}^{ij}$$

5. 关键线路的确定

关键线路上各项作业时间之和构成整个工程项目的工程周期。因此，如果要缩短整个工程的工期，就必须采取措施，缩短关键线路上各项作业的作业时间。关键线路的确定一般有以下 3 种方法。

1）周期比较法

它是指从网络图始点到终点有多条线路，而延续时间周期最长的线路就是关键线路。

2）时差法

在网络图中，计算各项作业的时差时，若时差为零的作业就是关键作业，而由这项时差为零的关键作业组成的线路即为关键线路。

3）破圈法

从网络图的始点出发，沿着箭线方向到达另一结点，若存在两条线路就形成了一个封闭的环，即形成一个圈。如果形成圈的两条线路的作业时间不等，可以将其中作业时间较短的一条线路删去，剩下作业时间较长的线路，这个过程叫作破圈。破圈从始点开始，一直到终点为止，最后剩下的就是关键线路。

例如，某企业一个工程项目包括 9 项作业，已知作业时间，则计算结果如表 4－3 所示。

表 4－3 计算结果

作业名称	紧后作业	作业时间	T_{ES}^{ij}	T_{EF}^{ij}	T_{LS}^{ij}	T_{LF}^{ij}	R_{ij}	关键线路
A	C	5	0	5	2	7	2	
B	D，E	5	0	5	0	5	0	√
C	F，G	6	5	11	7	13	2	
D	F，G	8	5	13	5	13	0	√
E	H	6	5	11	15	21	10	
F	I	6	13	19	13	19	0	√
G	H	7	13	20	14	21	1	
H	—	5	20	25	21	26	1	
I	—	7	19	26	19	26	0	√

4.4.3 网络计划和优化

经过网络图的绘制与时间参数的计算，确定了关键线路，就得到了一个初始网络图计划方案，在对此方案进行一系列的调整以后，最后得到一个较优的计划方案，这个过程就是网络优化。

网络优化一般包括工期优化、工期费用优化和工期资源优化 3 种情况。

4.4.4 网络计划技术的工作步骤

网络计划技术的工作步骤主要有以下 7 个方面：

① 确定目标，即确定网络计划技术的应用项目及要达到的目的；

② 分解工程项目，列出资源明细表，确定资源时间；
③ 绘制网络图，进行结点编号；
④ 计算结点时间参数和作业时间参数；
⑤ 计算时差，确定关键线路及整个项目工期；
⑥ 进行网络图的优化工作；
⑦ 加强生产调度工作，做好计划的贯彻执行。

案例分析

某煤机有限公司制造系统优化策略

该有限公司（以下简称公司）于2000年5月由某煤机厂改组而成，是中国最大的煤矿专用设备制造公司之一，其主要产品为刮板输送机、转载机、破碎机、刨煤机及一些非煤机专业机械产品，主要有提升机用链条、铸石刮板输送机、减速机、料液搅拌机、各种自卸车、装载车用工程液压缸、套筒辊子和链条等。产品主要销往全国各矿务局及地方煤矿，国内市场占有率为70%，部分产品出口印度、越南、土耳其、俄罗斯等国家。

公司占地面积85万平方米，在册职工人数6 000人，其中有工程技术人员700人，管理人员600人，生产方式为订货型，生产类型为单件小批量生产，产品为结构较复杂的大型煤矿机械设备。合同任务的90%以上需要改型或重新设计。因此，设计工作量大，制造周期较长，在生产经营管理方面具有明显的管理过程复杂、成本与进度控制难度大的特征，对公司的组织机构功能、计划模式与控制机制提出了很高的要求。

公司改制后的组织结构仍为直线职能制，结构层次基本合理，能适应计算机化信息管理的扁平化要求，总经理层职能分工合理。职能部门划分与职能、职责分工基本合理。

公司原为部属，长期保留着计划经济管理的一些特征，一度影响了公司的发展。1998年企业紧紧围绕“满足用户，提高效益”的方针，进行了技术改造和引进技术消化吸收，大大缩短了与国际先进水平的差距，使产品综合水平达到国际90年代初中期水平。自1999年企业归属地方后，面临的外部环境发生了实质性变化，完全市场经济机制的客户关系对公司产生了很大的冲击，经济效益出现明显滑坡。在这种情况下，公司及时进行了改制，使组织结构趋于扁平化、精简化，将计划处更名为规划发展部，强化了规划计划功能；将销售部改为市场营销部，强化了市场预测、客户管理功能；将人事部改为人力资源部，强化了人才引进、职工技术与管理培训，以及人事档案管理功能。同时，领导主抓，在产品促销、合同签订等工作方面投入了大量的精力，取得了显著的成效。然而目前遇到的最大困难是，设计工作量大、效率低、周期长、生产系统与生产组织落后、生产进度与成本控制不得力，导致制造周期长，产品不能按期交货；产品制造成本底数不清，对竞争对手策略不清，合同定价盲目，严重影响着公司的经济效益和竞争实力的提高。

思考讨论题

1. 结合案例分析讨论应如何组织生产过程。
2. 该公司在生产管理方面存在哪些问题？如何改变现状？

本章练习题

一、单项选择题

1. 产品品种少，每种产品的产量大，工作地专业化工程度高的生产类型是（　　）。
A. 大量生产　B. 中小批生产　C. 单件生产　D. 多品种生产
2. 编制企业年度计划，确定生产指标的依据是（　　）。
A. 设备能力　B. 设计能力　C. 查定能力　D. 计划能力
3. 在工作日内组织不同班次的工作协作形式是（　　）。
A. 两班制　B. 单班制　C. 多班制　D. 工作轮班
4. 在计划期内，保证生产正常进行所必须消耗的物资量是（　　）。
A. 经常储备量　B. 物资的需用量　C. 物料的申请量　D. 保险储备量
5. 企业设计任务书和技术文件中所规定的是（　　）。
A. 计划能力　B. 查定能力　C. 设计能力　D. 生产能力

二、多项选择题

1. 合理组织生产过程的基本要求是（　　）。
A. 连续性　B. 比例性　C. 均衡性　D. 适应性
2. 生产过程组织形式有（　　）。
A. 流水生产　B. 成组技术和成组单元加工
C. 柔性制造单元　D. 大批量生产
3. 生产计划的主要指标有（　　）。
A. 产品品种、产品质量、产品产量、产值
B. 产品品种、产品质量、产品产量、总产值
C. 产品品种、产品质量、产品产量、净产值
D. 产品品种、产品质量、总产量、净产值

4. 作业控制手段包括（　　）。

A. 生产调度工作　B. 生产作业核算　C. 在制品管理　D. 网络技术

5. 关键路线的确定方法是（　　）。

A. 周期比较法　B. 时差法　C. 破圈法　D. 时点法

三、思考题

1. 什么是生产管理？其目标和内容是什么？
2. 合理组织生产过程有哪些基本要求？
3. 简述对象专业化和工艺专业化生产方式的优缺点和适用范围。
4. 现代企业生产过程的组织形式有哪些？
5. 生产计划的指标主要有哪些？如何编制生产计划？
6. 如何编制生产作业计划？
7. 何为网络计划技术？

第 5 章

企业物流与供应链管理

学习目的

通过本章的学习，要求学生理解企业物流的概念；掌握企业物流的分类；掌握供应物流、生产物流和销售物流的概念与管理的主要内容。

关键术语

物流　物流管理　供应链管理　供应物流　生产物流　销售物流

5.1 企业物流管理概述

自从1962年管理大师德鲁克在美国《财富》杂志上发表了“经济的黑暗大陆”一文，30多年来，无论学术界还是产业界，无不承认物流管理对于企业竞争力的贡献，企业物流管理得到了发达国家理论界和企业界的普遍认同与高度重视，被认为是“企业脚下的金矿”、“第三利润源泉”及当前企业“最重要的竞争领域”。

5.1.1 物流和供应链管理

1. 物流的概念

物流（Logistics）是指物品从供给地向接收地的实体流动过程。根据实际需要，将运输、储存、装卸搬运、包装、流通加工、配送和信息处理等基本功能实施有机地结合①。

把上述定义归纳起来，物流主要包含以下要点。

① 物流是物品实体流动，物流中的“物”包括一切可以进行物理性位置移动的货物，物流中的“流”既涵盖有交易产生的商业活动中的“流通”，又包括生产领域中的“流程”等。

② 物流的主要流向是物品由供应地向接受地流动。

---

① 摘自《中华人民共和国国家标准 物流术语》（GB/T 18354—2001）

③ 物流包括物品的空间位置移动、时间状态调整和外观形状及物品性质的改变，能增加物品的效用，更好地满足顾客需求。

④ 物流坚持以现代市场营销理念为指导，以满足顾客需要为出发点和归宿点。

⑤ 物流是供应链的一部分，是运输、存储、装卸、搬运、包装、流通加工，配送、信息处理等基本功能的有机结合。

与物流过程相伴随的还有商流、资金流、信息流。在商品流通中，消费者取得商品所有权的过程，简称商流；信用证、汇票、现金等，在各个交易方之间的流动，简称资金流；所有信息的流动过程，简称信息流。上述“四流一体化”是现代流通的发展趋势。

2. 物流的主要活动

物流过程是由一些具体的物流活动组成的，这些物流活动包括以下内容。

（1）运输

运输是使物品发生场所、空间移动的物流活动。运输系统是由包括车站、码头等的运输节点、运输途径、交通机构在内的硬件要素，以及交通控制和营运等软件要素组成的有机整体，通过这个有机整体发挥综合效应。

（2）保管

保管包括对物品进行存储、管理、保养和维护等活动。保管是产生时间效果的主要手段，用于克服供、需节奏不一致的矛盾，以保证物流活动的连续性和有效性。

（3）流通加工

流通加工是在流通阶段为保存而进行的加工，或者同一机能形态转换而进行的加工，具体包括切割、细分化、钻孔、弯曲、组装等细微的生产活动。除此之外，还包括单位化、价格贴付、标签贴付、备货、商品检验等为使流通顺利进行而从事的辅助作业。如今，流通加工作为提高商品附加价值、促进商品差别化的重要手段之一，其重要性越来越突出。

（4）包装

包装是在商品输送和保管过程中，为保证商品的价值和形态而从事的物流活动。从职能上，包装可以分为保持商品的品质而进行的工业包装，为使商品能顺利到达消费者手中或提高商品价值、传递信息等以促进销售为目的的商品包装两类。

（5）装卸

装卸是跨越交通机构和物流设施而进行的，发生在输送、保管、包装前后的商品存放活动中。装卸包括商品放入、卸出、分检、备货等作业行为，装卸合理化的主要手段是集装箱化和托盘化。

（6）配送

配送处于现代物流的末端，其实质是送货，但不是简单地送货，而是根据用户的要求，对物品进行拣选、加工、包装、分割、组配等作业，并按时送达指定地点的物流活动。

（7）信息

收集与物流活动的相关信息，使物流活动能有效、顺利地进行。随着电子计算机和信息通信技术的发展，物流信息的处理已出现集成化、系统化的趋势。目前，订货与库存管理、所需品的出货、商品进入、输送、备货等5个要素的业务流程已实现了一体化。信息包括与商品数量、质量、作业管理相关的信息，以及与订货和货款支付相关的信息。

3. 物流管理

物流管理（Logistics Management）是以最低的物流成本达到用户所满意的服务水平，对物流活动进行的计划、组织、协调与控制①。

现代物流管理的主要特征是以实现顾客满意为首要目标；重视整个流通渠道的货物流动；追求企业整体最优；重视效率更重视效果；以信息为中心满足市场实际需要。

现代物流管理的重要意义表现为以下3个方面。

① 物流管理工作是企业核心能力的组成部分。

② 物流管理工作是经营运转的必要保证。

③ 物流管理是企业提高效益的手段。

4. 供应链管理

供应链管理是指为了满足顾客的需要，从原材料到最终产品的过程中，为了获取有效的物资运输和储存，以及高质量的服务和有效的相关信息所进行的计划、操作和控制。供应链管理是一种集成的管理思想和方法，执行供应链中从供应商到最终用户的物流计划和控制职能②。

显然，供应链管理是物流管理的延伸和扩展，两者的主要区别有以下几点。

① 供应链是物流发展到集约化阶段的产物。现代供应链管理是通过综合从供应者到消费者供应链的运作，使物流与信息流达到最优化。企业追求全面、系统的综合效果，而不是单一、孤立的片面观点。

② 物流贯穿于整个供应链。供应链的实质含“供”与“需”两方面，亦可理解为“供需链”。物流连接供应链的各个企业，是企业间合作的纽带，它从供方开始，沿着各个环节向需方移动。每一环节都存在“需方”与“供方”的对应关系，称为供应链。供应链是一条供应商到用户的物流链。

③ 企业通过与供应链中的上游、下游企业的整合，形成先进的物流系统。

④ 作为一种战略概念，供应链也是一种产品，而且是可增值的产品。其目的不仅是降低成本，更重要的是提供用户期望以外的增值服务，以产生和保持竞争优势。从某种意义上，供应链是物流系统的充分延伸，是产品与信息从原料到最终消费者之间的增值服务。各种物料从采购到制造、到分销，是一个不断增加其市场价值或附加值的增值过程，各环节的价值增值也不尽相同。一个环节的关键性主要取决于其能带来的增值价值。

供应链管理实际上就是把物流和企业全部活动作为一个统一的过程来管理。

---

①② 《中华人民共和国国家标准 物流术语》（GB/T 18354—2001）

5.1.2　企业物流及其分类

1. 企业物流的概念

企业是为社会提供产品或服务的经济实体。因此，企业物流可以理解为在企业经营范围内，由生产或服务活动所形成的企业内部的物品的实物运动，是伴随着企业的投入→转换→产出而发生的。

企业物流是具体、微观的物流活动领域。企业物流活动的基本结构是投入→转换→产出，对于生产类型的企业，是原材料、燃料、人力、资本等的投入，经过制造或加工使之转换为产品或服务；对于服务型企业，则是设备、人力、管理和运营，转换为对用户的服务。物流活动便是伴随着企业的投入→转换→产出而发生的。相对于投入的是企业供应或企业外输入物流；相对于转换的是企业内生产物流或企业内转换物流；相对于产出的是企业外销售物流或企业外服务物流。由此可见，在企业经营活动中，物流是渗透到各项经营活动之中的活动。

2. 企业物流的分类

如果把企业物流作为一个综合、独立的物流系统，这个大系统可以划分出若干物流子系统。按照企业经营活动的环节，企业物流可以分为供应物流、生产物流、销售物流、废弃物流和再生物物流等不同的类别，如图 5－1 所示。

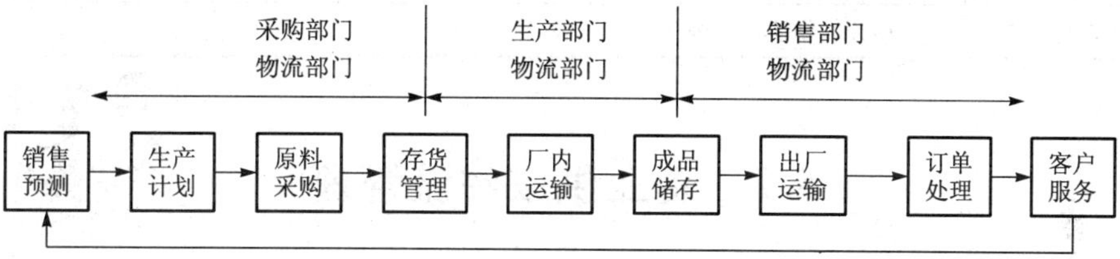

图 5－1　企业物流示意图

5.1.3　企业物流管理

1. 企业物流管理的概念

企业物流管理是针对企业内部和外部的相关物流活动，进行科学与合理的计划、组织、协调与控制，以最低的物流成本达到顾客满意的服务水平，使物流更好地为实现企业目标服务。

2. 企业物流管理的主要任务

① 开展企业物流诊断，规划实施物流管理方案。

② 以最少的资金占用，准时组织各种原材料的供应，追求成本最低的订货批量。

③ 以零等待、零缺陷和零库存为目标，减少中间环节，提高原材料和零配件直送工位的比重，实现生产精益化。

④ 在生产过程中对各种物料进行科学管理，制订出整个生产过程的最优物料供应方案。

⑤ 通过制定合理的配送路线和分拨方式，用最低的成本、最少的环节和最短的时间，把产品送到消费者手中，进而创造出新的市场需求。

⑥ 广泛应用现代信息技术，建立物流管理信息系统。

3. 企业物流部门的主要职能

企业物流部门的主要职能包括计划职能、协调职能、业务运营职能、教育职能等，具体内容如表5-1所示。

表5-1 企业物流部门的主要职能

职能种类	具体表述
计划职能	规划和改进企业物流系统
	制定和完善物流业务管理规程
	根据企业总目标的要求，制定本部门的经营目标和物流计划
	为实现企业物流经营目标和计划任务，制定相应的策略和措施
协调职能	加强与企业生产、采购、销售、财务等部门的联系，经常交换信息，调节物流活动
	发展和巩固与其他企业（如专业运输企业）及客户之间的长期友好合作关系
业务营运职能	组织、监督本部门各业务环节按计划进行日常业务活动
	评价物流工作计划和任务执行情况
教育职能	定期开展物流员工培训

5.2 企业供应物流管理

5.2.1 供应物流的概念

所谓企业供应物流，是指企业为保证其自身的生产节奏，不间断地组织原材料、零部件、燃料、辅助材料供应的物流活动。企业供应物流始于物资采购，终于库存原材料发往各生产部门或车间。这种物流活动对企业生产的正常、高效运行起着重大作用。企业供应物流不但要保证物品准时供应，而且还要保证低成本、少消耗的限定条件。

现代物流是基于非短缺商品市场这样一个宏观环境下的，供应品在数量上是有保障的。降低物流过程的成本，提高用户（在企业中是下一道工序或下一个生产部门）满意的服务水平，是企业物流管理的最终目标。

5.2.2 供应物流过程

供应物流过程因不同企业、不同供应环节和不同的供应链而有所区别，这个区别使企业的供应物流出现了许多不同种类的模式。尽管不同的模式在某些环节具有非常复杂的特点，但是供应物流的基本流程是相同的，其过程有以下几个环节。

1. 取得资源

取得资源是完成后续所有供应活动的前提条件。取得什么样的资源，这是核心生产过程提出来的，同时也要按照供应物流可以承受的技术条件和成本条件辅助这一决策。

2. 组织到厂物流

所取得的资源必须经过物流才能到达企业。这个物流过程是企业外部的物流过程，在这一过程中，往往要反复运用装卸、搬运、储存、运输等物流活动才能使取得的资源到达企业。

3. 组织厂内物流

如果企业外物流到达企业的“门”，便以“门”作为企业内外的划分界限。例如，以企业的仓库为外部物流终点，便以仓库作为划分企业内、外物流的界限。这种从“门”和仓库开始继续到达车间或生产线的物流过程，称作供应物流的企业内物流。

传统的企业供应物流都是以企业仓库为调节企业内外物流的一个节点。因此，企业的仓库在工业化时代是一个非常重要的设施。

5.2.3 供应物流管理的几个关键问题

1. 正确选择供应物流模式

企业的供应物流有3种组织方式：委托社会销售企业代理供应物流方式；委托第三方物流企业代理供应物流方式；企业自供物流方式。

这3种供应物流的组织方式有低层次、中层次和高层次的不同管理模式，其中供应链方式、零库存供应方式、准时供应方式、虚拟仓库供应方式都值得关注。

1）委托社会销售企业代理供应物流方式

企业作为用户，在买方市场条件下，利用买方的主导权力，向销售方提出对本企业进行供应服务的要求，作为向销售方进行采购订货的前提条件。实际上，销售方在实现自己生产和经营产品的销售的同时，也实现了对用户的供应服务，以此占领市场。这种供应服务是销售方企业发展的一个战略手段。

这种方式的主要优点是企业可以充分利用市场状况造成买方市场优势，对销售方即物流的执行方进行选择和提出要求，有利于实现企业理想的供应物流设计。

这种方式存在的缺点是销售方的物流水平可能达不到企业所要求的供应物流水平。例如，企业打算建立自己的广域供应链，这就超出了销售方的能力而难以实现。

2）委托第三方物流企业代理供应物流方式

第三方物流方式是在企业完成了采购程序之后，由销售方和本企业之外的第三方完成物流活动。当然，第三方从事的物流活动应当是专业性的，而且有非常好的服务水平。

由第三方去从事企业供应物流的优点是能够承接这项业务的物流企业，必定是专业物流企业，具有高管理、低成本、高服务质量，以及从事专业物流的组织和管理能力。不同的专业物流公司，瞄准物流对象的不同，有自己特有的形成核心竞争力的机器装备、设施和人才，这就使企业有广泛选择的余地，进行供应物流的优化。

3）企业自供物流方式

由企业自己组织物品采购和供应的物流活动，是在卖方市场的环境状况下经常采用的供应物流方式。

企业在组织供应某些种类物品方面，具有如设备、装备、设施和人才方面的优势，这样，由企业组织自己的供应物流也是一种可行的方式。

2. 做好供应物流服务

供应物流领域新的服务方式主要有以下两种。

1）准时供应方式

在买方市场环境下，供应物流活动的主导者是买方，购买者（用户）有极强的主动性，企业可以按照最理想的方式选择供应物流；而供应物流的承担者，作为提供服务的一方，必须提供最优的服务才能够被企业所接受。从企业一方来看，准时供应方式是一种比较理想的方式。

准时供应方式是按照企业的要求，在规定的时间内，实现企业所要求的供应。准时供应方式大多是双方事先约定供应的时间，互相确认时间计划，有利于双方做好供应物流和接货的组织准备工作。

2）即时供应方式

即时供应方式是准时供应方式的一个特例，是完全不依靠计划时间而按照用户偶尔提出的时间要求，进行准时供应的方式。这种方式一般作为应急的方式采用。

在网络经济时代，电子商务得到广泛发展，在电子商务运行中，最基本消费者所提出的服务要求，大多缺乏计划性，而又有严格的时间要求。因此，在新的经济环境下，即时供应方式有被广泛采用的趋势。

需要说明的是，即时供应方式由于很难实现计划和共同配送，一般成本较高。

3. 加强采购和供应商关系管理

1）采购管理

从流程上，采购管理就是企业根据需求提出采购计划、审核计划、选择供应商，经过商务谈判确定价格、交货及相关条件，最终签订合同并按要求收货、付款的过程。对于采购管理应重点加强对以下几方面的管理。

（1）采购品种

采购品种包括货物的种类、性质、数量、质量等的选择。

（2）采购方式

采购方式包括采购的主体、技术、途径、联合方式等的选择。

（3）供应商选择

供应商选择包括供应商的招标方式、考核方式、评价方式、使用方式等的选择。

(4) 订货谈判

订货谈判包括采购品种的价格、服务、风险分摊、权责等。

(5) 采购进货

采购进货包括运输方式、运输路径、运输商等的确定。

因此，人们也常常把品种、方式、供应商、订货谈判和进货称为采购五要素。

2) 供应商关系管理

供应商关系管理是企业保证物资供应，确保采购质量和节约采购资金的重要环节。

(1) 企业供应商分类

按供应商的重要性可以分为：伙伴型供应商；优先型供应商；重点型供应商；商业型供应商。根据80/20规则将采购物品分为重点采购品（占采购价值80%的20%的采购物品）和普通采购品（占采购价值20%的80%的采购物品），如图5-2所示。相应地，可以将供应商依据80/20规则分类，划分为重点供应商和普通供应商，即占80%的采购金额的20%的供应商为重点供应商，而其余只占20%的采购金额的80%的供应商为普通供应商。

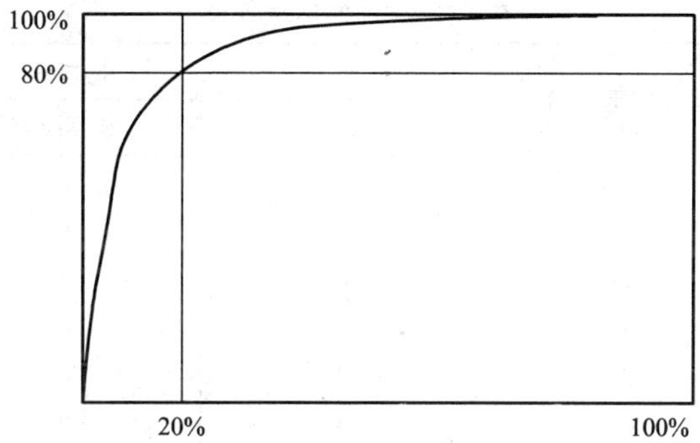

图5-2 供应商80/20分类图

按供应商的规模和经营品种可以分为“专家级”供应商、“低产小规模”供应商、“行业领袖”供应商、“量小品种多”供应商，如图5-3所示。

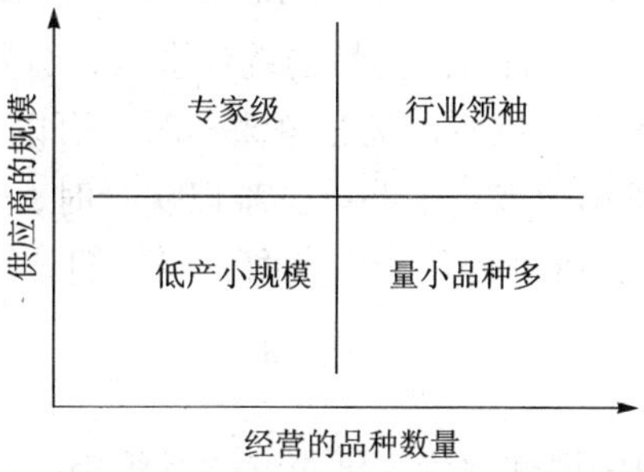

图5-3 供应商的规模和经营品种分类图

（2）供应商评价和选择

评估供应商最基本的指标应该包括：技术水平；产品质量；供应能力；价格；地理位置；信誉度；售后服务。除了以上各点之外，有时还有其他一些因素，如供应商的提前期、交货准确率、快速响应能力、信用状况、是否能够互惠经营等。

供应商选择的方法有以下5种。

① 直观判断法。直观判断法是指通过调查、征询意见、综合分析和判断来选择供应商的一种方法。

② 评分法。供应商的评估与选择是一个多对象、多因素的综合评价问题，基本思路是先对各评估指标确定权重，然后对每个评估指标打分，再用所得分数乘以该指标的权重，进行综合处理后得到一个总分，最后根据每个供应商的总得分进行排序、比较和选择。下面举例加以说明。

某种物品可由A、B、C 3家供应商提供，表5－2给出了全部的评估数值和供应商总得分。

表5－2　供应商评分表

评估指标（1）	指标权重（2）	评估指标（3）		
		A供应商	B供应商	C供应商
技术水平	8	7	8	5
产品质量	9	8	9	7
供应能力	7	10	7	8
价格	7	7	6	8
地理位置	2	3	6	9
可靠性	6	4	7	7
售后服务	3	4	6	8
综合得分（2）×（3）		289	308	302

经过综合评分选择得分最高的B供应商。

③ 业绩评估法。业绩评估法是指规定供应商的各重要标准（如产品质量、价格、交货及服务）等的加权分数，根据供应商历次交易的统计资料，分别计算出各供应商的总得分。

④ 招标采购。当采购数量大，供应市场竞争激烈时，可以采用招标方法来选择供应商。

⑤ 协商选择方法。在可供单位多、采购单位难以抉择时，也可以采用协商选择的方法，即由采购单位选出供应条件较为有利的几个供应商，同他们分别进行协商，再确定合适的供应商。

（3）供应商关系管理

从传统的供应商关系管理发展到现代的供应商关系管理，企业在供应商管理方面有了很大的创新。通过表5－3中的比较可以看出，两种管理模式有着根本的区别。在对物流管理在企业中的地位与作用有了更加清楚的认识之后，许多企业已将供应商关系管理提高到公司战略的高度来对待，并且在实践中不断探求管理与供应商关系的合适方法与途径。

表 5－3 传统的供应商管理与现代供应商管理的区别

项　目	传统的供应商管理	现代的供应商管理
供应商数目	多数	少数
供应商关系	短期、买卖关系	长期合作、伙伴关系
企业与供应商的沟通	仅限于采购部与供应商的销售部之间	多方、多个部门之间
信息交流	仅限订货、收货信息	多项信息共享
价格谈判	尽可能低的价格	互惠的价格、双赢
供应商选择	凭采购员经验	完善的程序
供应商对企业的支持	无	提出建议
企业对供应商的支持	无	技术支持

5.3 企业生产物流管理

5.3.1 生产物流概述

1. 生产物流的概念

企业的生产物流活动是指原材料、燃料、外购件投入生产后，经过下料、发料、运送到各个加工点和存储点，以在制品的形态，从一个生产单位（车间或仓库）流入另一个生产单位（车间仓库），按照规定的生产工艺过程进行加工、储存的全部生产过程。这种物流活动是与整个生产工艺过程相伴生的，实际上已经构成了生产工艺过程的一部分。过去人们在研究生产活动时，主要关注一个又一个的生产加工过程，而忽视了整个生产加工过程及相伴的物流活动。例如，不断离开上一工序，进入下一工序，便会不断发生搬上搬下、向前运动、暂时停止等物流活动。实际上，在一个生产周期中，物流活动所用的时间远多于实际加工的时间。因此，企业生产物流研究的潜力、时间节约的潜力、劳动节约的潜力是非常大的。

2. 生产物流过程

企业生产物流的过程大体为：原材料、零部件、燃料等辅助材料从企业仓库和企业的“门口”开始，进入到生产线开始端，再进一步随生产加工过程中的各个环节运动，在运动过程中，本身被加工，同时产生一些废料、余料，直到生产加工终结，再运动至成品仓库便完成了企业生产物流过程。

3. 生产物流的特点

（1）实现价值的特点

企业生产物流和社会物流的一个最基本不同之处，也即企业物流的本质特点，是实现加工附加价值的经济活动，而不是实现时间价值和空间价值的经济活动。

企业生产物流一般是在企业的小范围内完成，当然，这不包括在全国或世界范围内布局的巨型企业。因此，空间距离的变化不大，在企业内部的储存和社会储存的目的也不相同，这种储存是对生产的保证，而不是一种追求利润的独立功能，因此，时间价值不高。

企业生产物流伴随加工活动而发生，实现加工附加价值，也即实现企业的主要目的。所以，虽然物流空间、时间价值潜力不高，但加工附加价值却很高。

（2）主要功能要素的特点

企业生产物流的主要功能要素也不同于社会物流。一般物流的主要功能要素是运输和储存，其他是作为辅助性或次要功能或强化性功能要素出现的。企业物流的主要功能要素则是搬运活动。

许多生产企业的生产过程，实际上是物料不断搬运的过程，在这不断搬运的过程中，物料得到了加工、改变了形态。

即使是配送企业和批发企业的企业内部物流，实际上也是不断搬运的过程，通过搬运，商品完成了分货、拣选、配货工作，完成了大改小、小集大的换装工作，从而使商品形成了可配送或可批发的形态。

（3）物流过程的特点

企业生产物流是一种工艺过程性物流，一旦企业生产工艺、生产装备及生产流程确定，企业物流也因此成为一种稳定性的物流，物流便成为工艺流程的重要组成部分。由于这种稳定性，企业物流的可控性、计划性很强，一旦进入这一物流过程，选择性及可变性便很小。对物流的改进只能通过对工艺流程的优化，这和随机性很强的社会物流有很大的不同。

（4）物流运行的特点

企业生产物流的运行具有极强的伴生性，往往是生产过程中的一个组成部分或一个伴生部分，这决定了企业物流很难与生产过程分开而形成独立的系统。

在总体伴生性的同时，企业生产物流中也确有与生产工艺过程可分的局部物流活动，这些局部物流活动有本身的界限和运动规律，当前企业物流的研究大多是针对这些局部物流活动而言的。这些局部物流活动主要是仓库储存活动、接货物流活动、车间或分厂之间的运输活动等。

5.3.2 生产物流管理的关键内容

1. 工厂布置

工厂布置是指工厂范围内，各生产手段的位置确定，各生产手段之间的衔接和以何种方式实现这些生产手段。具体就是机械装备、仓库、厂房等生产手段和实现生产手段的建筑设施的位置确定。这是生产物流的前提条件，应当是生产物流活动的一个环节。在确定工厂布置时，仅考虑工艺是不够的，必须要考虑整个物流过程。

2. 工艺流程

工艺流程是技术加工过程、化学反应过程与物流过程的统一体。在已有的工艺过程中，如果认真分析物料的运动，会发现许多不合理的运动。例如，厂内起始仓库搬运路线不合理，搬运装卸次数过多；仓库对各车间的相对位置不合理；工艺过程中物料过长的运动，存在迂回运动、相向运动等。这些问题都反映出工艺过程缺乏物流考虑。

工艺流程有以下两种典型的物流形式。

① 加工物固定，加工和制造操作处于物流状态。例如，建筑工程工艺、大型船舶制造等。

② 加工和制造的手段固定，被加工物处于物流状态。这种工艺形式是广泛存在的形式，化学工业中许多在管道或反应釜中的化学反应过程；水泥工业中窑炉内物料不停运动完成高温热化学反应过程；高炉冶金过程、轧钢过程。更典型的是流水线装配机械、汽车、电视机等，都属于这种类型。

还有一种是被加工物及加工手段都在运动中完成加工的工艺流程。除上述两类极端工艺外，许多工艺是这两类的过渡形式，并具有两类工艺的特点。

3. 装卸搬运

在生产物流中，装卸搬运是其中发生最广泛、频度最高的一种物流活动，这种物流活动甚至会决定整个生产方式和生产水平。例如，用传送带式工艺取代"岛式"工艺，省却了反复的装卸搬运，变成了一种新的生产和管理的模式，是现代生产方式的一次革命。又如，科学管理理论的一个重要组成部分——作业研究，研究工人搬运、装卸作业的时间、方法和定额，实际上是对生产物流的研究。

在整个生产过程中，搬运装卸耗费巨大，因此是生产领域中物流主要功能要素的体现，是生产领域中物流可挖掘的主要"利润源"。

4. 生产物流的物流节点

生产物流节点主要以仓库形式存在，虽然都名为仓库，但生产物流中各仓库的功能、作用乃至设计、技术都是有区别的。生产物流中的仓库一般有两种不同类型。

（1）储存型仓库

一般在生产物流中，储存型仓库是希望尽量减少的。在生产物流中，储存型仓库不是主体。

（2）衔接型仓库

衔接型仓库是生产企业中各种类型中间仓库的统称，有时亦称为中间仓库。

中间仓库完全在企业的可控范围之内，因此，可以采用各种方法缩减这种仓库，甚至完全取消这种仓库。解决这一问题需要管理方法与调整技术并用。从技术方面，调整半成品生产与成品生产的速率。在这一方面，现在采用的看板方式和物料需求计划方式（MRP方式）都有可能解决这一问题，可以达到生产物流的优化。

5.3.3 典型生产物流及装备

1. 利用输送机的生产物流

输送机是生产物流采用的主要通用物流机具，甚至形成了一种生产方式的代表。20 世纪初，泰勒的科学管理就以传送带为“科学管理”方法的内容之一。同一时期，美国汽车工业巨头亨利·福特创造的“福特制”，更以连续不停地传送带运转来组织标准化、机械化甚至自动化的生产，使输送机成为现代化大生产的非常重要的机具。

输送机在生产工艺中的采用主要是在两方面：一方面是作为物料输送，如矿石、煤炭原材料的运输；另一方面是用作装配中的主要机具，将工人固定在装配线上的某一位置，每个工人完成一种标准的作业，随输送机不停运行，从输送机一端进入的半成品（如汽车骨架）在输送机前进过程中，不断安装各个组件、零件，在输送机另一端输出制成品。

采用输送机作为装配线或生产工艺的生产领域主要有汽车工业、家用电器工业、电子工业、仪表工业、机械制造工业等。在生产流水线采用的主要输送机种类有皮带输送机、辊道输送机、链式输送机、悬挂输送机、板式输送机等。

2. 作业车

以作业车为放置被加工物的物流载体，随作业车沿既定工序运动，不断完成装配或加工。

3. 具有物流能力的专业技术装备

具有物流能力的专业技术装备以实现加工、制造、反应等技术手段为主要目的。这类技术装备本身虽然有物流能力，可以使物料在运动过程中接受各个固定位置的技术加工措施，但是它却完全不同于通用的物流机具，不能将其看成是物流设备。以下是两个典型方式。

（1）高炉

高炉是炼铁用的装备，各种物料（矿石、炉料等）由上部投入，物料在高炉中，依靠本身重力从上往下运动，在运动过程中，经过了预热、升温、软化、熔融，成为铁水从炉下部流出，在炉内完成了物流过程，也完成了熔制过程。

（2）水泥回转窑

水泥回转窑是一定倾斜角度的水泥筒状转炉，从窑尾（高处）投入配合料，在窑炉不停转运中，配合料逐渐向低端运动，经过干燥预热、煅烧、放热反应、烧成、冷却各个区域，完成几十米甚至上百米的运动，从窑头输出熟料。回转窑不但是水泥工艺专用设备，也具有输送物料的功能。

4. 利用升降台车的物流

利用升降台车可以实现等高水平的装卸搬运，减少搬上搬下的劳动操作，这样可以防止反复搬上搬下对人力的消耗，有利于加快衔接速度、减少损耗，从而可以提高生产效率。

5.4 企业销售物流管理

5.4.1 销售物流的概念

销售物流是销售过程中的物流活动，是伴随销售而进行的，具体是指将产品从下生产线开始，经过包装、装卸搬运、储存、流通加工、运输、配送，一直到最后送到用户手中的整个产品实体流动过程。销售物流的内容与环节包括产品包装、产品储存、货物运输、货物配送、装卸搬运、流通加工、物流信息、分销物流网络规划与设计、货品管理、物流网点内部物流管理等。

5.4.2 销售物流模式

销售物流有3种主要的模式：生产企业自己组织销售物流；第三方物流企业组织销售物流；用户自己提货的形式。

1. 生产企业自己组织销售物流

生产企业自己组织销售物流是在买方市场环境下的主要销售物流模式之一，也是我国当前绝大部分企业采用的销售物流形式。

生产企业自己组织销售物流，实际上是把销售物流作为企业生产的一个延伸，或者是作为生产的继续。使生产企业销售物流成为企业经营的一个环节，并且这个经营环节是和用户直接联系、直接面向用户提供服务的一个环节。在企业从“以生产为中心”转向以“市场为中心”的情况下，这个环节逐渐成为企业的核心竞争环节，已经不再是生产过程的继续，而是企业经营的中心，生产过程成为这个环节的支撑力量。

生产企业自己组织销售物流的好处是可以将生产经营和用户直接联系起来，信息反馈速度快、准确程度高，信息对于生产经营的指导作用和目的性强。企业往往把销售物流环节作为开拓市场，进行市场竞争的一个环节，尤其在买方市场前提下，生产企业格外看重这个环节。

生产企业自己组织销售物流可以对销售物流的成本进行大幅度的调节，充分发挥其“成本中心”的作用，同时能够从整个生产企业的经营系统角度，合理安排和分配销售物流环节的力量。

在生产企业的规模可以达到销售物流的规模效益前提下，采取生产企业自己组织销售物流的办法是可行的，但不一定是最好的选择。其主要原因如下。

① 生产企业核心竞争力的培育和发展问题。如果生产企业的核心竞争能力是产品的开发，则销售物流可能占用过多的资源和管理力量，对核心竞争能力造成影响。

② 生产企业销售物流专业化程度有限，自己组织销售物流缺乏优势。

③ 一个生产企业的规模终究有限，即使是分销物流的规模达到经济规模，延伸到配送

物流之后，也很难再达到经济规模，因此可能会影响企业市场更广泛、更深入的开拓。

2. 第三方物流企业组织销售物流

由专门的物流服务企业组织企业的销售物流，实际上是生产企业将销售物流外包，将销售物流社会化。

由第三方物流企业承担生产企业的销售物流，其最大优点是第三方物流企业是社会化的物流企业，它向很多生产企业提供物流服务，因此可以将企业的销售物流和企业的供应物流一体化，可以将很多企业的物流需求一体化，采取统一解决的方案。这样可以做到第一是专业化；第二是规模化。这两者可以从技术方面和组织方面强化成本的降低与服务水平的提高。

在网络经济时代，第三方物流企业组织销售物流的模式是一个发展趋势。

3. 用户自己提货的形式

用户自己提货的形式实际上是将生产企业的销售物流转嫁给用户，变成用户自己组织供应物流的形式。这对于销售方，已经没有了销售物流的职能。这是在计划经济时期广泛采用的一种模式，将来除非在十分特殊的情况下，这种模式将不再具有生命力。

5.4.3 销售物流管理

销售物流管理是对销售物流活动的计划、组织、指挥、协调和控制。销售物流管理的目标是保证销售物流有效合理地运行，既扩大市场、提高客户服务水平，又降低成本、提高物流工作效率。

1. 销售物流管理的内容

销售物流管理主要包括以下 8 个方面的内容。

① 随时收集、掌握和分析市场需求信息，包括需求量、需求分布、需求变化规律的供需态势和竞争态势，制定市场战略和物流战略。

② 根据市场战略和物流战略规划销售物流方案，规划物流网络布局，策划销售物流总体运作方案。

③ 根据物流网络规划和销售物流总体运作方案，设计规划各个物流网点的建设方案和运作方案。

④ 策划设计运输方案、配送方案。

⑤ 策划设计库存方案、包装方案、装卸搬运方案。

⑥ 物流运作过程的监督、检查、控制、统计和总结。

⑦ 物流业绩的考核，物流人员的管理与激励。

⑧ 物流技术的开发和运用等。

2. 销售物流管理应考虑的因素

销售物流管理主要考虑的因素包括以下 5 个方面。

① 扩大市场份额。

② 努力提高客户服务水平。

③ 努力提高物流工作质量。

④ 努力降低物流成本、提高物流工作效率。

⑤ 努力学习、开发和运用物流技术。

3. 销售物流管理的方法

在市场日益规范、竞争日趋激烈的情况下，企业可以采取以下方法来提高销售物流管理水平。

（1）明确自己在分销渠道中的定位

分销渠道由制造商、分销商、零售商、物流服务商及消费者组成。富于竞争力的分销渠道要求渠道中各成员都具有较强的竞争力，无论每个成员在整个分销渠道中起到怎样的作用，都必须根据自己的相对优势来确定其在分销渠道中的位置，并且依据其在渠道中的地位与作用制定相关的发展战略，如对自己的业务活动进行调整和取舍，对有些业务进行外包，着重培养自己的核心能力等。

（2）建立物流网络、配送网络

企业的产品能否通过分销渠道快速地分销到目标市场上，实现仓储、运输、配送等物流活动在渠道中的高效运作，其物质基础主要取决于分销渠道中物流网络、配送网络的构建。物流网络、配送网络是分销渠道依存的物质基础。组建物流网络、配送网络时应该最大限度地利用社会上闲置的物流资源，并考虑同专业物流公司的合作，以实现物流低成本、快速地扩展。

（3）广泛采用信息技术

信息技术的高速发展与互联网的广泛应用，推动了全球范围的产业革命和重组。计算机的集成制造、敏捷制造、企业资源计划、商品快速补货、电子商务等，都离不开先进的信息技术。销售物流的高效管理同样依赖于信息技术的应用。

4. 销售物流服务

销售物流具有很强的服务性。销售物流是以满足用户的需求为出发点，从而实现销售和完成售后服务。顾客服务的实现与物流活动有着密切的联系，企业为客户提供快速、满意的物流服务，需要考虑以下几个方面的因素。

（1）时间性

目前，很多企业对物流服务要求的时间标准大幅度提高。接到生产指令后，从原材料供给到送达客户手中，全部周期一般为 48 ～ 72 小时。由此可以看出，客户对于时间的要求非常高。因此，制造企业要抢占市场就需要在时间上占有一定的优势，保证能及时地给客户供货，避免出现脱销或缺货现象。

（2）可靠性

除了时间要求外，对于差错率的要求也由 3% 下降到 2% 。目前，客户要求制造企业的供货差错率低于 2% 。因此，制造企业在销售物流的整个过程中要考虑货物的安全性，保证产品以足够的数量和承诺的质量送到客户手中。

（3）信息

当前客户与企业之间的关系，已经由原来的短期买卖关系转变为长期合作伙伴关系，双方追求的是一种“双赢”效果。企业和客户要达到双赢需要双方都尽心尽力地为销售产品努力。因此，企业与客户之间要经常地沟通，有效的信息共享直接影响到销售物流的状况。

目前，很多企业与供应商、客户之间建立了EDI（电子数据交换）系统、EOS（电子自动补货）系统等，以方便企业之间相互了解目前市场产品销售状况和供货情况等。因此，对于供应商、制造企业和客户来说，及时的信息能保证及时掌握市场动向，紧跟市场的变化。

（4）便利性

目前，很多制造企业都把仓库建立在靠近客户的地方，其目的是为了能及时方便地给客户供货及补货。

总而言之，企业的产品只有经过销售才能实现其价值，从而创造出利润。提供优质的销售物流服务，和客户、供应商相互合作，才能真正达到双赢。

5.5 企业供应链管理技术

5.5.1 快速反应法

由于消费水平的提高，各企业为了赢得市场，都以多样化的产品来满足消费者的需求，提高市场占有率。近年来，廉价高品质、多种多样的产品和服务已充斥于市场。以最快的速度推出新的产品和服务成为占领市场的重要因素。因此，产品制造和服务提供的速度成为企业的核心竞争力之一。快速反应的导入将有助于企业经营活动范围的扩大和迅速适应市场需求，并从中获取利润。

1. 快速反应的含义

快速反应（Quick Response，QR）是美国零售商、服装制造商及纺织品供应商开发的整体业务概念，是指在供应链中为了实现共同的目标，至少在两个环节紧密合作。目的是减少原材料到销售点的时间和整个供应链上的库存，最大限度地提高供应链的运作效率。一般供应链的共同目标包括以下几个方面。

（1）提高为顾客服务的水平

即在正确的时间、正确的地点用正确的商品来响应消费者的需求。

（2）降低供应链的总成本

增加零售商和厂商的销售额，从而提高零售商和厂商的获利能力。

这种新的合作方式意味着双方都要告别以往的敌对竞争关系，建立贸易伙伴关系来提高向最终消费者的供货能力，同时降低整个供应链的库存量和总成本。

QR 的着重点是对消费者需求作出快速反应。QR 的具体策略是商品及时出售（FILM）、自动物料搬理（AMH）等。实施 OR 可分为以下 3 个阶段。

第一阶段：对所有的商品单元条码化，即对商品消费单元使用 EAV/UPC 条码标志，对商品储运单元使用 ITF－14 条码标识，对贸易单元则使用 UCC/EAN－128 条码标识。利用 EDI 传输订单报文和发票报文。

第二阶段：在第一阶段的基础上增加与内部业务处理有关的策略，如自动库存补给和商品即时出售等，并采用 EDI 传输更多的报文，如发货通知报文、收货通知报文等。

第三阶段：与贸易伙伴密切合作，采用更高级的 QR 策略，以对顾客的需求作出快速反应。企业内部业务的优化相对比较容易，但在贸易伙伴之间进行合作时，往往会遇到诸多障碍，在 QR 实施的第三阶段，每个企业必须把自己当成集成供应链的一个组成部分，以保证整个供应链的整体利益。

2. 快速反应的实施步骤

实施 QR 需要经过 6 个步骤。每一步骤都需要以前一步骤为基础，并比前一个步骤有更高的回报，这需要增加投资。

（1）条形码和 EDI

零售商首先必须安装通用产品代码（UPC 码）、POS 扫描和 EDR 等技术设备，以加快 POS 机收款速度，获得更准确的销售数据并使信息沟通更加通畅。POS 扫描用于数据输入和数据采集，即在收款检查时用光学方法阅读条形码，然后将条形码转换成相应的代码。

通用产品代码（UPC 码）是行业标准的 12 位条形码，用于产品识别。正确的 UPC 产品标识对 POS 端的顾客服务和有效的操作是至关重要的。扫描条形码可以准确地检查价格并记录交易。

EDI 是在计算机间交换商业单证。EDI 要求各企业将其业务单证（包括订单、发票、订单确认、销售和存货收据及事先运输通知等）转换成行业标准格式，并传输到某个增值网（VAN），从而使贸易伙伴在这些增值网上接收到这些单证，根据需要进行交易。

（2）自动补货

自动补货是实现基本商品销售预测的自动化。自动补货是根据目前的销售数据及未来的变化趋势，同时考虑目前的存货情况和其他因素，利用计算机软件进行定期预测，确定订货量。自动补货是由零售商、批发商在仓库或商店内进行的。

（3）先进的补货联盟

为了保证补货业务的通畅，零售商和消费品制造商联合起来检查销售数据，制定关于未来需求的计划和预测，在保证有货和减少缺货的情况下降低库存水平。

（4）零售空间管理

零售空间管理是根据每个店铺的需求模式来规定其经营商品的花色品种和补货业务。

（5）联合产品开发

对于服装等生命周期很短的商品，生产企业和零售商可以联合开发此类产品，以缩短新产品上市的时间。

(6) 快速反应的集成

快速反应前4步的实施，使零售商和消费品制造商重新设计产品补货、采购和销售业务流程。快速反应的前5步使配送中心得以改进，可以适应频繁的小批量运输，使配送业务更加流畅。

5.5.2 有效客户响应法

有效客户响应（Efficient Consumer Response，ECR）是日用百货行业的供应链管理战略，即由零售商、批发商和生产企业等供应链节点企业相互协调与合作，以更低的成本，更快、更好地为顾客提供更有价值的产品和服务的一种供应链管理方法。

1. 有效客户响应法的特征

(1) 管理意识的创新

传统的产销双方都以对自己有利的条件进行交易，ECR要求交易双方是一种合作伙伴关系。通过交易各方的相互协调合作，实现以低成本向消费者提供具有更高价值的产品和服务的目标。

(2) 供应链整体协调

传统的组织是以部门或职能为中心的活动，是以各部门或职能的效益最大化为目标，这样虽然能够提高各部门和职能的效益，却容易引起部门或职能间的摩擦。同样，传统的业务流程中各个企业以各自的效益最大化为目标，这样容易引起各企业间的利益摩擦。ECR要求打破各部门、各职能及各企业之间的隔阂，进行跨部门、跨职能、跨企业的管理和协调，使物流和信息流在供应链内顺畅流动。

(3) 涉及范围广

ECR要求对供应链进行整体的管理和协调，其所涉及的范围包括流通、制造等多个行业。为了最大限度地发挥ECR所具有的作用，必须对有关联的各行业进行分析研究，对组成供应链的各类企业进行管理和协调。

2. 有效客户响应的应用原则

① 以较少的成本向日用百货顾客提供更优的产品和更多的便利服务。

② 有效客户响应法必须由相关的商业带头人启动。通过组建能够代表共同利益的商业联盟取代传统的贸易关系，以达到获利的目的。

③ 利用迅速、准确的信息支持生产和流通的决策。这些信息以EDI的方式在贸易伙伴间自由流动。

④ 产品随着设计、生产、销售等不断增值的过程流动到顾客手中，确保顾客能随时获得所需的产品。

⑤ 必须建立共同的成果评价体系。该体系注重整个系统的有效性（即通过降低成本与库存，充分利用现有资源实现最优价值），并能对潜在的收益公平分享。

5.5.3　物料需求计划法

1. 物料需求计划的概念

制造企业根据市场需求制定了营销计划，生产系统必须按照规定的时间交付出产成品，由此产生了主生产计划（Master Production Schedule，MPS），再根据产品的数量与产品的层次结构，可以逐层、逐次地求出各种零部件的需求时间，这就是物料需求计划（Material Requirement Planning，MRP）。

对于其中企业自制的一部分零部件，要根据工艺规程确定的时间要求提前安排投产时间，形成零部件生产计划；另一部分外购件和自制本部件的原材料，则要根据各自的订货提前统筹安排，形成采购计划。

如果能够严格按照生产工艺规程的进度制造零部件，并且准确地执行采购计划，则生产的各个环节都能在规定的时间得到所需要的原材料或零部件进行现阶段的生产，从而能够把本环节的在制品准时地送交下一道工序。

2. 物料需求计划的原理

对于庞大而复杂的生产系统，MRP 计划的制定与执行具有很高的难度，必须应用计算机软件、硬件系统实行强有力的集中控制，才能达到预期的效果。

（1）产品结构文件

产品结构文件（Bill of Material，BOM）反映新产品的层次结构，即所有零部件的结构关系和数量组成。根据 BOM 可以确定该新产品所有零部件的需要数量、需要时间，以及相互关系。

（2）主产品进度计划（MPS）

根据营销计划、BOM 和工艺规程决定成品出厂时间，以及各种零部件的制造进度。MPS 决定了产成品与零部件在各个时间段内的生产量，包括产出时间、数量或装配时间和数量等。

（3）产品库存文件

产品库存文件包含原材料、零部件和产成品的库存量，已订未到量和已分配但还没有提取的数量。根据物料需求计算结果所需的物料量，对库存量不足部分进行采购。

由 MRP 逻辑原理可见，物料需求计划产生新产品投产计划和采购计划，生成制造任务单和采购订货单，再据此组织产品的生产和物资的采购。

3. 物料需求计划的特点

（1）作业计划的及时性

这种方法是根据反工艺顺序法的原理，从最终产品的数量和期限的计划出发，按产品结构展开，再按照存储量及提前期等，推算出各零部件的投入、产出数量和期限，从而能准确及时地编制作业计划。

（2）需求的相关性

在流通企业，各种需求往往是独立的。而在生产系统中，需求具有相关性。例如，根据订单确定了所需产品的数量之后，由新产品结构文件 BOM 即可推算出各种零部件和原材料的数量，这种根据逻辑关系推算出来的物料数量称为相关需求。不但品种数量有相关性，需求时间与生产工艺过程的决定也是相关的。

（3）需求的确定性

MRP 的需求都是根据主生产进度计划、产品结构文件和库存文件精确计算出来的，品种、数量和需求时间都有严格要求，不可改变。

（4）计划的复杂性

MRP 计划要根据主产品的生产计划、产品结构文件、库存文件、生产时间和采购时间，把主产品的所有零部件需要数量、时间、先后关系等准确计算出来。当产品结构复杂、零部件数量较多时，需要利用计算机软件完成计算。

4. 物料需求计划的发展

（1）闭环 MRP 阶段

MRP 系统的正常运行，需要有一个现实可行的主生产计划。它除了要反映市场需求和合同订单以外，还必须满足企业的生产能力约束条件。只有在采取措施做到生产能力与资源都满足负荷需求时，才能开始执行计划。闭环 MRP 不仅考虑物料需求计划，还将与之有关的能力需求、车间生产作业计划和采购等方面的情况考虑进去，使整个问题的处理形成闭环。

（2）MRPⅡ阶段

闭环 MRP 系统的出现，使生产活动方面的各子系统得到了统一。在企业的管理中，生产管理只是一个方面，所涉及的仅仅是物流，而与物流密切相关的还有资金流。这在许多企业中是由财会人员另行管理的，这就造成了数据的重复录入与存储，甚至造成数据的不一致。人们把生产、财务、销售、工程技术、采购等各子系统集成为一个一体化的系统，并称为制造资源计划（Manufacturing Resource Planning）系统，英文缩写还是 MRP，为了区别物流需求计划（缩写也为 MRP）而记为 MRPⅡ。

MRPⅡ的基本思想就是把企业作为一个有机整体，从整体最优的角度出发，运用科学方法对企业各种制造资源，以及生产、供应、销售、资金各个环节进行有效地计划、组织和控制，使其得以协调发展，并充分地发挥作用。

（3）ERP 阶段

进入 20 世纪 90 年代，企业竞争空间与范围进一步扩大，MRPⅡ逐步发展为怎样有效利用和管理整体资源的管理思想。企业资源计划（Enterprise Resource Planning，ERP）也就随之产生。ERP 主要增加了以下功能。

① 融合了其他先进的管理思想和方法（如 JIT、TQM、OFF、TOC 等），不断完善自身系统。

② 增加了客户关系管理、供应商管理、供应链管理等功能。

③ 增加了分销资源系统（Distribution Resource Planning，DRP）的功能。

④ 运用计算机技术的最新成果，不断改善系统功能和用户界面。

⑤ 发展与企业其他系统的接口，实现更大范围内的信息集成。

5.5.4 配送需求计划

1. 配送需求计划的概念

DRP 是配送需求计划（Distribution Requirement Planning）的简称。DRP 是适用于流通领域中的一种物流技术，是 MRP 在流通领域应用的直接结果，主要解决分销物资的供应计划问题，达到有效地满足市场需要并使配置费用最省的目的。

2. 配送需求计划的原理

DRP 在两类企业中可以得到应用。一类是流通企业，如储运公司、配送中心、物流中心、流通中心等。这些企业的基本特征是，不一定从事产品销售，但一定有储存和运输的业务，它们的目标是在满足用户需要的原则下，追求资源（如车辆等）的有效综合利用，达到总费用最低。另一类是产品制造企业，这类企业同时进行生产和流通，产品全部或一部分由企业销售。企业中由流通部门承担分销业务，具体组织储存、运输、销售等活动。

这两类企业的共同之处是以满足社会需求为自己的宗旨；依靠一定的物流能力（储存、运输、包装、搬运能力等）来满足社会的需求；从制造企业或市场组织物资资源，共有 3 个输入文件和两个输出计划。

（1）输入文件

① 社会需求文件。社会需求文件包括所有用户的订货单、提货单和供货合同，以及下属子公司、企业的订货单，此外还要进行市场预测，确定一部分需求量。所有需求按品种和需求时间进行统计，整理成社会需求文件。

② 库存文件。对自有库存物资制作统计表，以便针对社会需求量确定必要的进货量。

③ 生产厂资源文件。生产厂资源文件包括可供应的物资品种和生产厂的地理位置等，地理位置和订货提前期有关。

（2）输出计划

① 送货计划。为了保证货物按时送达，对用户的送货计划要考虑作业时间和路程远近，提前一定时间开始作业，对于大批量需求可实行直送，而对于数量众多的小批量需求可以进行配送。

② 订货进货计划。订货进货计划是指从生产厂订货的计划，对于需求物资如果仓库内无货或库存不足，则需要向生产厂订货。当然，也要考虑一定的订货提前期。

以上两个文件是 DRP 的输出结果，是组织物流的指导文件。

案例分析

青岛啤酒集团的现代物流管理

青岛啤酒集团引入现代物流管理方式，加快产成品走向市场的速度，同时使库存占用资金、仓储费用及周转运输费用在一年多的时间内降低了3 900万元。青岛啤酒集团从开票、批条子的计划调拨，到在全国建立代理经销商制，是其为适应市场竞争的一次重大调整。但在运作中却发现，由代理商控制市场局面，在市场上倒来倒去的做法，只能使企业被牵着鼻子走，加上当时市场的信誉度较差，使青岛啤酒集团在组织生产和销售时遇到很大困难。

1998年第一季度，青岛啤酒集团以新鲜度管理为中心的物流管理系统开始启动，当时青岛啤酒的产量不过30多万吨，但库存就高达3万吨，限产处理积压，按市场需求组织生产成为当时的主要任务。青岛啤酒集团将“让青岛人民喝上当周酒，让全国人民喝上当月酒”作为目标，先后派出两批业务骨干到国外考察、学习，提出了优化产成品物流渠道的具体做法和规划方案。这项以消费者为中心，以市场为导向，以实现“新鲜度管理”为载体，以提高供应链运行效率为目标的物流管理改革，建立起集团与各销售点之间的物流、信息流和资金流全部由计算机网络管理的智能化配送体系。

青岛啤酒集团首先成立了仓储调度中心，对全国市场区域的仓储活动进行重新规划，对产品的仓储、转库实行统一管理控制。由提供单一的仓储服务，到对产成品的市场区域分布、流通时间等进行全面的调整、平衡和控制，仓储调度成为销售过程中降低成本、增加效益的重要一环。以原运输公司为基础，青岛啤酒集团注册成立了具有独立法人资格的物流有限公司，引进现代物流理念和技术，完全按照市场机制运作。作为提供运输服务的卖方，物流有限公司能够确保按规定要求，以最短的时间、最少的环节和最经济的运送方式，将产品送至目的地。同时，青岛啤酒集团应用建立在Internet信息传输基础上的ERP系统，筹建了青岛啤酒集团技术中心，将物流、信息流、资金流统一在计算机网络的智能化管理之下，建立起各分公司与总公司之间的快速信息通路，及时掌握各地最新的市场库存、货物和资金流动情况，为制定市场策略提供准确的依据，并简化了业务运行程序，提高了销售系统的运作效率，增强了企业的应变能力。青岛啤酒集团还对运输仓储过程中的各个环节进行了重新整合、优化，以减少运输周转次数、压缩库存、缩短产品仓储和周转时间等。具体做法是根据客户订单，产品从生产厂直接运往港、站；省内订货从生产厂直接运到客户仓库。仅此一项，每箱的成本就下降了0.5元。同时对仓储的存量进行科学界定，规定了上限和下限。低于下限发出要货指令，高于上限不再安排生产，这样使仓储成为生产调度的平衡器，从根本上改变了淡季库存积压、旺季市场断档的局面，满足了市场对新鲜度的需求。

目前，青岛啤酒集团仓库面积由70 000 m^2下降到29 260 m^2，产成品库存量平均降到6 000 t。这个产品物流体系实现了环环相扣，销售部门根据各地销售网的要货计划和市场预测，制定销售计划；仓储部门根据销售计划和库存，及时向生产企业传递要货信息，生产厂有针对性地组织生产，物流有限公司则及时调度运力，确保交货质量和交货期。同时销售代理商在有了稳定的货源供应后，可以从人、财、物等方面进一步降低销售成本，增加效益。经过一年多的运转，青岛啤酒集团物流网已取得阶段性成果。先是市场销售的产品新鲜度提高，青岛及山东市场的消费者可以喝上当天酒、当周酒；省外市场的东北、广东及沿海城市的消费者，可以喝上当周酒、当月酒。其次是产成品周转速度加快，库存下降使资金占用下降了 3 500 多万元；再次是仓储面积降低，仓储费用下降 187 万元，市内周转运输费用降低了 189.6 万元。

现代物流管理体系的建立，使青岛啤酒集团的整体营销水平和市场竞争能力大大提高。1999 年，青岛啤酒集团产销量达到 107 万 t，再登国内榜首。其建立的信息网络系统还具有较强的扩展性，企业在拥有完善的物流配送体系和成熟的市场供求关系时，为开展电子商务准备了必要的条件。

思考讨论题

1. 青岛啤酒集团为什么要建立现代物流管理体系？
2. 青岛啤酒集团的现代物流管理体系主要由哪几部分组成？
3. 青岛啤酒集团的现代物流管理体系为企业带来了什么？

本章练习题

一、单项选择题

1. “物流”一词最早来源于（　　）。

A. 军事领域　　B. 制造领域　　C. 服务领域　　D. 生产领域

2. 1956 年以后，日本把“流通技术”的内容采用美国“实物分配”的简称，叫作（　　）。

A. P. A.　　B. P. E.　　C. P. F.　　D. P. D.

3. 宏观物流研究的重点是（　　）。

A. 企业物流　　B. 生产物流

C. 生活物流　　D. 社会再生产总体物流

4. 第三利润源泉学说揭示了（　　）。

A. 新产品开发的重要性　　B. 销售收入增加的重要性

C. 节省物流费用的重要性　　D. 售后服务的重要性

5. 从最终用户到原始供应商的关键业务流程的集成中，（　　）为客户和其他有关者提供价值增值的产品、服务和信息。

A. 物流管理　B. 供应链管理　C. 运输管理　D. 采购管理

6. 对于同一资源的两个方面处于相互矛盾的关系之中，想要较多地达到其中一个方面的目的，必然使另一方面的目的受到损失，是指（　　）。

A. 黑大陆学说　B. 商物分离学说　C. 效益背反学说　D. 第三利润源泉

二、多项选择题

1. 物流发展过程大致分为（　　）。

A. 物流萌芽阶段　B. 区域物流阶段　C. 实物分配阶段

D. 物流整合阶段　E. 供应链整合阶段

2. 企业物流可以分为（　　）。

A. 企业供应物流　B. 企业生产物流　C. 企业销售物流

D. 企业回收物流　E. 企业废弃物物流

3. 按物流活动覆盖范围分类，物流可以分为（　　）。

A. 宏观物流　B. 社会物流　C. 国际物流

D. 商业物流　E. 区域物流

4. 企业供应物流的主要活动包括（　　）。

A. 产品配送　B. 售后服务　C. 采购

D. 储存　E. 物料管

5. 库存代表（　　）暂时处于停滞状态。

A. 原材料　B. 零部件　C. 在制品

D. 制成品　E. 集装箱

三、思考题

1. 什么是物流和物流管理？
2. 什么是供应链管理？
3. 简述企业物流的概念及其分类。
4. 企业物流管理的主要任务是什么？
5. 如何做好企业供应物流管理工作？
6. 生产物流的特点是什么？生产物流管理的关键内容有哪些？
7. 企业销售物流有哪些模式？
8. 什么是 QR？什么是 ECR？简要说明 ECR 的特征。
9. 什么是 MRP？MRP 有何特点？

第 6 章

物资与设备管理

学习目的

通过本章的学习，要求学生理解物资的概念和分类；掌握物资管理的含义、内容和意义；熟悉物资消耗定额和物资储备定额的意义和制定方法，物资供应计划的编制与应用方法；了解物资采购和仓储管理的基本知识，掌握物资库存控制技术；理解设备和设备管理的有关概念、内容；设备选择、设备的磨损规律，以及设备的维修方法和制度；了解设备管理的内容、任务和意义；明确设备的经济评价方法及设备事故管理。

关键术语

物资消耗定额　物资储备定额　物资供应计划　设备　设备管理　有形磨损　无形磨损

6.1　物资管理概述

物资管理是企业生产经营活动中必不可少的重要组成部分。所谓物资管理，就是对生产过程中所有物资的采购、储存、使用等进行计划、组织、领导、协调和控制。加强物资的管理，合理地组织采购、储存和使用物资，对于促进企业的生产发展，提高产品质量，降低生产成本，加快资金周转，增强企业盈利，提高企业竞争优势等都有十分重要的意义。

6.1.1　物资和物资管理的基本概念

1. 物资

物资是物质资料的简称。物资既包括自然界直接提供的物质财富，又包括经过人类劳动所取得的劳动产品；既包括可以直接满足人们需要的生活资料，又包括间接满足人们需要的生产资料。在企业生产中，物资是指商品生产过程所消耗的各种生产资料。

2. 物资的分类

企业所需要的物资可以根据需要分为许多种类。

1）按物资在生产中的用途划分

按物资在生产中的作用进行分类，可以分为以下6类。

（1）原材料

原材料是指加工后构成产品实体的物资。

（2）辅助材料

辅助材料是指在产品生产过程中有助于产品形成但不构成产品实体的物资。

（3）燃料

燃料是指产生热能、动力的可燃物质，主要是含碳物质或碳氢化合物。

（4）动力

动力是指用于生产和管理等方面的电力、蒸汽、压缩空气等。

（5）配件

配件是指准备更换设备中已磨损和老化的零件和部件的各种专用备件。

（6）工具

工具是指在生产中所消耗的各种刀具、夹具、量具等。

采用这种分类方法，便于企业制定物资消耗定额，计算各种物资需要量和产品成本。

2）按物资的自然属性划分

按物资的自然属性进行分类，可以分为以下3类。

（1）金属材料

金属材料包括黑色金属和有色金属。

（2）非金属材料

非金属材料包括木材、煤炭、化工、纺织、建材等。

（3）机电产品

机电产品包括电机、电线、仪表、机械设备、电子和光学仪器及液压配件等。

采用这种分类方法，便于编制物资供应目录，也便于物资采购、存储、保管和运输。

3）按物资的使用范围划分

按物资的使用范围进行分类，可以分为以下5类。

① 基本建设用物资；

② 生产产品用物资；

③ 维修用物资；

④ 科研及新产品开发用物资；

⑤ 工艺装备用物资。

采用这种分类方法，便于企业按物资的使用方向进行物资的核算平衡。

3. 物资管理

物资管理就是对企业生产过程中所需各种物资的采购、储备、使用等进行计划、组织和控制，即借助计划、组织、领导和控制等职能，依据一定的原则、程序和方法，搞好物资供需平衡，合理地组织物资流通，保证生产、建设的需要。

物资管理的主要内容包括物资的计划管理与定额管理、物资的供应和采购管理、物资的库存管理和综合利用等。

6.1.2　物资管理的任务和作用

企业物资管理的基本任务为：

① 为企业生产经营活动提供先进、经济、适用的最佳技术设备和物资；

② 科学管理，加强设备的维护和修理，保证设备的完好率，提高设备利用率；

③ 促进设备的技术改造，保持设备的先进性；

④ 加强原材料和半成品的仓储管理，合理、节约使用原材料，降低损耗；

⑤ 建立和完善企业物资管理制度，严格管理，加强监督，计划供应，保证需求，提高收益。

企业物资管理的基本作用是：有利于提高产品质量；有利于提高产品产量；有利于降低成本；有利于促进技术进步。

6.1.3　物资消耗定额

物资消耗定额是指在一定的生产技术组织条件下，制造单位产品或完成某项生产任务所规定的物资消耗数量的标准。

1. 物资消耗定额的制定方法

（1）技术计算法

技术计算法是根据产品设计图纸、工艺规程和配方等技术文件，在吸取先进技术经验的基础上，通过科学分析和技术计算，确定物资消耗定额的方法。这种方法比较准确和科学，工作量较大，技术性较强，要求具备完整的技术文件和资料。

这种方法多应用于产品定型、产量较大、技术资料较健全的产品耗用主要材料的物资消耗定额的制定。

（2）统计分析法

统计分析法是根据物资消耗统计资料，结合对各种物资节约经验的研究，并考虑到计划期生产、技术、组织条件变化等因素而制定物资消耗定额的方法。

这种方法简便易行，但必须以完整可靠的统计资料为依据，一般适用于轮番生产的产品。

（3）经验估计法

经验估计法是根据有关人员的生产技术经验，并参考有关技术文件及企业生产技术条件变化等因素，制定物资消耗定额的方法。这种方法简便易行，工作量小，但主观因素影响较大，科学性及准确性较差。

这种方法适用于单件小批产品，或者在技术资料和统计资料不全的情况下采用。

2. 物资消耗定额的构成

(1) 产品净重

产品净重是指经验收入库的合格产品中直接构成产品（或零件）的材料重量，它是材料的有效消耗部分。产品净重主要取决于产品的设计、结构与所用的物资。

(2) 工艺性损耗

工艺性损耗是指材料准备和加工过程中，由于工艺技术要求所必然发生的损耗，如切削过程中的切屑、锻造过程中的氧化皮等。工艺性损耗是由工艺技术水平决定的。随着技术的进步和工艺方法的改进，应尽量减少这部分损耗。

(3) 非工艺性损耗

非工艺性损耗是指生产经营活动中因发生废品或运输、保管不善，以及其他非工艺技术原因所发生的损耗。非工艺性损耗是由于管理水平不高造成的，应尽量避免或减少这部分损耗。

物资消耗通常应包括产品净重和工艺性损耗两部分，两者总称为原材料工艺消耗定额。但是，在现有管理水平和客观条件下，有些非工艺性损耗还难以避免。为了使物资能确保生产的需要，有必要适当考虑非工艺性损耗，此时所对应的定额称为原材料供应定额。在实际工作中，两种定额的计算公式和作用均有不同。原材料工艺消耗定额主要作为向车间、班组限额发料和考核评比的依据；原材料供应定额作为计算原材料需用量、组织物资供应的依据。

6.1.4 物资储备定额工作

企业要连续地进行生产，就必须有足够的原材料、燃料等物资作保证。由于生产过程中各种物资的消耗是不断地产生，而各种物资的供应却是间断、分批地进行，加上物资采购误期、运输交货误期或运来的物资因不合格而需要退换等不正常情况，以及季节性因素等，企业必须有一定的物资储备。

加强物资储备定额工作，制定合理的物资储备定额，使储备量做到科学合理，是实行严格的库存控制，达到保证生产连续进行和库存费用最低的有效手段和可靠保证。

1. 物资储备定额的概念

物资储备定额是指在一定的生产技术组织条件下，为保证生产经营活动顺利进行所必需的、经济合理的物资储备的数量标准。这是企业物资库存控制的重要基础工作，是企业编制物资供应计划的依据，是使物资库存经常保持经济合理水平的必要工具，也是企业核定流动资产中存货资金定额的重要依据。同时，还是企业确定物资储存的仓库面积和设施的依据。因此，物资储备定额必须经济合理，既要保证生产的需要，又要合理使用和节约资金。

2. 物资储备定额的制定

因为物资控制的两个主要因素是时间和数量，所以物资储备定额计算的基本公式为：

$$物资储备定额 = 平均每日物资需要量 \times 物资合理储备天数$$

1）经常储备定额的制定

经常储备定额是指在企业前后两批物资供应的间隔期内，为满足日常生产需要而储备的物资数量标准。这种储备物资的数量处于经常变动之中，当一批物资到货后，储备量达到最高；随着生产的消耗物资逐渐减少，至下一批物资到货前，储备降到最低（理论上应为零）。当下批物资到货时，又恢复到最高储备量。这样不断消耗、不断补充、反复循环、周而复始，因此又称作周转储备。其计算公式为

$$经常储备定额=供应间隔天数\times平均每日物资需用量$$

$$经常储备定额=(供应间隔天数+使用前准备天数)\times平均每日物资需用量$$

2）保险储备定额的制定

保险储备定额是指企业在供应单位误期供给及其他意外情况发生时，为保证生产正常进行所必需的物资储备数量标准。其计算公式为

$$保险储备定额=保险储备天数\times平均每日物资需用量$$

其中，保险储备天数，一般根据统计资料，用加权平均方法算出物资供应的平均误期天数，结合计划期供应条件适当调整后确定。平均误期天数的计算公式为

$$平均误期天数=\frac{\sum(每次误期天数\times每次误期入库数量)}{\sum每次误期入库数量}$$

企业的物资储备定额一般由经常储备定额（有些企业还包括使用准备储备定额）和保险储备定额（保险储备量）组成。这两种定额之和就是企业各类物资的最高储备定额（也即最高储备量）；保险储备定额为最低储备量。

3）季节性储备定额的制定

季节性储备定额是某些企业由于物资供应（生产或运输）有季节性，为保证生产的正常进行而建立的物资储备数量标准。其计算公式为

$$季节性储备定额=季节性储备天数\times平均每日物资需用量$$

其中，季节性储备天数一般根据生产需要和物资供应中断天数确定。例如，有的农产品（如蚕茧）一年收获两次，则季节储备天数就应为半年；又如，某种物资必经的运输河道结冰时间为3个月，则季节储备天数（因供应中断）为3个月。在实际工作中，凡已建立季节性储备定额的物资就不需要建立经常储备定额和保险储备定额。

6.2　物资的过程管理

6.2.1　物资供应计划的编制

企业的物资供应计划是为保证计划期内生产经营活动的正常进行所需要的各种物资的计划。该计划是企业订货、储备和使用物资的依据，是企业生产经营计划的重要组成部分，和其他计划之间有着相互制约、相互促进的密切关系。

物资供应计划分别按年度、季度和月度进行编制。年度计划比较粗略，季节或月度计划

是具体的执行计划，是组织采购订货及其向生产车间发料的依据。

物资供应计划的主要内容有确定物资需要量、物资储备量（计划期初和计划期末）、物资供应量。

1. 确定物资需要量

企业计划期的物资需要量是指企业计划期内保证经营活动正常进行所必需消耗的物资数量。物资需要量的确定是按照每一类物资、每一个具体规格品种分别确定的。对于不同用途、不同种类的物资，计算其需要量的方法不同，概括起来可分为直接计算法和间接计算法两种。

直接计算法是根据计划任务和物资消耗定额来确定物资需要量的方法，又称为定额计算法。这种方法比较准确，凡有条件的企业均应采用这种方法计算物资需要量。

间接计算法是按一定比例、系数估算物资需要量的方法，又称为比例系数法。这种方法比较粗略，主要用于计算某些不便制定消耗定额的物资，或者耗用量不大的辅助材料，也可以在企业生产任务未具体确定之前，初步概算物资需用量，待任务明确后再作调整。

主要材料的需用量一般采用直接计算法来计算。其计算公式为

$$\text{某种主要材料的需要量}=(\text{计划产量}+\text{技术上不可避免的废品数量})\times\text{单位产品材料消耗定额}-\text{计划回用废料数量}$$

其中，计划产量包括商品产量和期初、期末在制品变化量；技术上不可避免的废品数量根据技术部门提供的资料，考虑计划期废品率下降的可能性来确定；计划回用废料数量根据回用废料定额或过去的统计资料来估算。

辅助材料需用量的计算，有消耗定额的可采用直接计算法，其计算公式参见主要材料的需要量计算公式；没有消耗定额的可采用间接计算法进行计算，计算公式为

$$\text{某种辅助材料需要量}=\frac{\text{上年实际消耗量}}{\text{上年产值}}\times\text{计划年度产值}\times(1-\text{辅助材料消耗可能降低的百分比})$$

2. 计划期初和计划期末物资储备量的确定

由于生产任务、供应条件等的变化，计划期初和计划期末库存物资数量往往不等，因而物资的供应在确定需用量的基础上，还应考虑期初和期末储备量的变化情况，正确确定物资的期初和期末储备量。

期初储备量是指计划期初即报告期末储备量，一般根据编制计划时的实际盘存数，以及预计至计划期初的到货量和消耗量来计算。其计算公式为

$$\text{期初库存量}=\text{编制计划时的实际库存量}+\text{编制计划到计划期初的到货量}-\text{编制计划到计划期初的耗用量}$$

期末储备量是为保证下一计划期初即计划期的下一年度初正常生产所需物资的预计结存量，即预计在本计划期末的物资储备量。由于物资储备量是一个变量，允许其在一定范围内变动，它的最大值是最高储备量，最小值是保险储备量，不能机械地以其中任何一个极限值作为期末储备量。在通常情况下，当产品结构没有大的变化、供应条件正常时，可按平均经

常储备量（即经常储备量的一半）加上保险储备量计算期末储备量，或者按经常储备量的50%～75%与保险储备量之和来确定。企业应根据所需物资的品种、规模和物资价值的高低及供货条件等，在既保证生产又合理利用资金的前提下进行调整。

3. 物资供应量的计算

物资供应量是指在计划期内，为了保证生产经营活动需要采购的物资数量。其计算公式为

某种物资计划供应量(申请或采购) = 该种物资计划需用量 + 计划期末储备量 - 计划期初储备量 - 企业内部可利用的其他资源

其中，企业内部可利用的其他资源是指企业进行加工改制、代用和修旧利废等方面的物资。这是企业内部不容忽视的资源，挖掘这部分资源并加以充分利用，是企业增产节约、提高经济效益的一个重要方面。

4. 编制物资平衡表

企业在确定了物资的需要量、储备量和供应量后，就可以编制物资平衡表，以便对已有资源和所需资源进行综合平衡。企业物资平衡表按物资的具体品种、规格进行编制。物资名称按统一规定的物资目录顺序填写，并按物资类别汇总编报，以便有关部门综合平衡。编制物资供应计划除应有指标数据外，还应有必要的文字说明，这主要是对上期物资供应计划执行情况和经验教训作简要说明，并对本期计划的主要依据、措施等重点问题进行扼要的阐述。

6.2.2　物资采购

物资采购是供需双方签订供货合同，实现产需衔接的购买过程。每一个企业的采购工作都应把服务生产、提高企业经济效益放在首位，做到经济合理地组织采购订货。为此，必须加强采购管理，提高采购工作质量，降低采购成本。

6.2.3　物资库存控制

物资库存控制是现代化管理的重要内容之一。库存控制是从系统的观念出发，以定性和定量相结合的方法进行综合分析研究，以求得经济效益最优的库存方案。从保证生产需要、节约资金、提高经济效益等方面，进行系统分析研究，选择最佳的库存方案。

物资库存控制系统有明确的目标：满足生产和用户的需要；降低费用，提高经济效益。前者要求合理的库存量，保证生产和销售的需要；后者则要求在满足生产需要的前提下使库存费用最少。库存费用包括订购费用和保管费用，两者之和最小时的库存量即为经济合理的库存量，即最佳库存方案。

为了合理控制库存量，达到库存费用经济合理的要求，应研究什么时间提出订货采购和每次订货的数量。由此，得出库存量控制的基本方式。

1. 定期订购方式

所谓定期订购，是指预先确定订购的时间，每次订货的数量则根据订货时的库存情况确

定。其计算公式为

订货量=平均每日物资需用量×(订购时间+订购间隔期)+保险储备定额-实际库存量-订货余额

其中，订购时间是指订货开始至物资到厂所需的时间；订货余额是指已订货但尚未到货的数量。

2. 定量订购方式

定量订购是指每次订购数量固定但订购时间不定。预先规定一个库存量作为订货时应保持的库存量，这个库存水平称为订货点，当实际库存量降到订货点的数量时，就按预先规定的订购数量（一般是按经济批量）提出订货采购。因此，这种方式又称为订货点法，关键是确定物资库存订货点的数量。其计算公式为

订货点数量=平均每日物资需用量×订货时间+保险储备定额

3. ABC 分类法

1）ABC 分类法的基本原理

ABC 分类法又称为重点管理法。其基本原理是将企业品种、规格繁多的库存物资，按其重要程度、消耗数量、价值大小、资金占用等情况，进行分类排列，分清主次，抓住重点，分别采用不同的控制方法。这是一种抓住事物主要矛盾的、定量的科学分类管理技术。实行 ABC 分类法，既可以加强对重点物资的控制，又可以简化物资管理工作。

2）ABC 法的具体实施

在对库存物资进行具体分类时，主要是根据物资的品种和占用库存储备资金的比例来划分。即将库存物资的所有品种、规格，根据品种数和占用资金的大小顺序排列，并计算出累计金额，以及各品种、规格、金额累计数对总品种、规格数、总金额的比例，然后制成表和图。A 类物资品种少而占用资金最多，是物资库存控制的重点，即关键的少数物资，对其物资库存应严加控制，尽量缩短采购周期，增加采购次数，尽可能按经济批量组织订货采购，以利于加快资金周转。在保证生产顺利进行的前提下，最大限度地节约和减少资金的占用，对 A 类物资一般采取定期订购的库存控制方式。C 类物资占用资金不多，品种、规格很多，为简化管理，可适当放宽控制，采购周期可以长一些，一般采用定量订购的库存控制方式。B 类物资介于 A 类、C 类物资之间，可根据品种和占用资金等情况，采用介于 A 类与 C 类之间，或者近于 A 类或 C 类的方法进行控制。

6.2.4 仓储管理

企业的物资主要存储在物资仓库中，物资仓库是组织物资流通不可缺少的重要环节。做好仓库管理工作对于保证生产和保持库存水平经济合理，保护物资安全，降低流通费用，从而加速资金周转和节约资金，降低产品成本，改善企业经营管理，都有十分重要的意义。

物资仓库的基本职能是储存和保管物资，密切配合企业生产经营活动，保证物资流通的顺利进行。仓库管理包括多项业务内容，具体有物资的验收入库、储存保管、发放、废旧物

资的回收利用、清仓盘点，以及为物资统计提供可靠的原始记录和凭证，为经济核算提供资料依据等。

因此，仓库管理的任务是遵循“及时、准确、经济、安全”的原则，组织实施物资的收发、保管、养护，做到费用省、进出快、保管好、损耗少、保安全。

1. 物资验收

物资验收又称为收货业务，是指仓库对入库物资按照一定的程序和手续，进行接货、验收和办理入库手续等一系列工作。物资验收是物资进入仓库的第一个环节，也是仓库业务管理的基础。

2. 物资储存

物资验收入库到发出使用前，有一段库存时间需要在仓库妥善保管。其基本要求是：摆放科学、数量准确、保证质量、避免差错，以达到物资保管的保质、保量、保安全的基本要求。

企业储备物资一般数量很大、品种规格很多，所以需要把主要精力集中在重点物资的管理上，兼顾其他物资，以收到事半功倍的效果。ABC 分析法就是一种既简单又实用的仓库物资管理方法。

3. 物资发放

物资发放是企业保证生产和节约使用物资的重要环节。向车间、班组发放物资应严格按照规章制度办事，如坚持按定额发料的定额供料制、限额送料制等；建立补、退料制度，实行核算、奖励制度等。此外，还要贯彻先进先出的原则，以免物资久存变质。库房工作人员应深入车间，既管“供”，又管“用”，加强调查研究，掌握供应工作的主动权。

企业仓库发放物资一般采取以下两种方法：定额供料（定额发料或定额领料）；限额供料（限额领料或限额发料）。

4. 盘点工作

盘点工作主要是检查物资的账、卡、物是否相符，物资有无变质、霉烂等损失，库存是否科学合理，库房设备有无损坏及仓库面积的利用情况等。企业必须有计划、有组织地进行清仓查库工作，认真清查，如有盘亏盘盈，必须分析原因，说明情况；如有严重短缺和损坏，必须查明原因，分清和追究责任；如有超储积压物资，必须及时处理。

6.3　设备管理概述

6.3.1　设备管理

1. 设备的概念

设备是指人们进行生产和服务所使用的各种机械的总称。设备包括生产设备、动力设备、运输设备、监测仪器、科研设备、仪表及各种工具等，是通过购置、安装转化为有形的固定资产。设备有固定设备和移动设备之分，是现代工业企业的物质技术基础。设备以其功能参与企业产品（服务）的形成，而不是设备实体本身成为产品的一部分。设备往往具有一定的寿命，在使用过程中会发生使用费用，其自身价值亦会逐渐降低。设备能否良好运行对企业扩大再生产，提高经济效益，完成企业生产目标有着直接、重要的影响，因为设备运行状况直接影响企业产品的质量、产量和劳动效率。

2. 设备管理的概念

设备管理是指企业为了使设备寿命周期费用最经济，而对设备采取的一系列技术、经济、组织措施等管理活动。

设备管理一方面是对设备的物质运动形态的全过程，即从设备的选购、进厂验收、安装调试、使用、维护与修理、更新改造、直到报废等环节进行技术管理；另一方面也包括对设备的价值运动形态全过程，即设备的最初投资、维修费用的支出、折旧、更新，改造资金的筹措、积累、支出等进行经济管理。

3. 设备管理的意义

（1）保证企业建立正常的生产秩序

在现代化工业生产中，人们操纵机器设备加工、制造产品或完成各种动作，都需要机器设备处于最佳的技术状态。尤其是流水线上的设备，无论哪个设备环节出问题都将打破产品生产的比例性和连续性，造成企业生产上的混乱。所以，要加强设备管理，正确使用设备，精心保养设备。

（2）保证企业生产的现代化

企业只有使用自动化、控制化比较高的设备，才能加速实现生产的现代化。随着工业技术的发展，还要及时进行设备的技术革新和技术改造，以及设备的更新换代工作。

（3）保证企业取得良好的经济效益

社会化大生产促使企业机械化程度的提高，设备的数量、投资、动力、油脂、配件的消耗不断增加，与设备有关的费用，如折旧费、维修费、电费在产品成本中的比重也不断提高。同时，设备的运行技术状况直接影响企业的产量和劳动效率。

（4）保证操作人员的生命安全

在设备管理中除了保障设备高效运转外，还要有一定的预见性，采取措施保证安全生产。例如，在设备周围加设护栏，在转动部件上加防护罩；教育操作人员遵守操作规范，保证设备安全、高效运转等。

6.3.2 设备的分类

企业中有大量的设备，而不同企业的主要设备、辅助设备往往各不相同，对不同类型的设备应采取不同的管理方法。企业中的设备大致可以分为以下 6 种。

（1）生产设备

生产设备是指直接改变原材料的属性、形态或功能的各种工作机械和设备，如各种机床、平炉、高炉、纺织机、化工反应塔等。

（2）动力设备

动力设备是指用于产生电力、热力、风力或其他动力的各种设备，如蒸汽锅炉、发电机、空压机等。

（3）传导设备

传导设备是指用于传送电力、热力、风力或其他动力，以及固体、液体、气体的各种设备，如电力网、输电线路、传送带、上下水道、蒸汽、煤气、石油的传导管等。

（4）运输设备

运输设备是指用于载人或运货的各种运输工具，如卡车、拖车、交通汽车、电瓶车、汽艇、驳船等。

（5）管理设备

管理设备是指企业中用于经营方面的设备，如计算机、电传机、复印机等。

（6）公共福利设备

公共福利设备是指企业中用于生活福利方面的设备，如医疗设备、炊事设备等。

6.3.3　设备管理的内容和任务

1. 设备管理的内容

（1）对设备进行全过程管理

对设备进行全过程管理是指从选购设备或自行设计制造设备到设备在生产领域内的使用、维护、修理，直至报废退出生产领域为止的全过程管理。

（2）追求设备寿命周期费用最优化

设备的寿命周期费用是设备一生的总费用，在设备规划决策的方案论证中，应追求设备寿命周期费用最经济，而不是只考虑购买或使用某一阶段的经济性。当然，还要考虑设备的综合效率。

（3）及时引进先进的技术装备

随着社会主义市场经济的发展，人们的审美水平和欣赏品味越来越高，产品的种类大量丰富，质量越来越高，市场竞争进一步加剧，因此要求及时提供能够满足生产发展需要的先进、适用的技术装备。

（4）加强设备的维修工作以保证生产的连续性

企业设备管理的日常工作主要是设备的养护维修工作。例如，瑞典的制造工业从业总人数减少 6.8%，而维修人员反而增加 9.8%。由此可见，设备维修是设备管理的重要环节。

（5）设备的全员管理

加强设备的经济管理和组织管理工作，实现设备的全员管理。

2. 设备管理的任务

（1）制定企业的设备综合管理规划

根据企业的长期战略目标制定设备管理长期计划，根据企业的年、月生产目标制定设备管理的中期计划，以及制定更为具体的短期计划。另外，还要进行技术经济方面的综合平衡，与资金计划、利润计划、能源计划相协调，保持与企业生产计划相适应的技术先进、经济合理的设备和设施。

（2）制定便于执行的设备管理制度

逐步建立保证质量、降低能耗、减少成本、便于执行的设备管理制度，使企业的设备处于最佳的技术状态。

（3）完善设备维修

目前，我国在设备管理方面的主要工作量都集中在设备维护和检修工作上，要搞好日常维护、点检，加强文明生产，选择经济合理、便于操作的维修方式，提高维修质量。

（4）加快设备的更新改造

目前，我国工业生产中旧设备仍然很多，因此，在相当长时间里，对设备进行挖潜、改造、更新的工作尤为重要，必须努力提高企业生产技术、装备水平和经济效益。

（5）完善设备的资产管理

设备的资产管理包括资产登记、闲置设备处理、封存保管、转让调剂、报废和相应的资金管理等。

（6）认真贯彻设备管理方针

认真贯彻设备管理“安全、可靠、经济、合理”的八字方针，加强岗位责任制，认真执行操作规范、规程，保证设备安全正常运行。

（7）制定防止公害的措施

改善工厂所在地的地区环境，建立无公害、无事故的工厂。

6.3.4 设备管理水平考核指标

为了提高设备维修人员的作业效率，需要制定设备管理水平考核指标，一般的指标内容如下。

（1）设备开动率

$$设备开动率=\frac{实际作业时间}{制度开动时间}$$

（2）设备完好率

$$设备完好率=\frac{完好设备数}{已安装投入使用数}$$

（3）故障停机率

$$故障停机率=\frac{故障停机时间}{制度工作台时}$$

（4）维修费用率

$$维修费用率=\frac{维修费用}{生产总值}$$

（5）设备役龄及设备新度

设备役龄是指设备在生产中服役的年限。发达国家的设备役龄为 10 ～ 14 年。另外，还可以用设备新度来表示，计算公式为

$$设备新度=\frac{设备的净值}{设备的原值}$$

6.4　设备的选择使用与维护修理

6.4.1　设备的选择

企业在购置设备时，要对所需购置的设备从技术性和经济性两方面进行选择和评价。进行设备选择与评价的目的是从企业长远生产、经营战略出发，根据生产实际需要，选择技术上先进、经济上合理、安全节能的最优设备。

对设备的技术性评价主要有以下几个方面。

（1）生产性

生产性即设备的生产效率，是指单位时间生产的产品数量。在考虑设备的生产效率时，首先应能满足生产现状的要求，如设备效率应满足成组单元、加工流水线统一节拍的要求；其次，要考虑在可预见的将来对设备效率的要求。设备效率过低或过高都会影响设备的综合效率。

（2）可靠性

可靠性即设备在规定条件下、在规定时间内完成规定功能的概率。设备丧失规定的功能称为故障。设备可靠性的高低，同样会影响设备的综合效率。

（3）维修性

维修性即设备维护、保养和修理的难易程度。设备的维修性是选择设备的重要评价因素之一。设备易于维护、保养和修理，包括良好的售后服务和配件、易损件供应，既可降低修理费用，又可减少设备故障停机时间，提高设备利用率。

（4）安全性

安全性即设备对安全生产的保障能力，主要包括人身和设备安全两个方面。

（5）节约性

节约性即设备节约资源的能力，主要包括设备节约能源和原材料资源两个方面。节约能源和原材料资源，不仅可以降低设备的寿命周期费用和产品的成本，而且有利于资源的合理利用和社会的可持续发展。

(6) 环保性

环保性即设备减少环境污染或改善环境的能力，主要包括减少噪声和“三废”。对于可能造成环境污染的设备，选购时一定要配备相应的治理装备，不应购置会严重污染环境的设备。对于已在生产中使用的这类设备，应采取治理措施或及早淘汰、更新。

(7) 成套性

成套性即设备在性能、能力等方面相互配套的程度。要注意设备的成套性，设备不配套就不能形成生产能力或不能充分发挥设备的性能，从而造成经济上的浪费。

(8) 适应性

适应性又称为柔性，即设备适应不同工作条件、加工不同产品、完成不同工艺的能力。目前，产品更新换代速度加快，产品市场寿命周期日趋缩短，要求生产设备也应具有相应的适应性。

(9) 耐用性

耐用性即设备应具有一定的自然寿命。设备的自然寿命过短，不利于设备的充分利用、设备折旧费的分摊和设备投资效益的提高。但也并不是设备的使用寿命越长越好。设备的寿命取决于技术进步造成的设备无形磨损和其经济寿命。

(10) 美感性

美感性是从外形的角度研究设备对人的感觉所产生的综合特性。美感强的设备能吸引人的注意力，不易使人感到劳累和压抑，能有效提高工作效率。美感性主要包括外形美观、和谐、新颖，坚持以人为本的原则等。

应用以上评价要素在评价设备的技术性时，要注意它们是相互联系、相互制约的。企业在选择设备时，要统筹兼顾、全面权衡。当然，也应根据企业的具体情况有所侧重。

6.4.2 设备的经济评价

1. 投资回收期比较法

一般在其他条件相同的情况下，投资回收期最短的设备方案，就是经济上最优的设备方案。

$$\text{设备投资回收期(年)} = \frac{\text{设备投资费用总额(元)}}{\text{采用该设备方案后年节约总额(元/年)}}$$

其中，设备投资费用总额由设备原始费用和使用费用组成。原始费用包括外购设备原价、设备及材料运杂费、成套设备业务费、备品备件购置费、安装调试费等。对于自制设备，还包括研究、设计、制造、安装调试费等。使用费用是指设备在整个寿命周期内所支付的能源消耗费、维修费、操作工人工资，以及固定资产占用费、保险费等。

2. 年费用比较法

年费用比较法是从设备的寿命周期角度来评价和选择设备。采用这种方法是把不同方案的设备购置费用，根据设备的寿命周期，按一定的利率换算成相当于每年的平均费用支出，然后再加上每年的平均使用费而得出各方案设备寿命周期内平均每年支出的总费用，用公式表示为：

$$设备的年度总费用 = 最初投资费 \times 资金还原系数 + 年维持费 - 设备残值 \times 资金存储系数$$

年平均总费用最低的方案为最优投资方案。

例 6-1，某企业要购买设备一台，现有两种同类的设备可供选择。设备 A 购价为 50 000 元，经济寿命为 10 年，投产后年维持费为 9 000 元，设备残值为 10 000 元；设备 B 购价为 120 000 元，经济寿命为 20 年，投产后年维持费为 6 000 元，设备残值为 20 000 元。根据以上资料对两种型号设备进行经济评价。

解：设备 A 的年度总费用 = 50 000 × FPR($n=10, R=8\%$) + 9 000 − 10 000 × FSR ($n=10$，$R=8\%$) = 50 000 × 0.149 03 + 9 000 − 10 000 × 0.069 03 = 15 761.2（元）

设备 B 的年度总费用 = 120 000 × FPR($n=20, R=8\%$) + 6 000 − 20 000 × FSR($n=20$，$R=8\%$) = 120 000 × 0.101 85 + 6 000 − 20 000 × 0.021 85 = 17 785（元）

应选择设备 A，因为设备 A 的年度总费用较低。

3. 现值比较法

现值比较法是把设备寿命周期平均每年支付的维持费，按现值系数换算成相当于设备初期费用，再和设备初期购置费相加，进行总现值比较。

现值比较法与年费用比较法相反，后者是把投资成本化为年值后与每年维持费相加组成设备的年度总费用，再进行比较；前者则是在每年的维持费转化后与当初的投资费相加，组成总现值，再进行比较。现值比较法与年度比较法可以互相验证。

例 6-2，对于例 6-1，试用现值比较法进行设备选型。

解：设备 A 寿命周期总费用(现值) = 50 000 + 9 000 × FRP($n=10, R=8\%$) − 10 000 × FPW($n=10, R=8\%$) = 50 000 + 9 000 × 6.710 1 − 10 000 × 0.463 2 = 105 758.9（元）

设备 B 寿命周期总费用(现值) = 120 000 + 6 000 × FRP($n=20, R=8\%$) − 20 000 × FPW($n=20, R=8\%$) = 120 000 + 6 000 × 9.818 1 − 20 000 × 0.214 5 = 174 618.6（元）

设备 A 的费用总现值较低，故应选设备 A。

其中，FRP 为定额序列现值因数；FPW 为一次偿付现值因数。

6.4.3 设备的合理使用

设备的合理使用是设备管理的重要内容，直接影响设备的使用寿命和精度、性能的保持，进而影响设备产出的数量、质量、成本和企业的经济效益。正确、合理地使用设备可以减轻设备的磨损，在较长时间内保持设备应有的性能和精度，能充分发挥其应有的效率。

1. 设备的合理使用

1）设备使用前的准备工作

① 设备投入使用前应编制技术资料。编制的技术资料是设备使用的依据和指导文件，包括设备操作维护规程、设备润滑卡片、设备日常检查和定期检查卡片。

② 配备必需的各种检查及维护仪器工具。

③ 全面检查设备的安装、精度、性能及安全装置，向操作者点交设备附件。

④ 对操作工人进行教育与技术培训，主要包括以下内容。

• 技术教育：包括帮助操作者掌握设备的结构性能，使用维护的日常检查内容，安全操作等方面的知识，并明确各自的岗位技术经济责任，对设备达到应知应会。

• 安全教育。

• 业务管理教育：包括经济责任制及岗位经济责任制、设备使用维护制度、设备事故管理制度等。

2）设备使用中的管理工作

设备使用中的管理主要是对操作工人的管理，严格执行设备操作5项纪律和设备维护4项要求。

（1）设备操作5项纪律

① 实行定人定机，凭操作证操作设备。

② 经常保持设备整洁，按规定加（换）油。

③ 遵守安全操作规程和交接班制度。

④ 管好工具和附件，做到不损坏、不丢失。

⑤ 发现故障应停机检查，不能处理时应通知检查人员。

（2）设备维护4项要求

① 整齐：工具、工件、附件放置整齐，安全防护装置齐全，线路管道完整。

② 清洁：设备内外清洁，各滑动面、丝杆、齿轮、齿条无油污和碰伤，无泄漏、渣物除净。

③ 润滑：按时加（换）油，油质正确，油具、油杯、油毡、油线清洁齐全，油标明亮。

④ 安全：实行定人定机和交接班制度，熟悉设备结构，遵守操作规程，精心保养，防止事故。

对于大型、精密设备，还应实行“四定”：定人使用、定人检修、定操作规程、定维护保养细则。

3）严格贯彻岗位责任制

设备使用的各项工作是岗位责任制的主要组成部分，必须在岗位责任制中得到落实。所以，设备使用维护工作必须体现在操作工人的岗位责任制中。操作工人的岗位责任制的内容包括四大部分，即基本职责、应知应会、权利、考核办法。

4）为设备创造良好的工作环境条件

保持设备周围环境整齐、清洁，并根据设备本身的结构、性能、精度等特性，安装防震、防腐、防潮、防尘、防护、防冻、恒温、保暖等装置。有条件的还应配备必要的测量、检验、控制、分析，以及保险用的仪器、仪表、安全保护装置，这对精密、稀有、复杂的贵重设备尤为重要。

2. 提高设备的利用率

在设备的使用管理中，要注意提高设备的利用率。反映设备利用程度的主要指标如下。

（1）设备台数利用率

$$设备台数利用率=\frac{设备使用台数}{设备在册台数}\times 100\%$$

(2)设备工时利用率

$$设备工时利用率=\frac{设备实际工作台时数}{日历台时数}\times 100\%$$

（3）生产能力利用率

$$生产能力利用率=\frac{单位台时的时间产量}{单位台时的额定产量}\times 100\%$$

其中，设备使用台数包括运行的、修理的、备用的、维修的设备台数；设备在册台数为使用台数加上已列入固定资产账目的台数，但不包括尚未安装的设备及闲置设备、待报废设备。

6.4.4　设备的维护与修理

设备的检查、维护与修理简称为“维修”，这是为了保持或恢复设备完成规定功能的能力而采取的技术和管理措施。

维修的目的是以最经济合理的费用（包括修理费、运行费和停产损失费等）使设备处于良好的技术状态，保证生产上有效地使用设备，提高设备的利用率。

维修必须遵守以下原则：

① 以预防为主，维护保养与计划检修并重；

② 以生产为主，维修为生产服务；

③ 专业修理和业余修理相结合，以专业修理为主；

④ 勤俭节约，多利用旧的元件和材料。

6.4.5　设备的磨损规律

设备在使用或闲置的过程中都会发生磨损，必须研究机器设备的磨损规律，然后根据规律进行合理地设计、购买、维护和淘汰设备。

1. 设备的磨损形式

设备的磨损分为在物质形态上的损耗和价值形态上的损耗两种形式，即有形磨损与无形磨损。

(1) 有形磨损

有形磨损又称为物质磨损。机器设备在使用过程中，在外力的作用下零部件会发生摩擦、振动和疲劳，以致机器设备的实体发生磨损，这种磨损称为第Ⅰ种有形磨损。

机器设备在闲置或封存中，由于自然力的作用而发生如金属件生锈、腐蚀、橡胶件和塑料件老化等现象，也会使机器设备发生实体磨损，这称为第Ⅱ种有形磨损。

无论哪一种有形磨损，都会造成机器设备物质技术状态的劣化。从磨损的补偿角度，设备的有形磨损可分为消除性的有形磨损与不可消除性的有形磨损两种。

(2) 无形磨损

设备的无形磨损是指由于出现性能更加完善、生产效率更高的设备，而使原有设备价值贬值的现象。设备的无形磨损分为两种形式：一种是由于设备生产厂劳动生产效率大幅度提高，原材料、动力消耗减少，生产相同结构设备的再生产价值降低，从而使原有设备价格降低，这种形式的磨损对于设备生产厂更为突出；第二种形式是由于不断出现性能更加完善、生产效率更高的设备，而使原有设备无形中变得陈旧、落后，要提前报废。一般技术进步越快，无形磨损也就越快。

2. 设备的磨损阶段

机器设备在使用过程中，由于摩擦、应力和化学反应的作用，各相对运动零件总会逐渐磨损和腐蚀，甚至断裂。机器零件的磨损过程大致可分为以下 3 个阶段。

(1) 初期磨损阶段

在设备的初期磨损阶段，磨损速度虽然快，但时间较短，故又称为跑合阶段。

(2) 正常磨损阶段

如果零件的工作条件不变或变化很小，零件的磨损速度稳定，在正常情况下，零件磨损非常缓慢。这一阶段的时间，就是机械零件的使用寿命。

(3) 剧烈磨损阶段

当机器零件到剧烈磨损阶段，正常磨损关系就遭到了破坏，磨损急剧增加，从而使设备的精度、性能和生产效率明显降低。这就要求停止使用设备，并及时进行修理；否则，会造成生产事故和设备事故。因此，需要掌握好时机，在设备进入急剧磨损阶段以前，就进行修理。一般采用正常磨损阶段的终点作为合理磨损极限。

由设备零件的 3 个磨损阶段及磨损曲线可以得出以下结论。

① 在设备使用过程中，零件总是有磨损的，磨损达到一定程度，就会降低生产效率和产品质量。例如，机床的某些零件磨损后，不能采用较高的切削用量工作，否则产品质量就不能保证；基础零件磨损后，会使工件几何形状改变，尺寸分布扩散。要使设备经常处于良好状态，必须做好保养和修理工作。

② 如果设备管理得好，合理使用，经常维护，就能延长零件的正常磨损阶段，减少故障，提高生产率，延长设备的使用寿命。

③ 机器零件在正常磨损阶段的磨损是与时间成正比的。因此，在正常生产情况下，可通过试验和统计分析等办法，计算出机器的易损件在正常条件下的磨损率和期限，以便有效地组织技术措施，保证设备处于良好的技术状态，从而达到提高企业经济效益的目的。

3. 设备磨损的补偿

设备磨损形式不同所采取的补偿磨损方式也就不同。一般补偿可分为局部补偿和完全补偿。设备有形磨损的局部补偿是修理；设备无形磨损的局部补偿是现代技术改造；有形磨损和无形磨损的完全补偿则是更新。设备的磨损经过补偿，才能保持良好的技术状态。

4. 设备的最佳设计与使用方案

根据以上理论，设备设计与使用的最佳方案应该是使设备的有形磨损期与无形磨损期相互接近，最好是相等，这样当设备到大修期时恰好是设备要更换的时刻。这是一种“无维修设计”，显然具有重要的意义。

6.4.6　设备的寿命

机器的有形磨损和无形磨损使设备的寿命有限。设备的寿命按其性质可分为自然寿命、经济寿命和技术寿命 3 种。

1. 自然寿命

自然寿命是设备的物质寿命（或使用寿命），即从设备投入生产开始到设备报废为止所经历的时间。其报废界限是最后一次大修是否进行的经济界限。

2. 技术寿命

技术寿命是设备的有效寿命，是指从投入生产到被新技术淘汰为止所经历的时间。

3. 经济寿命

经济寿命是设备的费用寿命，是以维修费用为标准所确定的设备寿命。当设备到了自然寿命后期，由于依靠过多的维修费用来维持设备的自然寿命，就会造成经济上不合理，其报废界限是综合效益低劣。

6.4.7　设备的故障规律

所谓设备的故障规律，是指设备从投入使用直到报废为止的设备寿命周期内故障的发生、发展变化规律。由于机器设备是由许多零件构成的，要掌握机器设备的故障规律，应首先研究零件（元件）的故障率与时间的关系。

1. 机器设备零件（元件）的故障规律

机器设备零件（元件）的故障发生形式比较简单，其故障率的类型一般有以下几种。

① 故障率随时间增加而减少，特点是开始使用时故障容易发生，越到后来故障就越不易发生。

② 故障发生的形式是随机的，故障率是常数。

③ 故障率随时间增加而增加，对于这一类型故障的零件，只要预测出其平均故障期，

在故障即将发生前把这些零件更换掉，就可以避免故障。

④ 零件在任何时间的故障发生率都同样，故障不能预测，即便更换零件，故障仍然按同样概率发生，事前更换零件是无效的。

2. 设备的故障规律

设备是由许多零件构成的，设备故障常常由某个或某些关键机件失效引起。设备的典型故障率曲线的形状似浴盆，故又称为浴盆曲线（Tub Curve）。

浴盆曲线可以划分为3个不同阶段。

第一阶段称作初期故障期。这个阶段的故障率较高，发生故障的原因一般是由于设备在设计上的疏忽、制造质量欠佳和操作不习惯引起的。

第二阶段称作偶发故障期（稳定阶段）。在这个阶段内设备已进入正常运转阶段，故障率较低，基本上为一常数，一般情况下大部分故障属于维护不好和操作失误而引起的偶发故障。

第三阶段称作损耗故障期（磨损阶段）。在此阶段，设备的某些零件已经老化，因而故障率剧增，若能事先知道或能事先预测到零件劣化开始的时间，在此之前进行更换设备，就可以把故障率降下来，延长设备的有效寿命。

3. 设备的故障管理

开展设备故障管理，一般的做法如下。

① 操作工人自觉对设备进行故障记录、统计、分析，提出排除故障的合理化建议。

② 结合本厂生产实际和设备状况特点，确定故障管理的重点设备。

③ 采用监测仪器和诊断技术，对重点设备进行有计划的监测活动，以发现故障征兆和劣化的信息。

④ 建立设备故障查找逻辑程序。

⑤ 分析设备故障频率、平均故障间隔期、单台设备动态，以及重复故障发生的原因，找出故障发生规律，以便采取相应的对策。

⑥ 建立设备故障管理系统，确定故障管理的合理程序。

⑦ 针对设备故障情况，采取相应对策。

⑧ 对重复性频率高的设备故障，要重点进行研究，采取改善维修的对策，以减少故障的发生。

6.4.8 设备的维护保养

对设备进行清扫、检查、清洗、紧固、调整和防腐等一系列工作统称为设备维护或设备保养。其目的是减缓设备的磨损，及时发现和处理设备运行中出现的异常现象。

按保养工作的深度和广度，通常把设备保养分成不同的等级。目前，我国多数企业采用的是“三级保养制”，即“日常保养”（简称“日保”）、“一级保养”（简称“一保”）和“二级保养”（简称“二保”）。

现以金属切削机床为例，对“三级保养制”的具体内容介绍如下。

1. 日常保养

日常保养包括每班维护和周末维护两种。这是操作工人每天必须进行的例行保养，其主要内容如下。

① 润滑。按润滑图表加油，并检查油标油位。

② 清洁。擦拭设备的外表面与滑动位。

③ 紧固。拧紧松动的螺钉。

④ 调整。如手把的调整、活动部位的调整、保险装置的调整、皮带松紧的调整等。

⑤ 检查。如检查操作手柄、电气开关手柄、安全装置、接地线和紧固线的位置；检查操作是否灵活、低速空转声音是否正常、显示器是否灵敏等。

日常保养的项目较少，大多涉及设备外部，操作工人在交接班时将其作为交接的内容，这是设备维护的基础。

2. 一级保养

一级保养以操作工人为主，维修工人为辅，对设备进行定期保养。

3. 二级保养

二级保养是以维修工人为主，操作工人为辅的保养。

6.4.9　设备的检查

事先由设备技术人员根据设备图样与类似设备的使用经验，制定各种设备的检查规程，作为执行检查工作的技术依据。规程中应详细规定检查部位、检查项目、检查周期、检查方法、检查工具、判断标准和处理方式等。

设备检查的分类如下。

1. 按检查方式分类

（1）人工检查

人工检查是指用目视、耳听、嗅味、触摸等感官检查和用简单工具进行检查。

（2）状态监测

状态监测是指在设备的特定部位安装仪器仪表，对运行情况自动监测或记录，以便能全面、准确地把握设备的磨损、老化、劣化程度和其他情况。在此基础上进行早期预报和跟踪，有利于把设备的定期维护修理制度改变为有针对性的、比较经济的预防维修制度。这不仅可以避免因不了解设备磨损情况而盲目拆卸所带来的损伤和过剩维修，而且可以减少设备因停产而造成的经济损失。这对于大型、复杂、精密设备尤为有益。设备状态监测技术是在检查的基础上发展起来的在设备运动过程中进行动态检查的一种方法，是设备维护和管理的新兴工程技术，是设备检查的发展方向。

2. 按检查时间间隔分类

（1）日常检查

设备的日常检查是由操作工人和维修工人每天执行的例行维护工作。这是设备维修管理的重要环节。

首先给每台设备规定必要的检查项目，绘制日常点检卡。由操作工人负责（对于重点设备，还要责成专职的检修工人执行点检），每日或每个工作班按卡逐项检查，并用规定的判断标准符号将检查结果记入点检卡。事先规定好点检部位的顺序，以免交叉寻找，难度大、费时间的检查项目不要列入日常检查。检查中发现的简单问题随时自行解决，疑难复杂问题应及时报告维修人员处理。

日常检查是预防维修的基础工作之一。实践证明，约80%的故障是在日常检查中早期发现的。

（2）定期检查

定期检查主要由专业的维修工人负责，操作工人参与检查。一般按计划规定的时间（3个月或6个月），全面地检查设备的性能和实际磨损程度，以便正确地确定修理时间和修理的种类。在定期检查中，可以对设备进行清洗和换油。

（3）修前检查

修前检查是在临修之前进行的检查。小修前对重点部位的检查和中、大修前的全面检查，都应按规定的检查表做好记录。

3. 按检查内容分类

（1）功能检查

功能检查是对设备的各项功能进行检查和测定。例如，检查设备的漏油、漏水、漏气、防尘密封情况，以及检查和测定设备零件的耐高温、高速、高压的性能等状况。

（2）精度检查

精度检查是对设备的精度指数进行检查和测定，可以为设备的验收、修理和更新提供较为科学的依据。

6.4.10 设备修理与维修制度

当设备由于磨损、断裂、老化或腐蚀出现故障或技术状况劣化到某一临界状态时，为恢复其功能而进行的技术活动称为设备修理。由于设备修理往往要以设备的检查结果为依据，而且在实际工作中又常与检查相结合，因此又称为设备检修。

设备维修制度是指在设备的维护保养、检查、修理中，为贯彻预防为主而采取的一系列技术组织措施的总称。

1. 计划预修制

计划预修制是我国工业企业从20世纪50年代开始从前苏联引进并普遍推行的一种制度。这种制度是根据设备的一般磨损规律和技术状态，按预定修理周期及其结构，对设备进行维护、检查和修理，以保证设备经常处于良好技术状态的设备维修制度。

1）计划预修制的内容

计划预修制的主要内容有以下 3 个方面：

① 日常维护；

② 定期检查；

③ 计划修理，按其对机器性能的恢复程度可分为小修、中修和大修 3 种。

2）计划预修的方法

计划预修的方法有检查后修理法、定期修理法和强制修理法 3 种。

（1）检查后修理法

检查后修理法的关键是必须建立严格的检查制度和检查计划，包括日常检查和定期检查，根据检查的情况、设备精度指数，以及有关修理资料，编制修理计划，确定修理日期和内容。这种方法的最大优点是依据设备的实际情况来确定是否进行修理，针对性强，可避免过度修理，降低修理费用。国外称之为以精度指数为基础的预防修理制。但是，这种方法由于灵活性较大，如果检查制度不严，会导致机器零件的过度磨损或设备突然损坏，致使修理停歇时间过长。同时，也不利于充分做好修理前的准备工作。检查后修理法一般用于缺乏修理定额资料或简单不重要的设备。

（2）定期修理法

定期修理法是根据设备的实际使用情况，参考有关机件磨损程度资料，规定设备修理的计划日期和大致的修理内容及工作量的方法。确切的修理日期及工作内容，则根据每次修理前的定期检查，再作详细规定。这种方法的优点是对修理日期和内容的规定，既有科学依据，又允许根据设备的实际磨损情况作适当的调整。

定期修理法与检查后修理法相比，是先有一个大概的修理计划，计划性强一些，有利于做好修理前的准备工作，缩短修理停歇时间，又能合理地利用零件的使用寿命。目前，我国维修基础较好的企业，多数采用此方法。

（3）强制修理法

强制修理法也称为标准修理法，是一种强制性的计划预修方法。强制修理法主要根据设备零件的使用寿命，预先编制具体修理计划，明确规定修理的日期和内容，不考虑设备的实际技术状态及零件的磨损情况，严格地按照计划的规定进行强制修理。

这种方法的优点是计划性强，能严格保证设备的安全运行和正常运转。但是，这种方法往往容易脱离实际情况，产生过度修理，造成不必要的浪费。一般对于安全性要求很高的设备，可以采用这种方法，以保证设备的绝对安全。

企业应针对不同的设备，根据不同的要求，正确选择不同的修理方法。

2. 计划保修制

计划保修制是有计划地进行设备三级保养和大修理的体制和方法，即在搞好三级保养的同时有计划地进行大修。大修时拆卸全部设备，修理基准零件，更换与修复磨损的零件及部件，恢复机器设备应有的精度、性能和生产效率，同时设备的大修还应尽可能与革新改造相结合。设备大修后，由设备部门、设备所在车间的设备员、机修车间设备检查员，按国家规定的质量标准逐项进行验收。

实行计划保修制对计划预修制中的修理周期结构，包括大修、中修和小修的界限和规定，进行了重大的突破，使小修的全部内容和中修的部分内容，在三级保养中得到了解决，把一部分中修内容并入大修；同时，又突破了大修和革新改造的界限，强调“修中有改”和“修中有创”，特别是对老设备，要把大修的重点转移到改造上来，这是适合我国具体情况的重要经验。

3. 预防维修制

预防维修制是以设备故障理论和规律为基础，将预防维修和生产维修相结合的综合维修制度。预防维修是从预防医学的观点出发，对设备的异常进行早期发现和早期诊断。生产维修制是提高设备生产效能最经济的维修方法，预防维修制可以减少设备故障次数，缩短设备修理时间。

案例分析

工友集团公司的设备管理法

工友集团公司的设备管理逐步实现了科学化、系统化、标准化和制度化。在完善各项管理制度、强化内部管理工作上有了明显的起色，在设备管理上实行了“三好”、“四会”操作标准化。

三好是管好、用好、修好。管好：操作者对设备负有保管责任，未经领导批准不能任意乱动。对设备的附件、仪表、仪器、冷却、安全防护等装置应保持完整无损。每日做好交接班工作。用好：严格执行操作规程，禁止超压、超负荷使用设备等。修好：操作者应使设备经常保持新安装或大修理后的良好状态，仪器、仪表、润滑、冷却系统灵敏可靠。

四会是会使用、会保养、会检查、会排除故障。会使用：操作者应严格遵守操作规程，熟悉设备构成部件、设备性能、传动原理和加工范围；熟悉加工工艺，会合理使用工装、刀具。会保养：操作者应经常保持设备内外清洁，要定质、定量、定时、定点加油换油，保持油路畅通；要做好设备的日常保养、一级保养、二级保养和三级保养。会检查：熟悉设备结构性能，了解设备精度、标准和检查项目。交接班时发现事故或部件故障，要立即报告，作出鉴定，修理好后开工。会排除故障：操作者发现电路断路，应协助电工排除。

通过推行设备管理标准化，车间生产按一定程序操作，真正做到有章可循、有条不紊，促进企业的文明生产。

（案例来源：肖祥伟．企业管理理论与实务．广州：中山大学出版社，2007.）

思考讨论题

1. 结合案例，分析设备管理的原则。
2. 如何加强现代设备管理，以提高企业经济效益？
3. 工友集团公司的设备管理法的启示。

本章练习题

一、单项选择题

1. JIT 与传统生产系统对库存存在不同的认识，体现在（　　）。

A. JIT 将库存视为缓冲器　　B. JIT 将库存视为资产
C. JIT 认为库存占用资金和空间　　D. JIT 认为库存掩盖了生产管理的问题

2. 可将每个时期对项目的净需求量作为订货批量的批量方法是（　　）。

A. 固定批量法　　B. 直接批量法
C. 经济订货量法　　D. 固定周期批量法

3. MRP 是在（　　）。

A. 订购点法的基础上发展起来的　　B. 在制品定额法的基础上发展起来的
C. 累计数法的基础上发展起来的　　D. 网络计划法的基础上发展起来的

4. 推动“5S”活动，可以按（　　）。

A. 生产原则进行　　B. 标准化原则进行
C. 管理原则进行　　D. PDCA 循环原则进行

5. ABC 库存管理法的要点是从中找出关键的少数和次要的多次，其中关键的少数属于（　　）。

A. C 类　　B. A 类　　C. B 类　　D. D 类

6. 根据计划任务和物资消耗定额来确定物资需用量，这种方法称为（　　）。

A. 间接计算法　　B. 比例计算法　　C. 直接计算法　　D. 经验估算法

7. 设某企业对某物资的年需求量为 10 000 件，该企业每次订货量为 1 000 件，一次订货成本为 100 元，则该企业全年采购该物资所需的订货总成本为（　　）。

A. 10 000 元　　B. 1 000 元　　C. 100 000 元　　D. 100 元

8. 设备的物质寿命，又称为设备的（　　）。

A. 技术寿命　　B. 经济寿命　　C. 更新寿命　　D. 自然寿命

9. 企业根据生产经营需要，对原有设备进行局部改造，以改善其技术性能，提高其综合效率，补偿其无形磨损，使其局部或全部达到当代新设备的水平，这称之为（　　）。

A. 原型更新　　B. 技术更新　　C. 新型更新　　D. 技术改造

二、多项选择题

1. 设备的技术性评价，包括（　　）。

A. 耐用性　　B. 适应性　　C. 成套性

D. 环保性　　E. 节约性

2. 设备磨损过程大体分为（　　）。

A. 初始磨损阶段　　B. 成长磨损阶段　　C. 正常磨损阶段

D. 急剧磨损阶段　　E. 衰退磨损阶段

3. JIT 生产方式的组成内容包括（　　）。

A. JIT 的新思维　　B. JIT 生产系统的设计与计划

C. 看板管理　　D. 模块化产品设计　　E. 全面质量管理

4. 按物资在企业生产中的作用分类，库存物资可分为（　　）。

A. 主要原材料　　B. 辅助材料　　C. 燃料

D. 动力　　E. 工具

5. 在闭环 MRP 中，生产活动控制的任务是（　　）。

A. 作业排序　　B. 下达生产任务　　C. 信息反馈

D. 生产控制　　E. 进行生产成本计算

6. 设备寿命的分类包括（　　）。

A. 正常寿命　　B. 非正常寿命　　C. 技术寿命

D. 经济寿命　　E. 效能寿命

三、思考题

1. 物资消耗构成与物资消耗定额构成有什么区别？
2. 简述 ABC 库存分类管理控制法的基本思想。
3. 讨论哪些因素使得库存不可避免？
4. 如何确定物资供应计划的物资需用量指标？
5. 设备管理的任务是什么？
6. 选择设备时应遵循哪些原则？应考虑哪些因素？
7. 设备事故的类别和性质有哪些？怎样进行处理？
8. 试述设备的磨损规律和故障规律。
9. 试述设备的磨损形式及其补偿形式。
10. 试述设备维护保养的目的及类别。

第 7 章

质量管理

学习目的

通过本章的学习，要求学生掌握质量与全面质量管理的概念，以及全面质量管理、质量保证体系的具体内容；重点掌握产品质量管理的分析方法；熟悉 ISO 质量标准体系的主要内容。

关键术语

产品　质量　全面质量管理　质量成本　国际质量标准　产品质量认证

7.1　质量管理概述

7.1.1　产品、质量的概念

1. 产品的概念

产品是过程的结果。

从定义可知，产品是具有极其广泛含义的概念。任何一个过程的结果都可成为产品，诸如原材料、中间产品和最终产品。

通用产品分为四大类：硬件、软件、流程性材料和服务。硬件是指具有特定形状和计数特性的有形产品，通常由经过加工制造、建造或装配而成的零件、部件或组件组成；软件是指通过承载的媒体表达的信息组成的一种知识产物，通常是无形产品；流程性材料是指通过将原材料转化为某一预定状态、具有计量特性的有形产品，一般呈液体、气体或粒状、块状、线状、板状等；服务则是由供方与顾客接触过程中进行活动的结果，通常是无形产品。

2. 质量的概念

质量是指一组固有特性满足要求的程度，可以从以下几方面来理解。

第一，对质量的载体不做界定，说明质量可存在各个领域或任何事物中。对质量管理体系来说，质量的载体主要是指产品、过程和体系。质量由一组固有特性组成，这些固有特性是指满足顾客和其他相关方要求的特性，并由其满足要求的程度加以表征。

第二，特性是指区分的特征。固有特性是通过产品、过程、体系设计和开发及其以后的实现过程而形成的属性。例如物质特性（如机械、电气、化学或生物特性）、感官特性（如用嗅觉、触觉、味觉、视觉等感觉控测的特性）。特性（如某一产品的价格）并非是产品、体系或过程的固有特性。不同类型的实体，质量特性不完全相同。硬件类和流程性材料的质量特性可归纳为性能、可靠性、安全性、适应性、经济性和时间性（交货期）；服务类产品的质量特性可归纳为功能性、经济性、安全性、时间性、舒适性和文明性；软件类产品的质量特性可归纳为功能性、可靠性、易使用性、可维修性、保密性和经济性。

第三，满足要求就是应满足明示的（如明确规定的）、通常隐含的（如组织的惯例、一般习惯）或必须履行的（如法律法规、行业规则）需要和期望。只有全面满足这些要求，才能评定为好的质量或优秀的质量。

第四，顾客和其他相关方对产品、体系或过程的质量要求是动态的、发展的和相对的，随着时间、地点、环境的变化而变化。所以，应定期对质量进行评审，按照变化的需要和期望，相应地改进产品、体系或过程的质量，才能确保持续地满足顾客和其他相关方的要求。

7.1.2 质量管理的发展

质量管理的发展与人们的观念、现代社会科学技术的发展是密不可分的。由于人们的认识不断提高，现代技术、设备、方法为质量管理提供了物质保证，使质量管理从质量检验、统计质量控制到现在的全面质量管理阶段。

1. 质量检验阶段

第二次世界大战之前，人们对质量管理的认识还仅仅是对产品质量的检验。通过严格检验保证在每道工序传递过程和最终传到消费者手中时，产品都合格。因此，质量管理工作的核心就是检验。当时人们注重改进检测方式，提高检测手段，增加检测次数（甚至全数检测）。变化的核心是检测的主体在逐步发生变化。

20 世纪之前，工人是产品的生产和检验的主体，即工人对自己的产品进行自检，也称之为“操作者的管理”。1918 年以前，美国出现了以泰勒的“科学管理”为代表的“管理运动”，强调工长在保证质量方面的作用，在工厂设立了专司检验职能的工长。这是质量检测职能的一次重大转移，真正使质量检验成为独立的管理职能，这个阶段也称之为“工长的质量管理”。到 1938 年，由于企业规模的扩大带来了生产规模和生产批量的不断扩大，这种质量检验的职能又由工长转移给专职的质量检验人员。这一时期大多数企业都设置了专职的检验部门，并直接由工厂主要领导对质量检验工作负责。这一阶段称之为“检验员的质量管理”阶段。

单靠检验产品质量只能是“事后控制”，不合格品已经产生，这对企业是个很大的损失；另外，要进行全数检测，工作量太大，检测费用也太高。正是由于质量检验存在这一系列问题，才使得质量管理进入第二个阶段。

2. 统计质量控制阶段

这个阶段是由统计学专家和质量管理专家联合，用统计理论和方法来解决质量管理问题。1924年，美国休哈特提出了控制和预防缺陷的概念，这是统计质量控制阶段的开始标志。但是，当时运用此法的企业很少，直到20世纪40年代才为大众所接受和使用，因此此时才是统计质量控制阶段的真正到来。第二次世界大战期间，军工产品需要量急剧增加，质量检验远远跟不上要求，检验只是事后检验，使产品无法按期交货，对企业影响很大。控制不合格产品的发生，通过一定的方法而简化全数检验状况就成为统计控制的主要工作。

统计质量控制在实施中容易忽视质量管理的组织工作，只是一味地对数据进行统计、计算、分析。由于统计质量方法有一定的难度，不容易被一般人接受，因而限制了这种方法的推广。日本从美国引进此法并进行整理、发展，简化出因果图法、控制图法、散布图法、抽样检查法等，到今天仍在广泛地使用这些方法。

3. 全面质量管理阶段

全面质量管理从20世纪60年代开始，一直到今天还处在不断地完善之中。由于人们对产品的质量要求不仅是一般的使用性能，还包括安全性、经济性、可靠性等要求；企业管理中的系统思想被广泛使用，新思想、新方法开始出现；消费者权益引起人们越来越多的关注和重视；企业为了提高自身竞争力，向顾客承诺产品质量保证。以上这些因素最终促使了全面质量管理理论的诞生。

全面质量管理是把以往的质量管理工作向前后延伸，向前延伸至市场调研、产品研发、质量设计、原料采购等；向后延伸至质量保证、售后服务和建立质量体系。

上述3个阶段的根本区别在于：质量检验阶段是一种防守型的质量管理，主要依靠事后把关，防止不合格品出厂；统计质量控制阶段是一种预防型的质量管理，主要依靠在生产过程中实施控制，把可能发生的质量问题消灭在生产过程之中；全面质量管理是一种进攻型的质量管理，主要运用现代管理思想，采取系统管理方法，全面解决质量问题，同时还要不断改进、不断提高。

7.2 全面质量管理

7.2.1 全面质量管理的概念与特点

1. 全面质量管理的概念

全面质量管理是指一个组织以质量为中心，以全员参与为基础，目的在于让顾客满意和因组织所有成员及社会受益而达到长期成功的管理途径。

这一概念最早由美国质量管理专家费根堡姆提出。他给出的定义是：全面质量管理是为了能够在最经济的水平上，并考虑在充分满足顾客要求的条件下进行市场研究、设计、制造和售后服务，把企业内各部门的研制质量、维持质量和提高质量的活动构成一体的一种有效的体系。

我国质量管理专家给出的定义是：全面质量管理就是企业全体职工和有关部门同心协力，把专业技术、经营管理、数理统计和思想教育结合起来，使产品质量产生、形成和实现全过程中所有保证和提高产品质量的活动构成一个有效体系，从而充分地利用人力、物力、财力、信息等资源，以最经济的手段生产出令顾客满意的产品。

质量管理发展并形成一门科学，是随着现代工艺发展，以及科学技术的进步及企业管理理论和实践的发展而逐渐形成和发展的。我国自推行全面质量管理20多年以来，引进了国外一些质量管理方法，并结合我国国情，有了新的发展。目前，质量管理在我国已发展成为一门新兴的管理科学，形成了一整套质量管理的理论和方法。

2. 全面质量管理的特点

全面质量管理与以往的质量管理相比，一个重要特点在于它的全面性。它管理的质量是全面的，它实行的管理是全过程的、全员的，是一种灵活运用多种管理技术和管理手段的综合性的质量管理。

1）质量的含义是全面的

质量包括产品质量和工作质量。

产品质量，是指一组固有特性满足要求的程度。产品质量并非越高越好，越高的质量水平意味着越高的生产成本，只有顾客的需要被充分满足的质量水平才是最经济的。

工作质量，是指企业的生产工作、技术工作和组织管理工作对达到产品质量标准、减少不合格品数量的保证程度。

工作质量一般难以确定，通常是通过产品质量的高低，以及不合格品率的多少间接反映和定量的。工作质量客观地存在于企业的各个方面，体现在企业的一切生产经营技术活动之中，并通过产品质量及经济效果集中反映出来。

可见，产品质量和工作质量是既不相同又有密切联系的两个概念。产品质量是企业各方面工作质量的综合反映，工作质量是产品质量的保证和基础；不改进工作质量，就不可能提高产品质量。所以，全面质量管理不仅要管产品质量，而且要管工作质量。通过改进工作质量，不仅可以保障产品质量，而且可以节约消耗、降低成本、及时供货、服务周到，满足用户多方面的要求。

2）管理的范围是全面的

全面质量管理的管理范围是生产的全过程。产品质量是生产活动的成果，它有一个逐步产生和形成的过程。因此，全面质量管理要求把不合格的产品消灭在它的形成过程中，做到防检结合，以防为主。

实行以防为主的全过程管理，要做到如下几个方面的工作。

第一，要把管理工作重点，从检验事后的产品质量转到事前的生产过程上来。在生产过程的一切环节中加强质量管理，消除产生不合格产品的种种隐患，做到“防患于未然”。

第二，要求企业所有工作环节都必须树立“下道工序就是用户”、“努力为下道工序服务”的整体概念，保证每道工序的工作（生产）质量满足下道工序的要求。

第三，全面质量管理的工作范围和职能都大大地扩大了，它在管理的深度和广度上都有了新的发展，要求逐步形成一个包括市场调查—产品规划—设计试制—加工制造—检查试验—销售使用的全过程，有一个能够保证稳定地生产合格品的质量保证体系。

3）全员参加的管理

全面质量管理必须依靠企业全体职工的参加，这是科学质量管理的客观要求。产品质量是企业各方面工作的综合反映，产品质量的好坏，涉及企业的所有部门和所有人员。提高产品质量需要依靠全体人员的共同努力，它要求企业在集中统一领导下，把各部门有机地组织起来。从企业的最高管理者、工程技术人员、管理人员到每个工人，都要树立“质量管理，人人有责”的思想。只有人人关心产品质量，企业的质量管理工作才能做好，生产优质产品才有坚实的基础和保证。

实行全员参加的质量管理必须抓好质量教育。通过教育，提高职工思想认识和质量意识，启发职工产生推行全面质量管理的紧迫感；认识它与提高企业素质、职工素质、技术素质、管理素质、领导素质的密切关系，学习和运用科学质量管理的理论和方法。

实行全员参加的质量管理，要在充分调动职工关心质量积极性的基础上，把质量目标及其关键交给群众，把群众的积极性引导到实现质量目标上来。

4）管理方法的全面性

随着现代化大生产和科学技术的发展，生产规模的扩大和生产效率的提高，对产品的性能、精度和可靠性等方面的质量要求也大大提高，检验测试的工作量成倍增加。另外，影响产品质量的因素异常复杂，既有人的因素，又有物的因素；既有组织管理的因素，又有生产技术的因素；既有自然因素，又有社会因素；既有企业内部因素，又有企业外部因素；等等。相应地，对质量管理提出了许多新的要求。推行质量管理必须把科学管理、先进技术与数理统计方法结合起来，因此要求企业在建立严密的质量保证体系的同时，也要充分利用现代科学的一切成就，广泛地运用现代化的管理方法、管理手段和技术手段，来提高各部门的工作质量，找出产品质量存在问题的关键，控制设计和制造等过程的工作质量，达到提高工作质量的目的。

5）经济效益的全面性

经济效益的全面性，是指除保证本企业取得最大经济效益外，还应从用户和社会角度，从产品寿命循环全过程的角度综合考虑经济效益问题。即要以寿命周期经济效益最大为目标，使生产者、储存公司、销售公司、用户等均能取得最大效益。

以上5个方面围绕着一个中心目的，即以经济为目的来研制和生产顾客满意的产品，这是科学质量管理的出发点和归宿点。

7.2.2 全面质量管理的基本内容

全面质量管理的基本内容包括设计试制、生产制造、辅助生产、使用过程4个方面的质量管理。

1. 设计过程的质量管理

设计过程包括市场调研、试验研究、产品设计、工艺设计、新产品试制和鉴定等工作，也就是产品正式投入批量生产之前的全部技术准备过程。

设计过程是企业生产活动中最基本的一个环节，它是以保证产品设计质量为目标的质量管理。产品质量满足使用要求的程度，主要取决于设计过程。“先天不足”（设计过程中存在的种种问题）必将导致“后患无穷”，不仅影响产品质量，而且影响投产后的生产秩序和经济效益。如果设计上有问题，一切工艺上和生产上的努力都将是徒劳无功的。因此，设计过程是全面质量管理的起点。

加强设计过程的质量管理，一般要抓好以下几个方面的工作。

1）制定产品质量目标

质量目标是指根据质量方面的要求，企业在一定期间内在质量方面所要达到的预期成果。质量目标的制定，首先要对使用要求和生产的实际情况做充分的调查研究，同时还要掌握国内外科学技术的发展趋向，系统地调查和积累以下3方面的情报资料：

① 实际调查顾客的反映和使用效果；

② 生产过程中发现的质量问题；

③ 国内外有关技术与经济情报。

2）加强设计工作中的试验研究工作

试验研究工作是设计过程质量管理中的重要环节。做好试验研究工作，可以保证产品顺利投产。为做好这项工作，企业应建立一个科学试验基地和一支科学试验队伍，运用先进的测试手段，高效率地开展试验研究工作。

3）设计评审

设计评审是保证产品设计质量的主要手段之一，其目的是为了及早发现并设法弥补设计上的缺陷，以避免给以后的生产和销售带来损害。评审的要点有3个方面的内容。

① 方案设计阶段。主要评审质量目标是否符合顾客和企业发展的要求，技术上是否先进可行，经济上是否有利。

② 技术设计阶段。主要评审原理结构是否先进合理，其质量性能、可靠性、安全性、经济性是否符合方案设计阶段所规定的质量目标的要求。

③ 工作图设计阶段。主要评审其可生产性，质量特性和缺陷的分级是否在图上标注清楚。

4）检查产品试制、鉴定质量

研制的新产品或改制的老产品，在完成设计后都必须通过试制、试验和鉴定，方可正式批量生产。试制是对设计的验证，只有通过试制，做出样品、样机，并经过试验和使用验证，才能确定设计的正确程度，以及发现设计中意想不到的问题和缺陷，以便对设计进行必要的修正和校正。样品试制完成后，要组织有关各单位和人员进行严格的鉴定。通过鉴定，对样品从技术上和经济上做出全面评价，并形成各项技术文件，使它成为指导制造过程并在制造过程中保证产品质量的依据。

5）保证技术文件的质量

技术文件是设计的成果。它既是生产制造过程技术活动的依据，也是质量管理的依据，这就要求技术文件本身也有质量保证。

6）严格标准化审查工作

实行标准化，不仅能提高工作质量和产品质量，而且还可减少设计工作量，从而提高设计工作的质量。因此，它也是全面质量管理的基础工作之一。

7）组织新产品设计质量的技术经济分析

一般来说，产品质量越高，其价格也相应增加，但质量超过一定限度后，其价格并不能同比例提高；反之，质量低的产品，固然在价格上可以便宜一些，但下降到一定程度，也会影响企业的经济效益和声誉。产品质量与成本的关系曲线如图7－1中曲线 C 所示。另一方面，产品质量好，销售额将会增加，但产品质量无限地提高，由于价格的提高，则销售额也会下降；反之，质量很差的产品，用户也不会购买，也就谈不上销售额。这种质量与销售额之间的关系如图7－1中曲线 S 所示。对一个企业来说，为了取得盈利，销售收入应高于成本，否则就要亏损。由图7－1可知，只有将质量水平保持在 Q_1 和 Q_3 之间才能获利。因此，产品质量必须保持在 Q_1 和 Q_3 之间，最好是在最大盈利的质量水平 Q_2 点上。

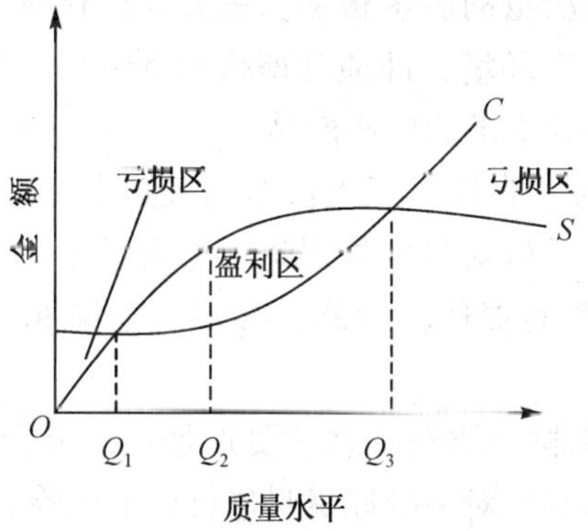

图7－1 产品质量与成本关系曲线

设计上考虑周到与否，影响到产品制造的难易。有时即使是同一产品，如果在质量要求上有些变动，也可给制造工艺带来很大变动。而在质量水平方面，也常常因为生产过程有些变动或革新而使产品质量大大提高，特别是生产技术上的进步，会使生产成本曲线下降。如图7－2所示，原来的成本曲线为 C，改进后的成本曲线为 C_1，这就使盈利区由 Q_1Q_3 扩展

到 $Q'_1Q'_3$，并使能获得最大利润的质量水平由 Q_2 向 Q'_2 提高一步。由此可见，设计过程又直接影响到制造过程中生产技术水平、管理水平的提高；而生产技术和管理水平的提高，对提高产品质量、增加盈利又起到较大的促进作用。

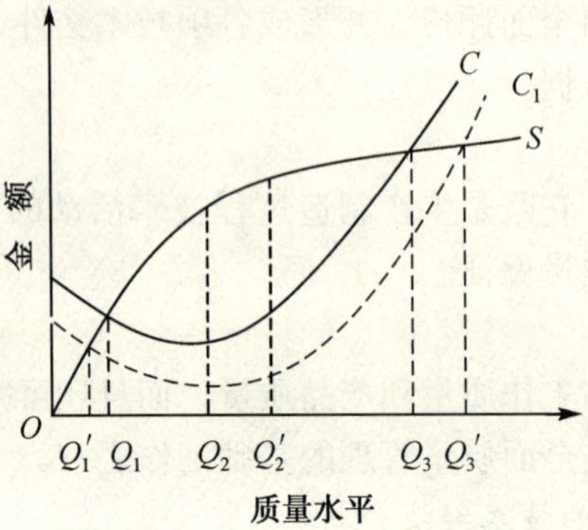

图 7-2 变动后的产品质量与成本关系曲线

2. 制造过程的质量管理

制造过程的质量管理是质量管理的中心环节。经过鉴定符合质量标准的新产品正式投产后，能不能保证达到质量标准，能否加工出优质产品，在很大程度上取决于生产制造过程的质量管理水平和生产车间的技术能力。

生产制造过程的质量管理重点应抓好以下几方面的工作。

1）有效控制影响制造质量的诸因素

在制造过程中，影响产品质量的因素很多，主要有操作者（人）、机器（工具）、原材料、工艺方法、测量手段及生产环境，即通常所说的 5M1E。通过对诸因素进行有效控制，使之能长期稳定地生产符合设计要求的优质产品。

① 要求岗位上的职工成为"自控"工人。即工人知道怎么做和为什么这样做，知道生产出来的产品是否符合规格，具备对异常情况进行处理的能力。只有能够"自控"的工人才允许上岗操作，这是管理者的责任。为此，必须对上岗职工进行足够的培训和严格的考核。

② 原材料的质量管理。原材料质量管理的要点是：选定合格供应商；严格原材料入厂检验和进库后的保管工作；必要时对关键原材料进行认定试验。所谓认定，就是对初次购入品进行全面理化分析、工艺试验。必要时进行小批量生产，以确定该物品的技术性能能否制造合格零件与符合质量标准的产品。

③ 合理选择加工设备和工具，并使之经常处于良好的技术状态。现代工业中机器工具对产品质量的影响极大，因此必须合理地选择适用的机器和工具。所谓合理，就是既要满足加工精度要求，又要比较经济。

应当指出的是，设备工具不像原材料那样一次被消耗，而是长期使用。随着使用时间的增加，磨损增加、精度下降。当精度下降超过某一限度时，就会导致不良品的大量出现。为避免因设备精度过度下降而导致出现不良品，应建立一套合理的设备维修保养制度。某些对设备精度有重大影响的部位或对产品质量有重大影响的工艺参数，要定时进行检测。

④ 工艺和其他因素的质量管理。工艺是联系设计和制造的纽带，是确保产品质量的重要因素。为此，制造部门应参加有关设计评审会议，从加工工艺性生产的可能性和公差要求提出改进意见；对关键工艺和新工艺应经过严格验证，证明按工艺能稳定地生产符合设计要求的产品（或零件）。工艺一经规定就必须严格执行，严肃工艺纪律，并和岗位责任制结合起来。

⑤ 计量检测器具是现代工业生产的“眼睛”，是保证产品质量的重要手段之一。企业应配齐准确适用的计量检测器具。

某些对环境条件如温度、湿度、空气洁净度有特殊要求的产品，还应进行相应的管理。

2）健全质量检验制度

质量检验是用一定检验测试或检查方法，测定产品质量特性，并把它同规定的质量标准做比较，对产品是否合格作出判断。质量检验是一道工序，是监督产品质量的重要手段，是整个生产过程不可缺少的一个重要环节。

做好质量检验，要抓好以下 3 个方面工作。

① 要正确规定技术检验范围和设置专职检验点。质量检验按范围分入厂检验、工序间检验、出厂检验。凡是对质量产生重要影响的环节、部门都应进行必要的检验。

② 合理选择检验方式。不同检验方法，反映了不同的检验精度的要求，合理的检验方法不仅可以正确地反映产品质量的情况，而且可以减少检验费用，缩短检验周期。检验方法多种多样，要根据具体情况加以选择。

③ 建立一支专群结合的检验队伍，实行自检、互检、专检的“三检制”。

3）掌握质量动态

为了充分发挥生产过程质量管理的预防作用，必须系统地、经常地、准确地掌握企业在一定时间内产品质量或工作质量的现状及发展动态。质量状况的综合统计与分析是掌握质量动态的有效工具。

4）加强不合格品的统计与分析

分析不合格品产生的原因，采取措施，“对症下药”，避免下次再出现不合格品。企业除进行日常不合格品统计与分析工作以外，还要做到 3 个“不放过”，即不合格品没有找到责任人和原因“不放过”；没有提出防患措施“不放过”；当事人没受到教育“不放过”。

5）实行工序质量控制

实行工序质量控制的措施有以下两种方法。

（1）建立质量管理点

所谓质量管理点，是指在一定时期、一定条件下，为实现一定质量目标，对于生产工序或工作中的质量关键因素，需要特别注意监控、管理的重点。

设立管理点主要有以下几类：

① 关键工序、关键部位；

② 工序本身有特殊要求，对下道工序加工或装备有重大影响的加工项目；

③ 质量不稳定，出现不合格品较多的加工部分或项目；

④ 顾客使用过程中反映集中的部分。

（2）用控制图

此部分知识详见第 7.3 节。

3. 辅助生产过程的质量管理

辅助生产过程包括原材料、外购件等物资供应、工具制造、设备维修、运输服务等。所有这些部门都是为生产第一线服务的，为直接加工提供质量良好的物质技术条件。因此，这一过程的质量管理要面向生产、面向基层、充分发挥各自的质量保证作用。制造过程的许多质量问题，都与这些部门的工作质量有关，因此在质量保证体系中，辅助生产过程的质量管理占有相当重要的地位。

4. 使用过程的质量管理

使用过程的质量管理，既是质量管理的归宿，又是质量管理的出发点。因此，企业的质量工作，必须从生产过程延伸到使用过程。使用过程的质量管理，应着重抓好以下 3 个方面的工作。

（1）开展对用户的技术服务工作

建设维护好售前的宣传推广，售中的技术指导，售后的服务体系。如提供适用的使用说明书，编写用户培训教材，帮助培训操作人员，设置维修站点，及时提供备品、备件等。

（2）做好产品质量信息的反馈分析工作

通过走访客户、投寄调查表、整理维修资料等方式，搜集客户对产品质量的意见，发现问题和新的、潜在的质量要求，为改善设计、提高产品质量提供真实可靠的依据。

（3）认真处理客户投诉问题

对客户投诉要充分关注，要热情、耐心、细心处置。可采用投诉首问负责制，即第一个接到投诉的部门和人员有责任全程跟踪服务，直到客户有满意的答复为止；此外，还要追溯到企业内部，找到问题出现点。

7.2.3 PDCA 循环

PDCA 循环是英语 Plan—Do—Check—Action（计划—实施—检查—处理）4 个单词首字母的组合。PDCA 循环就是按照这 4 个阶段的顺序来进行质量管理工作的。事实上，PDCA 循环不仅是一种质量管理方法，同时也是一套科学的、合乎认识论的通用办事程序。PDCA 循环须遵循 4 个阶段 8 个步骤。

第一阶段是计划，包括分析现状、找出存在问题的原因，分析产生质量问题的原因，找出主要原因，拟定措施计划这 4 个步骤。

第二阶段是实施，即执行、贯彻计划和措施。这也是管理循环的第5个步骤。

第三阶段是检查，即把实际工作结果和预期目标对比，检查计划执行情况。这也是管理循环的第6个步骤。

第四阶段是总结和处理。这包括两个内容：一是总结经验、巩固成绩、处理差错；二是将未解决的遗留问题转入下一个循环，作为下一个计划的目标。这是管理循环的第7、第8个步骤。

下面以图的形式表示质量管理循环的工作程序。图7-3是PDCA循环示意图，图7-4是8个步骤示意图。

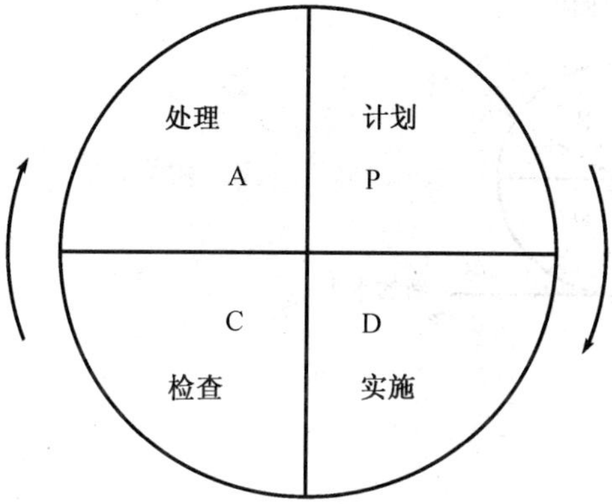

图7-3 PDCA循环示意图

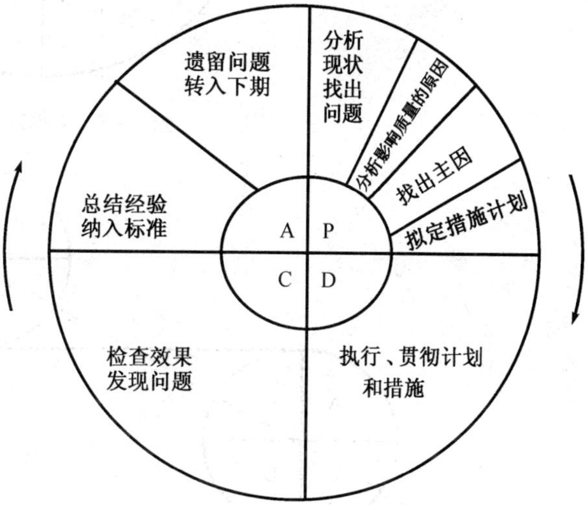

图7-4 PDCA循环的8个步骤

PDCA循环具有以下几个特点。

第一，大环套小环；小环保大环，推动大循环。整个企业质量目标计划和实施的过程是一个大的PDCA循环，各个车间、科室、班组以至个人要根据企业总的方针和目标，制定自己的工作目标和实施计划，并进行相应的PDCA循环。这样就形成了大环套小环的综合管理体系。上一级PDCA循环是下一级PDCA循环的依据，下一级PDCA循环是上一级PDCA循环的贯彻落实和具体化。大循环是靠内部各个小循环来保证，小循环又由大循环来带动，如图7-5所示。

第二，PDCA循环每转动一次，质量就提高一步，它是一个如同爬楼梯般螺旋上升的过程，如图7-6所示。每循环一次，相应地解决一批问题，质量水平就会上升到一个新高度，从而下一次循环就有了更新的内容和目标。这样不断解决质量问题，企业的工作质量、产品质量和管理水平就会不断得到提高。

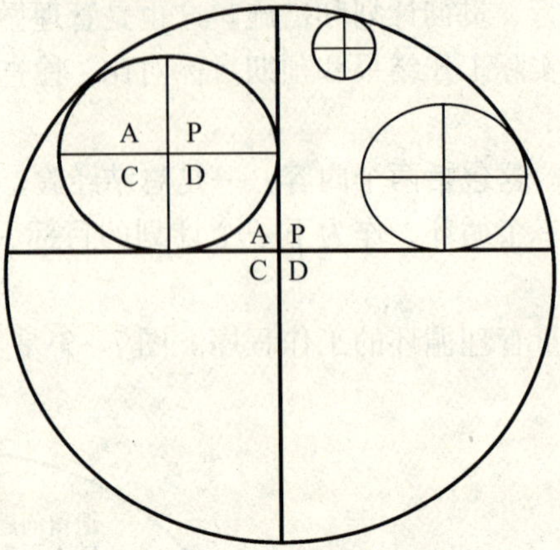

图 7－5　大循环套小循环

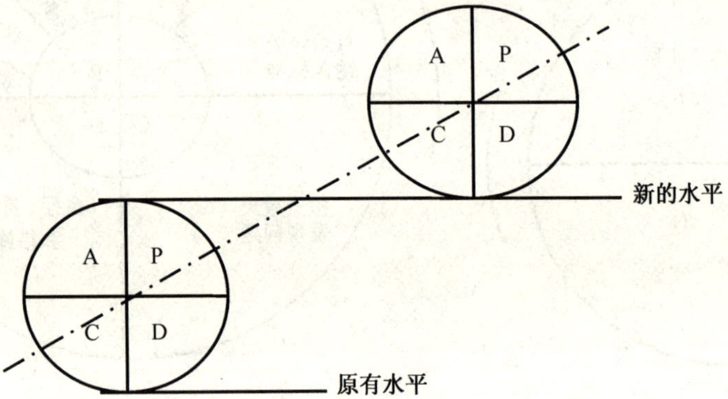

图 7－6　循环上升图

第三，在 PDCA 循环中，A 阶段是关键。只有经过总结、处理的 A 阶段，才能将成功的经验和失败的教训纳入到制度和标准中，才能进一步指导实践。没有 A 阶段的作用就不能发扬成绩，也不能防止同类问题的再度发生，PDCA 循环也就失去了意义。因此，推动 PDCA 循环，不断提高质量水平，一定要始终抓好 A 阶段。

7.3　质量管理常用的统计分析方法

1. 排列图法

排列图也称为巴雷特图。它是找出影响产品质量主要因素的一种有效方法，其图形如图 7－7 所示。

它是按产品质量影响程度的大小、主次排列，从中找出关键因素，以确定从哪里入手以便解决问题收效最大。

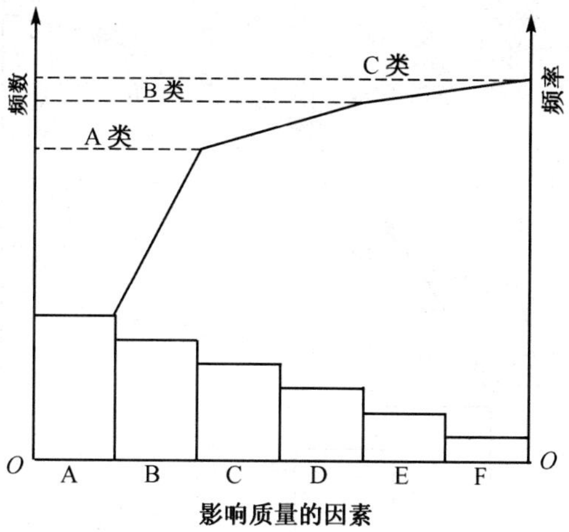

图 7－7　排列图

排列图中有两个纵坐标、一个横坐标、n 个直方形和一条曲线。左边的纵坐标表示频数（如件数、数额等），右边的纵坐标表示频率（影响程度）；横坐标表示影响质量的各因素。直方形的高度表示某个因素影响的大小；曲线表示各影响因素大小的累计百分比，这条曲线称为巴雷特曲线。一般把巴雷特曲线分为三类：0 ～ 80% 为 A 类，是主要因素；80% ～ 90% 为 B 类，是次要因素；90% ～ 100% 为 C 类，是一般因素。

如某厂调查近一个月生产的产品，不合格品（不良品）统计如表 7－1 所示。

表 7－1　不合格品（不良品）统计表

不良项目	不良个数	比率/%	累计百分比/%
尺寸	60	30.7	30.7
材料	46	23.6	54.3
零件	38	19.5	73.8
划伤	24	12.3	86.1
光泽	17	9	95
其他	10	5	100
合计	195	100	

根据表 7－1 的资料，可以画出它的排列图，如图 7－8 所示。由图 7－8 可以看出尺寸、材料、零件是影响质量的主要因素。

做排列图应注意：

① 主要因素不应超过 3 个，否则就失去找主要因素的意义；

② 左纵坐标表示频数（影响程度），如件数、金额、工时等；

③ 为使横坐标不过长，不太重要的项目很多时，一般都列入“其他”栏内；

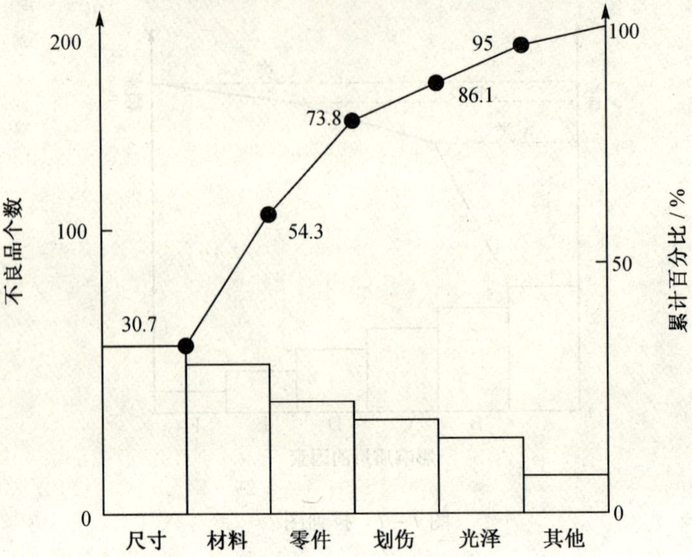

图 7－8　排列图实例

④ 确定了主要因素，采取相应措施后，为检查效果，还要重新画排列图。

2. 因果分析图法

因果分析图又称为特性要因图，是用来寻找质量问题产生原因的一种方法。采用开“诸葛亮会”的办法，集思广益，同时将群众意见反映在一张图上，探讨问题产生的原因。从大到小，从粗到细，寻根究底，直到能采取具体措施为止。因果分析图法如图 7－9 所示。

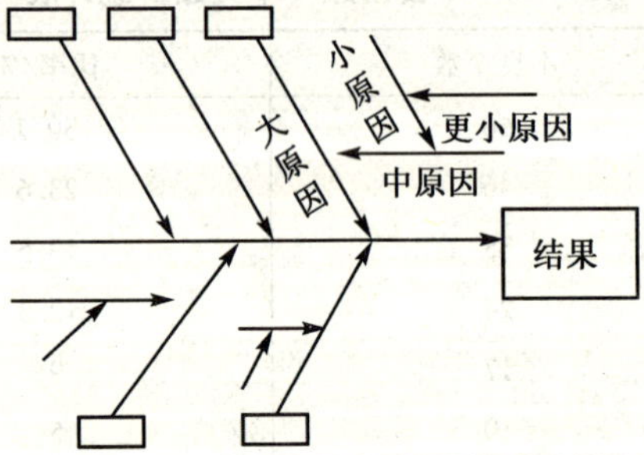

图 7－9　因果分析图

做因果分析图应注意：

① 影响产品质量问题的大原因，一般有 5 个方面，即人、机器、材料、方法、环境；

② 要充分发扬民主，把各种意见记下来；

③ 原因的分析应细到可以采取措施；

④ 大原因不一定是主要原因，主要原因可用排列图、投票或其他方法来确定，然后用方框框起来，以引起注意；

⑤ 应到现场去落实主要原因的项目，再制定措施来解决；

⑥ 采取措施后，应用排列图等检查其效果如何。

3. 直方图法

直方图，是用于工序质量控制的一种质量数据的分布图形。它是把收集来的质量数据分布情况，画成以组距为底边，以频数为高度的一系列直方形连起来的矩形图。

1）直方图的做法举例

$\phi 8^{-0.10}_{-0.05}$的螺栓外径，从工序加工的产品中抽取100件，经测量得到如表7－2所示的100个数据，把这些数据值画在坐标图上就是直方图。（为方便起见，表中数值均为减去7.900 mm）

表7－2 螺栓尺寸实测值 0.001mm

组别 / 测量值	1	2	3	4	5	6	7	8	9	10
	38	30△	18	25	23	30△	20	29	22	25
	30	25	13×	25	27	20	25	28	18×	38△
	38	30	25	25	27	24	30△	30	22	22
	14×	30	26	25	27	25	26	35	25	15×
	24	25	28△	27△	23	29	25	30	25	18
	29	18×	24	20×	22×	22	20×	38△	20	27
	28	20	22	22	23	25	29	25	27	35
	20	18	23	27	29	30	30	24×	22	31
	18	28	15	23	31△	26	25	30	30△	19
	23	28	19	25	22	18×	22	35	30△	22

注：△——列中最大值；
×——列中最小值。

画直方图的具体步骤如下所述。

① 收集数据，一般为100个左右，找出其中最大值以L_a表示，最小值以S_m表示。

② 将100个数据分成若干组，组数的多少根据收集使用的数据的多少而定，没有固定的要求，只有经验数值，如表7－3表所示。本例将100个数据分为9组（$K=10$）。

③ 计算组距h，即组与组之间的间隔，一般用下列公式确定：

$$h=\frac{L_a-S_m}{K}$$

利用表7－2中的数据得

$$h=\frac{38-13}{10}=2.5\approx3$$

表 7－3 数据分组经验数值

数据的数量（n）	适当的分组数（h）	一般使用的组数（h）
50～100	6～8	10
100～250	7～12	
250 以上	10～20	

④ 计算第 1 组的上下界限值，一般用式 $S_m \pm h/2$ 计算。利用表 7－2 中的数据得

$$S_m \pm \frac{h}{2} = 13 \pm 1.5 = 14.5 \sim 11.5$$

⑤ 计算其余各组的上下限值。第 1 组的上限值就是第 2 组的下限值，第 2 组的下限值加上组距（h）就是第 2 组的上限值，以此类推以至最后一组的上限值大于所有数据为止。

表 7－4 频数统计分布表

组号	组距	中心值 X_i	频数统计 f_i (1)	u_i (2)	$f_i u_i$ (3) ＝ (1) × (2)	$f_i u_i^2$ (4) ＝ (2) × (3)
1	11.5～14.5	13	2	－4	－8	32
2	14.5～17.5	16	2	－3	－6	18
3	17.5～20.5	19	16	－2	－32	64
4	20.5～23.5	22	17	－1	－17	17
5	23.5～26.5	$25 = a$	24	0	0	0
6	26.5～29.5	28	17	1	17	17
7	29.5～32.5	31	15	2	30	60
8	32.5～35.5	34	3	3	9	27
9	35.5～38.5	37	4	4	16	64
			$\sum f_i = 100$ (5)		$\sum f_i u_i = 9$ (6)	$\sum f_i u_i^2 = 299$ (7)

⑥ 计算各组的中心值（X_i）。中心值是每组中间的数值，计算公式为

$$X_i = \frac{\text{某组下限值} + \text{某组上限值}}{2}$$

⑦ 记录各组的数据，整理成频数分布表。

⑧ 统计落入各组的频数 f_i。

⑨ 计算各组简化中心值 u_i，计算公式为

$$u_i = \frac{\text{各组中心值} - a}{h}$$

其中，a 为中心值 X_i 的平均值。本例中，$a = 25$。

⑩ 计算频数与简化中心值的积 $f_i u_i$。

⑪ 计算频数与简化中心值平方的积 $f_i u_i^2$，并列出频数统计分布表，见表7-4。

⑫ 计算平均值 $\overline{X}$，计算公式为

$$\overline{X} = a + h\frac{\sum f_i u_i}{\sum f_i}$$

本例中，$\overline{X} = 25 + 3 \times \frac{9}{100} = 25.27$。

⑬ 计算标准差 S，计算公式为

$$S = h\sqrt{\frac{\sum f_i u_i^2}{\sum f_i} - \left(\frac{\sum f_i u_i}{\sum f_i}\right)^2}$$

本例中，$$S = 3 \times \sqrt{\frac{299}{100} - \left(\frac{9}{100}\right)^2} = 5.18$$

⑭ 画直方图。以频数为纵坐标，以组距为横坐标，画出一系列直方形就是直方图，如图7-10所示。

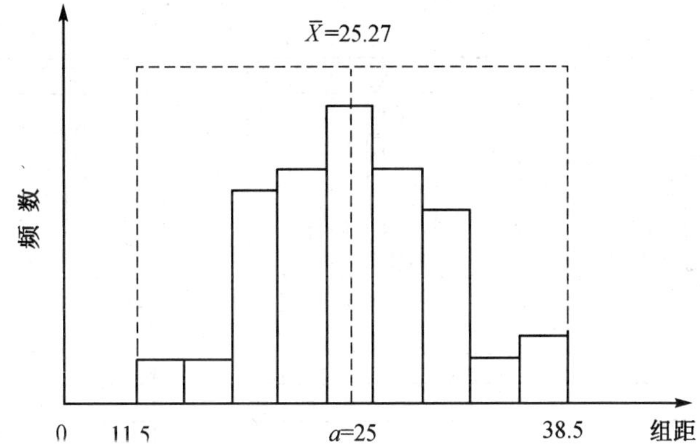

图7-10 螺栓外径的直方图

2）直方图的观察分析

做直方图的目的，是通过观察图的形状来判断生产过程是否稳定，预测生产过程的质量。方法是先要看图形本身形状，然后用公差（标准）要求与之比较，得出大致结论。

直方图的公差对结论影响不大，所以应着眼于图形的整个形状。常见的大体上有6种，如图7-11所示。

图7-11（a）图形为对称形，直方形中间为顶峰，左右对称，是理想的图形；图7-11（b）图形为锯齿形，这多是因为测量和读数有问题或是数据分组不当引起的；图7-11（c）图形为偏向形，直方形顶峰偏向一侧，这多是因加工习惯造成的分布；图7-11（d）所示为孤岛形，多是由于加工条件的变动造成的；图7-11（e）图形为双峰

形，两个峰顶，这往往是两个不同的分布混在一起造成的；图 7 – 11（f）图形为平顶形，这往往是由于生产过程中某种缓慢倾向的作用所致。

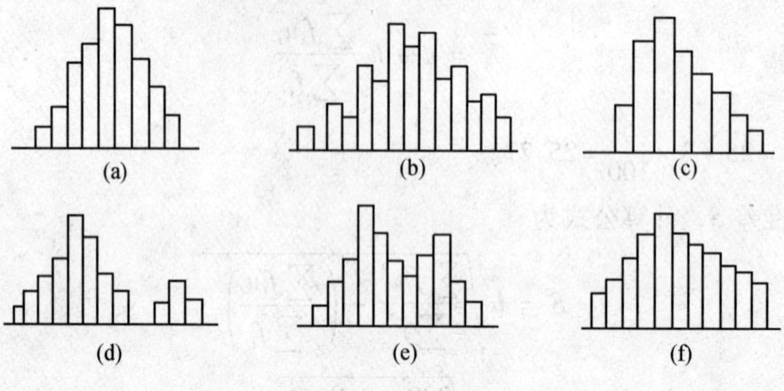

图 7 – 11 常见直方图

用直方图与公差进行对比，看直方图是否都在公差要求之内。需要注意的是，图形反映的是整个加工过程，并不是少数加工出来的产品。这种对比也大体上有 6 种，如图 7 – 12 所示。图 7 – 12 中 B 是实际尺寸分布范围，T 是公差范围。

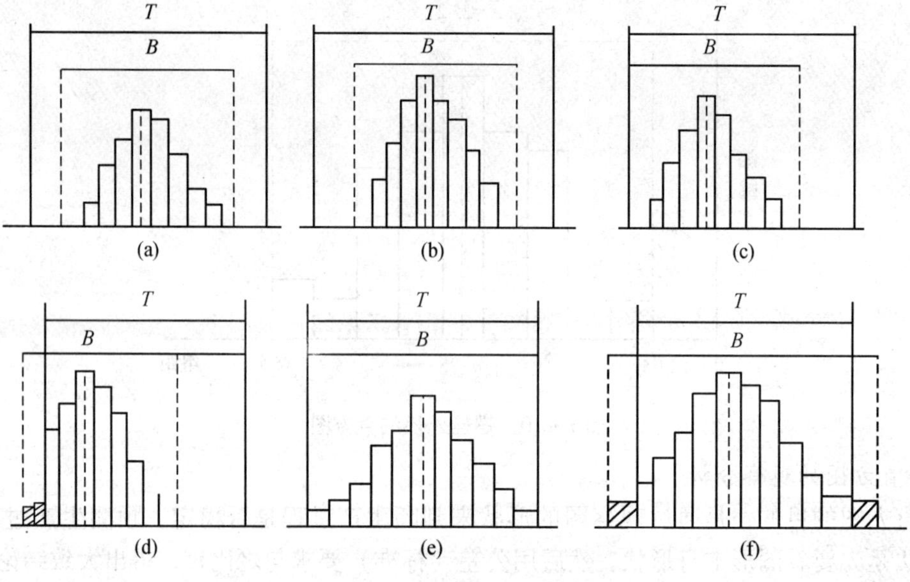

图 7 – 12 与公差对比的直方图

图 7 – 12（a）中 B 在 T 的中间，分布情况比较理想；图 7 – 12（b）中 B 大大小于 T，经济性不好；图 7 – 12（c）中 B 虽然在 T 的范围内，但因偏向一侧，故有超差的可能；图 7 – 12（d）中 B 过分偏离公差中心，造成废品；图 7 – 12（e）中 B 和 T 的分布范围正好一致，但完全没有余地，不小心会出废品；图 7 – 12（f）中 B 超过 T 的范围，产生废品。

4. 分层法

所谓分层，是指为了分清影响质量的原因所在和明确措施方向，把性质相同的数据分到一起，以便发现产生质量问题的原因。分层的标志可以按时间分层、按操作者分层、按使用设备分层、按原材料分层等。

分层的目的是把不同性质的问题分清楚，便于分析问题找出原因。分类方法是多种多样的，没有什么硬性规定，这种方法是经常同质量管理中的其他方法一起联合使用的。

5. 散布图法

在质量管理中，常常遇到一些变量共处于一个统一体中，它们互相联系、互相制约，在一定条件下又互相转化。有些变量之间存在着确定的关系，有些变量之间存在着相关关系，即这些变量之间有关系，但又不能由一个变量的数值精确地求出另一个变量的值。将两种有关的数据列出，并用点子填在坐标纸上，观察两种因素之间的关系，这种图称为散布图（或相关图）。对散布图进行分析称为相关分析。散布图的形式很多，但一般有如图7－13所示的几种形式。

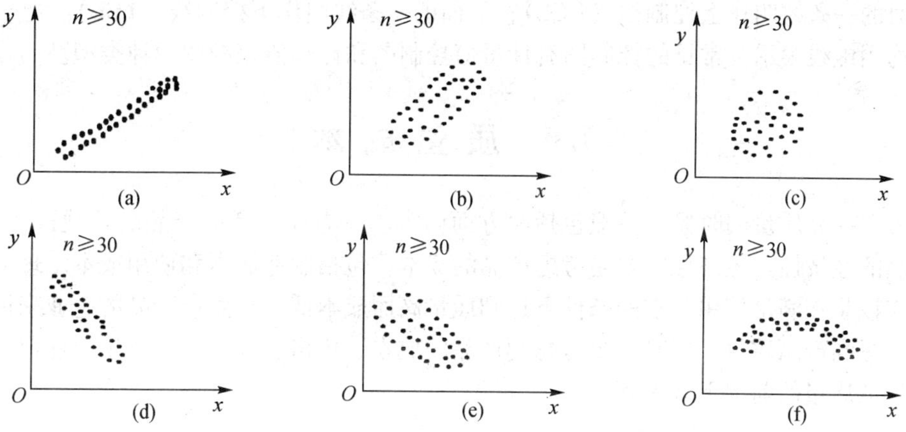

图7－13 散布图

（a）强正相关 （b）弱正相关 （c）不相关 （d）强负相关 （e）弱负相关 （f）非线性关系

6. 统计分析表法

统计分析表法是利用统计分析表进行产品质量分析，查找导致产品质量问题的原因，进而寻求改进措施的方法。统计分析表是利用统计调查表来进行数据整理和粗略分析原因的一种工具。其格式各种各样，因调查目的的不同，格式可以不同，常见的表格有如下几类。

① 调查缺陷位置用的统计调查表。每当缺陷发生时，将其发生位置标记在产品示意图或展开图上。

② 工序内质量特性分布估计调查分析表。

③ 按不合格项目分类的统计调查分析表。

④ 其他。

7. 控制图法

控制图又称为管理图，是用来分析和判断工序是否处于稳定状态而使用的带有控制界限的一种图。

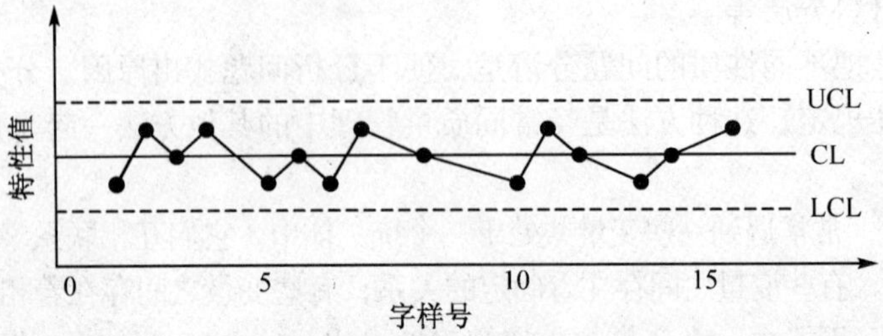

图 7－14　控制图

如图 7－14 所示，控制图上一般有 3 条线，中间一条线叫作中心线（CL），常用实线表示；上面的一条线叫作上控制线（UCL）；下面的一条线叫作下控制线（LCL）。上、下两条控制线均用虚线表示。常见的控制图有计量值控制图和计数值控制图两种类型。

7.4　质量成本

当考虑产品质量的时候，一般包括两方面内容。一方面，考虑产品的特性；另一方面，考虑产品的经济性。经济性主要是考虑产品的成本，包括制造成本和使用成本。理想的产品质量，应该是在满足使用要求的条件下达到质量高而成本低。从生产产品的企业来说，不仅要保证和提高产品质量，同时还要考虑到产品的成本、价格、利润。企业生产任何一种产品都要在保证质量的前提下获得利润。

7.4.1　质量成本的概念和内容

1. 质量成本的概念

所谓质量成本，是指为了确保满意的质量而发生的费用及没有达到质量所造成的损失。

2. 质量成本的内容

质量成本项目一般包括 4 个方面，如表 7－5 所示。

表 7－5　质量成本的组成

<table>
<tr><th colspan="3">分　类</th><th>内　容</th></tr>
<tr><td rowspan="5">质量成本</td><td rowspan="4">运行质量成本</td><td>预防成本</td><td>用于预防产生不合格品或发生故障而需要的各项费用</td></tr>
<tr><td>鉴定成本</td><td>为评定产品是否符合质量要求而需要的一切费用</td></tr>
<tr><td>内部故障成本</td><td>产品出厂前，因不满足规定的质量要求而支付的一切费用</td></tr>
<tr><td>外部故障成本</td><td>产品出厂后，因不满足规定的质量要求而支付的一切费用</td></tr>
<tr><td colspan="2">外部质量保证成本</td><td>在合同环境条件下，根据用户的要求而提供客观证据而支付的费用</td></tr>
</table>

(1) 预防成本

预防成本具体包括:

① 质量计划工作费，即因制定质量计划、检验计划、产品可靠性计划及其他专门性的计划等费用支出;

② 建立质量体系所支出的费用;

③ 质量教育培训费用;

④ 新产品投入前的评审费用;

⑤ 工序控制费用;

⑥ 质量体系行政费用。

(2) 鉴定成本

鉴定成本具体包括:

① 进货检验费用，对进厂的原材料、外协件、外购件进行检验的费用;

② 工序检验费用，对在加工中的零件进行质量检验的费用;

③ 最终检验费用，对完工的产品在出厂前进行检验的费用;

④ 产品抽检及评定等级的费用;

⑤ 计量检测费用，对计量检测检验手段进行维护、校准及消耗所支出的费用和检验部门工资、管理费等。

(3) 内部故障成本

内部故障成本具体包括:

① 废品损失费用;

② 返工损失，即不良品的返修费用;

③ 停工损失，由于质量事故导致停工的损失费用;

④ 事故损失，因质量事故所造成的损失及处理事故所支出的费用;

⑤ 复检费用，即经过返修的产品再进行检验的费用;

⑥ 处理费用，为了处理不合格品所需的人工、材料及设备的费用。

(4) 外部故障成本

外部故障成本具体包括:

① 申诉受理费用，指调查和受理因产品质量差而引起顾客合理申诉所发生的一切费用(包括索赔);

② 退货损失，顾客因产品质量问题而退货所造成的一切费用支出;

③ 保修费用，即在保修期内，按保修条件进行修理、更换零件所发生的费用;

④ 折价损失，由于产品质量不符合要求而进行折价处理所造成的损失费用。

7.4.2 故障成本与鉴定成本、预防成本的关系

质量成本中故障成本、鉴定成本与预防成本的关系可用图 7－15 来表示。

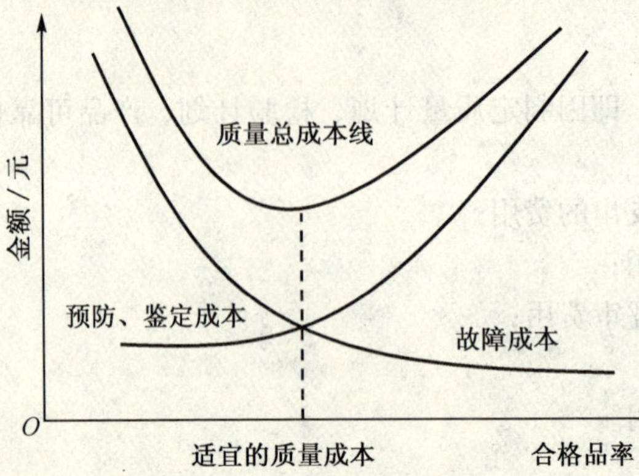

图 7－15　质量成本关系图

从图 7－15 中可以看出，随着产品质量的提高，预防、鉴定成本随之增加，而故障成本随之减少。故障成本与预防、鉴定成本之间，客观上存在着一个合理的比例。在这一比例下，质量总成本最低。故障成本曲线与预防、鉴定成本曲线的交点是最佳质量费用点，此时质量适宜，花费合理而较少，经济效益高。

7.4.3　质量成本适宜区域的确定

利用质量总成本曲线，一般可以把质量成本分为改进区、适宜区和过剩区 3 个区域。如图 7－16 所示。

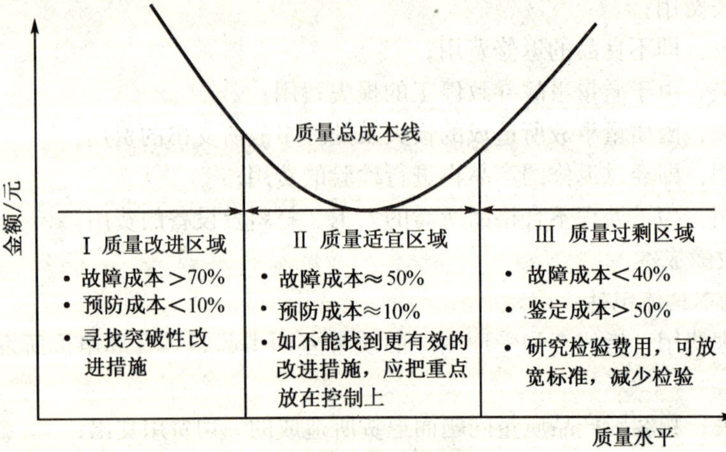

图 7－16　质量成本曲线图

从图 7－16 可以看出，质量成本处于改进区域时，质量成本较低，故障成本较高，因而应尽快提高产品质量；质量成本处于适宜区域时，质量适当，用户满意，质量成本最低，经济效益高，是最佳质量区域；质量成本处于过剩区域时，故障成本虽然小了，但预防、鉴定成本却很高，结果质量成本也很高，于是企业经济效益低，一般不宜取此区域。确定合适质量区域通常采用的方法有以下几种。

(1) 经验测算法

这种方法是从企业历年的统计资料中，找出质量成本的平均先进水平，进行技术经济论证后，初步确定质量成本的适宜区域，然后在实践中加以修正，再正式确定质量成本的适宜区。

(2) 逐项优化法

逐项优化法，即分别找出故障成本、鉴定成本和预防成本的最佳值，从而相应地确定适宜区域，并在实践中不断修正完善。

(3) 合理比例法

在故障成本与预防、鉴定成本之间，存在着一个合理比例，若按此比例进行工作，即可找到质量成本的适宜区。当然，合理比例要依据本企业实际情况而确定，要经过反复实践摸索，方能找到。

7.4.4 质量成本指导原则

质量成本指导原则主要有以下4个方面：

① 当内部故障成本上升时，加强纠正预防措施，使内部故障成本下降；

② 当外部故障成本上升时，加强鉴定把关，不合格品不出厂，使外部故障成本下降；

③ 当内、外故障成本上升时，加强鉴定和纠正预防措施，使内、外故障成本下降；

④ 当内、外故障成本下降时，降低鉴定成本。

7.5 ISO 9000质量管理系列标准

诞生于1987年的ISO 9000系列标准，包括质量保证方面的标准和质量管理方面的标准。这些标准的产生绝不是偶然的，它是现代科学技术和生产力发展的必然结果，是国际贸易发展到一定时期的必然要求，也是质量管理发展到一定阶段的产物。ISO 9000系列标准是由国际标准化组织（ISO）发布的国际标准，是百年工业化进程中质量管理经验的科学总结，已被世界各国广泛采用和认同。由第三方独立且公正的认证结构对企业实施质量体系认证，可以有效避免不同顾客对企业能力的重复评定，减轻了企业的负担，提高了经济贸易的效率；同时，国内企业贯彻ISO 9000标准，按照国际通行的原则和方式来经营与管理企业，这有助于树立国内企业“按规则办事，尤其是按国际规则办事”的形象，符合我国加入WTO的基本原则，为企业对外经济与技术合作的顺利进行，营造了一个良好的环境。

7.5.1 企业实施ISO 9000标准的意义

ISO 9000标准诞生于市场经济环境。它总结了经济发达国家企业的先进管理经验，为广大企业完善管理、提高产品/服务质量提供了科学的指南，同时为企业走向国际市场找到了“共同语言”。ISO 9000 系列标准明确了在市场经济条件下，顾客对企业共同的基本要求。企业通过贯彻这一系列标准，实施质量体系认证，证实其能力满足顾客的要求，提供合格的产品/服务。这对规范企业的市场行为，保护消费者的合法权益发挥了积极的作用。ISO 9000 系列标准是经济发达国家企业科学管理经验的总结，通过贯标与认证，企业能够找到一条加快经营机制转换、强化技术基础与完善内部管理的有效途径，企业实施 ISO 9000 标准的意义主要体现在以下 5 个方面。

（1）企业的市场意识与质量意识得到增强

通过贯标与认证，引导企业树立“以满足顾客要求为经营宗旨，以产品/服务为本，以竞争手段，向市场要效益”的经营理念。

（2）稳定和提高产品/服务质量

通过贯标与认证，企业对影响产品/服务的各种因素与各个环节进行持续有效的控制，稳定并提高了产品/服务的质量。

（3）提高整体的管理水平

通过贯标与认证，使企业全体员工的质量意识与管理意识得到增强；促使企业的管理工作由“人治”转向“法治”，明确了各项管理职责和工作程序，各项工作有章可循，使领导从日常事物中得以脱身，可以集中精力抓重点工作；通过内部审核与管理评审，及时发现问题，加以改进，使企业建立了自我完善与自我改进的机制。

（4）增强市场竞争能力

通过贯标与认证，一方面，企业向市场证实自身有能力满足顾客的要求，提供合格的产品/服务；另一方面，产品/服务的质量也确实能够得到稳定与提高。这都增强了企业的市场竞争能力。

（5）为实施全面的科学管理奠定基础

通过贯标与认证，员工的管理素质得到提高，企业规范管理的意识得到增强，并建立起自我发现问题、自我改进、自我完善的机制，为企业实施全面的科学管理（如财务、行政、营销管理等）奠定基础。

7.5.2 2000 版 ISO 9000 族标准简介

1. 四个核心标准

① ISO 9000：2000 《质量管理体系——基础和术语》；

② ISO 9001：2000 《质量管理体系——要求》；

③ ISO 9004：2000 《质量管理体系——改进指南》；

④ ISO 9011：2001 《质量和（或）环境管理体系审核指南》。

2. 其他标准

ISO 10012：2001 《测量控制系统》。

3. 技术报告若干份

现已列入计划的有：

① ISO/TR 10006　项目管理指南；

② ISO/TR 10007　技术状态管理指南；

③ ISO/TR 10013　质量管理体系文件指南；

④ ISO/TR 10014　质量经济性指南；

⑤ ISO/TR 10015　教育和培训指南；

⑥ ISO/TR 10017　统计技术在 ISO 9001 中的应用指南。

4. 小册子若干份

现已列入计划的有：

① 质量管理原理；

② 选择和使用指南；

③ ISO 9001 在中小企业中的应用指南。

7.5.3　2000 版 ISO 9000 族标准的特点

新版 ISO 9000 族标准对比 1994 版而言，有了根本性的改进，具体体现在以下 8 个方面。

1. 面向所有组织，通用性强

新版 ISO 9000 族标准适用于所有的产品类别、所有的行业和各种规模的组织。即新版标准面向所有组织，通用性很强，将成为适用范围最广的国际标准之一。这表现在以下 4 个方面。

第一，新版标准消除了 1994 版对硬件产品制造业的偏向性。尽管 1994 版标准也声明它适用于所有产品类别，但标准中大量存在着较适用于制造业的词汇和要求，如合同评审、检验和试验、加工、安装等，对科研、运输等服务单位就不得不按其含义套用 20 个体系要素，结果难免出现牵强附会的现象。2000 版标准通过运用“产品实现”、“生产和服务提供控制”、“过程的监视和测量”和“产品的监视和测量”等过程要求，消除了行业的偏向性，对非制造业贯彻 ISO 9000 族标准所带来的方便是不容置疑的。

第二，为特种行业制定行业附加要求奠定了共同的基础。有些行业的确有其特殊性，2000 版标准允许在 ISO 9001 基础上增加行业特殊要求的条款。这样既能使所有组织的质量体系基本要求具有一致性，又确保行业特殊要求的适用性。现在，医疗器械、汽车、通信等行业都已按此方式制定了各自的行业特殊要求。

第三，关于删减的规定，使 2000 版 ISO 9001 标准的适用范围扩大到各种类型的组织，包括 1994 版 ISO 9001/9002/9003 三个保证模式标准的用户群。允许某些组织对不影响满足顾客和法律法规要求、不涉及组织责任的标准条款进行删减，从而扩大了 ISO 9001 标准的适用范围，又获得了“以一顶三（三个质量保证模式）”、减少标准数量的功效。

第四，考虑了对小型企业和不同行业的适用性，减少了文件化的要求。2000 版 ISO 9001 中只对 6 项活动提出必须制定程序文件的要求，大大少于 1994 版 ISO 9001 对程序文件的要求。使所需文件的数量和详略程度由组织依据所期望的结果自行决定。

2. 文字通俗易懂，结构简明

① 2000 版 ISO 9000 族标准的总体结构已大大简化，对现行 ISO 9000 族标准进行分流安排后，标准仅有 5 项。

② 2000 版 ISO 9000 族标准采用通俗语言，尽量避免专业名词。

③ ISO 9001 与 ISO 9004 为协调成对的标准，结构相同，便于对应，也便于一起使用。

3. 确立八项原则，统一理念

2000 版 ISO 9000 族标准明确了质量管理的八项原则（以顾客为关注焦点、领导作用、全员参与、过程方法、管理的系统方法、持续改进、基于事实的决策方法、互利的供方关系）。这些原则来自于世界各国质量工作者长期实践所总结的质量管理基本规律，只是与以往在说法上不完全相同。ISO/TC 176 征集了国际上受尊敬的一批质量管理专家的意见后，用最概括的语言统一组织质量管理的基本理念，在 ISO 9001 和 ISO 9004 标准中的许多条款，均是这些原则的具体体现。

4. 鼓励过程方法，操作性强

2000 版 ISO 9000 族质量管理体系国际标准采用了过程模式，用过程方法对质量活动运行进行控制。由于过程方法符合质量活动的普遍规律，所以适合所有行业实现产品的运作。

5. 强化最高管理者的领导作用

2000 版 ISO 9000 族标准把“领导作用”列为八项质量管理原则的第二项，显示了对最高管理者责任的强化。

6. 突出顾客满意和持续改进

① 2000 版 ISO 9000 族标准除了产品质量保证外，还在于增强顾客满意，显然超越了 1994 版标准的范围。前者标准要求组织的最高管理者应以增强顾客满意度为目的，确保顾客的要求得到确定并予以满足。

② 2000 版 ISO 9001 把持续改进作为标准的要求，以不断满足顾客的要求。

7. 考虑所有相关方的利益

① 2000 版 ISO 9004 标准把与组织利益有关的各相关方需求作为体系的输入，又把相关方的满意作为体系的输出。这体现了 2000 版标准对相关方利益的关心。

②“互利的供方关系”作为质量管理八项原则之一，要求建立良好的合作伙伴关系，实现风险共担、利益共享。

8. 增强与环境管理等其他管理体系的相容性

① 2000 版 ISO 9000 族标准与 ISO 14000 系列标准都采用相同的文件化管理体系原理，都遵循 PDCA 的管理体系模式，要求体系建立方针目标，通过策划、运行、内审和管理评审并持续改进。

② 两个管理体系的不少活动是相同或相似的，如管理评审、管理职责、文件控制、培训、纠正和预防措施、内部审核和记录等。虽然对象不同，但方法基本一致。

③ 2000 版 ISO 9000 族 5 个标准之一——《ISO 9011　质量和(或)环境管理体系审核指南》，为质量管理体系与环境管理体系的一体化审核提供了依据。

7.5.4　2000 版 ISO 9000 族标准的质量管理原则

1）以顾客为关注焦点

组织依存于顾客。因此，组织应当理解顾客当前和未来的要求，满足顾客要求并争取超越顾客期望。

2）领导作用

这里的“领导者”就是最高管理者，他确立组织统一的宗旨及方向。领导者应当创造并保持使员工能充分参与实现组织目标的内部环境。

3）全员参与

各级人员都是组织之本，只有他们的充分参与，才能展示各自的才干，给组织带来收益。世界上很多优秀的组织都成功地实践了这一原则，并受益匪浅。松下公司创始人松下幸之助曾说过：“在一个充斥着危机和竞争且变化莫测的环境里，任何一个企业都没有绝对的把握能生存下来。对松下而言，管理就是使所有员工都付出全部智慧为公司效劳。因为，少数技术管理者的智慧（即便他们绝顶聪明）不足以应对上述挑战，唯有所有员工都积极参与，集思广益，才能使公司在波折起伏的经济环境中生存下去。”

4）过程方法

将活动和相关的资源作为过程进行管理，可以更高效地得到期望的结果。ISO 9000 族标准鼓励在建立、实施质量管理体系及改进其有效性时采用过程方法，通过不断满足顾客要求和期望，努力增强顾客的满意程度。

5）管理的系统方法

将相互关联的过程作为系统加以识别、理解和管理，有助于组织提高实现目标的有效性和效率。

6）持续改进

持续改进总体业绩应当是组织的永恒目标。“没有最好，只有更好。”一个组织要不断取得成功，就不能故步自封，要承认本组织有不断改进的需要，树立永远进取、持续改进的思想。

7）基于事实的决策方法

一项活动的成功与否，基础在于决策的理智、可靠与否；而有效的决策是建立在对有效数据和信息进行合乎逻辑的分析和直观判断基础上。组织管理者能否对与质量有关的各个过程做出正确决策，将直接影响到组织和过程的有效性和效率。因此，组织管理者在进行决策前一定要深入调查研究，掌握第一手资料，使组织的各项决策实事求是、有据可依。

8）与供方互利的关系

通过与供方，特别是关键供方共享专门技术和资源，如共同研究和制定采购过程要求和验收规范，使双方充分意识到双方利益的一致性，从而降低成本，增强创造价值的能力。

7.5.5 ISO 9001：2000 标准

ISO 9001：2000 是 ISO 9000 族标准中规定质量管理体系要求的标准，采用此标准能帮助组织建设质量管理体系。质量管理体系的采用，需要组织做出战略性的决策。适度增加的管理成本会给组织减少风险并带来相应的利益。

1. 标准的目的

本版标准的目的是给出产品的质量保证并提高顾客满意程度，规定质量管理体系的要求。也就是说，本标准旨在阐明组织建立和保持的质量管理体系应达到的程度，同时体现顾客对组织的质量管理体系的要求。

本标准所属的质量管理体系要求适合于下列情况：

① 组织需要证实其稳定地提供满足顾客和适用法律、法规要求的产品的能力；

② 组织旨在通过质量管理体系的有效应用，包括持续改进体系的过程及保证符合顾客和适用法律、法规的要求，增强顾客满意。

总之，本标准为各类组织的质量管理体系建设提供了基本要求，为质量管理体系的评价提供了基准。

2. 标准的内容

本版标准规定的质量管理体系要求，包括了产品质量保证和增强顾客满意两个方面内容。这就是说，本标准除了要求组织提供满足质量要求的信任之外，还要求组织通过满足顾客要求和适用的法律、法规要求而增强顾客满意。

1）产品质量保证

质量保证是质量管理的一个部分，它致力于对达到质量要求提供信任。质量保证是质量管理体系中的重要活动。由于质量管理体系是组织按产品建立的体系，故这部分活动也可称之为产品质量保证。产品质量保证是提供信任的活动，它包括：证实产品，以及与之相关的过程和体系已经达到了规定的要求；提供信任的对象，具体有组织内外部的各相关方，以及与组织的绩效或成就无利益关系的第三方，如认证机构；提供信任的形式，采用通过提供客观证据来提供认证的形式。

2）增强顾客满意

所谓“顾客满意”，是指顾客对其要求已被满足的程度的感受；“顾客”是指接受产品的组织或个人。八项原则中第一项“以顾客为关注焦点”强调指出，组织应满足顾客要求并争取超越顾客期望。这是组织建立和保持质量管理体系的主要目的之一。

3. 标准的用途

本版标准适用于各种类型、不同规模和提供不同产品的组织。

① 组织内部质量管理。本版标准能为组织建立和保持一个有效的质量管理体系提供参照。

② 用于第二方的评价、批准或注册。采购方在采购时，往往要对供方的质量管理体系进行评价，以确定供方的能力。这时，本标准可作为评价的依据。

③ 用于第三方质量管理体系认证或注册。有些组织为了提高其质量信誉，证实其能力，以及为在市场竞争中处于有利地位，或者为了减少顾客对其质量管理体系评价的次数和范围，或者期望外部机构的力量促进内部管理改进，往往向作为第三方的质量管理体系认证机构申请对本组织的质量管理体系进行评定，做出质量管理体系认证。本标准是质量管理体系认证的依据。

④ 在订货合同中引用，规定对供方质量管理体系的要求。

⑤ 为法规所引用，作为强制性要求。

⑥ 用于建立行业的质量管理体系要求的基础。

7.5.6 质量认证

1. 现代质量认证制度的由来

质量认证是随着现代工业的发展作为一种外部质量保证的手段逐步发展起来的。在现代质量认证产生之前，供方为了推销产品，往往采取“合格声明”的方式，以取得买方对产品质量的信任。所谓“合格声明”就是供方单方面通过有关的产品说明或文件或“合格”标记等形式，表明所供产品的全部特性能够符合买方的要求。这对于质量特性比较简单的产品而言，不失为一种增强买方购买信心的有效手段。随着科学技术的发展，产品的结构和性能日趋复杂，仅凭买方的知识和经验很难判断产品是否符合要求，加之供方的“合格声明”并不总是可信，于是供方单方面的“合格声明”的作用逐渐下降。在这种情况下，为顺应供方树立其产品信誉，以及考虑到社会保障、消费者利益及安全和法律的需要，由第三方证实产品质量的现代质量认证制度便应运而生。

为了协调和推动认证工作，国际标准化组织于 1970 年建立了认证委员会，1985 年又改名为合格评定委员会（CASCO），其主要任务是研究评定产品、过程、服务和质量体系符合适用标准或其他技术规范；制定有关认证方面的国际指南；促进各国和各地区合格评定制度的相互承认。

2. 质量认证的概念

质量认证是指由一个公认的、权威的认证机构（第三方的机构）对产品或服务是否符合规定要求（如标准、技术规范和有关法规）等进行鉴别，以及提供合格证明（认证证书和认证标志，并予以注册登记）的活动。

3. 质量认证的分类

1）按质量认证对象进行分类

按质量认证对象的不同，分为产品认证、质量体系认证和认证机构的认可。产品认证是指依据产品标准和技术要求，经认证机构确认并提供合格证明，证明某一产品符合相应标准和相应技术要求的活动；质量体系认证是指由公正权威的第三方认证机构派出经资格认可的审核员，对企业的质量体系依据国际通用的质量管理和质量保证系列标准进行鉴别，并对符合标准要求者给予注册并颁发合格证书的活动，又称为质量体系注册；认证机构的认可是由权威性组织依据程序对某一团体具有从事特定任务的能力予以正式认可。为了确保产品认证和质量体系认证的客观性、公正性和科学性，应对认证机构的资格进行评价和认可。需认可的认证机构包括：产品认证机构、体系认证机构、检验和鉴定机构、培训机构，还包括审核员的资格注册等。

2）按质量认证作用进行分类

按质量认证作用的不同，分为合格认证和安全认证。前者是指判断其是否符合国际标准、国家标准或行业标准要求的认证活动；后者是指判断其是否符合规定的强制性标准的认证活动。目前，大多数认证制度为合格认证，而安全认证越来越受到重视，如美国的UL认证和欧盟的CE认证都是世界著名的产品安全认证，它们作为消除国际贸易技术壁垒的有效手段，为促进国际贸易的发展发挥着积极的作用。欧盟的CE认证更是被视为制造商打开并进入欧洲市场的护照。凡是贴有“CE”标志的产品均可在欧盟各成员国内销售，无须符合每个成员国的要求，从而实现了商品在欧盟成员国范围内的自由流通。

3）按申请要求进行分类

按申请要求的不同，分为强制性认证和自愿认证。前者是指企业必须申请的认证活动(如安全认证)。未经认证不准销售和进口，销售的产品有指定认证标志。强制性认证适应于关系人身安全、身心健康和具有重大经济价值的产品。后者又称为非强制性认证，是指企业自愿申请的认证活动，并可按规定使用认证证书和标志。自愿认证适用于一般性产品。

4. 认证的要素

认证的基本要素包括下列4项。

1）型式试验

型式试验，是指为了证明产品质量符合产品标准的全面要求而对产品进行的抽样检验。它是构成许多类型认证的基础。

2）质量体系检查

质量体系检查是指对产品生产企业的质量保证能力进行的检查和评定。

3）监督检验

监督检验是对获取认证后的产品进行的一项监督措施。它是从企业最终产品中或市场上抽取样品，由认证独立检验机构进行检验。如果检验结果证明其符合标准的要求，则允许继续使用认证标志；如果不符合，则要采取必要的措施。

4）监督检查

监督检查是对取得认证资格的企业的质量保证能力进行定期复查。这是保证产品的质量持续符合标准的又一项监督措施。

5. 产品质量认证与质量体系认证的区别

产品质量认证与质量体系认证虽然都是由第三方认证机构从事的认证活动，但在许多方面有很大差异，具体如表7－6所示。

表7－6 产品质量认证与质量体系认证的主要区别

项　目	产品质量认证	质量体系认证
认证对象	特定产品	企业的质量体系
评定依据	产品质量符合指定的标准要求； 质量体系满足国际通用的质量管理和质量保证系列标准及特定产品的补充要求	质量体系满足认证机构认可的质量保证标准要求和必要的补充要求
认证证明方式	产品认证证书和认证标志	质量体系认证证书和认证标志，并予以注册
证明的使用	认证标志能用于产品及其包装上	认证证书和认证标志都不能用于产品或包装上
认证性质	自愿性和强制性都有	一般属于自愿性

6. 质量认证工作程序

1）提出申请

由企业向认证机构申请，按规定格式填写申请书。

2）初步审查

认证机构收到申请书后，做出是否接受申请的答复。若接受申请，认证机构派检查人员对企业产量质量或质量体系进行初步检查，并提出检查报告，把检查结果通知申请企业。

3）检验评定

认证机构派检查人员在申请企业进行随机取样检验、提出检验报告，把评定结果通知企业。

4）颁发证书和标志使用许可证

认证机构根据检查人员的报告进行研究，对符合条件的企业，核准后发给证书和使用认证标志许可证，并在刊物上公布认证企业或产品。

5）监督检查

凡获准使用认证标志的企业，都要接受认证机构定期或不定期的监督复查。认证有效期为3年，期满后企业应申请复查，复查合格可延长合格证书有效期。

7. 强制性产品认证制度

强制性产品认证制度，是各国政府为保护广大消费者人身和动植物生命安全、保护环境、保护国家安全，依照法律法规实施的一种产品合格评定制度，它要求产品必须符合国家标准和技术法规。强制性产品认证，是通过制定强制性产品认证的产品目录和实施强制性产品认证程序，对列入目录中的产品实施强制性的检测和审核。凡列入强制性产品认证目录内的产品，没有获得指定认证机构的认证证书的，以及没有按规定施加认证标志的，一律不得进口、不得出厂销售、不得在经营服务场所使用。

强制性产品认证制度在推动国家各种技术法规和标准的贯彻、规范市场经济秩序、打击假冒伪劣行为、促进产品的质量管理水平和保护消费者权益等方面，具有其他工作不可替代的作用和优势。认证制度由于其科学性和公正性，已被世界大多数国家广泛采用。实行市场经济制度的国家，政府利用强制性产品认证制度作为产品市场准入的手段，正在成为国际通行的做法。

长期以来，我国的强制性产品认证制度存在着政出多门、重复评审、重复收费及认证行为与执法行为不分的问题。尤其突出的是国内产品和进口商品存在着对内、对外两套认证管理体系。原国家质量技术监督局对国内产品和部分进口商品实施安全认证，即长城认证（CCEE），并强制监督管理；原国家出入境检验检疫局对进口商品实施进口商品安全质量许可制度（CCIB）。这两种制度将一部分进口商品共同列入了强制认证的范畴，因而导致了由两个主管部门对同一种进口商品实施两次认证、贴两个标志、执行两种标准与程序。随着我国加入 WTO，根据世贸协议和国际通行规则，要求我国将两种认证制度统一起来，对强制性产品认证制度实施“四个统一”，即统一目录，统一标准、技术法规、合格评定程序，统一认证标志，统一收费标准。2001 年成立的国家质检总局和国家认监委，已建立了新的国家强制性产品认证制度。

新的强制性产品认证标志名称为“中国强制认证”，英文名称为“China Compulsory Certification”，英文缩写为“CCC”（3C）。按照新制度的规定，从2003 年8 月1 日起，凡列入《第一批实施强制性认证产品目录》（以下简称《目录》）内的产品未获得指定机构的认证证书，或未按规定加施认证标志，不得进口、出厂销售和在经营性活动中使用。列入《目录》中的产品包括电线电缆、电路开关及保护或连接用电器装置、低压电器、小功率电动机、电动工具、电焊机、家用和类似用途设备、音视频设备、信息技术设备、照明设备、电信终端设备、机动车辆及安全附件、机动车辆轮胎、安全玻璃、农机产品、乳胶制品、医疗器械产品、消防产品、安全技术防范产品等 19 大类 132 种。

3C 认证替代了原来的 CCEE 和 CCIB 认证，也替代了生产许可证。原来的 CCEE 和 CCIB 认证只有安全方面的限制，而 3C 认证除了安全以外，还兼管环保和电磁干扰等方面的问题。

案例分析

得利斯集团的质量管理

山东得利斯集团公司的管理者认为，产品的质量是生产出来的。要保证产品质量，必须坚持把质量问题解决在产品生产过程中，并且要求员工在生产过程中树立“换位意识”。

所谓“换位意识”，就是上道工序把下道工序当成用户，下道工序把上道工序当成卖主，用上一道工序的产品质量保证下一道工序的产品质量，直至保证最终产品的质量。为此，他们为各工序制定了严格而详细的作业标准。例如，原料肉质量是否合格？对有疑问的原料肉，及时报告班长处理；按照分割肉的时间先后顺序提运，严禁顺序颠倒，以免造成原料肉污染；绞肉工序作业标准规定挑选好的原料肉，要严格按比例搭配；放入绞肉机前，要认真检查绞肉机内是否清洁卫生；进口处原料肉不慎掉到地面上，应随时拾起并用水冲洗干净后，方可放到绞肉机中；灌装工序作业标准规定，灌装前必须认真检查肠衣，对霉变、过粗过细、有麻筋的，一律挑出；认真检查上道工序转交的在制品，不合格的不得灌装；包装工序的作业标准规定，成品出炉必须待冷却后方可进行包装，严禁热包装；产品冷却后，还应按顺序剪修产品，认真挑选，不准将不合格品混入合格品中；产品装箱前，首先检查包装箱内是否洁净，有无异物，确认合格后装箱，不得使产品接触纸箱，严禁把带有污物、异物、色不正不匀的不合格品装入箱内；标签要注明日期和批号。

得利斯集团公司就是用这种“换位意识”，在上道工序与下道工序之间建立了双保证机制，从而保证了产品的质量。

思考讨论题

1. 什么是“换位意识”？
2. 如何理解下道工序就是用户？
3. 如何理解下道工序把上道工序当成卖主？

本章练习题

一、单项选择题

1. 分析和判断工序质量是否稳定可采用（　　）。

A. 排列图法　　B. 控制图法　　C. 散布图法　　D. 因果分析图法

2. （　　）在质量管理中的作用主要是抓住影响质量的关键性问题。

A. 因果分析图　　B. 排列图　　C. 对策表　　D. 特性要因图

3. 排列图也称巴雷特图，一般把巴雷特图曲线分为三类：0～80%为（　　）。

A. A类型　　B. B类　　C. C类

4. 因果图的主要作用是（　　）。

A. 寻找产品质量的主要问题　　B. 分析两个变量间的相关关系

C. 分析两个变量的主要原因　　D. 寻找问题形成的主要原因

5. 反映总体数据集中趋势的参数是（　　）。

A. 总体方差　　B. 总体标准差　　C. 总体均值　　D. 总体分布

二、多项选择题

1. 控制过程的步骤一般包括（　　）。

A. 拟定控制标准　　B. 确定目标　　C. 衡量实际成果

2. ISO 9000 系列标准中对任何企业都适用的是（　　）。

A. ISO 9000　　B. SO9004　　C. ISO 9001

D. ISO 9000　　E. ISO 9003

3. 质量特性可以概括为（　　）。

A. 性能　　B. 寿命　　C. 可靠性

D. 安全性　　E. 经济性

4. 直方图的主要作用有（　　）。

A. 表示数据的分布状态　　B. 反映过程变化的趋势

C. 分析过程能否满足要求　　D. 表现数据随时间的变化

5. 以下属于质量成本的是（　　）。

A. 检验成本　　B. 原材料采购成本

C. 生产设备折旧费用　　D. 返工返修费用

三、思考题

1. 什么是质量？提高质量有何重要意义？

2. 试述全面质量管理的含义、特点和基本工作方法。

3. 排列图法、因果分析图法各自的作用是什么？

4. 什么是直方图？其作用如何？怎样观察分析直方图？

5. 怎样观察分析控制图？利用控制图来判断生产过程的稳定性和产品质量的好坏是否有可能造成失误？

6. 2000 版 ISO 9000 族标准由哪些核心标准构成？它所提出的质量管理原则有什么内容？

第 8 章

人力资源管理

学习目的

通过本章学习，使学生了解人力资源的概念及其管理的内容；掌握人力资源的规划与预测；掌握工作分析的内容及其基本程序；理解人员招聘、开发、培训与激励的含义。

关键术语

人力资源管理　人力资源规划　工作分析　员工激励　绩效管理

8.1　人力资源管理概述

8.1.1　人力资源的界定

1. 人力资源的概念

人力资源是指一定区域内，在政治、经济、文化等方面，能够提供智力支持、体力支出或其他贡献的人口的总和。

人力资源具体有 3 个方面的含义。

① 人力资源是一定区域内有共同目标的人口的集合。这里的“一定区域”可以是一个企业，可以是一个地区，也可以是一个国家，甚至是更大的范围。

② 人力资源的表现形式是多种多样的，包括智力、体力、情商、服务等。

③ 人力资源的形态是多种多样的，包括潜在的人力资源（如学生、退伍军人、家庭妇女等，他们是人力资源的后备军）、正在进行财富创造的人力资源（如在岗工人、在职教师、国家公务人员等）、暂时退出劳动力供应市场的人口（如下岗工人、待业人员等，这种人力资源可以通过培训、再教育等再次为社会做出贡献）。

2. 人力资源的特点

同物质资源和其他生物资源相比，人力资源有以下特点。

1）能动性

这是人力资源和其他一切资源最根本的区别。在构成生产力的3个要素中，劳动对象和劳动手段都是一种固定的资源，而劳动者却是一种“活”的资源。每个正常的人都具有思维能力，有思想、有感情，能够有目的、有意识地进行活动，能动地认识自然世界和改造自然世界，始终处于利用和改造自然的主体地位。人力资源的这种能动性主要体现在以下3个方面。

① 自我强化。通过学习和实践强化和提高自己的知识和能力。

② 创造性。利用自身拥有的智力和体力，不断地创造社会财富，从而推动人类历史的发展。

③ 目的性。人类的一切活动都带有主观色彩，都是有目的、有意识地去适应社会、选择生活、进行劳动。

2）再生性

人力资源同其他资源一样也存在消耗与磨损，包括生理磨损与消耗、心理磨损与消耗、能力磨损与消耗等。但是人力资源的这种消耗与磨损，不仅可以通过人口的再生产和劳动力的再生产而重新获得，而且可以通过能动的适应和主动的提高，以及不断的学习和实践而实现再生。

3）双重性

人力资源同时具有生产性和消费性。任何财富的创造都离不开人力资源，这体现了人力资源的生产性。与此同时，人力资源又必须消耗大量的有形或无形资源才能得以形成、维持和开发。两者是相辅相成的，但是生产性占主导地位，生产性必须大于消费性。只有这样，组织才能获益，社会才能发展。

4）社会性

作为个体的人不可能单独存在，必须生活在一定的群体之中，人力资源也总是与一定的社会环境相联系，它的形成、开发、使用和维护都离不开一定的社会环境和社会实践。人力资源在与社会环境和社会实践的相互作用和相互影响中，可以产生正面效应，也可以产生负面效应，因此两者的和谐统一非常重要。

5）时效性

人力资源作为劳动能力资源，自身具有生命周期、劳动周期和知识周期。人力资源也有培养期、成长期、成熟期、老化期，在不同的阶段其劳动能力各不相同。人力资源不像其他资源那样不被开发和利用仍然可以长期存在，如果人力资源长期不用，就会荒废和退化。对人力资源个体而言，时间是极其珍贵的。

8.1.2 人力资源管理概述

1. 人力资源管理的含义

人力资源管理的定义为：为了实现企业的生产、经营目标（直接地说是为了实现企业的最大效益)，在企业战略的指导下，有计划、有目的地对人力资源进行获取、配置、培养、使用、激励、控制等，最终实现人力资源与企业协调发展的过程。

2. 人力资源管理的目标

① 从微观上讲，人力资源管理的基本目的是吸引、保留、激励与开发企业所需要的人力资源。

② 从宏观上讲，人力资源开发与管理的目的是为企业的生存、发展和长期繁荣而谋划。

③ 从生产和服务的角度讲，人力资源管理的目标是生产力 + 质量和服务。

④ 从企业与员工之间的关系上讲，人力资源管理的目标是增强企业竞争优势和实现员工自我价值。

总之，人力资源管理的目标是：提高员工的生产和工作效率，实现员工的自我价值和人力资源的效益最大化，从而增强企业的竞争优势，促进员工与企业和谐统一的可持续发展。

3. 人力资源管理的演变

人力资源管理的历史与企业的历史一样久远，但不同的时代，其管理要点是不同的。人力资源管理经历了一个不断发展和演进的过程。表 8－1 表示了人力资源管理演进的过程。

表 8－1 人力资源管理演进的过程

阶 段	时 间	代表人物	特 征
劳动管理	18 世纪末—19 世纪末	詹姆斯·斯图亚特 亚当·斯密	● 以生产或工作为中心，人就是机器，忽视人性，实行强权管理
科学管理	19 世纪末—20 世纪 20 年代	泰勒 亨利·法约尔 马克斯·韦伯	● 以假设为前提，提倡工作的标准化管理，以时间动作分析为基础建立工资制度、用人制度，企业是一个技术经济系统
人际关系管理	20 世纪 20 年代—第二次世界大战	梅奥	● 人是“社会人”而不是“经济人”，员工的工作态度和士气是影响生产效率的关键因素，重视“非正式组织”对人际关系的影响，企业是一个社会系统
行为科学管理	第二次世界大战—20 世纪 70 年代	马斯洛 赫兹伯格 麦格雷戈 弗鲁姆	● 强调人性激发和积极激励，缓和劳资关系，注重民生管理，将对员工的培训、开发、使用相结合，追求人与人之间、人与事之间的协调发展
现代人力资源管理	20 世纪 70 年代以后	比尔 查德微克	● 把人的因素放在第一位，以人为中心，强调实行民主管理、参与管理，注意加强人力资源投资。由以物为中心转为以人为中心；由人本管理转向人心管理；人力资源论全面介入人力资源管理

4. 传统人事管理与现代人力资源管理

随着人们对人的研究不断发展和管理实践的不断深入，现代人力资源管理与传统人事管理相比，发生了根本性的变化。表 8－2 表示了两者的区别。

表 8－2　传统人事管理与现代人力资源管理比较

比较内容	传统人事管理	现代人力资源管理
管理观念	● 以事为中心，重视组织权威，把人当成企业的成本、工具，注重投入、使用和控制，人是机器设置的附属物	● 以人为中心，注重人与事的统一，重视人性管理；把人当成一种资本、资源，注重产出和开发；人在管理中处于“中心地位”
管理地位	● 档次低，技术含量低，短期导向功能性部门，管理范围狭窄，多是行政性事务	● 全局性的技术含量提高，战略性的长期导向，重要的职能部门，涉及全员、产权、创新、文化等各个方面
管理模式	● 被动应对型的操作式管理，单纯强调管理	● 主动开发型的策略式管理，使用与培养并重
管理技术与手段	● 简单、僵化、技术含量低	● 专门方法与技术，技术含量高
管理者	● 无须特殊专长，谁都可以；单纯认为是人事部门的事，与其他部门无关；注重理论知识（重理论，轻实践）；人事部门是“成本中心”	● 专业性、技术性要求较高；管理者是 HR 职业人员、信息技术人员或第一线管理人员；以知识为依托，更强调实践经验；人力资源管理是企业全体人员的责任，人事部门是“利润中心”

5. 人力资源管理的重要性

各国人力资源管理的实践表明，现代人力资源管理无论对国家，对企业还是对个人都具有重要作用，而且随着社会经济的发展，市场竞争的加剧，管理领域的扩展，其重要性将更加突出。主要表现在：

① 有效的人力资源管理能够提高员工的工作绩效；

② 有效的人力资源管理对提高组织绩效有重要意义；

③ 有效的人力资源管理能够协调组织管理人员实现组织管理目标；

④ 有效的人力资源管理对实现员工自我价值具有重要意义；

⑤ 有效的人力资源管理对扩展人力资本，实现人力资源效益最大化有重要意义；

⑥ 有效的人力资源管理有利于促进员工与企业的和谐发展；

⑦ 有效的人力资源管理有利于建立企业人力资源优势，增强竞争优势。

6. 人力资源管理的主要内容

1）人力资源规划与预测

这是根据组织的发展战略和经营计划，评估组织的人力资源现状及其发展趋势，收集和分析人力资源供求信息和资料，预测人力资源供求的发展趋势，制定人力资源使用、培训与发展规划等。

2）工作分析

这是对组织中的各个工作岗位进行考察和分析，确定它们的职责、任务、工作环境、任职人员的资格要求和享有的权利等，最后形成职务说明书。

3）人员招聘

招聘是通过制定招聘计划、选择招聘方式等一系列方式吸引足够数量的人到企业中求职，企业从求职中录取最适合企业及其招聘岗位人员的过程。

4）员工开发与培训

主要是通过各种形式的培训，对员工进行旨在提高技能、增长知识及增强企业凝聚力的培训，帮助员工设计职业生涯发展计划，以提高员工素质，并使其与组织的发展目标相协调。

5）员工激励

企业通过各种有效的激励手段激励员工发挥最大潜力，实现企业预期目标的过程。

6）薪酬管理

制定公平合理且具激励性的薪酬制度，从员工的资历、职级、岗位及实际表现和工作成绩等方面考虑，制定相应的、具有吸引力的工资报酬标准和制度，并安排养老金、医疗保险、工伤事故、节假日等福利项目，使得企业在保持一定人力成本的基础上，能够吸引优秀的员工加入企业，并保持稳定性。

7）绩效考评

绩效考评就是对照职务说明书，对员工的工作作出评价。这种评价涉及员工的工作表现和工作成果等，应定期进行，并与奖惩挂钩，其目的是调动员工的积极性，检查和改进人力资源管理工作。

7. 未来人力资源管理者应具备的能力

未来人力资源管理涉及面广、内容复杂，同时面临着诸多挑战，这就要求人力资源管理者必须具备多种技能，以提高管理质量和效益，促进企业可持续发展。

1）业务能力

要求管理者对企业的总体业务有比较熟悉的了解。懂得生产和经营，熟悉业务流程，对企业的现状和经济实力要有足够充分的认识，具备一定的外部关系基础，具有敏锐的洞察力，以及观念的灵活性和较强的适应性。

2）理论基础

管理者要具备一定的理论知识功底，以实现有效的管理。人力资源管理者应具备的技能如图 8－1 所示。

图 8－1　管理者技能图

概念技能是基础性的，主要是对物的管理。管理者需要懂得设备管理，比如机器运转、维护、维修，熟悉生产工序，以及产品质量检验等。

技术技能是指对事的管理，需要具备发现问题、分析问题、解决问题的能力。

人事技能的要求比较高，灵活性也比较大，主要是对“人”的管理。需要具备人员使用、配置、激励、沟通、考核等各种能力，以发掘人力资源的最大潜能，提高产出比率，创造更多的价值。

概念技能、技术技能和人事技能，这三者不是均衡的，一个好的管理者应该分清什么样的技能是自己应该特别需要具备的。

3）创造能力

作为一个好的管理者不仅要具备很强的适应和应变能力，更重要的是要有闯劲，不安于现状，敢于打破常规，让企业保持常新，保持企业始终具备竞争优势。

4）人际关系能力

无论是在组织内部，还是在组织外部，管理者都应具备良好的沟通能力和人际交往能力，建立相互之间的信任关系，让企业员工在和谐的人际氛围中保持愉快的心情专心工作。对外通过良好的人际关系的建立，树立企业形象，保证企业在健康的大环境中稳步前进。

5）人格魅力

管理者应该是企业员工的楷模，除了具备健康的体魄之外，还要有良好的精神状态。在个人能力、人格、价值观、信念、领导特质等各个方面都应具备优秀的素养，在管理过程中去影响、感染、促使企业员工提高自身素质，树立良好的风貌，形成团队合力。具体地讲，人格魅力是指文雅的谈吐、开阔的胸襟、乐观的性格、坚毅的品性等。

8.2 人力资源规划与预测

8.2.1 人力资源规划的含义

人力资源规划，是为实现企业目标，在综合考虑企业发展战略和内外环境的基础上，通过对企业一定时期内人力资源的变化、需求、供给等状况的分析和预测，制定相应的政策和措施，保证企业人力资源供需平衡，满足员工与企业可持续协调发展的过程。

8.2.2 人力资源规划的内容

1. 人力资源规划的分类见表 8－3。

表 8－3 人力资源分类表

依 据	类 别
按时间划分	短期规划（1 年以内） 中期规划（1～3 年） 长期规划（3 年以上）

续表

<table>
<tr><th>依 据</th><th colspan="3">类 别</th></tr>
<tr><td>按性质划分</td><td colspan="3">战略规划
战术规划
管理规划</td></tr>
<tr><td>按范围划分</td><td colspan="3">整体规划
部门规划
项目规划</td></tr>
<tr><td rowspan="2">按层次划分</td><td rowspan="2">人力资源规划内容</td><td colspan="2">总体规划</td></tr>
<tr><td>业务规划</td><td>人员编制规划
人员社交规划
人员变动规划
人员培训规划
薪酬规划
劳动关系规划</td></tr>
</table>

2. 内容

企业人力资源规划包括总体规划和业务规划两个层次。

1） 总体规划

人力资源总体规划是指根据企业总体战略确定的在规划的时间内人力资源管理的总目标、配套政策、实施步骤及预算支出。

2） 业务规划

（1） 人员编制规划

人员编制规划就是根据企业的发展规模，制定与之相对应的人员结构和人员数量的方案。需要设置多少岗位，设置什么样的岗位，岗位要求的资格和条件是什么，都要根据企业生产经营的需要进行，因事设岗，尽量做到事得其人，人适其位，人事相宜。

（2） 人员补充规划

由于企业规模扩大，员工离职、退休、晋升等原因，企业出现岗位空缺。这时就需要企业有一定的后备人员保证空缺岗位人员的连续性，维持企业稳定发展。

（3） 人员变动规划

根据企业发展的需要和员工的表现，对有望晋升或不能胜任岗位的工作人员进行有计划、有目的的调整，以实现企业内部人力资源的最佳配置。

（4） 人员培训开发规划

为了让员工更好地适应和胜任工作，完成工作任务，要求制定相应的培训和开发规划。通过培训，提高员工的素质，改善员工的工作绩效，使其端正工作态度，树立良好的工作作风。具体包括培训的数量和类型、培训时间的安排、培训效果的保证等。

（5）薪酬规划

制定这项规划的目的是为了调动广大员工的工作积极性、主动性和创造性，鼓舞士气，减少人才流失，提高企业效益。这主要通过薪酬政策、激励政策完成。具体包括薪酬的总额、分配方式、分配标准、激励范围、激励程度等。

（6）劳动关系规划

这是为了减少员工的投诉与不满，降低非期望离职率，预防劳动争议，改善劳资双方的关系而制定的计划，可以通过让员工参与管理，加强彼此沟通，获得认同感等方法加以改进。

8.2.3 人力资源规划的作用

1. 有利于保证企业战略目标的实现

人力资源规划与企业其他方面的规划如企业的营销计划、生产计划、财务计划、技术计划等，共同构成企业目标的支撑体系。它可以从 3 个方面对高层管理者制定和执行战略计划提供帮助：一是提供关于企业外部机遇和所受威胁的判断和预测；二是提供关于企业内部优势和劣势的决策信息；三是帮助企业战略计划的实现，如弥补那些会对战略计划的执行构成障碍方面的不足。

人力资源计划对企业优势和劣势所进行的分析是企业战略制定的一个重要信息来源，这从人事的管理及企业薪酬计划的竞争能力等方面可以明显地反映出来。

2. 有利于实现企业人力资源的优化配置，最大限度地发挥人力资源的潜力

做好人力资源规划有利于保证企业人力资源的开发利用，使企业人力资源达到合理配置，优化企业内部人员结构，从而最大限度地实现人尽其用，提高企业的生产效率。人力资源规划的一项基本任务是对组织的现有能力进行分析，对员工预期的能力和要求进行估计与分析。企业由此决定人员配置的数量与质量，并对人力资源的需求作出必要的修正，然后企业根据人力资源供需计划的人员配置结果来决定招聘与解雇员工的数量，因此人力资源供需计划是员工配置的基础。

3. 确保企业变化对各种人力资源的需求

21 世纪，所有企业均面临着一个不断变化的动态环境，如市场需求迅速变化、生产技术不断更新等。与之相适应，企业也要随之进行相应调整，企业的人力资源状况自然发生相应变化。为了更好地应对环境变化对人力资源提出的要求，企业有必要制定人力资源规划，通过对企业现有人力资源状况的分析，对人力资源供求进行预测，并提出相应的政策与措施，及时引进所需要的人才或调整现有的人员结构，为企业未来的人力资源供需提前做好安排。

4. 为企业的人事决策提供依据和指导

人事决策对企业管理影响巨大，且持续时间长，调整困难。为了避免人事决策的失误，

准确的信息是至关重要的，而人力资源规划能够为企业人事决策提供准确及时的信息。如通过人力资源信息库，可以全面掌握本组织现有人员的基本情况，从而可以为招聘、晋升、调动等人事决策提供第一手资料。因此，企业应制定人力资源规划为人事决策提供相关而准确的信息，保证人力资源管理活动沿着正确的轨道进行。

5. 是企业有效控制人工成本的重要工具，有利于更好地控制人工成本

通过制定并执行人力资源规划，企业可以获取现在及未来的人员信息，从而有效控制本企业的人工成本。如通过制定招聘计划，能够有效节约企业招聘成本，提高招聘效率。运用人力资源规划，可以对企业未来的人力资源进行较准确的预测，从而估计出未来的人工成本，以便企业采取针对性措施来控制成本上升，提升利润空间。

6. 有助于调动员工的积极性和创造性，满足员工需求

人力资源规划展示了组织内部未来的发展机会，使员工充分了解自己的哪些需求可以得到满足及其满足的程度。通过人力资源规划的实施，给员工展示未来发展机会，能有效激发员工的积极性、主动性、创造性；否则，员工看不到自己的前途，严重挫伤员工的工作积极性，长此以往将导致人员流失。如果有能力的员工流失过多，就会削弱组织实力，降低员工士气，从而会进一步加速员工流失，使企业的发展陷入恶性循环。

8.2.4 人力资源规划的过程

1. 人力资源规划的原则

1）实事求是原则

实事求是，是一切工作的基础，人力资源规划也不例外。每一个企业都有其起步、成长、发展的历史，人力资源规划要充分分析企业的规模、企业的发展速度、企业的人员构成、企业近几年的人员变化情况等，只有建立在这些实际基础之上的人力资源规划才有可能实现；否则，任何规划，只要脱离实际，都将是空谈，也不可能实现预期目标。

2）科学性原则

企业是发展变化的，企业生存的环境也在不断变化，企业内部人员的构成也处于变化之中。这些不固定因素，决定了人力资源规划必须具有科学性、合理性。人力资源规划的科学性原则要求：对企业过去发展变化规律的分析要科学，对企业现有人力资源状况的分析方法要科学，对企业未来人力资源的供需预测要科学。

3）可行性原则

人力资源规划的总体规划和各项业务规划制定后，应当具有配套的操作规程，能够将规划量化并落实到政策的制定和执行当中，同时便于反馈和评估，从而最终实现规划的预期目标。

4）一致性原则

人力资源规划的一致性包括两个方面：外部的一致性和内部的一致性。内部一致性是指招募、使用、培训及绩效考评等人力资源规划的设计应当是匹配的，体现了整体效应，即

1+1＞2。外部一致性是指人力资源规划应当是企业战略规划的一个组成部分，同企业的整体规划相匹配。人力资源规划只是一个局部规划，不能脱离企业的整体规划，必须和企业整体规划相吻合。

2. 人力资源规划的程序

人力资源规划程序包括搜集相关信息、人力资源战略、人力资源规划、人力资源预测、确定人力资源净需求、制定人力资源规划、执行人力资源规划、人力资源规划的评价与反馈。其流程图如图8－2所示。

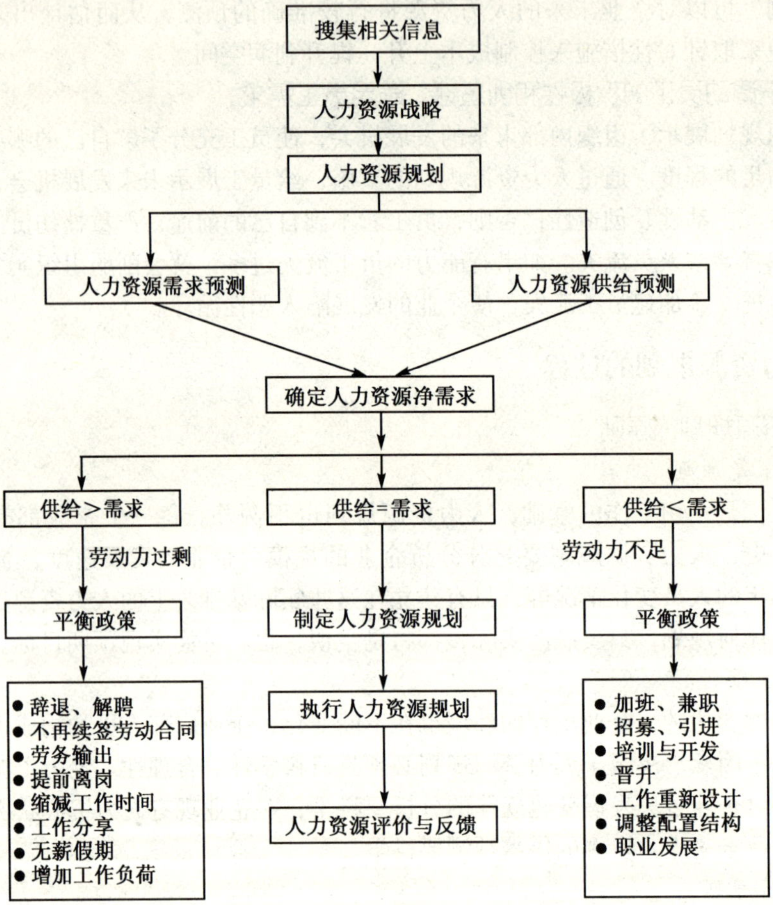

图8－2 人力资源规划程序流程图

不同规模的企业人力资源规划的程序存在着细微方面的差异，但主要内容是大同小异的。

1）搜集相关信息

信息资料是制定人力资源规划的基础和依据，信息的可靠性和真实性关系到人力资源规划的效果和意义。人力资源规划信息包括企业内部信息和企业外部信息。

企业内部信息主要有企业战略、企业人力资源战略、员工调整流动情况、技术更新速度、员工离职率、员工的薪酬福利待遇水平、人力资源结构比例等。

企业外部信息主要有政策和法规，宏观经济形势和行业经济形势，人口状况，市场竞争程度，交通、文化和教育环境，劳动力市场的供给状况，劳动力的择业趋势，科技发展水平等。

2）人力资源预测

人力资源预测是人力资源规划中技术性较强的工作，企业人力资源部要判断各种不同类型人力资源的供求状况，估计企业内部哪些部门在未来的经济运行中会出现劳动力短缺或劳动力过剩的情况。在人力资源预测中，要预测未来的人员要求，包括需要的员工数量、预计的可供数量、所需要的技术组合、内部和外部劳动力供给量等。

人力资源预测包括人力资源需求预测和人力资源供给预测。人力资源的需求预测包括短期预测和长期预测、总量预测和各个岗位需求预测；人力资源的供给预测包括内部供给预测和外部供给预测。

3）确定人力资源净需求

比较分析人力资源需求预测和供给预测结果，计算出各类人员的静需求量。静需求量可能出现三种情形。

一是供大于求，即劳动力过剩。这可以通过辞退、解聘、劳务输出、提前离岗、缩短工作量等方式进行减员增效。

二是供小于求。此时要先进行内部平衡，通过晋升、培训与开发、调配、职业发展等方式予以补充。当内部平衡满足不了需求或代价较高、效果不佳时，就要考虑通过招募、引进的方式加以平衡。

三是供需平衡。这是企业发展需要的最佳状态，有利于企业获得最佳效益；但这种状态不可能长期维持，绝对的平衡也不存在，企业管理者要以发展的眼光看待人力资源的供需变化，尽量将供需差距控制在尽可能小的范围内。

4）制定人力资源规划

根据组织的战略规划和已经确定的人力资源净需求量，制定人力资源总体规划和各项业务规划，并明确规划完成的期限。针对人力资源净需求量的不同情形，要分别制定不同的政策和措施，以实现人力资源的供需平衡；同时要注意协调人力资源规划内部各项业务规划之间及人力资源规划与企业其他规划之间的关系，以确保各种规划之间的相互衔接与平衡，实现人力资源规划的预期目标。

5）执行人力资源规划

在执行人力资源规划之前，要做好充分的准备工作，执行时要全力以赴，严格按照已经制定好的规划进行，同时要完善监督和控制机制，保证人力资源规划的顺利实施。

6）人力资源规划的评价与反馈

评价可以来自执行者或部门的上级或平级，但不能由执行者或部门自身或下级来评价。评价要有针对性，在评价之前可以先列出评价提纲、评价内容、评价标准，然后逐条逐项评价并作出记录。评价后要及时与执行者或部门沟通评价结果。对评价结果的反馈，是最容易忽视的一个阶段。反馈可以由评价人员进行，也可以由执行者或两者共同进行。信息反馈应及时、准确，以便对原来制定的规划进行适时修正，从而确保规划的可操作性和连续性。

对人力资源规划执行的效果进行评价是人力资源规划必不可少的一环，对人力资源规划进行评价的目的是要检验规划制定的目标的合理性。通过比较规划目标与实际效果之间的差距，修正和指导今后的人力资源规划。差距越小，表明人力资源规划越符合实际，也越有利于规划目标和企业整体目标的实现。

8.2.5 人力资源预测

1. 预测是指对未来环境的估计和分析

这种估计和分析不是凭空的臆测，而是根据事物的过去和现在推测它的未来，由已知预计未知。人力资源预测是人力资源规划的重要组成部分，它是指在对企业人力资源的过去和现状进行科学分析的基础上，综合考虑各种因素的影响，对未来一定时期内人力资源状况的预计。企业人力资源预测包括两部分：企业人力资源需求预测和企业人力资源供给预测。

预测的主要作用在于：

① 帮助企业管理人员认识和控制未来的不确定情形，使之对未来的无知降低到最低限度；

② 使规划的预期目标与变化的环境相协调；

③ 事先估计规划实施后可能产生的后果，提出预防措施。

2. 影响企业人力资源需求供给因素

影响企业人力资源供给的因素包括：企业外部环境因素和企业内部环境因素。相比较而言，企业的外部因素是硬性的，企业无法改变，只有遵从；而企业的内部因素是一种软约束，企业自身可以通过控制和调整加以改变。

影响企业人力资源需求与供给的外部因素有以下6个方面。

（1）宏观经济形势

宏观经济形势的走向直接影响市场的兴衰。在经济繁荣时期，企业对人力资源的需求量较大，招聘的难度大；反之，企业人力资源供给过剩，企业不得不减员增效。

（2）行业经济形势

人力资源需求量大，而人力资源供给增长相对缓慢的行业，人力资源供不应求，企业选拔和招聘的余地较小；反之，企业外部的人力资源供给大于或等于需求，企业人力资源的供应比较充足。

（3）市场竞争程度

企业产品市场的竞争归根结底是相关专业人才的竞争。竞争越激烈，人力流动就越会加剧，人力资源不稳定性也会提高，企业对人力资源的需求就越难以满足；反之，竞争不激烈时，企业人力资源的稳定与补充则相对容易。

（4）劳动力市场的供给状况

随着社会的发展、科技的进步和企业相互之间竞争的加剧，企业对人力资源的要求越来越高。劳动力市场上简单劳动力的过剩和高层次管理人才、技术人才的不足导致企业人力资源需求与供给的错位。

（5）政府行为

企业制定人力资源规划，必须服从政府相关的各项政策法规；否则，再好的规划也不可能得以实施，企业的预期目标也不可能得到实现。

（6）企业所处的地理位置

相比之下，经济发达地区人力资源的需求与供给要优于经济欠发达地区。由于利益的驱动，以及相对优势的交通、文化、教育环境，促使人员的流动总是趋向于经济发达地区，这给地处经济落后地区的企业招聘、引进和留住所需人才增加了难度，企业人力资源的需求和供给得不到满足，也不利于企业目标的实现和长足发展。

影响企业人力资源供给与需求的内部因素有以下 5 个方面。

（1）企业经营战略与目标

企业经营战略与目标是企业经营和生产活动的中心，其人力资源的需求与供给也必须围绕这一中心进行。

（2）企业人力资源现状

企业的人力资源现状包括人力资源的构成、使用情况、培训情况等。由于人才观念和人力资源市场的不成熟，企业往往倾向于内部培养，轻于外部招募，这就影响了企业人力资源的需求与供给。

（3）企业本身的吸引力

企业提供给员工的工作机会、薪酬待遇水平、工作生活环境等，就构成了企业对外部人力资源的吸引力。企业在这些方面做得好，吸引力就大，人力资源供给就比较充足，对人力资源的需求比较容易满足；反之，则比较困难。

（4）企业人员的流动调整情况

企业人员的离职和流动率越高，企业对人力资源的需求就越大；反之，需求就越小。

（5）企业的用人观念

管理者的用人观念比较先进、符合实际程度越高的企业，越容易招聘到所需人员；反之，则比较困难，企业人力资源的稳定性也比较容易被破坏。

8.2.6 人力资源需求预测

1. 人力资源需求预测

人力资源需求预测是指在对企业人力资源的过去和现状进行估计和分析的基础上，为实现企业目标而对企业未来一定时期内所需人力资源的种类、数量和质量的一种预计。

2. 人力资源需求预测的方法

人力资源需求预测的内容包括实现企业目标所需的员工种类、数量和质量，预测的方法也比较多。在进行预测时，要考虑3个因素，即企业的整体目标和战略、企业生产力和效率的变化、工作设计或人员结构的改变。除此之外，企业在进行人力资源预测时要考虑的因素还有许多。因此，企业要根据自身特点选择比较合适的预测方法。

人力资源需求预测的方法一般分为两类：一类是定性预测法，包括现状规划法、经验推断法、德尔菲法、名义团体法等；一类是定量预测法，包括总体预测法、趋势分析法、劳动定额法等。

1）定性预测方法

（1）现状规划法

这是一种最简单的预测方法。它是假设企业目前各类人员的配备比例和人员的总数将完全能够适应预测期限内人力资源的需求，即不考虑企业生产规模和生产技术的变化，在相对静止中预测人力资源需求。在此预测方法中，所要做的工作就是预测出在规划期限内有哪些人员将得到晋升、降职、退休或调出的情况，再通过预定人选或人员调整去弥补那些可能出现的岗位空缺。

这种预测方法多是由有经验的专家或人力资源管理人员进行，其精度取决于预测者的经验和判断能力，适用于短期的人力资源需求预测。

（2）经验推断法

经验推断法是预测者根据以往的经验先推断企业产品或服务的需求，然后就产品或服务的特性、所含技术量等，将这种需求转化为工作量，按数量比率将工作量转化为人力需求。企业常采用这种方法预测企业将来某段时间内对人力资源的需求。

这种预测法适用于技术比较稳定的企业的中、短期人力资源需求预测。

（3）德尔菲法

德尔菲法也称专家征询法或集体预测法，是一种简单、常用的主观判断预测法。它起源于20世纪40年代的兰德公司，是有步骤地使用专家的意见去解决问题。这种方法是由有经验的专家或管理人员对某些问题分析或管理决策进行直觉判断与预测，其精度取决于预测者的经验和判断能力。这里所说的“专家”既可以是来自第一线的管理人员，也可以是高层经理；既可以是组织内部的，也可以是外部的。

这种预测法适用于企业中高级管理人员长期需求预测。

2）定量预测方法

（1）总体预测法

总体预测法的计算公式为

$$E_N = \frac{(L + G_N)\ \frac{1}{X_N}}{Y}$$

式中：E_N——N年后预测劳动力的数值；

L——目前企业经营活动的总值；

G_N——企业经营活动在N年后增长的值；

X_N——N年后劳动生产力增长后的比率；

Y——目前企业活动对人力资源的人均转换值。

（2）趋势分析法

趋势分析法又称单变量趋势外推法，属于一元回归分析。它是根据企业在过去人员数量的变动趋势来对未来的人力需求进行预测。这种预测方法以时间或产量等单个要素作为自变量，人员数量为因变量，且假设过去人力的增减趋势保持不变，一切内外影响因素保持不变，即不考虑其他因素对人力需求量的影响。

（3）劳动定额法

劳动定额是对劳动者在单位时间内应完成的工作量的规定。在已知企业计划任务总量及制定了科学合理的劳动定额的基础上，运用该方法能够比较准确地预测企业人力资源需求量。其计算公式为

$$N = \frac{W}{q(1+R)}$$

式中：N——人力资源需求量；

W——企业任务总量；

q——企业现行定额；

R——组织计划期内生产率变动系数。

其中，R的计算公式为

$$R = R_1 + R_2 + R_3$$

式中：R_1——企业技术进步引起的劳动生产率提高系数；

R_2——由经验积累导致的生产率提高系数；

R_3——由于年龄增长及某些社会因素引起的生产效率降低系数。

8.2.7　人力资源供给预测

人力资源供给预测是指在对企业人力资源的过去和现状进行估计和分析的基础上，为实现企业既定目标，而对未来一定时期内企业内部和外部各类人力资源补充来源情况的一种预计。

人力资源供给包括内部人力资源供给和外部人力资源供给。人力资源需求预测分析的是组织内部对人力资源的需求，而供给预测既要研究组织内部的人力资源供给，又要研究组织外部的人力资源供给。

1. 企业内部人力资源供给预测

人力资源内部供给预测的方法有许多，如人员分布分析法、人力资源数据法、管理人员替代法、技能清单、马尔科夫分析法等，下面具体介绍其中3种方法的基本内容。

1）人员分布分析法

人员分布分析法是通过对企业现有人力资源的数量、质量、结构和在各职位上的人员分布状况进行分析，从而掌握企业可供调配的人力资源拥有量及潜在人力资源的状况。在分析的基础上，评价当前各类人力资源的供应状况，估计现有员工晋升、调换工作岗位可能性的大小，预测哪些人可以补充到企业当前的空缺岗位上。通过分析有助于确定晋升和进行岗位轮换的人选，确定是否需要外部供给，确定员工特定的培训或发展项目的需求。为把这项工作做好，人力资源管理部门在日常工作中，要及时形成人力资源分布情况一览表，做好员工能力的记录。

2）技能清单

技能清单是用来反映员工工作能力情况的表格。这些能力包括受教育情况、培训经历、工作经历、已经通过的考试、专业特长等。技能清单能够比较清楚地反映企业员工之间的竞争力。通过技能清单提供的信息，有利于人力资源管理人员全面了解企业人力资源内部供给状况，确定哪些人员能够晋升或流动至何岗位，从而对有望晋升或将要流动调整的人员进行有针对性的培训，改善其技能和绩效，满足工作要求。表 8－4 是一个技能清单的示例。

表 8－4　技能清单样表

所在单位：　　　　　　　　　　　　　　　　　　　　填表日期：

<table>
<tr><td>姓　名</td><td></td><td>性　别</td><td></td><td>出生年月</td><td></td><td>职　务</td><td></td></tr>
<tr><td>职　称</td><td></td><td>岗　位</td><td></td><td>任职起始时间</td><td></td><td>有何特长</td><td></td></tr>
<tr><td rowspan="5">受教育情况</td><td>类　别</td><td colspan="2">专　业</td><td>学　校</td><td colspan="2">毕业时间</td><td>证明人</td></tr>
<tr><td></td><td colspan="2"></td><td></td><td colspan="2"></td><td></td></tr>
<tr><td></td><td colspan="2"></td><td></td><td colspan="2"></td><td></td></tr>
<tr><td></td><td colspan="2"></td><td></td><td colspan="2"></td><td></td></tr>
<tr><td></td><td colspan="2"></td><td></td><td colspan="2"></td><td></td></tr>
<tr><td rowspan="3">培训经历</td><td colspan="3">培训起止日期</td><td colspan="2">培训内容</td><td colspan="2">获得证书</td></tr>
<tr><td colspan="3"></td><td colspan="2"></td><td colspan="2"></td></tr>
<tr><td colspan="3"></td><td colspan="2"></td><td colspan="2"></td></tr>
<tr><td rowspan="3">工作经历</td><td colspan="3">起止日期</td><td colspan="2">所在单位</td><td colspan="2">任何职务</td></tr>
<tr><td colspan="3"></td><td colspan="2"></td><td colspan="2"></td></tr>
<tr><td colspan="3"></td><td colspan="2"></td><td colspan="2"></td></tr>
<tr><td>通过的考试
及获奖情况</td><td colspan="7"></td></tr>
<tr><td>主管评价</td><td colspan="7"></td></tr>
<tr><td>主管部门
意　　见</td><td colspan="7"></td></tr>
</table>

由于员工的个人兴趣、职业发展方向、绩效水平是不断变化的，人力资源管理部门要对员工实行动态管理，定期或不定期地更新和补充相关信息，以确保有关信息的准确性、有效性和可靠性。

3）马尔科夫分析法

马尔科夫分析法又称转换矩阵法，是一种定量分析预测企业内部人力资源供给状况的统计预测技术方法。其基本思路是：在对企业过去等时间段间隔点上（一般为 1 年）各类人员的分布状况进行分析的基础上，找出企业过去人员变动的规律，并以此来推测未来企业人员变动的趋势。

2. 企业外部人力资源供给

当企业内部人力资源供给不能满足要求时，企业就要考虑从外部补充人力资源，以弥补企业职位空缺。对外部人力资源供给预测包括总体经济状况预测、当地市场情况预测及职业市场预测等。

影响人力资源外部供给的因素有以下 7 个方面。

（1）宏观经济形势和未来可能出现的失业率

通常情况下，失业率越低，劳动力供给越紧张，招聘的困难也就越大。要解决这方面的情况，可以参考政府机构和金融等部门的公开出版物。

（2）当地劳动力市场的供求状况及发育程度

这包括当地人力资源的整体情况，尤其是有效的人力资源情况。要充分利用报纸、杂志所公布的经济状况分析，以及劳动人事部门、计划部门和行业管理部门的统计材料等，预测当地劳动力市场的供给状况。劳动力市场发育得好，将有利于劳动力自由进入市场；劳动力市场发育不健全，势必影响人力资源的优化配置，给预测带来困难。

（3）行业劳动力市场的状况

通过行业劳动力市场的状况，可以了解招聘某种特定职业人员潜在的供给可能性。

（4）人口现状

人口现状直接决定了组织外部现有人力资源供给状况，包括人口规模、人口年龄、素质结构和现有劳动力参与率等。

（5）社会就业意识和择业偏好

（6）户籍制度

严格的户籍制度制约了企业外部人员的供给。

（7）地区吸引力

企业所在地的经济水平、气候等环境因素也是影响企业外部人力资源供给的重要因素。

3. 企业人力资源外部供给渠道

这些渠道主要有大中专院校应届毕业生、复员专业军人、技术职校毕业生、失业人员、其他组织人员、流动人员等。

8.3 工作分析

8.3.1 工作分析的定义

工作分析（Job Analysis），又称职务分析，是指对某特定的职务及与其相关的要素进行系统研究和分析，并确定完成这一职务所需条件、资格和行为的过程。

工作分析是人力资源管理中最基本的工作之一，也是人力资源管理最基本的职能，是开展人力资源管理活动的基础。

8.3.2 工作分析的内容

工作分析的目的是确定职务所需承担的任务、职责和责任，以保证企业管理者科学合理地分配各项工作，做到人事匹配。

从管理的角度来看，工作分析的内容包括以下7个方面。

① 工作内容（What）：员工要完成什么样的体力和脑力劳动。

② 责任者（Who）：工作将由谁来完成。

③ 工作岗位（Where）：工作将在哪里完成。

④ 工作时间（When）：工作将在何时完成。

⑤ 怎样操作（How）：员工应如何做才能完成这项工作。

⑥ 原因（Why）：为什么要完成此项工作。

⑦ 条件（What about）：完成此项工作需要哪些条件。

8.3.3 工作分析的意义

工作分析在人力资源管理中起着非常重要的作用，具体体现在以下7个方面：

① 有利于合理使用人员，使整个企业有明确的职责和工作范围；

② 有利于避免人力资源浪费和生产效率，是企业进行现代化管理、提高生产力和劳动效率的客观需要；

③ 为企业员工招聘、选拔和使用提供了客观依据；

④ 有利于人员培训，制定员工培训发展规划，是员工培训工作的基础；

⑤ 有利于科学评价员工的工作实绩，制定考核标准，正确开展绩效评估工作；

⑥ 有利于设计出合理的工资、奖励、福利制度；

⑦ 有助于企业进行合理的劳动定额和劳动报酬，是企业定编定员的基础。

在下列情况下，企业最需要进行工作分析：

① 成立新的企业、部门或职位；

② 企业战略调整、业务发展使工作内容、性质发生变化；

③ 由于技术更新，劳动生产率提高，需要重新定编定岗；

④ 建立绩效考核、培训等新制度的需要；

⑤ 企业、部门或职位发生调整或变更时。

8.3.4　工作分析相关术语

在人力资源管理中有许多专业术语，其中有的与人们日常生活中所使用的术语有近似之处，有的与人们通常意义上的理解则迥然不同。

（1）工作要素

工作要素是指工作中不能再分解的最小工作单位。如打开电脑电源、往电脑中输入一个字符等都是工作要素。

（2）工作任务

工作任务是指工作中为达到一定目的所从事的一系列活动。它可以是一个工作要素，也可以是多个工作要素的集合，如教师上课、打字员打字、记录员记录等都是任务。

（3）职责

职责是指个体在工作岗位上担负的主要任务或大部分任务。它可以由一个或多个任务组成。如教师的职责包括教学、科研等任务，打字员的职责包括打字、校对、编排、简单的机器维修等任务。

（4）职位

职位也叫工作岗位，是指根据组织目标，为某一组织规定的在某一时间内所要担负的一项或多项相互联系的任务及相应的责任。一般来讲，在组织中，每个职位对应一个员工，有多少岗位就有多少人。职位是以“事”为中心确定的，强调的是岗位，而不是担任这个岗位的人。

（5）职务

职务是指主要职责在重要性和质量上相当的一组职位的集合或统称。根据组织规模的大小及各种工作的性质，一种职务可以有多个职位，如企业的副经理是一种职务，可以包括行政副经理、财务副经理、生产副经理等多个职位个体。

通常职务与职位是不加区分的，但二者在内涵上有很大区别：职位是任务与责任的集合，它是人与事有机结合的基本单位；而职务则是同类职位的集合，是职位的统称。职位在数量上是有限的，职位的数量又称为编制；一个人所担任的职务不是终身的，可以是专职，也可以是兼职，可以是常设的，也可以是临时的；职位不随人员的变动而变动。当某人的职务发生变化时，是指组织赋予他的责任发生了变化，但他原来担任的职位依旧是存在的。

（6）职权

职权是指依法赋予的某一特定职位的权力，以保障履行职责，完成工作任务。职权与职责往往密切相关，特定的职责要赋予特定的职权，甚至特定的职责等同于特定的职权。

(7) 职业

职业是指在不同组织、不同时间、从事相似工作活动的一系列工作的总称，如教师、工程师等。

(8) 职系

职系是指工作性质充分相似，但职责繁简难易、轻重大小及所需资格条件不同的所有职位集合。职系又称职种，每个职系都是一个职位升迁的系统。例如，高校教师系列，实验系列，图书资料系列等。

(9) 职组

职组是指工作性质相近的若干职系的集合。职组又叫职群，是工作分类中的一个辅助划分。如，高等教育职组包括教师系列、科研人员系列、实验系列、图书资料系列等职系。

(10) 职级

职级是指同一职系中职责繁简、难易、轻重程度和所需任职资格条件充分相似的职位的集合，它是分类结构中最重要的概念。例如，教师系列包括助教、讲师、副教授、教授4个级别。企业工程技术系列包括技术员、助理工程师、工程师、高级工程师、教授级高级工程师5个级别。

(11) 职等

职等是指不同职系之间繁简、难易、轻重程度和所需任职资格条件充分相似的职位的集合。例如，讲师、工程师、实验师、会计师、经济师分别属于不同的职系，但都是中级职称，属于同一职等。

8.3.5 工作分析的基本程序与方法

1. 基本程序

工作分析是对企业内部各项工作系统分析的过程，一般分为4个阶段：准备阶段、调查阶段、分析阶段、完成阶段。这4个阶段之间相互联系，相互影响，关系十分密切。

1) 准备阶段

这一阶段的主要任务是对工作分析进行全面设计，包括收集和分析相关背景信息，确定工作分析目标。确定工作分析的组织、样本和规范，以及建立关系等。具体工作包括：

① 成立由工作分析专家、各部门负责人、岗位在职人员组成的工作分析小组或委员会；

② 确定工作分析小组开展工作的原则与要求；

③ 确定调查和分析对象的样本，并使样本具有代表性；

④ 确定工作分析的目的、方法与步骤；

⑤ 进行工作分析宣传，取得员工的认同与合作；

⑥ 确定收集信息的类型和范围，提出拟解决的主要问题；

⑦ 制定工作分析的实施计划，并将计划细分，确定基本难度。

2）调查阶段

这一阶段的主要任务是对整个工作过程、工作环境、工作内容和工作人员等主要方面进行全面的调查，具体工作包括：

① 设计各种调查问卷，编写调查提纲；

② 通过运用多种分析方法，调查工作条件和工作环境，并做真实记录；

③ 与员工进行沟通，收集有关的工作特征和工作人员任职条件的信息；

④ 对收集来的信息、数据进行分类、筛选和定性，并做出等级评价。

3）分析阶段

这一阶段的主要任务是对调查收集到的有关工作特征和工作人员特征的结果进行深入分析，具体工作包括：

① 仔细审核和确认已经收集到的信息；

② 分析信息结果指向的原有工作说明和工作规范的内容；

③ 创造性地分析有关工作和工作人员的关键因素；

④ 归纳总结出职务分析的必需材料和要素。

4）完成阶段

这一阶段的主要任务是根据信息分析结果，形成职务说明书。具体工作包括：

① 根据信息分析结果，草拟出“职务说明书”；

② 将草拟的“职务说明书”与实际工作进行对比；

③ 修正“职务说明书”，并确定是否需要进行再次调查研究；

④ 使用“职务说明书”，在实际工作中根据反馈意见，完善“职务说明书”；

⑤ 对工作分析进行评估，并将“职务说明书”进行存档保存，为以后的工作分析积累材料。

2. 工作分析方法

任何一项专业研究都需要有正确的科学方法，工作分析也不例外。在长期的人力资源管理实践中，已经形成了许多较为成熟的工作分析方法。这些方法大致分为两类：定性工作分析方法和定量工作分析方法。

定性工作分析方法包括访谈法、问卷法、观察法、关键事件法和工作日志法等。

定量工作分析方法包括职位分析问卷法、功能性工作分析法和管理岗位描述问卷法等。

1）访谈法

访谈法主要是由工作分析专家与该项职务的任职者就该项职务的有关内容进行面对面的谈话。访谈法有个别访谈法、集体访谈法和主管访谈法 3 种。谈话的内容包括工作目标、工作内容、工作性质、工作范围、任职条件、工作职责、任务完成情况等多个方面。

2）问卷法

这是工作分析中最常用的一种方法，就是采用问卷来获取工作分析所需要的信息，实现工作分析的目的。主要是由员工对有关内容、工作行为、工作特征和工作人员特征的重要性等作出描述或打分，然后对结果进行统计分析，形成共有的代表性意见，并据此写出职务说明书，再进行反馈，修改和完善职务说明书。

3）观察法

观察法是一种传统的岗位调查的方法，是指有丰富经验的工作分析人员在不影响被观察者正常工作的条件下，通过观察记录工作分析所需的信息，并对收集到的信息、数据进行归纳、整理，以达到分析目的的一种方法。

4）关键事件法

关键事件是指那些使工作成功或失败的典型的行为特征或事件。关键事件法是由工作分析专家或者熟悉某职务的员工，通过描述某一预期内能反映其绩效好坏的典型事件，来获取相关信息，从而达到分析目的的一种方法。

5）工作日志法

这种方法一般由工作者本人按工作日志的形式，详细记录自己的工作内容、职责、权利、人际关系、工作负荷及感受等，并依此进行综合分析，归纳，进而实现工作分析目的的一种方法。采用这种方法进行工作分析时，工作者本人对所从事的工作情况与要求比较了解，分析比较经济、有效，但也可能存在误差，带有个人感情色彩，因而要求工作者的直接上级要担负起对记录和分析结果进行检查和纠偏的责任。这种分析方法在实际的企业管理中很少得到应用。

上述工作分析方法，每一种都有其优势、劣势和适用范围，为了保证工作分析结果的准确性和质量，在具体分析时，要根据实际情况综合利用各种方法，选择合适的方法进行合理的搭配，从而取得丰富的信息，提高信息的信度和效度。

8.3.6 职位说明书的编写

将工作分析的结果用书面形式表示出来就是职务说明书。职务说明书的编写并没有固定的模式，需要根据工作分析的特点、目的和要求具体确定编写的条目。

职务说明书包含两部分：工作描述（Job Description）和工作规范（Job Specification）。

1. 工作描述

工作描述是对某特定职务工作的特征和环境特点的描述，其主体是岗位工作本身，包括以下内容。

（1）职务名称

职务名称是指组织对从事一定工作活动所规定的职务代号，以便对各种工作进行识别、登记、分类及确定组织内外的各种工作关系。

（2）工作任务

每个工作岗位都有它特定的任务，包括任务的性质、任务的内容、任务实现的形式及任务执行的步骤和程序等。

（3）工作职责与权限分析

职责是职务与责任的统一。工作职责分析，包括职责范围、责任大小、重要程度等。工作权限分析是对工作者权力的一种界定，包括权限范围、权限大小、权限级别等。

（4）工作环境

工作环境包括工作的物理环境、安全环境和社会环境。

（5）聘用条件

聘用条件包括薪酬结构、支付方法、福利待遇、晋升和进修的机会、工作周期等。

（6）工作内容

工作内容包括劳动强度、工作时数、使用的原材料和机器设备工作流程等。

（7）工作关系

工作关系包括与他人的正式工作关系，接受监督及监督的性质和内容、人际交往的机会和程度、各部门之间的关系等。

2. 工作规范

工作规范指从事某特定职务工作的人员所必须具备的生理要求、心理要求和任职资格，其主体是从事该工作的人，包括以下内容。

（1）基本要求

主要包括年龄、性别、学历、工作经验、管理知识、专业知识、专长等。

（2）生理要求

主要包括观察能力、理解记忆能力、学习能力、解决问题的能力、语言表达能力、人际交往能力、应变能力、领导决策能力、创新能力、性格气质、兴趣爱好、上进心、合作精神等。

3. 编写工作说明书时应注意的问题

编写工作说明书时应注意的问题主要有：

① 语言要浅显易懂、简明扼要，要求清楚具体，不模棱两可；

② 内容可繁可简，主要依据工作分析的目的而定；

③ 形式可以是叙述型，也可以是表格；

④ 程序上要保证工作说明书的全面性、完整性；

⑤ 要便于使用和执行。

8.4 人员招聘、开发与培训

8.4.1 招聘概述

1. 招聘的定义

招聘，是指为实现企业既定目标和持续发展，企业有关部门运用科学的方法，采取各种手段，通过内部和外部多种途径，把企业所需人力资源吸引进来的一个过程。

员工招聘是人力资源管理的重要环节，招聘工作是企业人力资源管理经常性的复杂的工作。企业经营战略发展的每个阶段都要以合格的人才为支持，因此员工招聘对企业稳定与发展有着重大意义，具体有以下6个方面。

（1）关系到企业的生存和发展

员工招聘是人力资源形成的关键，它能满足企业当前和未来发展对人力资源的需求。对新成立的企业来说，员工的招聘更是企业成败的关键。

（2）企业人力资源投资的重要形式

（3）企业进行其他人力资源管理活动的基础

招聘为企业人力资源的形式搭建了一个基础平台，它能够提供企业发展所必需的人力资源，是企业进行人力资源开发培训和使用的前提。

（4）能够提高企业生产效益，增添新的活力

从内部招聘可以鼓舞士气，激发员工的积极性、生动性；从外部招聘能够为企业带来新的活力；同时，也会刺激内部员工努力工作，提高工作效率。

（5）有利于扩大企业的知名度，树立企业形象

通过招聘能够让更多的人了解本企业，关注本企业；同时，通过招聘工作的运作和招聘人员的素质向外界展现了企业的精神风貌和良好形象，从某种意义上讲，也是一种宣传。

（6）能够让企业更多地了解内部和外部人员对企业的要求及工作意向

招聘不是单方面的，是一个双向选择的过程，企业在招聘员工的同时，员工也在选择企业。通过招聘，能够使企业扩展视野，了解人力资源的发展变化情况，从而促进企业自身人力资源管理的发展。

企业进行员工招聘的目的是要实现员工与岗位的匹配，即人事相宜。这包含两方面：一方面是企业有人力资源需求，需要有人补充岗位空缺，保证企业长期发展，这就要使岗位的要求与员工个人素质相匹配，其依据是人力资源规划和职务说明书；另一方面是员工有就业、晋升等需求，这要使工作报酬与员工个人期望相匹配。只有将这两方面有机统一起来，才能使个人发展与企业发展相得益彰。

2. 员工招聘的原则

（1）合法原则

企业进行招聘时，要遵守国家相关的法律、法规和政策。比如禁止未成年人就业、照顾特殊群众、保护儿童妇女合法权利等。

（2）公平、公正、竞争上岗原则

在同等条件下，招聘员工不得搞种族歧视、性别歧视，对内部和外部应聘人员应一视同仁，任人唯贤，择优录用。

（3）因事设岗，因岗择人原则

从企业角度讲，在出现岗位空缺或因某种原因造成人力资源需求时，企业要以人力资源规划和空缺岗位职务说明为依据，吸收合适的人才。可能招聘来的人才不是最优秀的，但一定要是最合适的，确保录用工作的质量。

3. 员工招聘的程序

员工招聘是一个十分复杂的工作，涉及面广、影响大，必须高度重视，有计划、有目的、有步骤地进行，其一般程序为：

① 根据企业人力资源规划，开展人力资源供给和需求预测；

② 制定招聘政策，明确空缺岗位的任职资格和招聘标准；

③ 拟订具体的人员招聘计划；

④ 确定招聘渠道，发布招聘信息；

⑤ 审查求职申请表和个人简历，进行初步筛选；

⑥ 安排笔试或面试，组织培训；

⑦ 核实应聘人员信息，调查取证；

⑧ 体检和试用；

⑨ 评估与决策，拟正式录用人员，签订劳动合同。

4. 招聘渠道及其选择

要进行有效的人员招聘，首先必经明确应聘的人员来源。根据应聘者的来源，可将招聘分为内部招聘和外部招聘。

1）内部招聘

内部招聘又称为内部选拔，是指从企业内部选拔合适的人员补充空缺或新增岗位，其优势在于：

① 有效性、可靠性、忠诚度比较高；

② 有利于激励企业员工，鼓舞士气；

③ 有助于员工角色转变，尽快适应工作要求；

④ 招聘成本低，相对比较容易。

内部招聘也有其局限性，表现在：

① 选择面窄，选择余地小，难以保证招聘质量；

② 容易造成“近亲繁殖”，形成“裙带关系”；

③ 不利于新任人员声望的建立，影响人际关系；

④ 不利于企业增长竞争力和活力，缺乏创新；

⑤ 一定程度上会影响竞争失败者的工作积极性。

内部招聘可以通过晋升或岗位轮换、公开招募、横向调动、员工推荐、转正定级等途径来完成，一般通过职位公告、查阅员工档案、管理层决策及推荐等。

2）外部招聘

当内部招聘不能满足企业对人力资源的需求时，企业就要考虑从外部挑选符合要求的员工。相对于内部招聘而言，外部招聘有如下优势：

① 选择面广，有利于招到高质量员工；

② 避免“近亲结婚”；

③ 能够给企业带来新思想、新方法，使企业充满活力，形成“鲶鱼效应”；

④ 一定程度上能够缓和内部竞争者之间的紧张关系；

⑤ 有利于树立和宣传企业形象。

外部招聘也有其局限性，具体表现在：

① 人员获取的成本较高，时间长，难度大；

② 进入角色慢，有可能出现“水土不服”的现象；

③ 具有一定的风险性，可靠性低；

④ 对内部员工的积极性造成打击；

⑤ 可能使企业轮为外聘员工的“中转站”，增加员工招聘的重置成本。

外部招聘可以通过媒体广告、职业中介机构、校园招聘会、猎头公司、网络招聘、直接求职者、推荐等途径来实现。

内部招聘的重点是管理人才，外部招聘的重点是技术人才。内部招聘和外部招聘都有其优势和局限。在一定程度上，两者又是互补的，因此企业在选择人员招聘渠道时，可以考虑将二者结合起来，发挥两者结合的最佳效果。

8.4.2 员工培训概述

1. 员工培训的定义

员工培训是指企业为实现自身目标和员工个人发展目标，采取一定的方式，有计划、有目的、系统地对员工进行培训和训练，使员工在知识技术能力和工作态度等方面有所改进，达到企业工作要求，进而使其融入企业文化，促进企业发展的一种过程。

员工培训是人力资源开发的重要手段。对员工个人而言，培训可以促进员工充分发挥和利用其个人潜能，实现自身价值，提高工作满意度，增强对企业的归属感和责任感；对企业而言，有效的培训有利于减少工作失误，降低成本，提高工作效率和经济效益，增强企业竞争力。

企业人力资源的开发和培训在某种意义上有所区别，这种区别表现在：培训是一种短期行为，因某种原因，比如工作性质的变化、岗位调整，员工需要再培训才能适合工作要求，其目的是促进员工获得完成某特定工作所必需的知识和技能；而开发是一种比较长期的培训，其目的是使员工获得组织发展所必需的知识和技能储备；培训是被动的，有需求才培训，而开发是主动的，带有预期性。但是两者在本质上是相通的，所以不能把两者割裂开来。

2. 员工培训的必要性

员工培训的必要性主要有：

① 进行员工培训是科技进步的必然要求；

② 企业发展要求通过员工培训，提高员工的知识和能力，以适应工作要求；

③ 企业之间的竞争要求进行员工培训，以提高企业员工的整体素质；

④ 员工之间的竞争，促使培训要求的形成。

3. 员工培训的原则

（1）学以致用原则——目的性

员工培训的直接目的是为了提高员工的素质和技能，使员工更好地适应工作。这就要求培训必须有明确的目的性，从实际工作需要出发，与岗位要求相联系，做到学以致用。

（2）全员培训与重点提高相结合的原则——层次性、针对性

员工培训要有计划、有步骤、有重点、有层次地进行，不能搞一刀切，对企业发展所需要的高层次管理人才、专业技术人才要优先培训。只有这样才符合企业实际需要，才有利于培训目标的顺利实现。

（3）激励原则

培训是一种重要的人力资本投资方式，通过培训可以使员工个人受益，提高自身价值，从而对员工产生一种激励作用；企业通过对培训结果的考核，将培训与晋升、奖惩、工资福利等有机结合起来，确保培训的质量，激发员工的积极性。

（4）因材施教原则——多样化、灵活性、针对性

员工在知识水平、经验、能力、兴趣、爱好等方面存在个体差异，员工所在的工作岗位在内容、性质及要求等方面也存在差异。因此，企业在进行员工培训时就要采用不同的方式、途径、内容来完成，针对个性特点和岗位差异因材施教。

4. 员工培训的意义

员工培训的意义主要体现在：

① 培训是提高员工素质的有效途径；

② 培训是提高工作效率和劳动生产率的重要途径；

③ 培训是实现员工个人发展的必要措施；

④ 培训有利于建立和谐的企业文化；

⑤ 培训能够促进企业的可持续发展；

⑥ 培训有利于企业保持市场竞争优势。

5. 员工培训的基本程序

员工培训需要花费大量的时间、精力和费用。员工培训是人力资源管理的重要内容，是人力资源投资的主要形式，是保持员工与工作岗位匹配的关键环节，其活动的成本无论从时间、精力和费用上讲都是不低的，其成败直接关系到人力资源管理的效果。因此，必须精心设计与组织。

通常，员工的培训包括以下几个阶段：

① 培训需求分析；

② 培训（计划的制定）设计；

③ 培训计划的实施；

④ 培训效果的评估；

⑤ 培训反馈。

6. 培训需求分析

培训需求分析又称为诺伊分析，是培训活动的首要环节。所谓培训需求分析是指在规划实施每次培训活动之前，由培训组织者、主管人员等采用一定方法或技术对企业的发展、任务内容及员工个人情况进行系统的鉴别与分析，以确定培训需求的过程。培训需求分析是确定培训目标、设计和实施培训项目的前提，也是进行培训效果评估的依据。培训需求的方法有观察法、问卷法、访谈法、文件资料法、必要性分析方法等。培训需求分析往往包含组织分析、任务分析、人员分析3个层面。

1）组织分析

组织分析就是根据对组织环境、发展战略和资源的检查，确定企业层面的培训需求，以保证培训计划符合组织的整体目标与战略要求。企业面临的环境变化、企业的战略导向、企业拥有的各种培训资源的存量与变化都是影响培训需求产生的因素。

组织分析主要包括以下内容。

① 组织目标：认真分析企业的经营目标及相关的知识技能和观念，从而确定培训的内容。

② 人员素质：人员素质的优劣关系到整个组织的效率，目标实现的程度及企业的形象，其直接决定培训的需求。

③ 目标实现的程度：组织总体目标的实现并不能代表各分目标的完全实现，其达到的程度受组织因素和个人因素的影响，分目标往往存在差异。

2）任务分析

任务分析是以对工作任务及有关内容的研究为基础，确定员工达到理想的工作绩效所必须掌握的知识和技能。

首先，要对工作包含的任务和职责进行罗列和分析；

其次，弄清完成每一项具体工作对员工的要求；

最后，确定培训内容和培训方式。

任务分析可以通过观察员工的工作表现、与员工及其直接主管直接面谈、比较员工之间的差距等途径完成。

3）人员分析

人员分析是指对员工进行绩效评估和技能差距预测，从而确定人员的过程。

首先，对员工目前的实际工作绩效与理想的绩效标准，对员工现有技能水平与预期技能要求进行比较，发现偏差；

其次，分析这些偏差产生的原因，是否可以通过培训来矫正偏差，培训是否为最好的纠正办法；

最后，确定培训人员。人员分析可以通过绩效评估和前瞻性培训需求预测来完成。

7. 培训设计

培训设计是培训目标的具体化。它是指根据既定培训目标，确定培训时间、培训方式、受训人员、培训教师及费用预算的过程。

1）培训目标

确定目标是培训设计的前提，也是培训实施和评估的依据。培训目标要明确员工在接受培训后组织期望其在知识、技能、态度上达到的预期效果。培训目标可以是单向的，如技能培养、知识更新、态度转变等，也可以是综合的，如工作绩效目标、企业目标等。

2）确定培训时间

企业拥有的时间资源也会影响培训需求的产生。如果企业员工总是处于繁忙的工作之中，培训需求也可能会出现，但不具备现实性。

企业在确定培训时间时，要考虑以下几点：

① 企业当前的资金状况是否允许；

② 培训设施是否已经健全；

③ 培训是否影响企业正常生产和工作；

④ 此时培训是否使培训效果达到最佳。

一般情况下，内容相对简单的短期培训可以集中学习；内容相对复杂、时间较长的培训宜采用个别分散式学习。

3）培训方式、方法

针对不同的情况，有不同的培训方式。按时间划分，有岗前培训、脱产培训、在职培训、业余培训、网上培训等；

按对象划分，有新员工入职培训、学徒培训、管理培训、专业技术培训、特殊能力培训；

按性质划分有正式培训、非正式培训等。

在培训实践中，有多种方法可以选择。一般而言，正式或脱产培训的方法有讲授法、案例研究、头脑风暴法、角色扮演法、情景模拟法、文件筐法等；非正式或在职培训的方法有教练法、导师法、临时工作指派法、工作轮换法等。这些培训的方法不是简单地罗列，而是要有机地结合，合理地运用。

4）确定培训对象

在有些情况下，工作本身促使员工通过被动培训，满足任职条件，适应工作要求；有些情况下，员工主动要求培训，以提高自身价值，胜任从事的工作。因此，在选择培训对象时，务必要综合考虑工作需求和员工需求，使二者达到最佳结合。

一般来说，培训对象可以优先考虑下列员工：

① 新参加工作的人员；

② 工作绩效不符合标准的员工；

③ 晋升到更高岗位的员工；

④ 需要运用新技术、新设备、新流程等的员工；

⑤ 公司新政策、新制度执行时，将会影响到的员工；

⑥ 需要改变技术专长的员工。

5）确定培训课程及教师

根据培训目标的要求及培训对象的特点，确定培训课程设置，选择教科书，选择培训教师，准备培训器材和设施。

6）培训费用预算

作为企业，要清醒地认识到员工培训就是人力资本投资，其每一步的深入都要靠人力、物力的支持，因此企业在制定企业的计划时，必须认真进行培训预算，并加以控制。

8. 培训计划的实施

培训计划实施的一般程序是：

① 做好培训前的准备工作；

② 合理安排培训进程；

③ 发出通知；

④ 组织培训。

培训活动的具体组织者与企业的规模和结构有很大关系。一般来讲，培训活动的实施有以下方式：

① 企业自己培训；

② 企业与学校联合培训；

③ 专业培训机构。

值得注意的是，培训的实施一定要有管理层的支持才能顺利进行。企业管理层应将培训视为企业发展的重要组成部分，并给予积极的支持。

9. 员工培训效果的评估

培训效果评估是指采用一定技术方法对员工通过培训获得的知识、技能及应用在工作中的程度进行客观评价的过程。员工培训的效果主要体现在4个方面，即所获得的知识技能状况，态度的改变程度，工作绩效的提高程度和组织的受益程度。通过培训评估，能够了解实际绩效与预期培训目标之间的差异，为企业以后改进培训，提高培训实效积累经验。

1）培训评估模型

最常用的培训评估模型是美国威斯康星大学的柯克帕特里克（D. L. Kirkpatrick）教授提出来的四级评估模式，他将培训评估分为4个层面：

① 培训对象的反应；

② 学习的效果；

③ 行为的改变；

④ 培训的结果。

2）麦夫曼的五级评估法

麦夫曼的五级评估法为：

① 可能性与反应；

② 掌握程度；

③ 应用；

④ 组织效益；

⑤ 社会效益。

3）CIRO 评估方法

该方法描述了 4 种基本的评估级别，即情景评估（Context Evaluation）、输入评估（Input Evaluation）、反应评估（Reaction Evaluation）、输出评估（Output Evaluation）。

对培训 3 个层次的目标进行的评估如下所述。

① 最终目标：培训将克服组织内部的特殊缺陷。

② 中间目标：为达到最终目标而改变员工行为。

③ 直接目标：员工对新知识、新技能、新思想的获取，以便达到中间目标和最终目标。

10. 员工的培训反馈

这是企业员工培训的最后一个环节，是对培训评估结果进行总结，资料归档，为培训工作积累经验，并制定相应的激励政策，为以后的员工培训打下良好的基础。

8.5　员 工 激 励

8.5.1　员工激励的含义

“激励”（Motivation）一词本来是心理学概念，是激发人的行为动机的心理过程，即通过高水平的努力实现组织目标的意愿。从某种意义上讲，激励是一种精神力量和状态，起加强、激发和推动作用，并且指导和引导行为指向目标。激励不仅能使员工安心和积极工作，而且能使员工认同和接受本企业的目标和价值观，融入企业文化，对企业产生强烈的归属感。

员工激励定义为：通过各种有效的激励手段激发员工发挥最大潜力，实现企业预期目标的过程。它包含以下 3 个方面的意义。

第一，统一的目标。不但企业有发展目标，员工的个人行为也有其需要、动机和目标，在员工激励中，我们强调的是两者的有机统一，二者有一致的导向性，否则，激励将变得毫无意义。

第二，有效的激励手段。不同的人有不同的需求期望，同一个人在不同时期的需要期望也不相同，因此对不同的人，在不同的时期，要采取不同的激励手段，使员工个体目标与企业整体目标趋于一致。

第三，激发员工发挥最大潜力。通俗地讲，激励就是激发士气，鼓舞干劲，调动积极性。假设员工个人目标与企业目标是一致的，如果采取的激励措施不能发挥员工应有的能力水平，那么这种激励也就没有价值可言，不存在价值。激励的目的就是要使员工在实现目标的过程中始终保持一种高水平的积极状态，发挥最大潜力。

8.5.2 员工激励的原则

员工激励的原则，有以下5个方面：

① 期望——员工激励的不竭动力；

② 尊重——员工激励的基本原则；

③ 奖惩——员工激励的基本手段；

④ 竞争——提高激励效应的助推器；

⑤ 参与——激励的重要方式。

8.5.3 员工激励的意义

对员工进行激励，有以下意义：

① 通过激励能够发挥员工的潜在能力；

② 有效的激励能够提高工作效率；

③ 激励是提高企业人力资源质量的有效途径；

④ 通过激励能够弥补物质管理资源的不足和困难。

8.5.4 员工激励的类型

根据不同的标准，激励可以分成不同的类型。

① 按激励的内容划分，有物质激励和精神激励；

② 按激励的性质划分，有正激励和负激励；

③ 按激励的形式划分，有内部激励和外部激励；

④ 按激励的效用划分，有短期激励和长期激励。

8.6 薪酬管理

8.6.1 薪酬概述

1. 薪酬的含义

薪酬是指企业对员工为企业做出贡献所付给的相应回报，这实际上是一种公平的交换。薪酬是报酬的一部分，报酬一般包括2个方面。

（1）经济性报酬（薪酬）

① 直接薪酬：工资、奖金、津贴；

② 间接薪酬：福利待遇。

（2）非经济性报酬

非经济性报酬，主要指工作本身、工作环境。

2. 薪酬的构成

（1）工资

根据劳动者所做的贡献，按照事先规定的标准付给劳动者的报酬，即劳动价格。工资有计时工资、计件工资等。

（2）奖金

奖金是对员工超额劳动的报酬。

（3）津贴

津贴是企业对员工在特殊条件下所付出的额外劳动消耗和生活费开支的一种物质补偿形式。

（4）股权

股权是通过员工持股付给劳动者报酬即股权的转移，是一种有效的长期激励手段。

（5）福利待遇

福利待遇包括法定福利和资源福利，是企业成员间接享受的报酬，包括社会保险福利、交通补贴、午餐费、带薪休假等。其目的是吸引、保留和凝聚员工，以提高企业整体和长期绩效水平。

（6）其他报酬

3. 影响薪酬制定的主要因素

影响薪酬制定的主要因素有 9 个方面：

① 行业薪酬水平；

② 企业薪酬结构；

③ 企业经营战略；

④ 企业所处的发展阶段；

⑤ 企业财务状况、支付能力；

⑥ 员工的工作绩效、技能水平、资历、受教育程度、工作经验、发展潜力；

⑦ 地区间的生活水平差异和工资水平差异；

⑧ 经济形势的好坏；

⑨ 劳动力市场的供需状况。

4. 薪酬管理的基本原则

薪酬管理与基本原则有 6 个方面：

① 竞争性原则；

② 公平性原则，即外部公平、内部公平、员工公平；

③ 绩效匹配原则；

④ 激励原则；

⑤ 经济原则；

⑥ 合法原则。

5. 薪酬的功能

薪酬是一种公平的交易，它能够将企业的组织目标和管理者的意图及时、有效地传递给企业员工，促使个人行为与组织目标一致化，调节员工与组织，以及员工与员工之间的关系。其功能具体有如下几点：

① 能够为企业提供最佳的人力资源支持；

② 能够有效调节劳动力价值取向；

③ 能够合理调节劳动力流向；

④ 能够合理调整劳动力素质结构。

6. 薪酬管理的目标

薪酬管理的目标有以下 5 个方面：

① 吸引和保留企业所需优秀人才；

② 鼓励员工积极提高工作所需要的技能和素质；

③ 激励员工高效率地工作；

④ 建立企业特有文化氛围；

⑤ 控制企业运营的成本。

8.6.2 薪酬水平和结构管理

1. 薪酬水平

企业的薪酬策略一般有 3 个层次的薪酬水平：

① 能够吸引并保留适当员工所必须支付的薪酬水平。

② 企业有能力支付的薪酬水平。

③ 实现企业战略目标所要求的薪酬水平。

2. 薪酬结构

薪酬结构的类型从性质上可以分为 3 类。

（1）高弹性类

该类薪酬结构的特点是：员工的薪酬在不同时期个人收入起伏较大，绩效工资与奖金占的比重较大。以绩效为导向的薪酬结构属于这种类型。

（2）高稳定类

该类薪酬结构的特点是：员工的薪酬与实际绩效关系不太大，而主要取决于年功及企业整体经营状况，员工的薪酬相对稳定，给人一种安全感，采用这类薪酬结构的企业，员工薪酬中基本工资所占的比重相当大，而奖金的发放则根据公司整体经营状况，按照个人基本工资的一定比例发放，如日本的年功工资。

（3）折中类

既有高弹性成分，以激励员工提高绩效，又有高稳定成分，以促使员工注意长远目标。如以能力为导向的薪酬结构、以岗位为导向的薪酬结构及组合薪酬结构，采用该类型的企业较多。

8.6.3　薪酬制度

1. 薪酬制度的设计程序

薪酬制度的设计是一个系统工程，它以岗位分析与评价、薪酬调查和绩效考核为基础，有以下几个程序。

① 薪酬调查：了解同行业、地区市场水平及员工薪酬满意度。

② 比较分析：掌握市场水平线与企业工资水平线的关系。

③ 增资实力：了解董事会认可程度，公司的增资额度。

④ 薪酬结构：确定不同员工的薪酬构成及各构成项目所占的比重。

⑤ 岗位评价：确定薪酬等级及固定薪酬——岗位/能力工资标准。

⑥ 绩效考核：确定浮动薪酬——奖金或年终分红。

⑦ 特殊津贴：确定津贴工资——个人津贴。

⑧ 长期激励：确定长期激励方式及激励力度。

⑨ 调资政策：确定薪酬制度调整的条件、调整额度等。

⑩ 评估调整：执行薪酬制度，调整不合理之处。

一般来说，薪酬制度是企业根据劳动的复杂、精确、繁重程度、劳动责任的大小、能力要求的高低和劳动条件的好坏等因素，将各类岗位划分为若干等级，再按等级确定薪酬标准的一种制度。在市场竞争中，各个行业千差万别，即使在同一行业内部，不同的企业也有不同的个性和特点，企业内部还有许多形态各异的工作岗位。因此，不可能存在一种薪酬管理制度能够适用于所有的企业。实际上，不同性质的企业，薪酬制度有不同的具体构成，其侧重点也有所不同。

2. 几种常见的薪酬制度

（1）技术等级薪酬制

这是将劳动技术和复杂程度等因素划分成不同的等级，并规定相应的薪酬制度，然后再对员工的技术水平、熟练程度进行评定，确定其薪酬水平的一种薪酬制度。

（2）职务薪酬制

这是根据职务的工作特点与工作价值来决定薪酬标准的一种薪酬制度。具体来讲，就是依据该职务对人员的知识、技能需求和工作复杂程度、责任大小及工作环境等因素来确定薪酬标准。

(3) 职等薪酬制

这是在按照工作性质、繁简程度、资历条件和工作环境等因素进行职位分类的基础上，给每一职等和职级配以不同的薪酬标准，薪酬由职位决定，并依年资和考绩结果决定晋升。

(4) 岗位技能薪酬制

这是以工作技能、责任、强度、工作环境等因素为评价基础，以岗位工资和技能工资为主要单元的薪酬制度。

(5) 结构薪酬制

这是按照薪酬的各种职能将其分为相应的几个组成部分，分别确定薪酬额的一种薪酬制度。常包括基本工资、年功工资、职位工资、绩效工资等。

(6) 年薪制

年薪制是以企业的有关经营业绩指标为依据，确定经营者年度薪酬的一种制度。它以企业会计年度为时间单位计发薪酬收入，主要用于公司经理及高层管理人员。这是一种风险薪酬制度，依靠的是约束和激励相互制衡的机制。

一般说来，年薪制包括基本薪金和风险收入两大部分。从理论上讲，基本薪金主要依据企业经济效益水平和企业经营规模及支付能力而确定，主要包括基本工资和福利性报酬。风险收入则依据经营者的经营业绩来确定，主要包括短期激励报酬（年终奖金与分红）和长期激励报酬（股票期权）。在实践过程中，一般是先确定年薪总额，然后再切割基薪和风险收入的比例，常见的做法便是基薪占70%，风险收入占30%。

3. 薪酬制度的调整

1) 薪酬制度调整的类型

(1) 工资定级性调整

工资定级是对那些原来没有工资等级的员工进行工资等级的确定。这包括对试用期满或没有试用期但办完入职手续的新员工的工资定级；对原来没有的岗位或没有在企业中聘任的军队转业人员的工资定级；对已工作过但新调入企业的员工的工资定级等。

(2) 物价性调整

物价性调整是为了补偿因物价上涨而给员工造成的经济损失而实施的一种工资调整方法。企业可以建立员工工资水平与物价指标自动挂钩的体系。在保持挂钩比例稳定的同时，实现工资水平对物价上涨造成的损失的补偿。但是在设定挂钩比例时，要注意“时滞”性问题，即加薪总是跟在通货膨胀后面，所以它们之间总是有一定的差距。员工工资水平与物价指标自动挂钩设计的好坏决定这个差距的大小。

(3) 工龄性调整

如果企业的薪酬构成中包含了年功工资，那么这样的企业普遍采取的提薪方式就是工龄性调整。随着时间的推移和员工在本企业连续工龄的增加，要对员工进行提薪奖励。工龄性调整是把员工的资历和经验当成一种能力和效率予以奖励的工资调整方法。

(4) 奖励性调整

奖励性调整一般是用在当一些员工做出突出的成绩或重大的贡献后，为了使他们保持这种良好的工作状态，并激励其他员工积极努力，并向他们学习而采取的薪酬调整方式。奖励的办法和形式多种多样，有货币性的，也有非货币性的；有立即给予的，也有将来兑现的；有一次性支付的，也有分批享用和终身享用的。

(5) 效益性调整

效益性调整是一种当企业效益提高时，对全体员工给予等比例奖励的薪酬调整方法，类似于不成文的利润分享制度。但是，由于它在分配上的平均主义原则，使得它对员工的激励作用是有限的，特别是对企业发展做出巨大贡献的关键员工，他们的积极性会大大受挫；而偷懒的员工却一样可以“搭便车”，奖金照拿不误。

(6) 考核性调整

考核性调整是根据员工的绩效考核结果，每达到一定的合格次数即可以提升一个薪酬档次的调整工资的方法。

2) 调整薪酬时应注意与员工的沟通

当员工有加薪要求但绩效考核成绩较低，没有达到加薪的标准时，就应该向他解释公司的加薪政策，鼓励他努力工作，争取下次获得好的绩效考评成绩。

如果某员工的绩效考核良好，却没有得到加薪时，就要认真调查原因，是由于工作失误造成的，还是由于该员工的薪酬已经很高，不宜再加薪。如果是前者，则应该立即纠正错误，对员工进行弥补；如果属于后者，就应向员工解释企业中与他能力、岗位相同或类似的其他员工的平均薪酬水平，或介绍同行业其他公司同岗位的薪酬水平，以得到他的理解。

如果员工指出与他岗位相同、能力相同的员工得到了加薪，而他自己却没有加薪时，这时不要轻易地将该员工与他所讲的员工进行比较，这样往往会使冲突更加激烈。如果这两位员工同属一个部门，则应该交由部门经理进行解释（部门经理有对他们加薪的建议权，所以一定有他自己的理由）；如果这两位员工不属于一个部门，则应该告诉他每个部门的加薪标准不同。

8.7 绩效管理

8.7.1 绩效评价

1. 绩效评价的含义及功能

绩效评价也称绩效考核或人事考核。它是对员工在一定时期内，在其工作岗位上的工作行为、工作任务的完成情况和所做的实际贡献等情况进行收集、分析后所做出的评价。

一套好的考核体系有助于为企业创造良好的用人环境，建立激励机制，保证企业内部员工的行为足以支撑企业目标的实现，其具体功能如下所述。

1) 为企业人事决策提供依据

在人员管理工作中，每个管理者都要考虑怎样把合适的人放在合适的位置上去，这就要求管理者参照考核结果，如员工的奖励与惩罚、人事调整、晋升与降职等。如果考核制度不健全或不能认真执行，企业的管理层就无法全面、准确地了解员工的工作情况。

2）保证企业人事工作的透明度

离开考核的奖励分配是盲目的，而且容易被企业员工视为是不公正的。所以在管理员工时，对涉及员工的物质利益和精神追求的分配制度必须公开透明，尽管为避免管理工作中某些负面因素的干扰，有些物质分配的最终结果可能是不公开的。例如很多企业在进行奖金分配时，每个人领取的奖金额就是完全保密的，但是评价过程是必须向全体员工公开的，奖励分配只有建立在公平、公正的绩效评价的基础上，才能让员工接受并认可。

3）有助于管理者更好地了解员工

工作的繁忙、个人的主观意识的干扰等诸多因素常常会成为让管理者更好地了解员工的无形的障碍，如果考核是公正客观的，那么其结果就会为那些由于各种原因而不能全面了解员工工作的管理者建立一条反馈渠道，补充和完善管理者脑海中员工的形象。

4）有助于管理者更好地了解自己

考核就是管理者的一面镜子，因为员工的行为是管理者行为的折射。一个部门的表现在相当程度上可以看出这个部门管理者的风格。从这个角度说，员工的问题中含有领导的问题，员工的成长中含有领导的功劳。当考核结果出来以后，反思的不应该仅是表现各异的员工，而且还应该有他们的领导。

5）进一步明确企业的培训目标

通过绩效评价中员工工作的表现可以了解到员工的缺陷与不足，对于那些具有共性的缺陷就需要企业有针对性地制定人员培训计划，弥补企业员工队伍中存在的不足。另外，通过考核可以反馈上次培训的效果和为下次培训经费的使用分配提供依据。例如，西门子公司就有一个规定，部门培训后工作效益的提高程度对下一年这个部门的培训经费的多寡有着直接的影响。

2. 绩效评价的目的

在实际操作中，绩效评价的结果出现之后，根据结果的好坏进行奖励与惩罚是毫无疑问的。但是，这并不是绩效评价的目的。绩效评价的目的是通过管理者与员工之间的沟通，以提高和改善员工工作表现，最终有效地提升企业的工作效益，这也是很多企业人事工作的最终目标。

当评价结果出来之后，考核者与被考核者就前一段工作中的得与失，通过做一个平等的沟通，可以解决很多问题。通过沟通也可让员工感受到管理层的合作态度，认识到绩效评价不是要站在与多数员工对立的立场上约束员工，而是要与广大员工站在同一立场上把工作搞好。

3. 有效的绩效考评的要求

有效的绩效考评应具有以下特点。

（1）可靠性

绩效考评的可靠性指的是评价者判定评价的一致性，不同的评价者对同一个员工所做的评价应该基本相同。当然，评价者应该有足够的机会观察工作者的工作情况和工作条件。

（2）准确性

绩效考评的准确性指的是应该把工作标准和组织目标联系起来，把工作要素和评价内容联系起来，明确一项工作成败的界限。工作绩效标准是就一项工作的数量和质量要求具体界定员工行为是否可接受的界限。众所周知，工作分析描述一项工作的要求和对员工的素质要求，而工作绩效标准规定工作绩效合格与不合格的标准，实际的绩效评价则是具体描述员工工作中的优缺点。绩效考核的准确性要求对工作分析、工作标准和绩效评价系统进行周期性调整和修改。

（3）敏感性

敏感性指的是绩效评价系统具有区分工作效率高的员工和工作效率低的员工的能力，否则就既不利于企业进行管理决策，也不利于员工是否升迁推荐等人事管理决策，评价系统就需要收集关于员工之间工作情况差别的信息。如果工作评价的目的是促进员工个人的成长发展，评价系统就需要收集员工在不同阶段自身工作情况差别的信息。

（4）可接受性

业绩考核体系只有得到管理人员和员工的支持才能推行，因此业绩考核体系经常需要员工的参与。业绩评价中技术方法的正确性和员工对评价系统的态度都很重要。

（5）实用性

业绩考核体系的实用性指的是评价系统的设计、实施和信息利用都需要花费时间、人力和金钱，组织使用业绩考核系统的收益必须要大于其成本。

以上是对绩效评价系统的 5 项基本要求，前 3 项被称为技术项目，后 2 项被称为社会项目。一般来说，只有业绩评价系统符合科学和法律的要求，具有可靠性、准确性和敏感性，就可以认为它是有效的。

8.7.2 评价标准的确定

1. 绩效评价标准

1）工作业绩考评

工作业绩考评是对企业人员担当工作的结果的考核与评价。它是对员工贡献程度的衡量，是所有工作绩效考评中最本质的考评，直接体现出员工在企业中的价值大小。在企业中，工作业绩主要指能够用具体数量或金额表示的工作成果，是最客观的考评标准。例如，利润、销售收入、产量、质量、成本、费用、市场份额等。

2）工作行为考评

工作行为考评主要是对员工在工作中表现出的相关行为进行的考核和评价，衡量其行为是否符合企业规范和要求，是否有成效。由于是对行为进行考评，很难用具体数字或金额来精确表述。因此，在实际考评中，企业常常用频率或次数来描述员工的工作行为，并据此进行评价，也属客观性考评指标。例如，出勤率、事故率、表彰率、违纪违规次数、访问客户人次、客户满意度、员工投诉率、合理化建议采纳次数等。

3）工作能力考评

工作能力考评是考评员工在职务工作中发挥出来的能力。例如，在工作中判断是否正确、工作效率如何、工作中的协调能力怎样等。根据被考评者在工作中表现出来的能力，参照标准或要求，对被考评者所担当的职务与其能力是否匹配进行评定。

这里的“能力”主要体现在4个方面：专业知识和相关知识；相关技能、技术和技巧；相关工作经验；所需体能和体力。对员工的工作能力进行考评时，由于需要考评者对员工的工作能力做出评判，故此类考评标准被称为主观性指标。

4）工作态度考评

工作态度考评是对员工在工作中付出的努力程度的评价，即对其工作积极性的衡量。常用的考评指标有主动精神、创新精神、敬业精神、自主精神、忠诚感、责任感、团队精神、进取精神、事业心、自信心等。工作态度是工作能力向工作业绩转换的中介变量，在很大程度上决定了工作能力向工作业绩的转化。员工的工作态度也很难用具体数字或金额来表述，在对员工进行工作态度考评时，也需要考评者对员工表现出的工作态度作出评判，故此类指标也常称为主观性指标。

在以上4类绩效考评标准中，前两类标准可以进行客观的量化评价，故常称为“硬指标”；后两类很难进行量化，考评时常需要考评者的主观评级，故称为“软指标”。在进行工作绩效考评时，应注意客观性评价和主观性评价的结合，硬指标和软指标的结合。只有这样，才能全面公正地评价员工的工作绩效。

2. 绩效标准的特征

绩效标准的特征有以下9个方面。

① 标准是针对工作而不是针对工作者确定的。不管谁来执行该工作，均应达到此标准。

② 标准是可以达到的。按照确定的标准，所有在职的员工都应该能达到。

③ 标准为人所知，消除不必要的神秘感。

④ 标准是执行者和主管协商而定的。考核标准的制定由被考核者参与，可以提高对目标的内在承诺，取得他们的支持、合作和理解。

⑤ 标准尽可能具体明确，而且可以衡量，尽量避免歧义的产生。

⑥ 标准有时间限制，即标准要求何时达到，或标准是否仍然适用。

⑦ 标准要记录在案，随时提醒各方按标准执行任务。

⑧ 考核标准本身应尽可能客观、准确、明确，以求最大限度地减少偏见和感情色彩等个人因素。考核标准必须找出工作成败的界限，并予以确切描述，因为考核的目的是促使企业或各部门修改工作规程和工作要求。

⑨ 标准可以改变。进行一个循环过程后，往往要调整原标准。

3. 考绩的信度和效度

所谓信度是指考评结果的一致性（不因所用考评方法和考评者的改变而导致不同结果）和稳定性（不长的时间间隔内重复考评所得的结果相同）。影响考评结果信度的因素可能是情景的，如考评时机不当、考评环境不够安静等；也可能是个人方面的，如考评者的理解力、判断力及情绪、疲劳程度和健康状况等；还可能是绩效定义与考评方法方面的，如忽略了某些重要考评维度、各考评者对考评维度的意义及权重有不同认识，以及考评方法自身带来的误差等；又可能考评方案设计方面的，如采用无记名方式填表的未加考虑；等等。

为了提高考评结果的信度，可采取以下一些改进措施：

① 对考评者进行统一的培训，保证他们对考评内容的一致理解和对考评标准的正确把握；

② 尽量采用全方位的 360°考评，对同一维度的考评内容从不同的角度进行考评；

③ 如果可能，间隔 1 周进行重复考评；

④ 在设计考评方案和考评方法时，尽量采用考评内容格式和程序的标准化及考评标准的量化。

效度是指考评所获得的信息及结果与考评的工作绩效之间的相关程度。效度差就是考评结果的标准性差，即无关信息被纳入而有关信息却被忽视了。例如，考评设计工程师的工作绩效时，若检查他每月从资料室借阅了多少图书，而不是看他完成了多少设计图纸，质量如何，就不能准确反映他的工作绩效。由此可见，影响考评结果效度的主要因素是定义绩效内容的全面性和准确性。如果忽略了某些重要的维度，或者表述各维度时不准确、不具体等，都可能造成考评效度的降低。为此，在设计考评方案时，首先要做到考评维度的全面并使各维度的权重能反映实际情况，然后用具体、明确、容易理解的词语和指标定义它们的内容，要让真正了解待评职务的人参与设计，并且善于听取来自各方面的建议和意见。此外，还要加强对考评者的统一培训，保证考评者真正理解考评内容、掌握考评标准。

8.7.3　绩效综合评价

1. 绩效考评的方法

1）简单排序法

在操作这种方法时，评价者先确定最好和最次的，再确定次优次劣的，以此类推，直到把所有的员工评价完毕。由于在评级的起初，员工差距比较大，评价者很容易做出正确的决策。越接近中间的员工，由于员工水平比较接近，在评价的时候就越应谨慎。

2）对偶比较法

此种方法要求评价者把员工两两对比，按照对比构成中获取的最优次数的总数来确定次序。这种方法相对科学合理，但主要是对员工整体情况的总体比较，也不适应于员工数量过多的情况。

3）强制分布法

强制分布法认为员工的工作绩效一般呈正态分布，因此企业可以将员工分为绩效优秀的、绩效良好的、绩效一般的、绩效较低的、绩效很低的5种情况。而且往往是中间大，两头小，优秀的是少数，绩效很低的也是少数，极大部分居于良好、一般、较低的水平。这种评价方法的具体做法如下所述。

第一步，设计所有的评价要素，确定评价者。

第二步，设计每一个等级的员工占员工总数的百分比。如绩效优秀的有5%，绩效良好的有15%，绩效一般的有70%，绩效较低的有6%，绩效很低的有4%。

第三步，将准备进行评价的每一位员工的姓名写在小卡片上，根据一种评价要素对员工进行评价，然后放入相应的等级里。

强制分布法的优点是：可以避免评价者过分宽容而导致评价结果普遍较高，或者过分严厉而使评价结果普遍过低的现象。特别是当评价对象过多时，强制分布法是一种较为可行的方法。其缺点是：如果企业所设定的分布等级不符合员工的实际情况，那么实行强制分布法来评价会使员工产生一些不满情绪。

4）评定量表法

评定量表法是绩效考核中常用的一种方法。根据工作分析，将被考核岗位的工作内容划分为相互独立的几个模块，在每一个模块中用明确的语言描述完成该模块工作需要达到的工作标准。同时，将标准分为几个等级选项，如优、良、合格、不合格等，考核人根据被考核人的实际工作表现，对每个模块的完成情况进行评估，总成绩便为该员工的考核成绩。评定量表法使得考核者可以以连续的方式标明员工的表现，由于其简易性，这一方法使用得最普遍。在图表为每项职责确定的等级中，考核人只需在他认为适当的级别上打上标记，更详细的考核评价可以填写在每个被考核因素旁边的用于书写评价的空格内。评定量表示如表8－5所示。

表8－5 评定量表

评估对象姓名：______ 职务：______ 评估日期：______ 工作单位：______ 评估人：______					
评估等级因素	不满意 明显地不适合其岗位工作	一般 勉强可在本岗位工作	良好 符合本岗位工作的基本要求	优秀 明显地在其岗位标准和基本要求之上	杰出 明显地且始终表现突出
工作质量 （指工作的精确性和彻底性，产品的外观及验收情况）					

续表

评估等级因素	不满意 明显地不适合其岗位工作	一般 勉强可在本岗位工作	良好 符合本岗位工作的基本要求	优秀 明显地在其岗位标准和基本要求之上	杰出 明显地且始终表现突出
工作数量 （指产量和贡献）					
必需的监督和管理 （指需要给予劝告、指导和纠正的程度）					
出勤 （指出勤的经常性、可靠性和准时性）					
维护 （保护设备的实际表现）					
评语：					
评估人：______________ 评估对象本人意见：______________ 评估时间：____________ 经手人签字：____________					

5）关键事件法

所谓关键事件法，是负责评价的主管人员把员工在完成工作任务时所表现出来的特别有效的行为和特别无效的行为记录下来，形成一份书面报告，每隔一段时间（通常为 6 个月），主要人员和其下属人员面谈一次，根据记录的特殊事件来讨论后者的工作绩效。

需要注意的是，所记载的事件必须是较突出的、与工作绩效直接相关的事（即关键事件），而不是一般的、琐碎的、生活细节方面的事；所记载的应是具体的事件和行为，而不是对某种品质的评判（如“此人是认真负责的”）。

关键事件法一般与其他考评方法结合起来使用，作为其他方法的一种很好的补充。因为它有许多优点。

① 它为主管人员向下属人员解释绩效考评结果提供了一些确切的事实材料。

② 它可以使主管人员对下属人员进行绩效考评时，所依据的是员工在整个年度中的表现（因为 1 年中的关键事件都已有所记录），而不是员工在最近一段时间的表现，从而使考核更全面和更准确。

③ 进行动态的关键事件记录，可以使主管人员了解下属人员是通过何种途径克服不良绩效的具体事例。但是，由于记录是对不同员工不同工作侧面进行的描述，无法在员工之

间、团队之间和部门之间进行工作情况的比较，评价者用自己制定的标准衡量员工，而员工则没有参与的机会。因此，不适用于人事决策。

6）行为锚定评分法

行为锚定评分法是由美国学者史密斯和肯德尔于1963年研究提出的。该方法利用特定的行为锚定量表来描述员工的行为和绩效，是传统图示量表法与关键事件法的结合。该方法一般需要先确定关键事件，再初步建立绩效评价指标，然后重新分配关键事件，并确定相应的绩效评价指标，接着确定各关键事件的评价等级，最终才能建立起行为评定评价表。

7）评语法

评语法是指由考核人撰写一段评语来对考核人进行评价的一种方法。评语的内容包括被考核人的工作业绩、工作表现、优缺点和需努力的方向。由于该考核方法主观性强，最好不要单独使用。

8）目标考核法

目标考核法是根据被考核人完成工作目标的情况进行考核的一种绩效考核方法。在开始工作之前，考核人和被考核人应该对需要完成的工作内容、时间期限、考核的标准达成一致。在时间期限结束时，考核人根据被考核人的工作状况及原先制定的考核标准来进行考核。目标管理考核制度以3个假设为根据：

① 如果在计划与设立各种目标和确定衡量标准的过程中，让员工也参与其中，就可增强员工对企业的认同感和工作积极性；

② 如果所确定的各种目标十分清楚和准确，员工就会更好地工作以实现理想的结果；

③ 工作表现的各种目标应该是可衡量的并且应该直接针对各种结果。

2. 绩效考核的实施

1）绩效考核的程序

（1）纵向程序

纵向程序包括：

① 基层考核，其重点是员工个人的工作行为及业绩；

② 中层考核，中层干部个人考核和部门绩效考核；

③ 高层考核，重点是对经营效果方面的总体指标，如销售额、利润额、资产的保值增值情况。

（2）横向程序

横向程序包括：

① 制定绩效计划；

② 保持不断的沟通；

③ 收集员工的信息；

④ 绩效评估；

⑤ 绩效结果的反馈及绩效改进计划的拟定。

2）绩效考核的反馈

只有考核而不将结果反馈给被考核的下级，考绩便失去了它极其重要的奖励、奖惩与培训的功能。反馈的方式主要是考绩面谈和沟通。

一般而言，绩效考核面谈和沟通包括 3 个步骤：即面谈准备、实施面谈和面谈效果评价。

（1）面谈的准备

首先，明确面谈需达到的目的。诱导面谈对方达到一致看法，而不是寻找训斥的机会；认识下属在工作中的优缺点，拟定某项缺点的改进计划，确定下期考核的工作要项和绩效标准。

其次，决定最佳的时间、场所、资料、计划开场、谈话及结束的方式，并保证谈话过程不受干扰。

（2）实施面谈

实施面谈时要注意：为使双方顺利地实现交流和沟通，应营造一个融洽的面谈气氛；对事不对人，避免算旧账；不仅找出缺陷，还要找出原因，提出改进措施；注意说话技巧，表扬—批评—表扬；充分利用角色换位和聆听技巧；用鼓励的口吻结束谈话。

（3）面谈效果评价

面谈结束以后，必须从自己是否满意，别人如何评价，当事人行为、绩效有无改变，是否达到预期设想等方面，对面谈效果加以评价，作为将来改进面谈的依据。

面谈和沟通应遵循的基本原则有以下 5 个方面。

① 沟通应该真诚。真诚的沟通才能尽可能地从员工那里获得信息，进而帮助员工解决问题，提供帮助。

② 沟通应该及时。绩效管理具有前瞻性的作用，在问题出现时或出现之前就通过沟通将之消灭于无形或及时解决。

③ 沟通应该具体。沟通应该具有针对性，具体事情具体对待，不能泛泛而谈。泛泛的沟通既无效果，也不讲效率。

④ 沟通应该定期。经理和员工要约定好沟通的时间和时间间隔，保持沟通的连续性。

⑤ 沟通应该具有建设性。沟通的结果应该是具有建设性的，给员工未来绩效的改善和提高提供建设性的建议，帮助员工提高绩效水平。

3）绩效考核和管理中常见的问题

绩效考核和管理中常见的问题有以下两类。

（1）指标方面的问题

例如，指标不明确、不具体，导致考核者不了解考核指标的真实内涵，理解角度不一致等；不现实——考核指标过高，明显偏离实际；不贴切——考核指标没有反映被考核者的关键工作内容；可衡量性太差——考核指标偏重于定性，可注意理解的自由度过大；权重失误；等。

为了杜绝这种现象出现，必须依照评价内容、指标、标准、标度等要求去设计。

（2）评价者方面的问题

在工作表现考核过程中有多种出错的源泉，其中一个主要来源是考核者所出的差错。对这些差错一般没有简单的杜绝办法，但使考核者意识到这一问题会使情况有所改善。

第一，近期效应问题。

近期效应是指在考核员工工作表现时，对最近时期的表现给予较大的权重。近期效应是一个易于理解的考核者差错。对于考核者来说，一般很难记住一个员工七八个月前的工作表现。员工对工作表现的关注也是随着正式考核日期的来临而日甚一日。为避免这种现象，负责考核的人员可以通过对正反两方面的表现进行日常记录的方式，将这类问题减少到最低限度。

第二，评分模式问题。

有些经理打分相对较严，有些相对较松。这实际上犯了过严、过宽和趋中的评分模式错误。

第三，考核者的偏见问题。

考核者偏见问题是指因考核人的价值观或偏见扭曲了考核结果。考核者的偏见既可能是有意的，也可能是无意的。如果一个经理对某一种族群体具有强烈的反感情绪，这种偏见就使他在评分的时候很难坚持客观性和公正性，其结果必然是使某些人的考核信息处于被扭曲的状态。如果考核过程设计不当，那么年龄、信仰、资历、性别、相貌或其他任意的划分标准都可能对考核结果产生不应有的影响。这一问题应通过更高层的经理对考核结果进行检查，予以校正。

第四，晕轮效应问题。

晕轮效应是指经理因一个人的某一特点而在其他考察项目上全给高分或全给低分而形成的一种考核结果。例如，如果一个女性员工很少缺勤，那么由于她的这种可靠性，经理就可能给她包括工作产出的质量和数量在内的所有其他方面的工作均给予高分。而实际上，这位经理并未真正考虑她在其他工作方面的特点。

案例分析

案例1 安仁股份有限公司的培训计划

安仁股份有限公司是国内一家知名的大型家电生产厂家，其代表产品除了在国内市场占有很大份额以外，还远销欧、亚、非等国家。2000 年 12 月公司进行股份制改造，现有员工

3 000多人。自公司股票公开上市以后，公司的发展非常迅速。2002 年年底，公司与某大学合作，对公司的组织结构进行了重新设计，从各个管理岗位上精简下 300 多人，使机构更加精简、高效。2004 年，公司又与该大学合作，研究公司下一步人员培训如何开展的问题，其目的是将公司建成学习型组织，将公司的发展建立在人员素质的普遍提高上。这是因为，目前国内在本行业的竞争已经白热化，几家大型厂家竞相角逐，如何在未来获得竞争优势，是每个厂家都面临的重要课题。安仁公司在进行 ISO 9001 认证前后已进行了多年的培训，并对部分管理人员进行了 MBA 的课程培训，但公司总感到已有的培训效果不理想，培训总是缺乏主动性，常常跟着业务变化及公司大的决策变动而变化，计划性较差，随时性和变动性很大。另一方面，公司也感到未来企业竞争优势的取得要依靠人员素质的提高，同时公司在经营和发展方面遇到一些现实的问题，希望能够通过培训加以解决。鉴于此，安仁公司决定开展为期 3 年的公司全员大培训。

思考讨论题

1. 如何确定公司的培训需求？
2. 各部分人员该如何培训？培训应包括哪些内容？
3. 如何确保培训的效果？对培训的效果如何进行评价？
4. 如何形成有成效的培训管理体系与制度？

案例 2　Y 公司的绩效管理

Y 公司是一家主营高档名牌服装代理兼营餐饮的公司，在全国内拥有专柜、专卖店 30 多家。Y 公司目前处于快速发展阶段，计划未来 3 年内销售年增长率为 25% 左右。员工目前总人数为 300 多人，分布在国内 5 个城市。为实现成长目标，公司希望建立一套高水平的绩效管理系统。Y 公司要求通过新的绩效管理系统的实施，科学准确地评价企业内各个分店、各个员工的真实贡献，据此确定薪酬分配和激励措施，从而在淘汰不合适员工的同时吸引和激励优秀员工，实现公司与优秀员工的双赢。由于行业特征，Y 公司人员素质差异大，中低层员工流动率高，故绩效管理系统应该简单易行；导入新方案初期需要各级人员投入大量时间和精力熟悉和适应新的工作内容和流程，因此短期内业绩可能不升反而还降；最后，为预防可能出现反对声音、抵触心理，他们决定采取措施控制这种变革冲突。综合考虑以上因素，绩效管理系统将分 3 个阶段逐步实施。3 个阶段之间完全独立，决不重复；每个阶段之间有间隔，让企业有时间充分消化和吸收；每一阶段都设定合理的目标，最终建立起一个适应 Y 公司的绩效管理体系。

思考讨论题

1. 请为该公司设计一套绩效管理系统。
2. 公司员工的绩效如何考评？

本章练习题

一、单项选择题

1. （　　）包括个体与群体的政治品德、伦理道德、个性品德 3 个基本方面。

A. 政治素质　B. 思想素质　C. 德的素质

2. 绩效考评的信度是指（　　）的一致性和稳定性程度。

A. 考绩方法　B. 考绩过程　C. 考绩结果

3. 人力资源的开发是为了人力资源的（　　）。

A. 使用　B. 提高　C. 储备

4. 自我实现是人的（　　）的需要。

A. 最高层次　B. 共同拥有　C. 最基本

5. 人力资源供给预测是通过一定的方法对组织内部和外部可以获得的人力资源（　　）所进行的预测。

A. 质量　B. 关系　C. 数量

二、多项选择题

1. 人力资源管理的主要内容包括人力资源规划、人员吸收、培训和开发以及（　　）。

A. 绩效评价　B. 奖酬与福利　C. 思想教育　D. 安全与健康

2. 作为应聘者在评价一个组织时，主要看（　　）这 4 个方面。

A. 组织的报酬　B. 晋升与发展的机会

C. 人际关系　D. 地理位置与环境

E. 组织的优势

3. 人力资源的能动性主要表现在（　　）3 个方面。

A. 自我强化　B. 选择职业　C. 积极劳动　D. 努力学习

4. 人力资源的工作计划一般包括（　　）。

A. 工作分析　B. 招聘计划　C. 员工流动计划　D. 员工培训计划

5. 有效绩效考评的特点有（　　）。

A. 可靠性　B. 准确性　C. 敏感性　D. 实用性

三、思考题

1. 什么是人力资源？人力资源有哪些特点？
2. 现代人力资源管理与传统人事管理有何区别？
3. 未来人力资源管理者应具备什么样的能力？
4. 什么是人力资源规划？其主要内容有哪些？
5. 人力资源规划应遵循哪些原则？其程序是怎样的？
6. 什么是人力资源预测？其主要作用是什么？
7. 什么是工作分析？其主要内容有哪些？
8. 工作分析的基本程序是怎样的？
9. 简述员工招聘的原则和程序。
10. 简述员工培训的原则和意义。
11. 如何设计薪酬制度？
12. 如何调整薪酬制度？
13. 什么是绩效评价？其功能有哪些？
14. 什么是考绩的信度和效度？
15. 绩效考核和管理中应注意哪些问题？

第 9 章

企业营销管理

学习目的

通过本章的学习，使学生了解市场的概论，掌握市场机会分析和目标市场策略，能够在实际工作中运用市场营销组合策略。

关键术语

市场机会　目标市场　营销组合

9.1　营销管理概述

9.1.1　市场概论

1. 市场的内涵

在市场经济条件下，企业必须按照市场需求来组织生产和经营活动。市场是指具有特定需要和欲望，而且愿意并能够通过交接来满足这种需要或欲望的全部潜在顾客。

从市场的概念中，可以得出市场包含的3个重要因素：有某种需要的人、有满足这种需要的购买能力和购买欲望。用公式表示就是：市场 = 人口 + 购买力 + 购买欲望。

影响市场的3个因素是相互制约、缺一不可的，只有三者有机结合才能构成现实的市场，并且决定市场的规模和容量。

2. 市场的类型

市场营销管理所研究的市场，按照不同的划分方法可以分为许多类型。不同类型的市场，由于购买者不同、购买的目的不同等，从而具有不同的购买规律和行为特点。这些不同的购买规律和行为特点，是企业制定营销方案、从事营销管理的客观依据。根据不同的划分标准，可以分为以下市场类型（见表9－1）。

表 9－1　市场类型划分表

划分标准	市场的类型
购买者的身份	消费者市场、组织市场（包括生产者市场、中间商市场、政府市场）
商品属性	消费品市场、生产资料市场
市场竞争程度	商品短缺市场、完全竞争市场垄断市场、寡头垄断市场
市场供求关系	卖方市场、买方市场

9.1.2　市场营销的概念与内容

1. 市场营销的概念

市场营销的英文是 Marketing，产生于 19 世纪末 20 世纪初的美国。在市场营销的产生、发展过程中，市场营销的概念有上百种之多。目前比较公认的是美国市场营销学者菲力普·科特勒的定义：市场营销是与市场有关的人类活动，它以满足人类各种需要和欲望为目的，通过市场交接满足现实或潜在需要的综合性经营销售过程。

2. 市场营销的内容

市场营销主要是研究企业的市场营销活动及其规律性，即研究企业如何通过整体市场营销活动，适应并满足市场需求，以实现企业的经营目标。企业的市场营销活动是一项综合系统工程，其主要内容包括市场调查与预测、进行市场细分、选择目标市场、新产品开发与组合、确定产品价格、分销渠道的选择和管理、促销措施的运用、售后服务等多个方面。这些方面之间构成了一个彼此联系、组织严密、层层推进的市场营销管理过程。

对于企业的市场营销活动内容，也可以将其主要方面概括为 4P 组合。这是美国另一市场营销学者麦卡锡提出的一种理论，他把影响企业市场营销活动的各种因素概括为 4 个基本变量，即产品（Product）、价格（Price）、地点（Place）和促销（Promotion），由于这 4 个名词的英文字头都是"P"，所以简称 4P。市场营销中所说的营销组合，也就是这 4 个"P"的适当组合与搭配，它体现了整体营销思想。

虽然营销在不断发展的过程中又提出了 6P 和 4C，但都是建立在 4P 的基础上的，4P 是整个市场营销的核心。

9.2　市场机会分析

9.2.1　市场机会的概念

市场机会是指营销环境中对企业市场营销有利的各种因素的总和。市场上未满足的需要是客观存在的市场机会，但在现代市场经济条件下，某种市场机会能否成为某企业的机会，不仅要看这种市场机会是否适合于企业的目标和资源，而且取决于企业在利用市场机会，经营这种业务上是否比其竞争者具有更大的优势。

市场营销的目的是通过比竞争者更好地满足市场需求，赢得竞争优势，进而获得合理的竞争收入。要做到这一点，就必须从研究市场出发，了解市场需求，寻找和分析利用市场机会。而这些都要求营销人员必须首先对相关的营销环境开展市场调研与预测，广泛收集日常营销信息，在发现和选择市场机会的基础上制定市场营销战略决策。

9.2.2 市场营销环境

市场环境是企业市场调查工作的对象，准确的分析市场营销环境，是企业满足市场需求，制定恰当的企业战略和策略，有效开展企业市场营销活动的基础工作。市场营销环境是指各种影响和制约企业市场营销活动的最普遍性的因素，它可以分为市场营销宏观环境和市场营销微观环境。

1. 市场营销宏观环境

市场营销宏观环境又称间接市场营销环境，是指那些影响企业营销活动的社会性力量和因素，包括政治法律环境、经济环境、社会文化环境、科技环境、人口环境、自然环境等。这些主要社会力量是企业不可控制的变量，一般从宏观方面间接作用于企业的营销活动，如图 9－1 所示。

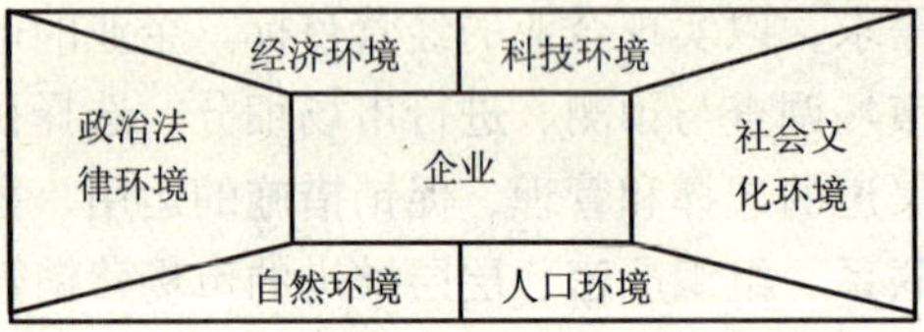

图 9－1 市场营销宏观环境构成图

例如，2008 年由于美国次贷危机导致全球性的金融危机，西方发达国家的实体经济遭受严重的冲击，经济增长大幅下滑，人均收入和消费水平也急剧缩水，致使全球的对外贸易总额锐减，包括中国在内的很多国家都受到波及，许多“出口导向型”企业被迫停产，或者营销活动由以前的出口为主转为内销。

又如，在阿拉伯国家，人们普遍信仰伊斯兰教，食牛羊肉，忌猪和烟酒，每日要跪在地毯上，面向圣城麦加祈祷 5 次。有位比利时商人巧妙的利用这一点，设计了一种指针始终指向麦加城的“指南针地毯”，获得了极好的市场效果。

2. 市场营销微观环境

市场营销微观环境又称直接市场营销环境，是指对企业营销能力构成直接影响的各种因素，包括企业本身、竞争者、供应商、中间商、消费者和社会公众等，这些都会影响企业为其目标市场服务的能力，如图 9－2 所示。

企业为了实现其市场目标，需要企业各部门的领导者及各职能部门的支持和配合，需要供应商提供稳定的货源，需要中间商提供畅通的渠道，要熟悉竞争对手的经营情况，也要知

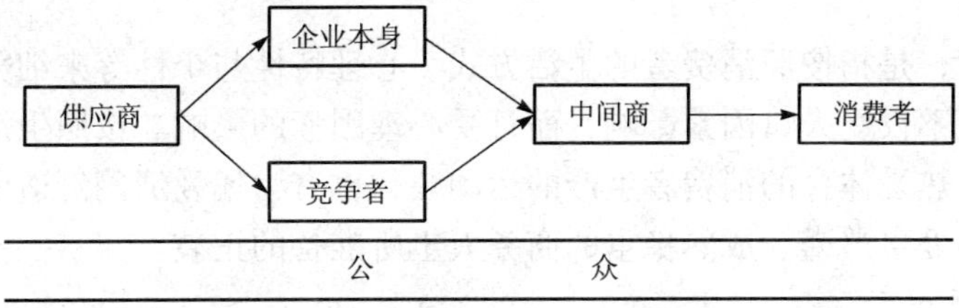

图 9－2　市场营销微观环境构成图

道消费者的市场需求，同时政府、银行、传播媒体等公众也对企业的运营和利益产生着至关重要的影响。

9.3　目标市场策略

在现代市场经济条件下，没有任何一家企业拥有足够的资源和能力去满足整个市场的需求，因此，目标市场策略的第一步首先是对整体市场进行市场细分，市场细分、目标市场选择和市场定位，是现代企业制定发展目标，应对竞争的挑战，满足市场需求，提升企业业绩的主要手段。

9.3.1　市场细分

1. 市场细分的概念

市场细分是指按照消费者需求的差异性把某一产品或服务的整体市场划分为若干个具有共同特征的子市场的过程。每一个子市场都是由一群具有相同或相似的需求、购买行为或习惯的消费者构成，属于不同子市场的消费者之间有明显的差异。

2. 市场细分的标准

不同的市场由于其市场的特点不同，市场细分的标准也不一样，这里限于篇幅，仅以消费者市场的细分标准为例。

（1）地理因素

所谓地理因素，是指企业按照消费者所处的地理位置及其他地理因素来细分市场。例如，城市市场和农村市场、山地市场和平原市场等。海尔集团就曾经针对四川农村地区对洗衣机的不同需求，开发出一款既可以洗衣服又可以洗地瓜的洗衣机产品。

（2）人口因素

所谓人口因素，是指企业按照年龄、性别、收入、职业、教育水平、家庭规模等与人口相关的因素来细分市场。人口因素是细分市场最常用的标准，因为人口因素比其他因素更易测量。伊利公司按婴幼儿的阶段性年龄的不同，分别设计出针对不同时段婴幼儿使用的奶粉；美国通用汽车公司针对消费者收入的不同，向市场推出了分别面向高档用户、中档用户和低档用户的凯迪拉克、别克和雪弗莱 3 种等级的汽车。

（3）心理因素

所谓心理因素，是指按照消费者的生活方式、心理特性与个性等来细分市场。消费者的需求和购买行为，不仅受人口因素影响，而且受心理因素的影响。按照生活方式的不同，有专门为喜欢运动、热爱体育的消费者生产的运动装，也有为偏爱清闲舒适的消费者生产的休闲装，同样还有为处事严谨、成熟稳重的商务人士所准备的正装。

（4）行为因素

所谓行为因素，是指按照消费者购买行为的各种规律来细分市场，包括购买时机、购买动机、产品使用率、品牌忠诚度等行为变量。例如牙膏市场，按照购买动机不同，可分仿炫型、洁齿型、清爽型等；按照产品的使用率，可以分为少量使用者、中量使用者和大量使用者。

9.3.2 目标市场选择

目标市场是企业经过市场细分后，根据自身能力决定要进入并打算满足相应顾客群体需求的子市场。选择了目标市场后，企业就要决定采用何种目标市场策略。一般选择目标市场的策略有以下 3 种。

1. 无差异市场策略

无差异市场策略是指企业把整个市场看作一个大的目标市场，它强调目标市场的共性，用单一产品、单一市场营销策略来开拓市场，满足所有顾客的需求。早期美国福特汽车公司就采用这种策略，当时它所生产的所有汽车都是黑色的 T 型车；早期的可口可乐公司，其向市场推出的也只是单一口味，采用单一包装和宣传形式的可乐产品。

无差异市场策略的最大优点是成本的经济性。生产单一产品可以使生产成本保持在相对较低的水平，发挥规模经济的优势，同时采用单一的市场营销组合也降低了营销成本，从而能以较低的价格投放市场。

但是，面对目前经济快速发展、市场需求不断变化的时代，以某种单一产品，运用简单的营销组合策略去迎合不同层次的消费者需求，这几乎是不可能的。因此，这种策略目前很少有企业采用。

2. 差异性市场策略

差异性市场策略是企业针对整个市场上每个细分市场的需求特点，分别设计不同的产品，采用不同的市场营销方案，去满足各个细分市场上不同的需求。现在的美国福特汽车公司和可口可乐公司都是采用这种策略；美国的宝洁公司，其主要的生产线，包括洗发水、洗衣粉、化妆品等，都是按照每个细分市场的不同需求，分别推出多款产品，每种产品又采用不同的营销策略。

差异性市场策略的优点是批量小、品种多，针对性强，使消费者的需求能更多的得到满足，由此促进产品销售；而且由于企业是在多个细分市场上经营，也可以分散经营风险，提高市场占有率。

差异性市场策略的主要缺点是：由于产品品种多，营销方案运用也不一样，使企业的生产制造成本和市场营销费用增加。因此，采用差异性市场策略往往对一个企业的实力和规模要求较高，一般是实力雄厚且面对的市场选择性较强的大公司采用此种策略。

3. 集中性市场策略

无差异性市场策略和差异性市场策略，企业均是以整体市场作为目标市场，试图满足所有消费者的需要。集中性市场策略则是企业在经过市场细分后，从整体的市场中选取一个或少数性质相近的子市场作为目标市场，试图在较少的子市场里取得较大的市场占有率。采取集中性市场策略能集中企业的有限资源，重点开发一个或少数几个类似的细分市场，争取强有力的市场地位。广东格兰仕公司在微波炉市场上采用这种策略取得了成功。

集中性市场策略特别适合于资源有限的中小企业或初次进入市场的大企业。中小企业由于受资金、技术等方面因素的制约，在整体市场上无法与大企业抗衡，但如果能集中资源优势在大企业尚未涉足或竞争优势不太明显的某个或某几个细分市场去经营，很容易在这特定的市场上取得有利地位。

集中性市场策略的缺点是：这种策略存在较大的风险性，因为目标市场比较集中，市场空间相对狭窄，企业发展受到限制，一旦市场环境突然恶化，企业可能陷入困境。

9.3.3　市场定位

1. 市场定位的概念

简单地说，市场定位就是确定企业在目标市场上的位置，是指企业为了使自己的产品在市场上取得较大的优势，而采取多种营销措施，塑造产品在目标顾客心目中的某种形象或某种个性特征，并把这种形象和特征通过各种途径传递给目标顾客，保留深刻的印象，从而取得竞争优势。例如，诺基亚手机给消费者的形象就是高品质的象征，而英国的劳斯莱斯汽车则给人一种高品质、具有贵族气质的形象。

随着市场经济的发展，在同一个市场上存在着相同类型的许多产品，企业面临着激烈的竞争。企业为了使企业的产品获得稳定的销路，就需要在某种方面为产品培养一定的特色，塑造一定的形象，以使消费者能形成一种特殊的偏爱。这就是市场定位所追求的目标。

2. 市场定位的步骤

市场定位的关键是企业要塑造自己的产品比竞争者更具有竞争优势的特性。

1）确认竞争优势

企业一般是分析并形成产品和服务可能形成的差别化来确认竞争优势的，差别化的具体内容如下。

（1）产品差别化

例如，产品质量、功能、特点、样式、价格等方面的不同。

（2）服务差别化

企业可以提高自己在售前、售中和售后的服务质量，利用此优势来吸引消费者。

（3）形象差别化

企业形象和品牌形象也是消费者选择商品、决定购买的影响因素。相同质量的运动鞋，耐克品牌往往比国内品牌的价格要贵许多，而这主要是品牌形象造成的。

(4) 营销策略差别化

营销策略差别化包括采取与竞争对手不同的促销活动，经常变换宣传手段，合理利用定价策略与技巧等，企业在这些方面也可以取得竞争优势，获得不错的市场效果。

2) 选择竞争优势

市场定位的第二步是准确选择竞争优势。准确选择竞争优势是一个企业的各方面实力与竞争者的实力相比较的过程。通过第一个环节选出产品与竞争产品之间的差别化优势，还需要针对竞争者的市场定位和潜在顾客的利益要求，结合企业自身的优劣条件和能力，决定企业应该选择何种竞争优势。

企业在进行产品的市场定位时，应尽量避免以下几种倾向。

(1) 过低定位

过低定位使消费者很难看出该产品与相关产品相比，其竞争优势在哪里。

(2) 过高定位

过高的宣传产品的竞争优势，将不利于树立产品的长期形象。

(3) 混乱定位

混乱定位传递给消费者一个模糊的产品形象，使竞争优势难以显现。

3) 传播竞争优势

传播竞争优势是向目标消费者传播和送达产品的市场定位。企业要通过一系列的宣传促销活动，运用市场推广措施，将其独特的竞争优势传递给潜在的顾客，并在顾客心中留下深刻的印象。为此，企业首先应该使目标顾客了解、熟悉、喜欢本企业的市场定位，在顾客心中建立并保持与该消费者定位相一致的形象，如果目标顾客对其市场定位理解出现偏差和模糊，企业应通过相应的宣传措施来纠正与市场定位不一致的形象。最后，企业一旦建立起理想的产品市场定位，就必须保持其稳定性和持续性，而不应该朝令夕改。

9.4 市场营销组合

市场营销组合是指企业通过市场细分，选定目标市场以后，将可控的产品、价格、渠道、促销等进行最佳组合，使之相互协调，综合地发挥作用，以实现企业市场营销目标。企业要想组织有效的市场营销活动就要制定合理的市场营销组合，选择可行的方案，市场营销组合是整个市场营销的核心，体现了以市场需求为中心的市场营销观念。

9.4.1 产品策略

1. 产品整体概念

所谓产品，是指提供给市场、用于满足人类某种需要或欲望的任何事物。在现代市场营销中，产品的整体概念包括核心产品、形式产品和附加产品 3 个层次，如图 9－3 所示。

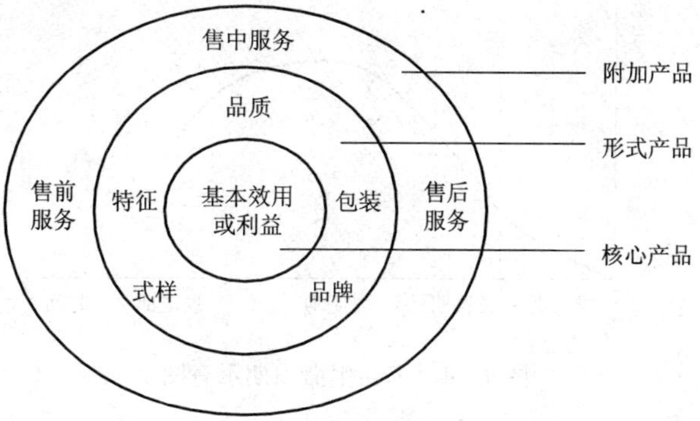

图 9－3　产品的整体概念示意图

1）核心产品

核心产品又称实质产品，是指产品能向顾客提供的基本效用或利益。这是产品最基本的层次，也是顾客需求的中心内容。因为从根本上说，顾客所要购买的不是产品本身，而是产品能给顾客带来的效用和利益。例如，人们购买书籍，并不是为了获得它的实体，而是为了满足获取知识的需求。

2）形式产品

形式产品是指核心产品借以实现的形式，也是核心产品的载体。形式产品一般通过品质、包装、品牌、式样、特征等要素表现出来。形式产品是市场上可以为顾客直接识别的，因此是顾客选购商品的直观依据，营销人员应重视完善产品的外在形式。

3）附加产品

附加产品是指顾客购买产品所获得的全部附加利益与服务，包括安装、送货、保证、提供赔付、售后服务等。附加产品能给顾客带来更多的利益和需求，是吸引顾客的重要手段。现在很多国内外的企业，如中国的海尔、联想等，都特别重视附加产品层次的建设。

2. 产品生命周期

产品生命周期是指产品从进入市场到最终退出市场所经历的全过程。典型的产品生命周期一般可以分为投入期、成长期、成熟期和衰退期 4 个阶段，如图 9－4 所示。

1）投入期

新产品投入市场，是进入投入期。此时，由于顾客对产品不了解，只有少数顾客购买，所以产量和销售都很小；为了扩展销路，需要大量的促销费用用于对产品进行宣传，投入期成本高、利润低，甚至可能亏损。

2）成长期

当产品在投入期的销售取得成功以后，便进入成长期。成长期是产品被市场迅速接受和利润大量增加的时期，因而竞争日趋激烈。为了使产品销量继续增加，企业会保持一定的广

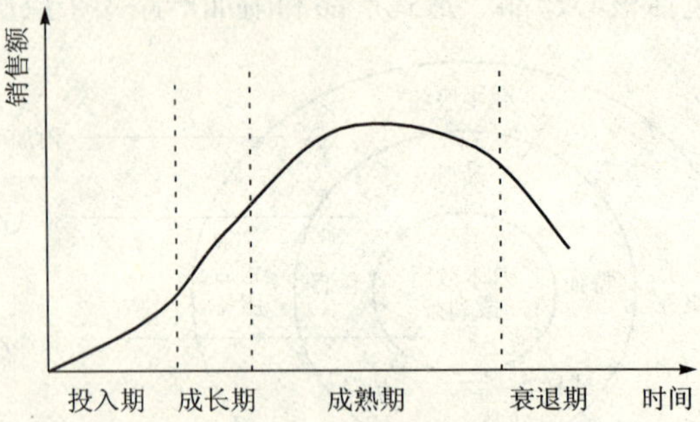

图 9－4　产品生命周期示意图

告促销费用，并保持良好的产品质量和服务，加速销售渠道建设。

3）成熟期

经过成长期以后，市场需求趋于饱和，销售额增长缓慢直至转而下降。在成熟期阶段，市场竞争逐渐加剧，产品售价降低，促销费用增加，企业利润下降。企业的营销目标是尽可能保持现有的市场占有率。

4）衰退期

衰退期是销售下降的趋势增强和利润不断下降的时期，甚至无利润可言。此时企业大幅削减产品的促销费用和服务水平，并在合适的时机，考虑是否采取放弃的决策，转投其他产品。

3. 产品品牌策略和包装策略

产品的品牌和包装属于形式产品的层次，它们都是能够影响产品销售的重要的营销组合要素，在实践中成为市场竞争的重要手段。

1）品牌策略

品牌是销售者给自己的产品规定的商业名称，通常由文字、标记、符号、图案或其他组合构成，以使其区别于竞争者的产品。常见的品牌策略如下。

（1）品牌化策略

一般现代企业都拥有自己的品牌，虽然这会导致企业成本的增加，但对企业树立良好的产品形象，扩大产品销售具有很大的帮助。但也有部分企业实行非品牌化，其主要目的是通过减少广告宣传等费用来降低售价，使企业在市场上以价取胜。

（2）品牌使用者策略

企业可以绝对使用自己的品牌，称之为生产者品牌；也可以将其产品使用中间商品牌。例如，家乐福卖场里销售的很多小商品都是使用家乐福这个品牌，对于中间商而言，这样可以压低进货成本，从而得到更高的利润。

（3）统一品牌和个别品牌策略

企业在使用自己的品牌时，也有统一品牌和个别品牌两种策略可供选择。统一品牌是指企业产品都用同一品牌，如海尔、飞利浦等，这样能使企业节省品牌设计和广告宣传费用；个别品牌是指企业的各种产品分别使用不同的品牌，如宝洁公司、可口可乐公司等，这有利于分散品牌风险，也便于推出不同档次的产品。

2）包装策略

包装一般包括首要包装、次要包装3个部分，其目的主要是保护和美化商品，促进销售和便于运输等。常用的包装策略如下。

（1）类似包装策略

类似包装策略是指企业生产的各种产品，在包装上采用相似的图案、颜色，体现共同的特征。其优点是能节约包装成本、树立企业形象、扩大产品销售，但却无法较好地区别产品的等级。

（2）等级包装策略

企业把商品按不同的质量、等级、档次采用不同的包装。这样做主要是为了适应不同购买力水平的顾客对商品的不同需求，如礼品和自用商品就采用不同档次的包装。

（3）组合包装策略

组合包装策略是指将多种相关的产品配套放在同一包装物内销售，如系列文具包装。这可以方便顾客购买和使用，有利于产品连带出售。

（4）再使用包装策略

包装物不仅能包装商品，而且产品用完后，包装物本身还可作其他用途，如包装奶粉的铁盒。其目的是通过给消费者额外利益而扩大产品销售。

（5）附赠品包装策略

附赠品包装策略是指在商品包装上或包装内附有赠奖券或实物等赠品，以吸引消费者购买和重复购买。此策略对儿童和青年人尤其有效。

9.4.2 价格策略

1. 价格策略概述

价格是市场营销组合中最敏感而又难以控制的因素，它直接关系着市场对产品的接受程度，影响着市场需求和企业利润。产品价格的制定必须遵循一定的客观规律。

2. 影响价格的因素

影响产品价格的主要因素一般有以下3个方面：成本因素（包括固定成本和变动成本）、需求因素和竞争因素。通常情况下，产品的最高价格取决于该产品的市场需求，最低价格取决于该产品的成本费用，在这种最高价格与最低价格的幅度内，企业能把这种产品价格定多高，则取决于竞争者同类产品的价格水平。

当然，有时企业在制定价格时也必须综合地考虑消费者的心理因素，并遵循国家的价格政策。

3. 产品定价方法

企业大致有3种导向的定价方法：成本导向、需求导向和竞争导向。

（1）成本导向定价法

成本导向定价法是以产品的总成本为基本依据来制定价格的一种方法。因为决定价格的最基本因素是成本，成本通常是定价的底线。其通常包括两种方法：成本加成定价法和目标定价法。

成本加成定价法是在产品的单位成本基础上加成一定比例的预期利润来确定产品的销售价格。其计算公式为：

$$P = C(1 + R)$$

其中，P 为单位产品售价；C 为单位产品成本；R 为利润率。

目标定价法是指根据估计的总销售额和估计的产量（销售量）来确定产品的价格。目标定价法有一重要的缺憾，即企业以估计的销售额与销售量求出应制定的价格，但价格又是影响销售额和销售量的重要因素。

（2）需求导向定价法

需求导向定价法是根据市场需求状况和消费者对产品的心理感觉差异来确定价格的方法。其主要包括3种方法：理解价值定价法、逆向定价法和需求差异定价法。

理解价值定价法是指企业根据购买者对产品的理解价值来确定价格的方法。例如，保健品、奢侈消费品的定价皆采用此方法。此种定价方法的关键是准确地估计消费者对产品的理解价值，估计过高或过低，对销售和利润都会造成负面影响。

逆向定价法是指企业依据消费者能够接受的最终销售价格，计算自己从事经营的成本和利润后，逆向推算出产品的批发价和零售价。

需求差异定价法是对于同一产品，根据销售对象、地点、时间的不同制定不同的价格，如同样的饮料，酒吧、餐馆与零售店的价格就不一样；在网吧上网时，白天与晚上的价格有时也不一样。

（3）竞争导向定价法

竞争导向定价法是企业以竞争对手的价格为参考依据的定价方法。当企业采取竞争导向定价法时，主要有两种方法：随行就市定价法和投标定价法。

随行就市定价法是企业根据同行企业的平均价格水平为标准，将企业产品价格保持在市场的平均水平上。这是一种与竞争对手和平相处，避免恶性竞争的定价方法。

投标定价法是针对采用公开招标的投标竞争中，企业并不严格按照成本费用或市场需求来定价，而是以低于预计竞争者的报价水平来确定自己的价格。但企业的报价也不能低于其边际成本，否则会导致其经营状况恶化。

9.4.3 渠道策略

1. 营销渠道的概念

营销渠道是指产品或服务从生产者手中传递到消费者手中所经过的各种中间环节连接起

来的通道。在这个通道中，起点是制造商，终点是消费者或用户，中间是包括批发商、零售商、代理商、中介机构等在内的各类中间商，旁边还有一些相关的辅助机构（如物流公司、运输公司、广告公司等）帮助其流通。因此可以说，营销渠道是介于制造商和消费者之间的实现产品转移的桥梁。

2. 营销渠道的类型

营销渠道的类型结构包括直接渠道和间接渠道。

（1）直接渠道

直接渠道是指制造商不经过中间商环节，直接将产品销售给消费者，也就是现在流行的直销。直接渠道的主要方式包括上门推销、邮购、电话营销、网络营销、电视直销、制造商自设的销售机构等。直接渠道的优点是避免了中间环节的加价和时滞，减少了产品的销售费用，加快了产品的流通速度，同时也便于渠道的管理；但它对企业的运营成本和营销能力构成很大的挑战。直接渠道是工艺品销售的主要方式。

（2）间接渠道

间接渠道是指制造商经过中间商环节把产品传送到消费者手中，习惯上也称之为分销方式。间接渠道因其在开拓市场时涉及多个中间商的协助，故其市场覆盖面更广，企业也可以减少在销售方面的投入，而把其主要精力投放于生产和研发。间接渠道是消费品销售的主要方式。

3. 营销渠道的选择和管理

1）营销渠道的选择

企业首先要通过各种途径获得与本企业产品相适应的渠道类型，然后收集相关的市场信息，并对其进行评估和选择。营销渠道选择的中心环节是确定到达目标市场的最佳途径。企业在具体选择营销渠道时，必须综合考虑营销渠道目标和各种影响因素，影响营销渠道选择的主要因素有顾客特性、产品特性、中间商特性、竞争特性、企业特性、环境特性等。

2）营销渠道的管理

营销渠道管理是指制造商为了实现企业的市场目标而对现有渠道所进行的管理，以确保企业和渠道成员间、渠道成员彼此间相互协调和通力配合的一切活动。其主要内容包括合理地选择中间商，激励中间商做好其所负责市场的销售工作，评估中间商等渠道成员并建立合理地挑选淘汰机制，有效地预防和化解渠道成员之间的冲突等。通过合理的渠道管理措施，实现企业的产品货畅其流、价格稳定和市场最大化。

9.4.4　促销策略

1. 促销的概念与方式

促销即促进销售，是企业通过人员推销和非人员推销的方式，与潜在顾客进行信息沟通，引发并刺激顾客的购买欲望，使其产生购买行为的全部活动的总称。促销实质上是一种沟通活动。

在现代市场营销中，促销的基本方式可分为人员推销、广告、销售促进和公共关系等几类，不同的促销方式有着不同的作用与特点，研究促销策略就是对这几类促销方式的研究。

2. 人员推销策略

人员推销是指企业派出销售人员向目标市场的消费者或用户推销其产品的经营活动。在这一活动中，销售人员要确认消费者的需求，并通过自己的努力去吸引和满足消费者的各种需求，使双方能从公平的交易中获取各自的利益。

人员推销是企业实现销售的保证，也是最为有效的促销方式。在现代市场营销观念指导下，人员推销的作用不仅在于出售现有商品，而且要配合企业的整体营销活动来满足顾客需求。人员推销具有较大的灵活性，注重与顾客之间人际关系的培养，通过与顾客进行面对面的交流和洽谈，能更具体、更详细地了解顾客的需求，收集到更准确的相关信息，并及时反馈给企业，这对于企业了解市场，提高决策水平是至关重要的。另外，推销人员与顾客之间通过交流所建立的一种亲密的长期合作关系，也是其他促销方式所不能及的。

当然，人员推销也有一些缺点，主要是成本费用较高，在企业促销费用中，人员推销的费用要比广告高出 2 ～ 3 倍。同时，对于推销人员的整体素质要求也较高。因此，企业决定使用人员推销时必须权衡利弊、综合考虑。

3. 广告策略

广告是指企业以公开付费的方式，借助于一定的媒体向广大消费者传播商品或服务信息的促销方式。广告这种促销方式的运用，要借助于一定的媒体，现代社会最常见的是电视、报纸、杂志、网络、广播等五大广告媒体，每种媒体都有其优缺点，每一个企业或商品也都有自己的目标市场，因此应根据企业自身特点及商品特点选择合适的广告媒体。

广告是企业进入市场的入场券。再好的商品若得不到消费者的了解，它应有的价值和社会效果也就无从实现。在信息化程度越来越高的现代社会里，广告是企业促销活动中最有效和最常用的手段，它能够迅速而范围广泛地向消费者和用户提供产品信息。并因其良好的传播途径和宣传效果，也导致了广告在整个促销方式当中偏高的成本和费用。同时，广告单向传递的特性，也使之在说服消费者即时购买上存在一定的缺陷。

4. 销售促进策略

销售促进又称营业推广，是指企业运用各种短期诱因刺激并激励消费者和中间商购买或销售企业产品与服务的一种促销方式。销售促进是构成促销组合的一个重要因素。销售促进的范围很广、形式多样，常见的形式有样品派送、有奖销售、以旧换新、优惠券、折价、赠品、陈列、演示展览等，几乎包括人员推销、广告和公共关系以外的所有能够在短时间、特定的市场范围内刺激需求和鼓励购买的促销措施。

销售促进是增加企业销售的促进器，其促进方式包括针对消费者或用户的推广方式、针对中间商的推广方式，以及针对本企业销售人员的推广方式。销售促进的最大特点是针对性强、促销见效快，即期效用非常明显。企业在推销新产品，以及与竞争对手进行直接竞争时，销售促进的作用尤其显著。但如果促进措施过强，持续时间过长，容易引起顾客的反感，且耗费巨大，因而企业应慎重使用。通常销售促进措施是作为广告和人员推销的补充而使用的。

5. 公共关系策略

公共关系的英文是Public Relations，是指企业从事市场营销活动中为了与社会公众建立良好关系，促进公众对企业的理解与支持，树立良好的企业形象，从而促进产品销售所开展的活动。公共关系的主要活动方式有创造和利用新闻、展开新闻公关；正确地处理企业面对的危机事件；开展特别的策划活动并进行自我宣传；与相关公众之间通过各种形式的交际建立良好的关系等。

公共关系的最大特点是潜在效用明显，一次有利的公共宣传不一定带来企业产品销售的陡增，但它能强化企业及产品在社会公众中的形象，良好的企业形象可以引起顾客的好感和兴趣，赢得公众的信任和支持，从而促进企业产品销售，使企业长期受益。但因公共关系间接促销，见效较慢的特点，在促销组合中一般处于辅助地位。总之，人员推销、广告、销售促进和公共关系都有各自的优势与不足，企业促销管理的关键就是如何有效地组合这些促销方式。

案例分析

A公司是一家快餐连锁店，其向市场推出的主要产品是各种传统的西式快餐食品，并长期以来统治着当地的早餐市场。

然而充分的市场调查结果显示，虽然快餐食品市场仍在缓慢增长，但是传统的街区和郊区市场已趋向饱和，寻求新的潜在市场区域越来越困难；同时快餐的主消费群体儿童的需求仍经久不衰，尤其是针对各种新式的快餐食品更是如此，但另一方面非儿童市场对快餐的忠诚度正在下降。另外，竞争对手们也开发出很多类似的快餐食品，对A公司的市场主导地位发起挑战。

总之，快餐市场的增长正在趋缓，A公司虽然在快餐食品市场的优势尚存，但是正在逐渐消失。面对严峻的形势，A公司决定推出一种全新快餐食品，并辅之开展一系列的市场营销活动。

1. 市场定位

全新的快餐食品主要面对的是快餐的主消费群体儿童市场，当然在设计时也会考虑到非儿童市场对其的需求，以维持A公司在非儿童市场的地位和份额。

2. 产品策略

（1）产品设计

针对市场的变化趋势和全新的产品定位，A公司决定向市场推出新式的自由挑选“全营养小果子面包”，此食品的特色是每个面包都以各种水果做馅，营养丰富，同时外形设计讲究新颖别致，由此形成了众多系列组合。

（2）产品包装

在食品外包装上传播A公司产品富于营养的信息，以消除人们普遍对快餐食品是“垃圾食品”的成见，为A公司树立一个“吃在A公司有益于健康”的形象。

3. 价格策略

经过综合考虑，A公司决定以市场平均价格来推出此全新食品，一方面是此价格易于广大消费者所接受；另一方面也便于A公司迅速地推广此食品，短期内有效地占据市场，并使消费者形成一种“货优价廉”的感觉。

4. 渠道策略

A公司充分利用长期以来在传统区域市场建立的众多销售网点来推广新的快餐食品，但面对此区域市场空间有限的现实，在某些非传统场所（如机场、车站、游乐场所等）增设了许多新的销售网点，以进一步提升销售额。

5. 促销策略

为配合“全营养小果子面包”的推出，A公司花重金在当地的电视、报刊作了大量的广告宣传，并在一些关键区域和销售网点设置醒目的户外广告，宣传的重心是强调该食品的营养价值和新颖设计。另外，赞助一些当地民众关注度较高的竞赛活动，间隔一段时间开展某些促销性活动，增加形象大使出现在公众面前的次数等。

经过这一系列的策略和措施，A公司成功地推出了全新的快餐食品，巩固了其在当地的市场地位。

思考讨论题

1. 市场营销组合策略由哪几大部分组成？结合案例和所学知识回答。
2. A公司是如何成功地运用市场营销组合策略的？

本章练习题

一、单项选择题

1. 根据市场的内涵可知，构成容量很大的现实市场，必须具备（　　）。

A. 人口众多而且购买力强　　B. 购买力强而且购买欲望大

C. 人口众多而且购买欲望大　　D. 人口众多购买力强而且购买欲望大

2. 现代市场经济条件下，企业从事营销活动、进行营销管理的首要步骤是（　　）。

A. 市场营销调查　　B. 进行市场细分和选择目标市场

C. 新产品开发与组合　　D. 执行和控制市场营销计划

3. 按照消费者的生活方式、个性特征等变量来对消费者市场进行细分，这种细分标准属于（　　）。

A. 地理因素　B. 人口因素　C. 心理因素　D. 行为因素

4. 在产品的整体概念里，下列属于附加产品层次的因素是（　　）。

A. 基本效用或利益　B. 品牌与包装　C. 质量、款式　D. 售后服务

5. 企业对同一种商品采用不同档次、规格的包装，以适应不同的购买力水平，这是指（　　）。

A. 类似包装策略　B. 等级包装策略

C. 组合包装策略　D. 再使用包装策略

二、多项选择题

1. 下列属于市场营销微观环境因素的有（　　）。

A. 企业本身　B. 竞争者　C. 中间商　D. 社会公众

2. 按照购买者主体身份的不同，我们可以把市场划分为（　　）。

A. 消费者市场　B. 组织市场　C. 卖方市场　D. 买方市场

3. 企业开展目标市场策略的主要步骤包括（　　）。

A. 市场细分　B. 目标市场选择　C. 市场定位　D. 市场营销组合

4. 一个完整的产品生命周期一般可分为哪些主要阶段（　　）。

A. 投入期　B. 成长期　C. 成熟期　D. 衰退期

5. 企业常用的四大促销方式中，其中属于非人员推销形式的包括（　　）。

A. 人员推销　B. 广告　C. 销售促进　D. 公共关系

三、思考题

1. 什么是市场？市场包括哪些基本要素？

2. 什么是市场营销环境？市场营销环境包括哪两大部分？

3. 简述市场调查的基本步骤和常用的调查方法。

4. 日标市场选择策略的类型有哪些？试比较各种策略的特点和适用范围。

5. 产品的生命周期一般包括哪几个阶段？试述各阶段的特点及营销策略。

6. 影响产品价格的因素有哪些？每种因素是如何具体地影响产品定位的？

7. 有人说，市场唯一不变的规则就是永远在变化，应如何理解这句话？

8. 常用的促销方式有哪些？阐述每种促销方式的特点。

第10章

企业财务管理

学习目的

通过本章的学习，使学生理解财务管理的概念，领会货币时间价值，树立现代财务观念，掌握资金筹集、资产管理、利润分配及企业财务分析的方法。

关键术语

货币时间价值　筹资管理　资产管理　利润管理　财务分析

10.1　财务管理概述

10.1.1　财务管理的概念与特征

1. 财务管理的概念

财务活动包括资金筹集→资金投入→资金运用→资金回收→利润分配5个环节。财务管理是组织企业资金和处理企业同各方面财务关系的管理工作。

2. 财务管理的特征

(1) 价值管理

财务管理的基本属性是价值管理。它是指利用资金、成本、收入、利润等价值指标，来组织企业中价值的形成、实现和分配，并处理这种价值运动中经济关系的活动。

(2) 职能多样

财务管理具有财务预测、决策、分析和控制职能。

(3) 内容广泛

财务管理的内容不仅包括筹资、投资、营运、收入和利润分配管理，还包括企业的设立、合并、分立、改组、解散、破产等财务活动。

(4) 综合管理

财务管理是综合性管理工作。企业生产经营活动的运营效率，一般都可以从资金活动中综合地反映出来。

10.1.2　财务管理观念

财务管理的观念提法很多，这里着重讨论资金时间价值观念和风险观念。

（1）资金时间价值观念

资金时间价值是指一定量的资金在周转使用中由于时间因素而形成的价值增值额（如银行存款利息、债券利息、股利等）。资金的时间价值代表着无风险的社会平均资金利润率，是企业资金利润率的最低目标，因而它是衡量企业经济效益、考核经营成果的重要依据。

（2）风险观念

风险是因客观条件的不确定性而导致的实际结果与预期结果之间的偏离。但风险投资可能得到额外的收益，是对可能遇到的风险的一种补偿。成功的管理总是在风险与收益的相互协调中进行利弊权衡，以期在风险可接受的范围内，获取最大的收益。

10.2　资金时间价值的计算

10.2.1　资金时间价值的概念

资金的时间价值是指资金在生产和流通过程中，随着时间的推移而形成的增值额。

西方经济学通常认为：资金的时间价值就是由于放弃现在使用资金的机会，所得到的按放弃时间长短计算的报酬（机会成本）。

10.2.2　资金时间价值的特点

资金时间价值的特点主要表现为：其价值的增值；其被当作投资资本在运用过程中实现的；其价值量的规定性与时间的长短存在同方向变动的关系。

10.2.3　资金时间价值的表现形式

资金时间价值的表现形式主要是利息。利息的计算方式有两种：一种是单利计息；另一种是复利计息。资金的时间价值又可分为现值和终值。

10.2.4　资金时间价值的有关计算

1. 单利的计算

（1）单利终值

单利终值的计算公式为

$$f = p(1 + it)$$

式中：f——单利终值；

p——本金或现值；

i——利息率；

t——计息期。

（2）单利现值

单利现值的计算公式为

$$p = \frac{f}{1 + it}$$

式中各字母所代表的含义与单利终值的计算公式中的含义相同。

2. 复利的计算

（1）复利终值

复利终值的计算公式为

$$f = p(1 + i)^n$$

式中：f——复利终值；

p——本金或现值；

i——贴现率；

n——折算年限

（2）复利现值

复利现值是指将未来某一时点的资金按复利折算到现在的价值。将这一折算过程称为贴现，在贴现中所使用的利率称为贴现率。其计算公式为

$$p = \frac{f}{(1 + i)^n}$$

式中各字母所代表的含义与复利终值的计算公式中的含义相同。

由于复利计息符合资金在社会再生产过程中运用的实际情况，所以在进行投资评价和技术经济分析中，一般采用复利计息。

3. 年金的计算

如果在一定时间内，每隔相同的时间（如 1 年或 1 个月）就发生相同数额的收款（或付款），则该等额收付的系列款项称为年金。如分期等额形成的各种偿债基金、折旧基金、养老金、保险金、租金、债券利息，以及等额收回的投资额和住房抵押贷款的还款方式等。

1）普通年金终值的计算

如果年金相当于“零存整取”业务中的“零存数”，则年金终值相当于该业务的“整取数”，它等于不同时点上发生的收（付）款分别换算为第 n 年终值后再求和。年金与年金终值的关系是：年金先发生，且多次发生；年金终值后发生，且只发生一次。年金记为 A，年金终值记为 F_A。年金终值计算如图 10－1 所示。

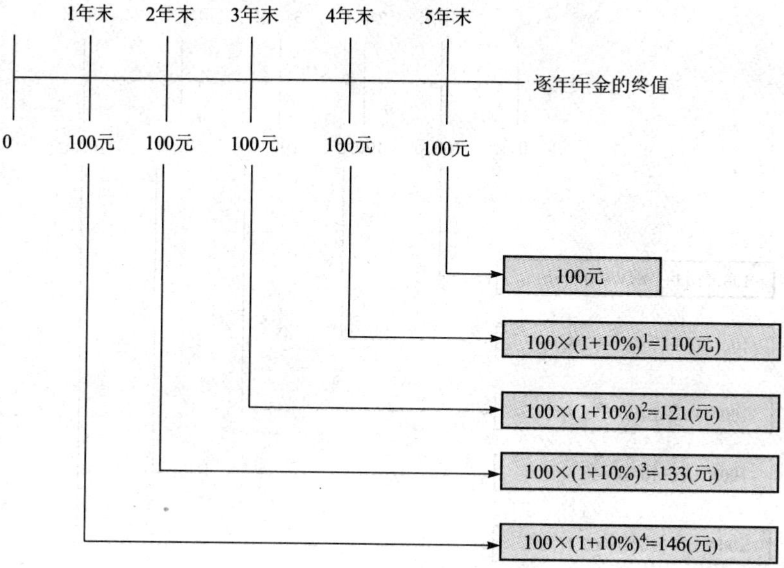

图 10－1　年金终值计算示意图

$$年金终值 = 100 + 110 + 121 + 133 + 146 = 610\ (元)$$

年金终值的计算公式为

$$F_A = A\sum_{t=0}^{n-1}(1+i)^t$$

或

$$F_A = A\frac{(1+i)^n - 1}{i}$$

2）普通年金现值的计算

普通年金现值也称为年金现值。如果年金相当于“整存零取储蓄存款”业务中“零取”，则年金现值就相当于该业务的“整取数”，它等于不同时点上发生的收款（或付款）分别换算为 0 年的现值再求和。年金现值记为 P_A。年金现值计算如图 10－2 所示。

$$年金现值\ P_A = 90.9 + 82.6 + 75.1 + 68.3 + 62.1 = 371.0\ (元)$$

已知年金 A，求年金现值 P_A 的公式为

$$P_A = A\sum_{t=1}^{n}\frac{1}{(1+i)^t}$$

或

$$P_A = A\frac{1-(1+i)^{-n}}{i}$$

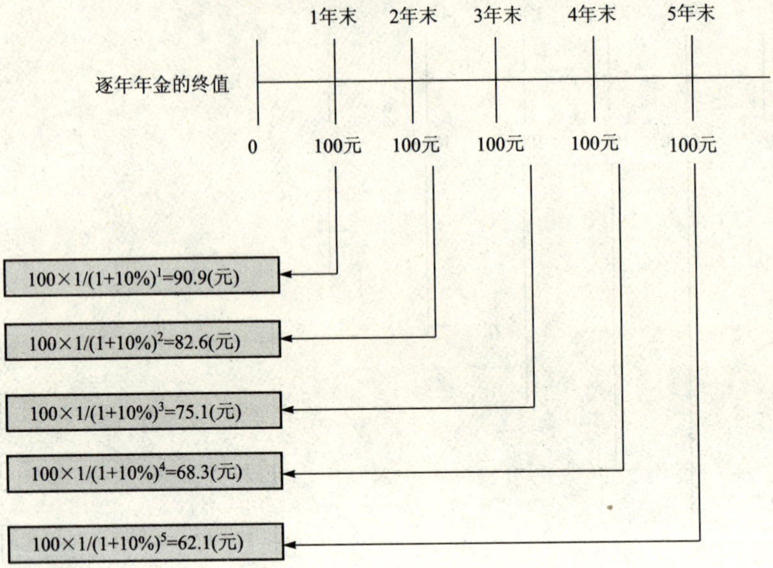

图 10－2　年金现值计算示意图

10.3　筹资管理

10.3.1　资金筹集的概念

资金筹集是企业向投资人、债权人或用企业内部积累的方式获得企业在创立阶段或日常生产经营活动中所需要的资金。企业筹资应该是以筹集企业必需的资金为前提，以较低的筹资成本和较小的筹资风险获取必要的资金，满足企业生产经营和资本结构优化的需要。

10.3.2　筹资渠道与筹资方式

1. 筹资渠道

筹资渠道是筹措资金来源的方向与通道。我国企业的筹资渠道主要有国家财政资金、银行信贷资金、非银行金融机构资金、其他企业资金、居民个人资金、企业自留资金、外商资金等。

2. 筹资方式

筹资方式是企业筹措资金所采用的具体形式。如果说筹资渠道属于客观存在，那么筹资方式则属于企业自主选择的行为。企业筹资管理的主要内容是如何针对客观存在的筹资渠道，选择合理的方式进行筹资。资金按时间长短分为长期资金和短期资金，筹集长期资金的方式主要有发行普通股、公司债券和长期借款；筹集短期资金的方式主要有商业信用和短期借款。

（1）普通股

普通股是股份有限公司发行的无特别权利的股份。通过发行普通股筹集资金，资金来源具有永久、股利支付灵活的特点，但资金成本较高。

（2）留存收益

留存收益是企业缴纳所得税后，投资者将一部分未分配的税后利润留存在企业形成的一种资金。这实质上是投资者对企业追加的投资，其所有权属于投资者。

（3）企业债券

企业债券是企业为筹集资金依法定程序发行，用以记载和反映债权债务关系的有价证券。其优点是筹资对象广、市场大、债券利息税前扣除；缺点是成本较高、到期还本付息、风险大、限制条件多。

（4）长期借款

长期借款是企业向银行或其他非银行金融机构借入的使用期限超过 1 年的款项，主要用于购建固定资产和满足长期流动资金占用等方面的需要。其优点是融资速度快、借款弹性大、借款成本低；缺点是限制性条件较多。

（5）短期负债

短期负债所筹措的资金是使用期限不超过 1 年的款项。其优点是融资速度快，取得灵活、富有弹性，融资成本低；其缺点是负债利率的波动较大，若筹资安排不当，很可能使企业陷入财务危机。短期负债筹资的主要形式是商业信用和短期借款。

（6）融资租赁

融资租赁是由出租人（租赁公司）按照承租人（承租企业）的要求融资购买设备，并在契约或合同规定的较长时期内提供给承租人使用的信用业务。它通过融物来达到融资的目的，是现代租赁的主要形式。融资租赁具有以下特点：

① 设备租赁期较长；

② 不得任意中止租赁合同或契约；

③ 租赁期满后，在大多数情况下，一般由承租人支付少量价款，留购资产，取得资产的所有权；

④ 租金较高。

10.3.3 资金成本

1. 资金成本的概念

为筹集和使用资金而付出的代价就是资金成本。资金成本包括资金筹集费用和资金使用费用两部分。前者如向银行借款时需要支付的手续费、因发行股票债券等而支付的发行费用等；后者如向股东支付的股利、向银行支付的利息、向债券持有者支付的债息等。资金成本是选择筹资方案、评价投资项目和衡量企业经营成果的依据。

2. 资金成本的计算

资金成本可以用绝对数表示和相对数表示。一般情况下，如果不进行特别说明，资金成本用相对数表示，即资金成本率。

资金成本按计算对象分为个别资金成本和综合资金成本。个别资金成本是指各种具体筹资方式的成本；综合资金成本则是对个别资金成本按比重加权计算的平均资金成本，它是从总体上计算的资金成本率。

3. 降低资金成本的途径

降低资金成本的途径，具体有以下几种：

① 合理安排筹资期限；

② 合理估计利率预期；

③ 提高企业信誉；

④ 积极利用负债经营；

⑤ 提高筹资效率。

4. 资金结构

1）资金结构的概念

广义的资金结构是指企业各种资金的构成及其比例关系。由于短期债务资金占用时间短，对企业资金结构影响小，而长期债务资金是企业资金的主要部分。所以通常情况下，企业的资金结构是指长期债务资金和权益资本的比例关系。

2）债务资金对资金结构的影响

确定中长期债务资金的比例，要充分考虑债务资金对资金结构的影响。其影响主要体现在以下两个方面。

(1) 使用债务资金可以降低企业综合资金成本

一般情况下，债务利息率低于股票股利率，且债务利息具有抵税作用，因而债务资金的资金成本明显低于权益资本的资金成本。因此，使用债务资金可以降低企业综合资金成本。

(2) 利用债务资金可以产生财务杠杆效益

财务杠杆效益是指利用债务筹资而给企业带来的额外收益。

10.4 资 产 管 理

资产是指企业拥有或控制的能够给企业带来未来经济效益的经济资源。一般情况下，可将企业的资产按其流动性分为流动资产和固定资产。

10.4.1 流动资产管理

流动资产是指可以在1年或超过1年的一个营业周期内变现或耗用的资产。流动资产在企业再生产过程中是一个不断投入和回收的循环过程，很难评价其投资报酬率。从这一点上，对流动资产进行管理的基本任务是：努力以最低的成本满足生产经营周转的需要，提高流动资产的利用效率。

流动资产具有以下两个特点：

① 周转速度快，变现能力强；

② 获利能力强，投资风险相对较小。

流动资产管理主要包括以下 3 个方面。

1. 现金管理

现金是企业占用的在各种货币形态上的资产，是企业可以立即投入流通的交换媒介。属于广义现金的内容包括库存现金、各种形式的银行存款和银行汇票、银行本票等。

作为变现能力最强的资产，现金是满足正常经营开支、清偿债务本息、履行纳税义务的重要保证。同时，现金又是一种非盈利性资产，持有量过多，企业承担较大的机会成本风险，降低资产的获利能力。因此，必须在现金流动性与收益性之间作出合理的选择。

2. 应收账款的管理

应收账款是企业因对外销售产品、材料、提供劳务等而应向购货或接受劳务单位收取的款项。应收款项主要包括应收账款、应收票据和其他应收款项等。

应收账款管理的基本目标是：发挥应收账款扩大销售、提高企业竞争力的同时，尽可能降低机会成本、减少坏账损失与管理成本，提高应收账款的效益。

3. 存货管理

存货是指企业在生产经营过程中为生产或销售而储备的物资，包括材料、燃料、低值易耗品、在产品、半成品、产成品、包装物等。

一般来说，存货有利于生产过程的顺利进行，节约采购费用与生产时间，但会占用大量资金，需要付出更多的持有成本、储存费用和管理费用。因此，存货管理的基本目标是在存货的成本与收益之间进行利弊权衡，实现两者的最佳组合。

10.4.2　固定资产管理

1. 固定资产的概念

固定资产是指使用期限 1 年以上、单位价值较高，并且在使用过程中保持原有实物形态的资产，主要包括房屋及建筑物、机器设备、运输设备和其他与生产经营有关的设备、工具器具等。

2. 固定资产的特征

固定资产具有以下特征：

① 投资时间长，技术含量高；

② 收益能力高，但风险较大；

③ 价值的双重存在；

④ 投资的集中性和回收的分散性。

3. 固定资产使用效率管理

固定资产使用效率的提高，取决于固定资产运行的负荷，固定资产运行负荷越满，固定资产运行效率越高。在市场经济条件下，要使固定资产使用效率最大，还取决于固定资产提供的产品和劳务在市场上要适销对路。

10.5 利润管理

10.5.1 利润的概念

利润是企业在一定时期内全部收入抵减全部支出后的余额（若为负数则为亏损）。利润是生产经营活动的最终成果，是企业经营所追求的目标，是企业投资人和债权人进行投资决策和信贷决策的重要依据，是企业利润分配的基础。

10.5.2 利润的构成

企业的利润就其构成来看，既有通过生产经营活动而获得的，也有通过投资活动而获得的，还包括那些因与生产经营活动无直接关系的事项所引起的。根据我国会计准则规定，企业的利润一般包括营业利润、投资净收益、营业外收支净额3部分，即

利润总额 = 营业利润 + 投资净收益 + 营业外收支净额

1. 营业利润

营业利润是企业利润的主要来源，由主营业务利润和其他业务利润组成。主营业务利润是企业经营活动中主营业务所产生的利润；其他业务利润是指企业经营主营业务以外的其他业务活动所产生的利润。

营业利润比较恰当地反映了企业的经营业绩。

2. 投资净收益

投资净收益是指企业对外投资所得的收益减去对外投资所发生的损失后的净额，是企业利润总额的组成部分。

3. 营业外收支净额

营业外收入减去营业外支出称为营业外收支净额。营业外收支虽与企业的生产经营活动没有直接关系，但同样带来收入或形成企业的支出，因而也是增加利润或发生亏损的因素。

10.5.3 利润分配

利润分配是指企业按照国家的有关法律、法规和企业章程规定，对所实现的净利润在企业与投资者之间、利润分配各项目之间所进行的分配。

按照税法的规定，企业取得利润后，先要向国家缴纳所得税，然后对剩余部分（净利润）再进行分配。对于企业的净利润，应按下列顺序进行分配：弥补以前年度亏损（税法

规定税后弥补)；提取法定盈余公积金；提取公益金；提取任意盈余公积金；向投资者分配利润。

10.6　财务分析

10.6.1　财务分析的概念

企业财务分析是以财务报表和其他资料为依据，采用专门的方法，系统地分析和评价企业过去和现在的财务状况、经营成果及其利润变动情况。

企业财务分析肩负着双重目的：一方面，剖析和洞察自身财务状况与财务实力，通过与横向企业比较，判断外部利害相关者的财务状况与财务实力，从而为企业的经营决策提供信息支持；另一方面，从价值形态方面对业务部门提供咨询服务。

10.6.2　财务分析的内容

财务分析主要是依据企业或外部利益相关者的财务报告资料进行的。投资主体的多元化决定了企业财务信息流向的多层次性。不同的投资主体，由于利益倾向的差异，在对企业财务状况进行分析时，必然会有不同的侧重点。

1. 企业所有者财务分析的目的

企业的投资者向企业投入了资本，是企业的所有权人。他们的利益与企业的财务成果有密切的联系，各个投资者在企业中有利共享、有亏共担。因此他们密切关心企业的经营状况和财务成果，高度关心其资本的保值和增值状况及盈利能力。

2. 企业债权人财务分析的目的

债权人与企业之间存在着借贷关系，他们借给企业的资金，企业要按期付息、定期还本。债权人的利益与企业的财务成果不挂钩，与企业的关系不如投资者那么密切。债权人在进行企业财务分析时，最关心的是企业能否有足够的支付能力，以保证其债务本息能够及时、足额地得以偿还。

3. 企业经营管理者财务分析的目的

企业经营管理人员是企业生产经营活动的指挥者和组织者。他们有责任保证企业的全部资产合理使用，并得到保值和增值。在企业生产经营活动中，他们既要保持企业较高的偿债能力和优良的营运能力，又要为投资者赚取较多的利润。

同时，为了满足不同利益主体的需要，协调各方面的利益关系，企业经营者必须对企业经营管理的各个方面，包括营运能力、偿债能力、盈利能力及社会贡献能力的全部信息予以详尽的了解和掌握，以便及时发现问题，采取对策，规划和调整市场定位目标和策略，为企业经济效益的持续稳定增长奠定基础。

4. 政府管理部门对企业财务分析的目的

政府对企业投资的目的，除关注投资所产生的社会效益外，必然要考虑经济效益。在谋求资本保全的前提下，期望能够同时带来稳定增长的财政收入。

尽管不同利益主体进行财务分析有着各自的侧重点，但就企业总体来看，财务分析的主要内容可归纳为以下几个方面：企业偿债能力分析、营运能力分析、盈利能力分析和企业发展能力分析。其中，偿债能力是企业财务目标实现的基本保证，营运能力是企业财务目标实现的物质基础，盈利能力是两者共同作用的结果，发展能力体现企业未来发展的潜力。四者相辅相成，共同构成企业财务分析的基本内容。

10.6.3 偿债能力分析

1. 偿债能力的概念

偿债能力是企业对债务清偿的承受能力或保证程度，具体就是企业对各种到期债务偿付的能力。如果到期不能偿付债务，则表示企业偿债能力不足、财务状况不佳，情况严重时还将危及企业的生存。

2. 偿债能力分析指标

按照债务偿付期限的不同，企业的偿债能力可分为短期偿债能力和长期偿债能力。

1）短期偿债能力分析

短期偿债能力是指企业流动资产对流动负债及时足额偿还的保证程度，是企业当前财务能力，特别是流动资产变现能力的重要标志。因为流动资产在短期内可以转变为现金或银行存款用于偿还流动负债，所以这种转变通常与企业获利能力的大小没有直接关系。

衡量短期偿债能力的指标主要有流动比率、速动比率。

（1）流动比率

流动比率是流动资产与流动负债的比值。其计算公式为

$$流动比率=\frac{流动资产}{流动负债}$$

这一指标主要用于揭示流动资产与流动负债的对应程度，考察短期债务偿还的安全性。一般认为，流动比率在2.0左右为宜。营业周期、流动资产中应收账款数额和存货周转速度是影响流动比率的主要因素。

（2）速动比率

速动比率是指企业的速动资产与流动负债的比值。速动资产是指流动资产减去变现能力较差且不稳定的存货、待摊费用、待处理流动资产损失后的余额，即包括现金、各种银行存款、可即时变现的短期投资和应收账款。其计算公式为

$$速动比率=\frac{流动资产-存货}{流动负债}$$

速动比率反映了企业能利用迅速变现的资产偿还短期负债的能力。通常认为，速动比率在1.0左右较为合适。影响速动比率可信度的主要因素是应收账款的变现能力。

2）长期偿债能力分析

（1）资产负债率

资产负债率是负债总额与资产总额的比值，即资产总额中有多大比例是通过负债筹资形成的。其计算公式为

$$资产负债率=\frac{负债总额}{资产总额}\times 100\%$$

这一指标主要反映资产与负债的依存关系，即负债偿还的物资保证。负债比率高，意味着企业是在较大程度上依靠债权人提供的资金维持其生产经营活动，一旦缺乏偿还债务本息的能力，企业就可能陷入财务危机。从长期偿债能力角度看，该比率越低，债务偿还的稳定性、安全性就越大。

（2）产权比率

产权比率是负债总额与股东权益总额的比值。其计算公式为

$$产权比率=\frac{负债总额}{股东利益总额}\times 100\%$$

产权比率是企业财务结构是否稳健的重要标志，也是衡量企业长期偿债能力的指标之一。

产权比率指标体现企业负债与股东提供的资本的对应关系，即企业清算时债权人权益的保障程度。产权比率反映企业的财务结构是否稳定。一般来说，所有者权益应大于借入资本，即产权比率越低，企业偿还债务的资本保证就越高，债权人遭受风险损失的可能性就越小。

（3）已获利息倍数

已获利息倍数又称为利息保障倍数。它是企业息税前利润与同期利息费用的比值。其计算公式为

$$已获利息倍数=\frac{息税前利润}{利息费用}$$

已获利息倍数反映了企业偿还利息费用的能力，其值越大，偿还利息能力越强。

10.6.4　营运能力分析

1. 营运能力的概念

营运能力是企业运作资源的效率，是企业管理效率的体现。营运能力不仅决定着企业的偿债能力与获利能力，而且是整个财务分析工作的核心所在。

2. 营运能力分析指标

（1）存货周转率

存货周转率是销售成本与平均存货之比。其计算公式为

$$存货周转率=\frac{销售成本}{平均存货}$$

用全年的天数（360）除以存货周转率，可以得到存货周转天数，反映存货周转一次平均需要的天数。其计算公式为

$$存货周转天数=\frac{360}{存货周转率}=\frac{平均存货\times 360}{销货成本}$$

一般存货周转率越高，周转天数越短，表明企业存货管理效率越高。

（2）应收账款周转率

应收账款周转率是指商品赊销收入净额与应收账款平均余额的比值。其计算公式为

$$应收账款周转率=\frac{赊销收入净额}{平均应收账款}$$

用全年的天数（360）除以应收账款周转率，可以得到应收账款周转天数。其计算公式为

$$应收账款周转天数=\frac{360}{应收账款周转率}=\frac{平均应收账款\times 360}{赊销收入净额}$$

一般应收账款周转率越高，周转天数越短，表明企业资产管理和账款催收工作效率越高。

（3）营业周期

营业周期是指从取得存货开始到销售存货并收回现金为止的这段时间。其计算公式为

$$营业周期=存货周转天数+应收账款周转天数$$

营业周期的长短说明资金周转的速度。

（4）总资产周转率

总资产周转率是销售收入净额与平均资产总额的比值。企业的总资产营运能力集中反映在总资产的销售能力（即总资产的周转率）上。

各项资产的周转指标用于衡量企业运用资产赚取收入的能力，将该类指标与反映盈利能力的指标结合在一起使用，可以全面评价企业的盈利能力。

10.6.5 盈利能力分析

1. 盈利能力的概念

盈利能力实际上就是指企业的资金增值能力，它通常体现在企业收益数额的大小与水平的高低。一般来说，企业获利能力的大小是由其经常性的经营理财业绩决定的。那些非经常性的事项及其他特殊事项，虽然也会对企业的损益产生某些影响，但不能反映出企业真实的获利能力。因此，在分析企业的获利能力时，应尽可能剔除那些非正常性因素对企业获利能力的影响。

2. 盈利能力分析指标

1）销售净利率

销售净利率是净利润与销售收入的百分比。其计算公式为

$$销售净利率=\frac{净利润}{销售收入}\times 100\%$$

销售净利率指标反映销售收入的收益水平。从销售净利率的指标关系看，销售净利率与

净利润成正比关系，与销售收入成反比关系。企业在增加销售收入的同时，必须相应地获得更多的净利润，这样才能使销售净利率保持不变或有所提高。

2）净资产收益率

净资产收益率是净利润与平均净资产的比率，也称为净值报酬率或权益净利率。其计算公式为

$$净资产收益率 = \frac{净利润}{平均净资产} \times 100\%$$

企业财务活动的最终目标是所有者财富的最大化。净资产收益率是企业获利能力指标的核心，也是整个财务指标体系的核心，是综合性最强、最具有代表性的指标。

总之，在对企业经营财务状况进行分析考察时，不应片面或孤立地就其中某一项或某几项指标数值的变化得出结论，而必须将各项指标有机地结合起来，通过对连续若干会计期间的指标变动情况进行分析，从而对企业经营财务状况给予全面系统地分析。

案例分析

B 公司为一家从事药品生产的企业，自 2000 年成立以来，市场口碑一直不错，具有一定的市场占有率和较高的知名度，销售收入逐年增长。其中，2003—2007 年的主要财务比率如表 10－1 所示。

表 10－1　B 公司主要财务比率比较表

项　　目	2003 年	2004 年	2005 年	2006 年	2007 年
流动比率	2.02	2.03	2.06	2.07	2.38
速动比率	0.56	0.55	0.53	0.52	0.75
资产负债率/%	10.12	11.57	12.74	13.82	43.10
存货周转率	0.75	0.73	0.65	0.55	0.61
应收账款周转率	5.82	6.12	6.45	6.00	4.26
销售净利率/%	25.73	26.01	27.31	26.11	23.07
销售毛利率/%	60.00	58.11	62.33	61.67	55.11
净资产收益率/%	4.71	4.10	5.35	5.11	5.56

思考讨论题

根据案例中表 10－1 的资料，分析 B 公司 2003—2007 年的偿债能力、营运能力和盈利能力。

本章练习题

一、单项选择题

1. 财务管理的基本特征是（　　）。

A. 生产管理　B. 技术管理　C. 价值管理　D. 销售管理

2. 财务管理的核心是（　　）。

A. 财务决策　B. 财务预测　C. 财务预算　D. 财务分析

3. 某大学决定建立科研奖金，现准备存入一笔资金，预计以后无限期地在每年年末支取利息 20 000 元用来发放奖金。在存款年利率为 10% 的条件下，现在应存入（　　）元。

A. 250 000　B. 200 000　C. 215 000　D. 16 000

4. 从资金成本的计算与应用价值看，资金成本属于（　　）。

A. 实际成本　B. 计划成本　C. 机会成本　D. 预测成本

5. 企业的筹资方式有（　　）

A. 吸收投资　B. 发行股票　C. 发行债券　D. 内部资金

二、多项选择题

1. 企业财务活动包括（　　）。

A. 筹资活动　B. 投资活动

C. 资金营运活动　D. 分配活动

2. 下列各项指标中可用于分析企业长期偿债能力的有（　　）。

A. 流动比率　B. 产权比率

C. 资产负债率　D. 已获利息倍数

3. 若流动比率大于 1，则下列结论不一定成立的是（　　）。

A. 速动比率大于 1　B. 营运资金大于零

C. 资产负债率大于 1　D. 短期偿债能力有保障

4. 下列属于流动资产的是（　　）。

A. 现金　B. 应收账款　C. 存货　D. 股票

5. 融资租赁的特点是（　　）。

A. 设备租赁期较长　B. 不得任意中止租赁合同或契约

C. 租赁期满后，有优价优选购权　D. 租金较高

三、思考题

1. 财务管理应树立哪两种观念？

2. 企业可以通过哪些渠道、采用哪些方式筹集资金？

3. 什么是资金成本和资金结构？
4. 流动资产管理和固定资产管理分别包括哪些内容？
5. 企业财务分析包括哪些内容？
6. 对企业偿债能力分析时，主要使用哪些指标？

第 11 章

企业信息管理

学习目的

通过本章的学习，使学生了解企业信息的含义及特征，理解企业信息的采集、加工、存储、传播、利用和反馈的信息管理流程，对企业信息管理系统有初步了解。

关键术语

信息　企业信息　信息管理流程　企业信息管理系统

11.1　企业信息概述

11.1.1　信息的含义

“信息”是当今时代出现频率最高的一个词汇，“信息时代”、“信息爆炸”、“信息技术”、“信息化”等是人们最为关注的话题。人们在谈论“信息”的同时，也在自觉或不自觉地接收、传递、存储和利用信息。但究竟什么是信息呢？信息论和控制论的创始人之一维纳对信息是这样定义的：信息是人们在适应外部世界并且使这种适应反作用于世界的过程中，同外部世界进行交换的内容名称。随着人们对信息的认识和研究的不断深入，信息的定义也在发展。现在许多专家、学者和各种论著对信息的概念是这样定义的：信息是客观世界中各种事物的变化和特征的最新反映，是客观事物之间联系的表征。或者说，信息是通过一定的物质载体所反映的，能够体现客观事物的存在状态、运动形式、运动规律及其相互联系与相互作用的表征。而与企业生产经营活动及其管理有关的那部分信息则称为企业管理信息。

11.1.2　企业信息的含义

企业是从事生产、流通或服务等活动，为满足社会需要进行自主经营、自负盈亏、承担风险、实施独立核算、具有法人资格的基本经济组织。信息是按照一定方式排列起来的信号序列所揭示的内容。因此，企业信息可以这样定义：企业信息是按照企业组织活动规律的方式排列起来的信号序列所揭示的内容。当然这是从纯理论的角度给企业信息下定义，还可以从信息产生和利用的角度给企业信息下定义：企业信息是产生于企业内部或应用于企业部门的信息。而企业信息管理是对企业信息和企业信息活动的管理。

企业信息是社会信息的重要组成部分，是企业管理工作中企业管理人员之间、企业管理人员与企业员工之间、企业人员与企业外人员之间传递的反映企业管理活动和管理对象的状态、特征，以及反映企业目标、需求、行为的消息、情报、数据、语言、符号等信号序列的总称。在企业管理活动中形成的文件、报表、簿册、档案等就是企业信息的物化表现形式。

11.1.3 企业信息特征

企业信息首先是一种信息，因此具有信息的一般特征。诸如信息的无时不有、无处不在的客观性、普遍性；依附于一定物质载体才能被保存下来的依附性或寄载性、存储性、累积性、可传递性；可以被接受、被加工处理，可以对其进行各种载体转换的可塑性或可识别性、可转换性；在传播、加工、转换和使用的过程中会使信息内容发生畸变的可伪性；可以同时为多个主体所拥有和使用的共享性；相对于不同的信息使用者具有不同使用效果的使用价值相对性等一般信息的特征，企业信息都具有。而作为“企业”的信息，它又具有自身所独有的特征。

1. 社会性

企业是社会的细胞，企业的一切活动不可能脱离其所在的那个社会，所以企业的活动都是一种社会活动，企业信息则来源于企业的社会活动。企业为了自身的生存和发展，需要不断地从社会中获取各种信息加以利用，同时自身又是企业信息的来源，不断地向社会提供信息，以满足社会的需要。

由此可见，企业活动的主体是人，企业信息是人与人之间传递的一种社会信息，并借助于信息的发出者和接受者能够共同理解的文字、数据、符号、图表、音像等媒体，为了企业的一定目的在社会上传播。因此，在某一个社会环境中传播的企业信息，总是带着社会的烙印。例如，计划经济时期的中国企业所产生的企业信息，和今天社会主义市场经济条件下的中国企业所产生的企业信息就表现出不同的形式，这就是企业信息的社会性。

2. 经济性

企业是一种经济组织，企业的一切活动都是为了创造经济价值，获得经济利益，反映企业经济活动的特征、状况及其发展变化的企业信息，自然也就不可避免地带有极强的经济性。

企业信息的经济性特征主要表现在以下两个方面。

① 企业信息是来自经济组织、经济活动、经济领域的信息。

② 企业信息本身具有经济价值，企业信息的获取和利用需要付费；而企业使用信息之

后又可以为企业增加利润，给企业带来经济效益。例如，咨询公司为企业进行企业管理诊断，提出提升企业竞争力的方案，这自然是一种企业信息。这种信息不仅是来自经济领域的信息，而且是要向提出咨询的企业收费的，获得咨询的企业可能就因为此次方案的实施，而获得巨大的经济效益。

3. 时效性

时效性是指企业信息对企业管理产生有效作用具有时间限制的特征。它包括以下两层含义。

① 信息本身具有生命周期，信息一经生成，企业管理者获得它的时间越短，其使用价值越高；在信息的生命周期内，获得该信息的时间越长，其使用价值就越小；时间的延误，会导致信息使用价值的衰减甚至消失。

② 有些信息虽然是很早就成为陈旧信息，但是企业管理层在决策中需要这一信息时能够及时地得到它，该信息仍旧会具有使用价值。

许多信息管理学论著在论及信息的时效性时，只注意上述第一种情形，强调企业管理者在信息发生后能尽快地获得，即所谓第一时间就能获取信息。其实第二种情形也是信息时效性特征的体现。正因为第一种情形的存在，要求企业管理者做好信息管理工作，以便在需要某一信息时，能够及时地得到它。

4. 连续性

企业的生存和发展，是企业在与其内外系统相互协调的不断循环和螺旋式上升的连续过程中实现的。企业信息管理活动的过程也是一个连续过程，所以，企业信息也是源源不断地产生和流通的。信息绝不会中断，即使这个企业消亡了，新的企业又会诞生，一个社会的企业信息流是源源不绝的。

信息的连续性反映了事物发生、发展的过程，反映了事物发展前后不同阶段之间的相互关系。正因为如此，人们可以根据信息来分析竞争对手的状况，可以根据信息来预测自己的未来发展趋势。

11.2 企业信息管理流程

企业信息管理是对企业信息和企业信息活动的管理。对企业信息的管理是按照“采集、加工、存储、传播、利用、反馈”的内容和程序进行的。这个程序规定的 6 项工作内容及其先后次序，环环相扣，一项都不能少，先后次序也不能颠倒，少了任一项信息管理工作就会出差错，颠倒了次序，提前做下一步的工作，不是无法进行，就是浪费劳动。

11.2.1 企业信息采集

企业信息采集是企业信息管理过程的起点，贯穿于信息管理工作的全过程。它是指企业管理者根据一定的目的，将企业内外各种形态的信息采出并汇集起来，供自身系统使用的过程。

企业信息的采集是做好企业信息管理工作的基础和前提，企业信息管理过程中的后续环节都基于此才能进行。由于企业内外环境在不断地变化，信息采集工作的内容质量和时间质量将直接决定信息管理工作的成败。

1. 信息采集要求

（1）真

真包括真实、准确、完整。真实是指信息的有无，就是要求采集的信息必须是真正发生了的，或者是真正可能发生的。准确是指对信息内容表述的程度，就是要求对采集到的真实信息的表述是准确无误的。完整是指对信息内容组成的程度，就是要求采集到的信息是完整无缺的。不真实、不确切、不完整的信息会导致决策失误，给企业带来损失。

要保证信息的真实、准确、完整，信息的来源必须真实可靠；在采集过程中不带任何框框，采集信息的渠道力求最短，以免信息传播过程中造成信息失真，在表述信息时要力求做到清楚、明白、准确，不要使用“大概”、“可能”等模糊语言。虚构杜撰、凭空想像、随意夸张等是信息采集的大忌。

（2）快

快就是及时。指信息自发生到被采集的时间间隔，间隔越短就越及时；指企业和组织在执行某一任务急需某一信息时能够很快采集到该信息，谓之及时；指针对某一任务采集的全部信息所花费的时间，花费的时间越少，谓之越快。信息不能及时到位，会影响管理者决策，给企业带来损失。

（3）多

多既是指所采集到的信息量，也是指所采集到的信息内容的系统性、连续性。“量”是指用较少的时间采集到比较多的信息，效率高。“系统、连续”，一方面是指采集到的若干信息是自成系统、连续的；另一方面是指信息采集工作是系统、连续的。信息的系统性、连续性越强，其使用价值就越大。

（4）准

准又称针对性，是指采集到的信息，其内容和采集目的与信息管理上所作的需求是相关的，属于采集目的范畴之内的，相对于企业或组织自身来说具有适用性，是有使用价值的。相关度越高，适用性越强，就越“准”。

2. 信息采集准备

信息采集工作有时候可以有计划、有步骤地进行，有时候又是在事先无法预料的情况下随机运作的，但是作为企业的信息管理工作，在采集目的、采集范围、信息源和采集方法等方面，还是需要有所准备，才能把信息采集工作做好。

（1）采集目的准备

企业信息管理工作的目的是为了实现企业的阶段目标和战略目标。信息采集的目标是从战略目标、阶段目标派生出来的，是为了实现企业战略目标和阶段目标而产生的信息需求。

信息采集的需求分为显性需求和潜性需求。显性需求是指管理者十分明确地意识到的那些需求；潜性需求是指管理者事先没有意识到的、而实际上对管理工作有用的那些需求。显性需求的准备比较好办，按照需求去采集就是了。潜性需求是管理者长期思索并渴望解决而没有解决、在问题面前百思而不得其解的情况下产生的。百思而不得其解，说明他没有意识到需要什么样的信息，但是当这些信息出现时，如果搜索意识强烈，就能够马上抓住，适时地采集。

（2）采集范围准备

采集范围准备是指在信息采集之前恰当地划定信息采集的范围，具体包括内容范围、时间范围和地域范围。内容范围是指信息需求所限定的范围，包括事件本身的内容和该事件周边相关的内容；时间范围是指信息需求所需信息的时间跨度；地域范围是指信息需求所需信息发生的空间位置范围，如国别、地区和本单位发生的信息等。

（3）信息源准备

社会可以提供的信息源十分丰富，有文献性信息源、口头性信息源、电子性信息源和实物性信息源4大类。文献性信息源包括书籍报刊、政府出版物、专利文献、标准文献、会议文献、产品样本、学位论文、档案文献、公文报表等；口头性信息源包括电话、交谈、咨询、调查等；电子性信息源包括广播、电视、数据库、互联网、局域网等；实物性信息源包括展销会、博览会、销售市场、公共场所，以及事件发生、发展的现场。在采集之前应根据采集目的和信息源特征选择好信息源。

（4）采集方法准备

信息采集的方法主要有直接观察法、社会调查法和文献阅读法。每一类中又有许多种方法。在实际采集时，应根据采集的目的进行合适的选择和组配。这里主要介绍直接观察法和社会调查法。

3. 信息采集方法

1）直接观察法

直接观察法是指在信息源现场，信息采集者对客观对象不加任何干预，不直接向被调查对象提问，只是凭视觉、听觉、感觉和基于上述感知的思维，以及借助于录音机、摄像机客观地记录信息源所生信息的行为过程。直接观察法包括无控制参与观察、无控制非参与观察和有控制观察3种。

（1）无控制参与观察

无控制参与观察是指信息采集者以信息源中被观察者的身份参加被观察者的活动，但对信息源的活动和被观察者的行为不作任何干预，事先不作计划安排和准备，使自己在实际的活动中直接观察和亲身体验，以获取第一手信息的方法。由于这种方法往往是在现场观察，就在现场作好记录，所以又称现场记录法。例如，市场调查人员以消费者的身份参加市场活动，产品生产厂家派人站柜台，收集消费者对本厂产品的意见等，都是这种方法的运用。这种方法有两种方式：口头询问方式和信息采集卡方式。

（2）无控制非参与观察

无控制非参与观察是指信息采集者在无准备、无具体采集目的的情况下，偶然观察到某一信息，感到有使用价值，从而获取该信息的方法。例如，工厂技术设计人员在周末与家人去公园游玩的时候，偶然发现公园儿童游乐场的一个设备对自己的技术攻关有启发，就属于这种方法。这实际上是信息“潜在需求”的反映。还有借助于仪器进行的无控制非参与观察。例如，在广告牌上安装一种特制的摄像机，可观察过往行人对该广告的重视程度；事先征得用户同意，在家用电视机内安装一个记录装置，以记录这个电视机的开关时刻、选台频率、使用时间等信息。

（3）有控制观察

有控制观察是指信息采集者利用某些工具、仪器、设备，有计划、有目的、有难度地对待定的对象进行的观察。例如，实验方法中的观察等。实验方法在自然科学研究中，是根据研究的需要，利用一定的仪器设备，人为地控制或模拟自然过程，排除干扰，突出主要因素，在有利的条件下观察自然过程和自然现象的方法。在商贸、行政、教育等领域里也有类似的实验方法。例如，产品展销会就是一种选样定产的实验，用户和消费者在展销会上看样、了解产品的性能，并进行实际操作，再进行选购，这就是厂家了解产品市场需求信息的实验方法。与自然科学中的实验方法稍有不同的是这里不仅仅是观察，还有向用户的询问。

试验方法在社会科学、技术科学研究中，是根据研究的需要，按预先安排的程序，进行实施，观察其结果，并与预测方案相比较，以获得对预测方案评价的一种方法。在工业生产中，试验是最常用的一种方法。一种新开发的产品在投入批量生产之前，需要进行试验，俗称“中试”，就是通过试验了解该产品的各种信息。在商贸领域，商品的试销试用，其实也是一种了解商品信息的试验方法。

无论上述哪一种观察方法，都是通过观察来获取信息的。因此，如何科学地观察就成为一个十分重要的问题。即兴地看看，走马观花地张望，漫不经心地浏览，是不能同科学观察相提并论的。要提高信息采集的质量，就必须掌握科学观察的方法。

① 科学观察必须是客观观察。客观观察要求在观察中必须有明确的、具体的观察对象及其范围。

② 科学观察必须是反复观察。客观事物是复杂的，有时并不是一次、两次观察就能得其要领、察其本质的。所以，必须认真仔细，反复观察，才可能把现象观察清楚，才能透过现象达于本质。

③ 科学观察必须要有伴随着观察的积极思维。在整个观察过程中，观察者必须积极地开动脑筋，主动地思考。

④ 科学观察必须要客观、及时地记录。在观察中测得的数据，必须及时记录下来。记录观察到的现象时必须客观地进行表述，不带任何评论、估计、猜想，记录就是记录，要保持其原始性。

2）社会调查法

社会调查法是指信息采集者通过观察和询问，对客观实际进行深入细致的了解，以获取信息的方法。社会调查主要有以下几种调查方式。

（1）普遍调查

普遍调查是在一定范围内对全部调查对象的调查。这种调查方式可以获得全面的信息。在普遍调查中，调查面的大小是相对的，随着调查对象的不同而不同。例如，海尔集团员工信息管理素质的普遍调查、北京市信息产业的普遍调查、重庆市主城区企业信息化的普遍调查，虽然都是普查，但是，很显然他们的涉及面和工作量是不一样的。不过，在相同调查范围内的调查上，普遍调查和典型调查、抽样调查相比普遍调查，毕竟涉及面广、工作量大，因此只是在需要了解全部信息的管理决策中才采用普遍调查。

（2）典型调查

典型调查是在一定范围内，选择重点的、有代表性的典型对象进行的调查。这是在初步获得了全面性信息之后，以便进一步了解有关方面有代表性的信息。这种调查方式，工作量相对来说比普遍调查要小，如果合适，还可以获得比较有代表性的信息，信息的使用价值高。“典型”不具备代表性，就难以得到合适的信息。“典型”选得比较合适，还可以获得比较有代表性的信息，信息的使用价值高。但是，如果选择的“典型”不具备代表性，就难以得到合适的信息。

因此，典型调查一般是在全面收集信息的基础上进行的，以便正确地选择典型单位。如果被调查对象的发展条件和发展程度的差距比较大，可对调查对象的整体进行分类，然后在各类中选择典型对象进行调查。

（3）抽样调查

抽样调查是在一定范围内，从调查对象中抽取部分样本进行的调查。在这种调查中，所抽取的样本，从单个样本来看，有高有低，但从全部样本来看，高低互相抵消，其平均数是接近总体平均数的。因此，抽样调查在非普遍性调查中是有科学根据的、比较准确的调查方式。

11.2.2 企业信息加工

信息加工是将采集到的信息，按照不同的目的和要求，进行鉴别和筛选，使信息条理化、规范化、准确化，以便进一步减少存储、传播和利用，从而使信息具有一定使用价值的过程。

1. 信息加工要求

（1）系统性

通过信息加工，把内容上与采集目标不相关的信息区分开来，将内容相关的信息集中在一起，将原来无序的信息按照自己使用时的需要进行排序，前后连贯，呈现某一规律或某些特征，明确相关信息之间的内在关系，体现出信息内容的系统性。

（2）准确性

通过信息加工，使记载信息的用语规范、标准、简洁、准确、明白，没有虚假、含糊不清的信息，并在信息表述的量上进行精简浓缩，重点突出，问题集中使信息得到优化。

（3）及时性

及时性是指在采集到信息后要立即加工，特别是时效性强的信息更应该争分夺秒地加工，以备急用；并且在决策者急需加工某信息时，能立即完成加工任务。

2. 信息加工程序

信息加工应按照“鉴别、筛选、排序、初步激活、编写”程序进行。

（1）鉴别

鉴别是确认信息内容可靠性的过程。可靠性包括信息本身是否真实存在，信息内容是否正确，信息过程的表述是否准确，数据是否正确无误，有无遗漏、失真、冗余等情况。

通常，鉴别的过程要分以下 3 步进行。

第一步，内容鉴别。对采集到的所有初始信息进行一次大检查，鉴别这些信息内容的可靠性和准确性。

第二步，方法鉴别。对采集初始信息的方法进行鉴别；对加工时自己采用的方法进行鉴别。

第三步，存疑。对一些疑难问题，一时无法判断其真伪的，不要马上作结论；对于需要探讨的问题，也不要轻易地下断语，这就是存疑。只有在企业决策者急需某一信息，而这个信息的可靠性又未得到明确的认定时不能存疑，必须千方百计地设法立即予以认定。

鉴别的方法有：查证法，是指利用各种工具书和报刊来查证本信息的方法；核对法，是根据原始文献、标准方法或实际调查的结果进行核对的方法；比较法，是用从其他渠道获得的同类信息与本信息进行比较，以验证本信息可靠程度的方法；佐证法，是通过寻找其他相关物证、人证来验证本信息可靠程度的方法；逻辑法，是通过对信息本身所提供的材料进行逻辑分析，以发现本信息中有无前后矛盾、夸大其词、违背情理的方法。通常，在进行信息鉴别时，都是综合运用上述各种方法进行的，单靠某一种方法往往难以奏效。

（2）筛选

筛选是在鉴别的基础上，对采集到的信息作出弃取决定的工作过程。它和鉴别不同，鉴别是解决信息的可靠性，依据的标准是信息的客观事实本身；筛选是解决信息的适用性，依据的是信息管理者的主观需求。鉴别中确认可靠的信息，不一定都保留，鉴别中确认存疑的信息，不一定要剔除。

筛选的依据是信息的适用性、精约性、先进性。适用性是指信息的内容是否符合信息采集的目标，符合者谓之适用，留下；不符合者则弃之。精约性是指信息的表述是否达到精炼、简约的程度，在保留的适用信息中，剔除烦琐、臃肿的信息，保留精炼、简约的信息，尽可能地减少信息的冗余度。先进性是指信息的内容是先进还是落后，在适用、精约的信息中，保留先进的信息。

筛选主要分为以下4步进行。

第一步，真实性筛选。根据鉴别的成果，保留真实的信息，剔除不真实的信息，对存疑信息进一步调查核实。

第二步，适用性筛选。以适用性为依据，在保留的真实信息中，保留适用的信息，剔除与采集目标不相关的、过时无用的、重复雷同的、没有实际内容的或用处不大的信息。

第三步，精约性筛选。以精约性为依据，把那些虽然真实有用，但表述烦琐臃肿的信息剔除掉。

第四步，先进性筛选。以先进性为依据，把那些虽然真实、有用、精约，但内容落后的信息剔除掉。

(3) 排序

排序是对筛选后保留下来的信息进行归类整理，就是将信息按照某一特征分出等级、层次系统来。具体选取什么特征，这要和使用相联系。什么样的特征使用方便，就按什么特征来整理。

(4) 初步激活

初步激活是根据筛选后所保留的信息进行开发，以便使用。

(5) 编写

编写是信息加工过程的产出环节，是把经过加工后获得的新信息编写成新的信息资料。具体如何编写是属于写作的问题。通常，一条信息应该只有一个主题，要有简洁、清晰、严谨的结构，突出鲜明的标题。文字表述精练准确、深入浅出。

以上是信息加工的5个环节，一般是一种递进的过程，但在实际操作中，并无明显界限，有时几乎是同步进行的。

11.2.3 企业信息存储

1. 信息存储的含义

信息存储是指对加工后的信息进行科学有序地记录、存放、保管，以便使用的过程。它包括两层含义：一个是用文字、声音、图像将加工后的信息，按照一定规则记录在相应的信息载体上；另一个是将这些信息载体，按照一定的特征和内容性质组成系统，有序的、可供自己或他人检索的集合体。信息存储工作的内容主要包括归档、登录、编目、编码等，信息存储应该满足以下要求。

(1) 准确有序

准确有序是指在记载信息内容、登录存储信息时，内容不缺不漏，用语简练准确，结构有序不乱。

(2) 信息安全

信息安全是保证信息在存储期间不发生丢失和毁坏。这不仅要采取先进的保存技术，保护文献信息，还要做到防潮湿、防虫咬、防火灾、防损蚀，还要十分注意计算机的信息安全问题。

(3) 节约空间

节约空间是指尽可能地减少存储信息所占用的场地，节省存储费用。存储空间小，也便于保管和检索使用。

(4) 使用方便

存储信息的编码、排架，存放处检索工具的编制，必须稳定不变，检索时操作过程简单、快速和方便。

(5) 便于更新

企业存储的信息不能像图书馆那样一直收藏着，必须不断更新。所以，存储的方式、分类的体系等要便于更新，易于增添新资料、删除无用资料、修改变化了的资料等。

2. 信息存储的方法

在本章提到企业信息存储工作的内容，主要包括归档、登录、编目、编码等环节。以下介绍这几个主要环节的具体工作方法。

(1) 归档

进入存储环节的企业信息，无论原先在采集时呈现什么状态，现场发生的、当场者讲述的或文字表述的，都已经是记录在载体上的文献了。当然记录企业信息的载体可以是纸质的，也可以是磁盘、磁带、光盘的。企业信息的存储管理就是企业文献信息的存储管理。

归档，顾名思义，即归入档案，以便保存的意思。它是指企业将在生产、经营活动中不断产生的文献信息，在活动结束后，必须由相关业务部门整理立案，定期移交给企业档案室集中保存的活动过程。说到归档，往往想到的是文书档案、人事档案的归档。在企业里，除了企业的文书档案和人事档案需要归档外，企业在研究开发中形成的科研技术档案、专利档案，生产活动中形成的产品标准、操作规程等管理档案，经营活动中形成的客户档案、营销点档案等，也应当归档统一管理。这在企业信息管理中，往往为企业管理者所忽视。根据国家有关规定，我国的档案实行集中统一管理的归档制度，任何人不得私自保存和销毁文件。

(2) 登录

登录就是建立账目，对加工后需要保存的信息进行登记。企业内的专门信息管理部门，在接收到需要保存的文献信息或移交来的文献档案，都需要登录；其他管理部门在生产经营过程中形成的文献信息资料，在归档之前也要进行登录。登录有助于了解信息存储的概貌，保持信息资源的完整，便于管理。还有利于形成一种方便检索和便于利用的工具，同时还说明该信息已经属于本企业或本部门所有了。

登录可分为总括登录和个别登陆。总括登录是将存储的信息，按类别登记信息的名称、件数。个别登录是对存储信息进行逐一详细登记，可按类别登记，也可按入档时间顺序登记。登记后，要在每一件信息的载体上标明流水号，即按照存储的先后次序所编的顺序号。

(3) 编目

编目就是编制目录的工作，主要包括案卷编目和编制案卷目录。案卷编目是编制案卷内的文件目录，是由企业内各业务部门的信息管理人员在移交文献档案之前完成的。案卷是一组具有内在有机联系、密级大致相同的文件材料的最小集合体，通常又称保管单位。案卷编目工作的内容一般包括编制卷内文件目录、填写卷内备考表和填写案卷封面。而编制案卷目录，是编制所藏全部案卷的目录，是由档案室的工作人员完成的，是给已经排定了顺序的各份案卷逐一编号、登记、造册成为案卷目录的工作。

(4) 编码

编码是将已经登记的信息按照“排序”时所确定的体系结构分别归入分类，并在信息载体上标明该体系结构序列号的工作。其本质是用统一代码替代存储信息的名称。

企业文献信息存储的编码，一般是用文字或非语言文字符号表述，并遵守以下基本原则。

① 编码时要预留足够的位置，以适应需求的发展变化，即具有扩展性。因为随着社会发展，企业管理的范围不断扩大，不断产生新事物、新现象，所存储的信息也会随之不断扩大。

② 编码的方法必须合理，能够满足使用信息处理的需要。即编码的方法既要符合理论上科学性的要求，也要在实践上是合理而行得通的，有实际的提供检索的意义。

③ 每一编码都能代表某个确定的信息内容，每一信息都有一个确定的编码表示。两者之间能一一对应，不能多对一或一对多，那样将会造成实际上的混乱。

④ 编码合理，易于人们理解、掌握。

⑤ 必须建立和不断完善编码标准化体系，以避免混乱和误解，在实践中不断完善。编码与分类具有密切关系，如果信息量大，往往把分类与编码结合进行。

11.2.4 信息传播

信息传播是信息从信源经信道流向信宿的过程。企业信息管理中的信息转播包括两个方面：企业自身产生的信息在企业内的传播和向企业外的传播；企业管理者根据自身需要，对专门采集、加工后的信息在系统内外有意图的统一行动，实现企业的目标。

1. 企业信息传播的特点

(1) 目的具体

企业的信息传播和大众传播不同。大众传播的目的是向社会公众传播各类信息，只在宏观层次上评价传播目的的实现程度，如果实现程度不好，传播者并不负有直接责任，而且是许可的。企业的信息传播则不同，它是企业管理者的有意识行为，是为了完成具体的工作任务而进行的，并且非常强调受传者必须按信息的内容去行为或不行为，以保证传播目的百分之百地实现，否则会造成传播者的损失，传播者对此负有直接责任，是不允许的。

(2) 控制严密

大众传播的控制只是对传播过程控制，对受传者的控制则是间接的，只能局限在提高传播信号的质量、分析受传者心理、按受传者心理和需求去进行信息编码等。企业的信息传播则不同，它不仅要注意提高传播信号的质量，分析受传者心理，按受传者心理和需求进行编码，而且要直接、严密地控制受传者的行为，以保证传播目的的实现。

(3) 时效强烈

大众传播虽然强调传播实效，但是如果传播不及时，传播者自身并不会因此有什么损失，最多也只是该媒体的信誉度受到影响。企业信息传播则不同，在被管理者需要该信息去行为或不行为时，或者在下级决策需要该信息时没有传播到位，就会直接造成企业生产经营的损失，是不允许的。

2. 信息传播的有效性

信息传播的有效性是指信息经过传播到达受传者时，仍旧真实可靠，传播速度快、数量大、投入小。信息畸变又称信息失真，是导致信息传播失去有效性的主要原因。消除信息畸变产生的原因是提高传播的有效性。具体地说，造成信息畸变的原因有以下 3 个方面。

(1) 传播主体的干扰

在企业信息传播中，传播主体是管理者和被管理者。他们为了私利，有可能故意歪曲、扣押、曲解信息的内容，报喜不报忧；或者受自身理解和表达能力弱、传播技术生疏的限制，受自己心理状态的影响和制约，以致对信息内涵的理解发生偏差，无意中造成信息的失真；或者由于工作能力低下、人浮于事、办事拖沓，一方面不能及时处理信息，造成严重积压，另一方面又不善于识别、判断信息的价值，可能把一些无关紧要的信息投入传播，反而把有价值的信息丢在一边。

(2) 传播渠道的干扰

企业的信息传播渠道，有外部的，也有内部的。外部的包括邮政、电信、广播、电视、报刊、文件专递、网络、E-mail 等。内部的有两种：一种是正式传播渠道，即正式信息系统；另一种是非正式传播渠道，即非正式信息系统。如果内部的正式传播渠道，机构庞杂、层次繁多，上层管理者的信息往下传播时，每经过一个层次，信息就要受到该层次管理者的一次综合，并根据自己的理解再传播出去，这样不仅传播速度慢，而且每一次综合和理解都不可能保证信息完全不变，以致信息失真。企业内的信息传播系统不健全、分工不明确、责任不清，也会影响传播速度，造成信息传播中断。

(3) 客观传播障碍的存在

客观传播障碍主要有自然语言的障碍、学科专业知识的障碍、传播技术迅速更新造成的障碍等。自然语言的障碍包括外国语言、方言、专业术语形成的障碍。现代传播技术更新很快，来不及学习和掌握也会成为障碍。

11.2.5 信息利用

信息管理中的信息利用是指有意识地运用存储的信息去解决管理中具体问题的过程。信息加工中“初步激活”的“激活”就是对经筛选保留的信息进行分析和转换，实现信息活化，以便使用。这里所说的“信息利用”也就是进一步激活信息，为己所用。严格地说，信息加工的初步激活和信息利用并无明显界限，在实际工作中往往就是连在一起进行的。信息之所以能被激活利用，是因为一个信息与不同信息之间的不同联系具有不同的功能。采集到的 A 信息，若和大脑里的 B 信息相联系，就会产生 B 功能，若和同时采集到的 C 信息相联系，就会产生 C 功能。信息激活就是寻找这种联系，转换人们的思路。旧的思路反映的是旧的信息联系，旧的信息联系是旧思路的产物。思路转换，或者说信息激活，就其本质来说，就是把信息从旧的联系中分解出来，进行重组，建立起新的联系。在信息利用中，一般可以有以下 4 种不同的思路。

1. 先开发，后利用

信息开发包括外延开发和内涵开发。外延开发是指对信息源和信息渠道的开拓与发掘，以便获取更多的信息。内涵开发是指对已经掌握的信息进行深度加工、重组、激活，以求发现这些信息的新的社会功能。信息利用其性质也是一种开发，但只是对信息内容的表层功能的开发。例如，对于某一产品市场行情看涨的市场信息，内涵开发是思考该产品为什么畅销，会连带到哪些产品，发展趋势如何，有没有改进的必要，竞争对手的状况如何等，一切与该产品有关的方面都可以、也应该想到。而信息利用则不同，它只考虑企业是否生产这种产品，如果生产就利用这一信息，如果不生产就不利用这一信息。但是，不生产这一产品，不等于这一信息对本企业就一定没有用。如果该产品会连带到的某一产品是本企业生产的产品，那么该信息就对本企业仍然是有用的。发现该信息这一有用功能，是在对该信息进行内涵开发之后。因此，信息利用应该在信息的内涵开发之后进行。其实，本来并没有必要把信息内涵开发和信息利用区别开来，问题是有些管理者在信息利用环节仅仅看信息的直接作用，以致会丧失一些极好的可以利用的信息。

2. 从普遍联系的角度出发寻找可利用的信息

因为主观世界和客观世界的信息之间的联系是普遍的、多样的，信息的社会功能也是多样的，信息的范畴是可以不断地扩充的，当人们掌握某一信息时，就可以在与这一已知信息具有广泛联系的范围里寻找可以利用的新信息。

例如，美国著名企业家哈默在 1924 年访问前苏联时，已经结束商务活动准备回国，偶然去一家文具店买铅笔，发现 50 戈比一支，竟然是美国的 11 倍。于是，他又要求买一支擦不掉笔迹的化学铅笔，营业员说：“看你是外国人，我就卖一支给你。可我们的存货不多，照规矩只卖给老主顾。”哈默花了两卢布买了一支，他根据市场上铅笔如此缺货的信息，联想到在访问期间，前苏联政府要求每个前苏联公民都要学会读书写字的信息，马上就产生了一个新的信息：前苏联国内蕴藏着巨大的铅笔潜在市场，并立即决定向前苏联外贸人民委员会申请铅笔生产许可证，到 1962 年哈默的铅笔厂成为世界上最大的铅笔厂之一。

3. 从发展的角度出发寻找可利用的信息

客观世界不仅是普遍联系的，而且是发展变化的。表征客观事物的信息自然也是发展变化的。用发展的眼光看待已经获取的信息，根据信息发展变化的规律或趋势来推测可能出现的若干信息，并从中选择对自己有用的信息，为管理层服务。

4. 从否定之否定的角度出发寻找可利用的信息

事物不仅是发展变化的，而且在一定条件下会向其反面转化，是一个否定之否定的过程，从已知信息相反的方向来思考已经获得的信息，也可以寻找到对自己有用的信息。古人云："安上极则反贱，贱下极则反贵"就是这个意思。著名爱国华侨陈嘉庚在新加坡做菠萝罐头生意获得成功，有人见他时，他说："人争我避，人齐我取"，也是否定之否定规律的运用。

11.2.6 信息反馈

信息反馈是将利用某一信息之后得到的结果与利用该信息前对结果的预测相比较，以期获得该信息利用效果的结论，借以指导下一次信息利用的过程。

1. 信息反馈的作用

(1) 信息反馈是不断提高企业信息管理水平的保证

信息是管理的纽带，管理过程实际上就是信息沟通的过程。反馈信息既是上一管理过程的终结，又是下一管理过程的开始。它可以使信息管理者了解信息利用的效果，了解管理工作的长处和缺陷，以便对原来的信息管理方案进行相应的修订、继承和发扬长处，克服和避免缺陷，把管理工作做好。企业信息管理工作的水平，正是在以信息反馈为前提，实现一次次良性循环的过程中得以完善和提高。

(2) 信息反馈是优化企业管理层决策的条件

信息反馈在管理决策过程中起着调节作用。决策前，反馈信息制约着决策活动的方向、时间和要求，可以使管理者明确哪些需要决策，哪些不需要决策，哪些应该早决策，哪些应该迟决策，哪些是重点决策，哪些是一般决策。在决策过程中，反馈信息可增加决策的有效程度，赢得决策受控对象的充分理解、支持与认同；在决策实施前后，反馈信息可以增加决策的周密度。

因为万无一失或一劳永逸的决策并不存在，所以要求企业管理者在决策过程中，密切注意了解不断运动和变化着的客观实际情况，通过一定的反馈信息，消除不确定因素，优化决策，对决策方案适时进行修改和调整，使决策更为完善和科学。

(3) 信息反馈是企业实施有效控制的前提

控制是管理的重要职能，没有控制的管理是不完全的管理，是肯定要失败的。要实现有效控制，就必须及时了解企业的实际工作情况与企业计划和目标有无偏离、偏离到何种程度及其发生偏离的原因，这就是反馈信息，也只有在获得这些反馈信息后，才能采取针对性措施纠正偏差。此外，企业内员工之间和各部门之间，企业外与各兄弟企业之间的协调问题，只有利用反馈信息才能解决。

2. 信息反馈的要求

信息反馈是一个过程，包括反馈信息的获取、传递和控制的实施。因此，信息反馈的要求也是从这 3 个方面提出来的。

(1) 反馈信息真实准确

反馈信息不真实、不准确，会造成控制决策的失误。这里不仅是指信息是否真实，而且在于是否正确识别反馈信息。不能把其他系统的被控制信息当作本系统控制环路的反馈信息，不能把多种原因造成的信息传播失真当成是一种反馈信息，不能把反馈渠道中产生的信息都当作反馈信息。把这些信息作为反馈信息来使用，同样会导致决策的失误。其次，反馈信息表述得不准确、不完整、不简明，或者在传递过程中受到干扰，产生信息畸变，也会影响基于反馈信息的决策。

(2) 信息传递迅速及时

企业总是在不停地运转着，反馈信息传递迟缓，就会延缓基于反馈信息的管理控制的实施，使管理工作中的问题得不到及时的纠正，给工作造成损失。为此需要尽量缩短反馈信息的传输通道，准确把握控制环路的信息反馈途径，并且要有明确、对路的反馈信息信源。

(3) 控制措施适当有效

许多信息管理者在谈及信息反馈的要求时，都说要"真实、准确、及时、灵敏、全面和简明"，其实这只是对反馈信息的要求。可是，反馈信息本身并不会表示出应该如何控制。同样一个反馈信息，不同的管理者会提出不同的控制措施。有了合乎要求的反馈信息，不等于就一定会有好的反馈控制，有效的控制取决于根据反馈信息所制定的控制措施。

11.3 企业信息管理系统

11.3.1 企业信息管理系统概述

企业信息管理系统（Information Management System for Enterprise，EIMS）是运用现代化的管理思想和方法，采用电子计算机、软件及网络通信技术，对企业管理决策过程中的信息进行收集、存储、加工、分析，以辅助企业日常的业务处理直到决策方案的制定和优选等工作，以及跟踪、监督、控制、调节整个管理过程的人机系统。例如，企业资源计划（ERP）、客户关系管理（CRM）、供应链管理（SCM）、产品寿命周期管理（PLM）、制造执行系统（MES）、产品数据管理（PDM）等管理概念、理论和方法，以及各种各样品牌的应用解决方案与信息管理系统，如用友 ERP、海艾迪 C-EMS 和 M-EMS 及 SAP 信息管理系统等。

从目前已经大量应用的各种企业信息管理系统来看，普遍具有以下特性。

① 除了通用的管理软件和物料资源计划（MRP）、办公自动化（OA）、工作流系统（WFS）外，大部分软件都需要做大量的需求分析，咨询顾问（多数都是行业内的专家）和企业各级员工在认真总结以往经验和企业发展要求的基础上，根据企业实际量身定做或在标准版本的基础上根据企业实际做大量的修改，所以具有行业专家特性及实际应用特性。

② 多数系统是从企业战略的角度出发，在全局和总体考虑的前提下设计企业的信息管理系统，是从企业的人员机构管理、产品管理、系统权限管理、销售管理、采购管理、生产

管理、质量管理等系统的角度，考虑战略的实现性和信息之间的关联性、制约性，具有系统性和整体性。

③ 具有历史知识的积累性和共享性。企业的信息管理系统能够将各部门和各员工日常工作的关键数据，存储在数据库中，并能根据权限方便查阅和调用。

④ 具有决策的支持性。所有的数据可以经过计算机的处理从不同的角度得到各种分析结果，并通过报警提醒的方式，使决策者在第一时间得到相关信息。

⑤ 动态特性。由于信息的时效性和关联性，当系统中某一信息要素发生变化时，与之相关联的其他信息均会发生变化。同时，由于企业的外部环境和内部要素均在动态变化，系统也要求能够适应这种变化。

11.3.2　企业信息管理系统的作用

企业信息管理系统对于企业管理水平的提高具有很大的支持和保障作用，具体表现在以下几方面。

① 发布知识，确保组织内的每个成员都能共享。在没有计算机、软件和网络通信技术的前提下，企业发布知识通常是采用开会、发文件及书籍等手段，除了发布成本高以外，知识的传播速度、传播量、更新、查阅及查阅权限等受到极大的制约。而企业信息管理系统则有效地解决了这些问题，使知识信息交易成本大大降低，交易质量和效率大大提高，有力地发挥了知识在企业中的生产力作用。

② 确保知识获得的及时性。信息管理系统解决了跨地区、跨时间、跨单位、跨部门、跨员工之间的查阅障碍，只要是在有权限的前提下，知识需求者可以迅速通过系统找到自己需要的各种知识。例如，目前的企业信息门户（Enterprise Information Portal，EIP）可以解决企业之间的信息及知识交流问题，另外企业信息系统可以与相关的网络连接，并自动按照组织内部成员对信息的需求进行筛选、分类和收集，并按照成员对信息的需求及时传送给需要的人，以解决知识时效性的问题。

③ 提升组织或个人的隐性知识为显性知识，并保证两者之间的有效转换。在企业没有信息系统之前，员工的知识和经验仅存在自己的头脑里，部门的知识也在这个部门里，信息呈现孤岛状态。遗忘、人员流失和成员之间交流不畅导致企业的知识大多是隐性知识，而不能转变为显性知识，组织的知识难以积累。组织随着人员的流动、时间的推移不断地交学费，企业不能形成经验曲线，生产效率和竞争力也就难以提高。信息管理系统使个人知识得以沉淀，成员之间的知识得到共享和交融，企业对员工的过分依赖性降低，从而避免企业因某些关键岗位人员流失出现不可收拾的局面。

总之，传统的金字塔式组织结构和人际交流模式在很大程度上不适合现代社会对知识的快速组织、整合和共享需要，计算机网络则为知识的获取、组织和共享创造了一个全新的平台。企业在网络平台下，形成一种柔性的与变化的组织和扁平化的信息传递渠道。从知识管理的角度，建立信息管理系统使人与知识资源有机结合，将人、知识与现实工作任务整合起来，必将为企业管理带来实效。

案例分析

海尔集团是国家特大型企业，是在1984年引进德国利勃海尔电冰箱生产技术成立的青岛电冰箱总厂的基础上发展起来的。海尔集团在张瑞敏总裁提出的“名牌战略”思想指导下，通过技术开发、精细化管理、资本运营、兼并控股及国际化，使企业迅速成长为大型企业集团，被国务院命名为特大型企业。“八五”期间，与国内同行业相比，海尔集团实现了“中国家电第一名牌”的宏伟目标，成为中国家电行业销售额最大、生产的产品品种和规格最多、出口量最大的企业集团，是名副其实的中国家电行业的龙头老大。1997年“海尔”继续被评为中国驰名商标，商标价值118亿元，工业销售额达118亿元，“获得中国家电第一名牌”的美誉。企业的超常发展，除抓住了改革开放的大好机遇外，很重要的一点就是集团自创业以来，始终重视信息技术的开发和应用工作，把企业的信息工作列入企业的首要工作，特别重视计算机网络信息技术的开发、应用和推广工作。

海尔集团在发展过程中，不仅重视市场信息，在紧跟市场的同时，也重视国家的政策性信息，这体现在海尔集团牢牢抓住集团发展过程中的3个机遇，使海尔集团不断壮大。

第一次机遇：1992年，邓小平同志发表重要的南巡讲话后，预示着中国改革开放将进入高潮，张瑞敏总裁及时决策，从银行贷款8 000万元筹建海尔工业园。但1992年下半年的形势突变，银行银根紧缩，海尔工业园的整体建设需要投资16个亿，贷款可能性大大减少。就在这时，公司了解到，中国的资本市场开始启动，张总裁果断抓住第二次机遇：主动汇报、争取额度，将海尔股票公开发行上市。仅此就筹集了3.69亿元的资本，凭借这3.69亿元的启动资金，进入了资本运营阶段。第三次机遇：海尔集团在不断发展的同时，紧紧跟踪、分析市场和国内同行业信息，抓住国家政策信息，深入分析其走向，适时兼并了青岛电冰柜总公司、青岛空调器总厂、红星电器股份公司、武汉冷柜公司、青岛第三制药厂、合肥黄山电视机厂等8家公司，盘活有效资产超过20亿，主要产品都实现了规模经济，通过输入海尔文化，达到兼并一个盘活一个的效果，使海尔集团进入了名牌经营阶段。

可以看出，信息成为企业获得成功的原动力，是推动企业不断发展的关键所在，也是海尔集团发展为中国家电第一名牌的关键。

海尔集团自始至终重视信息应用的重要性。信息是企业发展的导向，还是企业发展决策的依据。海尔集团利用信息在不断地发展，在发展中又不断地完善信息网络，回顾1992年，海尔集团刚刚成立，就设置了信息处，利用有限的信息渠道收集各种信息。看报纸、听广播，可用信息量少，信息滞后，价值低。随着国家信息化工程的推出，特别是近年来提出的许多重大项目计划，如三金工程、火炬计划、信息系统工程等，都是在推进中国信息产业的现代化，或者是利用信息技术推动其他领域的现代化。海尔集团为了应用信息化技术推动企业更好的发展，制定了海尔集团的信息化发展战略规划。经过5年多的努力，海尔集团应用众多高新技术，并从信息搜集的渠道和处理手段着手，结合企业的实际，已经逐步推广并实施了信息网络构造和计算机技术的应用。目前，海尔集团已经与国家轻工部、经贸委，省市信息中心等30多家国家各级信息中心建立了信息渠道，已经建立的信息工程有CAD系统应用、国际互联网应用、MRPⅡ应用和企业内部网的应用。

（1）应用计算机技术挑战世界——CAD的应用

海尔集团在加大科研开发力度的同时，以市场为导向，以产品开发为重点，参照国外跨国公司的科研开发机制，结合自身实际，建立了闭环的产品开发生产机制。CAD系统为开发生产闭环的实现提供充分的技术基础，起着至关重要的作用。CAD系统的应用缩短了产品设计周期，加速了新产品开发的进程，迅速提高了市场占有率，极大地提高了海尔集团的国际先进技术地位。

（2）打开世界之窗——应用国际互联网

随着信息工程的深入发展，海尔集团主动开始从找信息到创造信息的活动。1996年，海尔集团针对国际互联网技术应用日趋成熟的现实，经过深入调查研究和精心规划，于1996年11月建立了海尔网站，成功地宣传了海尔集团及产品。并与国外客商进行交流，建立海尔集团总部与全国的销售维修中心交互式通信的信息站，为国外客户了解产品信息、洽谈贸易、产品订购和国内客户咨询、售后服务，以及全国各地信息联网提供了极大的方便。

现在海尔集团通过国际互联网和企业内部网的规划，多渠道、全方位搜集国际信息，进行综合处理、分析，对企业的发展起到了指导和推动作用。

（3）发挥技术优势，进行科学管理——MRPⅡ的应用

为建立高标准的计算机管理信息系统，辅助建成高起点、高水准的管理机构，充分发挥海尔集团的先进技术优势，在应用计算机的基础上继续创造高经济效益，提供更加科学和完善的管理机制；为了提高企业管理效率，及时、迅速、准确地了解企业的经营活动，模拟资金流、物流流通状况，为综合分析、领导决策提供信息，为了在投入产出、成本核算、市场预测、库房管理等方面发挥信息处理作用，保证企业在材料适度库存条件下，指导均衡生产，加速资金流通，以提高企业管理水平，增强市场的竞争能力。海尔集团经过了为期一年的充分考察和研究，制定了完整的发展规划，并于1997年开始启动MRPⅡ应用。

（4）面对现实，关注未来——多种信息渠道的应用

信息是企业的生命，预先掌握了信息就取得了一半的胜利。参与市场竞争，首先要清楚地了解企业发展水平、自身技术、产品在国内和国际上所处的地位。为此海尔集团建立了高效的信息系统，及时、准确、全面地了解国内外政策、市场、竞争对手信息等方面的内容，使企业的发展、科技开发工作在高起点上开展。目前，海尔集团与国家经贸委、国家轻工总会、省市信息中心等主要部门建立了30多个稳定的信息网络，并将该网络与产品开发、市场拓展、兼并联合、发展规划等有机地结合起来。在企业活动开展前提供信息、开展过程中进行信息跟踪反馈、开展后进行信息的再注入，始终体现了信息网站在企业发展中的重要作用。

(5) 迈向跨国集团信息时代——建立企业内部网

市场竞争是信息的竞争，是信息化进程的竞争。为了使业务流程全面信息化，降低管理成本，提高企业对市场的快速反应能力，加强跨省、跨地区，甚至跨国的管理，提高对各地的销售与售后服务中心的维护质量和各地分公司的管理效率，有效地减少培训时间和培训费用，突破地域的限制，更有效地获取整个企业的信息资源，并参与网上跨地域的讨论，海尔集团建立企业内部网，形成跨地域的内部管理机制。海尔集团通过企业内部网进行通信，每天动态掌握各地销售中心的销售情况和售后服务的工作情况，实施营销计划、实现 OEC 管理，进出口公司通过该网络与国外供应商进行充分联系，建立交流，提高集团的整体工作效率。

从管理手段落后到企业全面信息共享，海尔集团取得了令人鼓舞的成果。CAD 技术的应用，促使开发系统闭环的工作进度加快，使消费者的潜在需求进入开发链之后，短时间内成为产品，满足了市场需求，从而提高了企业的竞争能力，取得了丰硕的成果。采用 CAD 系统以后，企业的新产品开发速度明显加快，开发质量明显提高。科研技术部门每年都为集团开发出众多新产品，仅 1995 年就开发了 60 多个新产品。目前，随着市场形势的不断变化，CAD 系统的运用不断深入，运用水平不断提高，新产品开发速度越来越快。至 1995 年年底，共获得了 110 多项科技成果。海尔集团自采用 CAD 系统进行产品设计以来，已申请专利 511 项，其中已获准 312 项。这些专利有效地保护了海尔集团的最新技术，极大地提升了海尔集团的技术地位。例如，海尔集团的 MSV 技术、节能无污染电冰箱技术等国际先进技术都已获得了专利。

通过国际互联网的广泛宣传，网站的建立为海尔集团带来了巨大的经济利益和国际性社会影响。每天有 1 500 多人访问海尔网站，查询海尔集团的新闻和新产品信息，并进行商业贸易和产品咨询。近 3 000 人次的海外经营商通过电子邮件与海尔集团联系业务，每天几十个国内网上访问者通过国际互联网提出各种各样的问题。海尔网站的建立，相当于公司为广大的用户开辟了一个进行广泛交流的场所，对于公司沟通用户、了解市场起到重要作用。

通过国际互联网，海尔集团可以收集到国际最新的产品性能、外观造型、结构方面的信息，及时提取、分析、掌握国际发展动态，为集团的产品概念设计提供有力依据。海尔集团也通过国际互联网了解国内和国际信息，对于开拓市场、有针对性扩大企业和产品影响力提供有力的指导依据。由此可见，信息与信息技术的应用，扩大了海尔产品的技术优势、市场优势、领导优势和信誉优势。计算机技术的应用和信息化的推广实施，为海尔集团插上了腾飞的翅膀，使之具备了向世界 500 强冲刺的能力。

思考讨论题

1. 海尔集团是怎样进入信息化时代的?

2. 简述海尔集团的信息化进程。
3. 海尔集团信息化成效体现在哪些方面?

本章练习题

一、选择题（不确定型）

1. 企业信息管理流程是（　　）。
A. 采集、加工、存储、传播、利用、反馈
B. 采集、存储、加工、传播、利用、反馈
C. 采集、存储、加工、利用、传播、反馈
D. 采集、加工、存储、利用、传播、反馈
2. 正确的信息加工程序是（　　）。
A. 鉴别、筛选、排序、初步激活、编写
B. 鉴别、排序、筛选、初步激活、编写
C. 鉴别、编写、筛选、排序、初步激活
D. 鉴别、筛选、初步激活、排序、编写
3. 下列属于企业信息特征的是（　　）。
A. 社会性　B. 经济性　C. 时效性　D. 连续性
4. 属于信息存储的方法的是（　　）。
A. 归档　B. 登陆　C. 编目　D. 编码
5. 下列属于企业管理信息系统的是（　　）。
A. 企业资源计划（ERP）
B. 客户关系管理（CRM）
C. 产品寿命周期管理（PLM）
D. 供应链管理（SCM）

二、思考题

1. 信息和企业信息的含义?
2. 分析企业信息管理的流程。
3. 信息采集和存储的方法有哪些?
4. 企业管理信息系统的作用是什么?

第 12 章

企业管理趋势

改革开放特别是党的十四大提出建立社会主义市场经济体制以来，我国企业在实践中借鉴国外先进管理理论与经验，积极探索、自主创新，经过 20 多年的努力，企业管理的现代化水平有了很大提高，比较优秀的企业已接近于国际水平；企业经济效益与竞争能力，也有了长足进步。当前，我国正处于新的重要战略机遇期，要大力推进企业的体制、技术和管理创新，全面提高企业的现代化管理水平，以推动我国企业的发展。

12.1　我国企业管理的发展历程和取得的主要进展

12.1.1　我国企业管理的发展历程

改革开放以来，我国企业管理与企业的改革和发展交织在一起，经历了一个复杂而渐进的过程。就企业的地位和性质、企业管理的基本内容来看，以党的十四大确立社会主义市场经济体制为标志，大致可划分为两个时期。

1. 从党的十一届三中全会到十四大

国有企业改革以放权让利为中心，重点在于调整国家、企业与职工三者之间的责权利关系，先后进行了利润包干、利改税、承包经营责任制和股份制改革试点等多种形式的改革。企业管理方面表现为由政府直接管理向间接管理过渡，企业经营自主权不断扩大，以提高经济效益为中心，努力转换企业经营机制。

20 世纪 70 年代末 80 年代初，国家首先集中力量对企业进行了恢复性整顿和建设性整顿。此后，党中央、国务院先后下发了一系列文件，提出扩权让利，实行经济责任制，给企业一定的经营自主权，形成了政企分开的理念和目标。在企业管理上，积极学习借鉴发达国家的企业管理经验，学习管理科学知识并应用于实践。在这个背景下，1983 年初，著名经济学家袁宝华同志针对学习借鉴国外先进企业管理经验，提出了“以我为主，博采众长，融合提炼，自成一家”十六字方针，以此指导企业的实践。按照社会主义四个现代化的要求，企业管理也要实现现代化。在一次全国性的研讨会上归纳出企业管理现代化的五项内容，即管理思想、管理组织、管理方法、管理手段和管理人才的现代化。随后，在总结企业实践的基础上，推出了一批企业走向现代化管理的具体方法。

1984 年 12 月，党的十二届三中全会作出了经济体制改革的决定，一些地方在落实扩权让利措施的基础上，对小型企业试行承包或租赁经营，企业管理得到了普遍的重视，提出了由生产型向生产经营型转变的要求。企业开始推行厂长（经理）负责制，企业内部开始大力推行现代管理方法，贯彻企业管理现代化的五项内容。在总结探索中，国家主管部门推出了《“七五”企业管理现代化纲要》。

1988 年 4 月，国家颁布了《全民所有制工业企业法》，企业管理开始走上法制化轨道。承包制在全国范围推开，所有权与经营权适当分离提上了日程。人们对我国技术落后、管理更落后的现状有了更为清醒的认识。全国开展了“抓管理、上等级”的企业管理升级活动，《“八五”企业管理现代化纲要》开始实施，企业管理工作由一般的普及号召、国内外先进管理经验的单项应用转变为大面积推广、系统应用和整体优化，并开始重视转变企业的经营机制。

这一时期，随着改革的深入与开放的扩展，企业出口产品打入国际市场，品种增多，规模扩大；同时，外商来华投资与我国合资、合作及独资经营的企业也逐步增加，民营企业数量也大量增加，这些对我国企业管理现代化是一个有力的促进。

2. 从党的十四大到十六大

党的十四大到十六大期间，国有企业改革进入了机制转换、制度创新的新阶段，企业管理以社会主义市场经济取向为中心，以转换经营机制为动力，进行管理创新，努力与国际接轨。

1992 年 7 月，国务院发布了《全民所有制企业转换经营机制条例》。1992 年 10 月，党的十四大提出建立社会主义市场经济体制的目标，企业全面走向市场，竞争成为企业生存和发展的基本方式。1993 年 11 月，十四届三中全会作出《关于建立社会主义市场经济体制若干问题的决定》，提出把建立现代企业制度作为国有企业改革的方向，国有企业实行公司制是建立现代企业制度的有益探索。1993 年 12 月，《中华人民共和国公司法》（以下简称《公司法》）正式颁布，为建立现代企业制度提供了法律依据。参照“九五”企业管理纲要，不少企业结合自身实际，大胆探索，创造了许多企业管理的新方法，走上了管理创新之路。

1995 年 9 月，党的十四届五中全会通过《关于制定国民经济和社会发展“九五”计划和 2010 年远景目标的建议》，提出实现奋斗目标的关键是实行两个具有全局意义的根本性转变，即经济体制从传统的计划经济体制向社会主义市场经济体制转变，经济增长方式从粗放型向集约型转变；同时明确提出，要着眼于搞好国有经济，通过存量资产的流动和重组，对国有经济进行战略性重组。1997 年 9 月，党的十五大再次强调要着眼于搞好整个国有经济，抓好大的，放活小的，对国有企业实施战略性改组。十五大以后，我国政府机构改革也迈出重大步伐，以试行稽查特派员制度、健全和规范监事会制度为标志，国家对国有企业的管理方式、对企业领导人的管理制度发生重大转变。1999 年 9 月，党的十五届四中全会作出

《关于国有企业改革和发展若干重大问题的决定》。2000年9月，国家出台了《国有大中型企业建立现代企业制度和加强管理的基本规范（试行）》，标志着我国企业改革和管理从试点探索走向规范运作、发展提高的新阶段。2001年12月，我国正式加入世界贸易组织，对外开放向着更大范围、更广领域、更高层次发展，形成了以开放促改革促发展的局面，我国企业管理在部分企业先行探索的基础上，也开始面向世界，逐步与国际惯例接轨。在经济全球化和市场竞争日益激烈的今天，企业管理作为生产力要素之一，发挥着越来越重要的作用。

12.1.2 我国企业管理取得的主要进展

经过20多年坚持不懈的努力，我国企业管理领域不断拓展，管理内涵不断丰富，管理水平有了较大提高。这主要体现在以下几个方面。

1. 企业管理思想和观念不断创新

与建立竞争性的市场经济体制相适应，在企业管理中贯彻市场观念和市场准则，是我国企业管理思想和观念创新的突出特点。从大量的企业实践来看，如何适应市场，让所有管理领域和管理活动与市场接轨，是企业管理创新的核心内容。这表现在企业普遍树立了市场开拓的经营理念，建立了面向市场的科学决策机制，以市场为导向制定发展战略、调整组织结构，推行科学的管理方法和手段，在各项专业管理中引入竞争机制等方面。邯钢创造的“模拟市场核算、实行成本否决”管理机制，突出反映了我国传统企业走向市场的必由之路。海尔集团的“以‘市场链’为纽带的业务流程再造”，宝钢集团的“用户满意战略”，万向集团的“整体营销管理”，也是这方面的典型代表。

随着市场观念在企业管理中的普遍确立，我国企业的用户观念、竞争观念、效益观念、质量观念、优胜劣汰观念不断强化。以往单纯重视有形资产管理的倾向得以扭转，企业文化、品牌推广、形象设计、知识产权保护等许多无形资产管理理念得到广泛的推崇和应用，已经成为企业提高经济效益和竞争能力的重要手段。同时，国外先进的管理理论、管理方法、管理技术的大量引进和传播，合资企业、外商独资企业在管理上的展示，极大地丰富和拓展了我国企业的管理思想和视野。

2. 企业领导体制实现了重大转变

在我国企业制度建设中，党委一元化领导、厂长（经理）负责制曾经是企业领导体制的主要形式，在经济发展中起到过重要作用。随着现代企业制度的建立和完善，治理结构的建设就成为企业领导体制的核心。近10年来，我国企业依照《公司法》，规范股东会、董事会、监事会和经理层的职责，落实企业法人财产制度，初步形成了决策机构、执行机构和监督机构相互协调、相互制约的机制；同时，坚持发挥企业党组织的政治核心作用，坚持和完善以职工代表大会为基本形式的企业民主管理制度，发挥工会和职代会在民主决策、民主管理和民主监督等方面的作用，改变了企业中党政不分、职责不明的状况，提高了企业的决策效率。

企业领导体制的改变，归根到底是要转变企业的决策机制。董事会是企业重大问题的决策机构，在企业治理机制中扮演着非常重要的角色。董事会实行集体决策，董事对重大决策的表态要有会议记录，决策失误个人要负责任。这些都完全不同于传统体制下集体决策、集体负责，以及政府的行政干预，这实际上是一种无人负责的体制。

3. 战略管理受到普遍重视

传统体制下企业战略管理职能掌握在政府手中，只有列在国家计划中方能行动。体制改革和激烈的市场竞争使企业意识到，只有在预测和把握外部环境和内部条件变化的基础上，结合企业自身的经营特长，以战略管理为主，才能为企业组织结构的建立、内部资源的配置、市场营销、产品开发和生产经营奠定科学的基础，才能提高管理的有效性和效益，在市场竞争中占据优势地位。在第 1 ～ 8 届的创新成果中，50% 的成果涉及企业整体管理；在 183 项整体管理创新成果中，战略管理达到了 36 项，这说明我国企业在这方面有较大进步。

近年来，我国企业在战略管理方面，已经开始注重培育、提高、发挥企业的核心竞争能力；在目标导向上不再局限于一般经济目标，而是注重实现企业长期经济效益目标、企业所有者目标、客户利益目标和社会效益目标的统一。

4. 职能管理不断健全强化

在计划经济体制下，我国企业管理是以“生产技术专责制和经济核算”为主要内容。随着经济市场化程度的不断加深，我国企业管理逐步实现了由生产型向生产经营型再到资本经营型的转变。现在，较高层次的资产经营方式，诸如企业改制、联合重组、兼并破产、承包租赁、分拆上市等，在企业经营管理中已被广泛采用。到 2002 年年底，我国上市公司已经多达 1 224 家，部分企业成功在海外上市，世界 500 强企业已经有 400 多家在我国进行投资，与国内企业开展了多种形式的合作，兴办了大量的独资、合资、股份制企业。

与企业经营方式的变革相适应，我国企业管理的各项职能得到不断健全和强化。在经济体制转轨时期和加入世贸组织的形势下，我国企业在重视提升生产管理、质量管理、技术管理、基层管理水平的同时，不断建立健全了财务成本、市场营销、技术研发、人力资源、环境保护、物流管理、信息管理等专项管理职能，一些企业还充实丰富了企业金融和法律事务等多方面的功能。

5. 企业组织形态和管理机构实现了创新

随着外部条件的不断改善，我国企业尤其是大型企业破除了以往“大而全”、“小而全”的单一实体形态，向多法人联合、集团化经营方向发展。部分企业还大力发展了多元化经营、跨区域乃至跨国经营，以资本为纽带，构筑了集团化的发展格局。现在，网络经营、生产经营外包、企业战略联盟、虚拟企业等协作方式也逐渐被越来越多的企业所采用。

为了适应市场竞争的要求，众多企业从自身实际出发对企业组织管理机构进行了重新设计，形成了各具特色的组织管理体系。在企业内部，普遍精简了不必要的管理机构和人员，改变了传统的金字塔式单一直线职能式组织结构，推动企业组织结构向柔性化、扁平化方向发展，部分企业还引入了矩阵制、事业部制、网络组织等新的管理组织模式。

6. “三项制度”改革取得突破性进展

我国企业在内部改革中，逐步打破干部与职工的界限，深化人事制度、分配制度、用工制度改革（三者总称为“三项制度”），建立了全新的责权利体系，基本上形成了“职务能升能降，职工能进能出，收入能高能低”的激励和约束机制。

现在，人力资源管理已经逐步取代了传统的劳动、工资、人事管理。我国企业管理坚持以人为本，普遍重视职工培训，尊重知识，尊重人才，不断改进政治思想工作，在员工的招聘、选拔、培训、激励等方面进行创新，大大激发了职工的积极性和创造性。以优秀管理人才和技术创新人才为主要对象的人力资源开发、激励、培育政策，利用企业外部人力资源，智力合成等，成为一些企业凝聚竞争优势、决胜市场的关键因素。

需要特别指出的是，在建立新型劳动关系方面，我国已经开始建立由政府、工会和企业组织组成的多层次的“三方协商机制”。这是市场经济条件下协调劳动关系、维护出资者利益、维护企业利益、维护职工利益的一项基本制度，将对促进劳动关系协调稳定发展、保障社会稳定，发挥积极作用。

7. 基础管理工作不断充实提高

在企业改革和发展过程中，多数企业一方面重视建立和完善企业的各项规章制度，将企业的整个生产经营管理建立在规范化、法制化的轨道上；另一方面不断充实提高基础管理工作，不断修订各种不符合市场经济要求的各种定额和标准，以岗位责任、任务目标、工作程序、行为准则为基础，建立起明确的程序和制度，完善管理信息系统，推动企业基础管理工作向标准化、科学化方向迈进。

8. 现代化管理方法和手段得到广泛运用

从改革开放一开始，我国就引进了一大批先进的管理方法和管理手段。我国企业通过学习消化和创新，也不断将社会学、数学、经济学、行为科学、政治学的知识和原理运用到企业管理中，运用到计划与决策、生产管理、质量管理、技术管理、物资管理、销售管理、财务成本管理和人事管理等方方面面，自主创造了许多新的管理方法。现在，年薪股权制度、学习型组织、业务流程再造、战略联盟、企业资源计划、客户关系管理等先进管理方法，在一些企业得到了应用。计算机技术尤其是现代信息技术在我国得到普遍推广。

9. 优秀企业家和先进企业典型不断涌现

随着经营者选拔方式和制度的改革，一支企业家队伍在我国逐步形成，我国企业经营者的职业化、专业化水平有了很大提高。这些企业家在市场竞争中努力学习，不断提高自身素质，锐意改革，勇于创新，在国内外的市场竞争中显示出卓越的才干，在企业管理创新中发挥了突出作用。在他们的带领下，我国先进企业管理典型不断涌现，创造了许多新经验、新理论和新方法。从 1990 年起，在原国家经贸委指导下，中国企业联合会依据国务院有关条例的规定，在全国组织了九届企业管理现代化创新成果审定工作，共推出了 446 项国家级企业管理创新成果。这些成果是我国企业管理创新的集中体现，从一个侧面反映了我国企业管理所取得的成就。对这些先进成果的总结、宣传和推广，带动了我国企业管理水平的提高，发挥了一定的积极作用。

12.1.3 我国企业管理现代化水平不断提高的基本经验

我国企业在提高管理现代化水平方面积累了丰富的经验主要有以下几个方面。

1. 树立与时俱进、不断创新的管理观念

面对体制转换和日益激烈的市场竞争环境，企业生存与发展的关键是创新能力，特别是管理观念的不断创新。各种管理组织、管理制度和经营模式，大多是管理者思想的外在表现。许多成功的企业都是在破旧立新中发展，并具有独特的经营理念；而一些失败的企业往往是由于固守传统经营理念造成的。因此，对企业来讲，没有新的思路就没有出路，不创新就将衰败。

2. 坚持管理现代化与技术进步相结合

企业组织技术引进、技术改造和技术开发的同时，在内部管理上也必须相应进行调整以适应新技术发展的要求，并保证先进技术有效发挥作用。同时，企业管理水平的提高，也会不断推进企业技术进步。管理本身也要不断提高技术含量。

3. 坚持管理创新与体制创新相结合

企业管理创新要紧跟企业体制的改革、经营机制转换的步伐，并应适度超前。体制的变化，要靠制度来运行，而管理则是制度的载体和保证。体制制度的创新，必须同时进行管理创新。通过改制和深化内部改革、外部发展环境的改善，保证和推动管理创新得以开展。

4. 坚持博采众长与自主创新相结合

在经济全球化日益加深、信息化水平日益提高的市场环境下，博采众长已成为企业提高竞争力的客观需要。我国还处于工业化发展过程中，必须学习借鉴发达国家及其他发展中国家的先进管理经验，也要注意挖掘和发扬本国的优良传统及经验。既要注重学习借鉴古今中外的先进企业经营管理理论，引进国外的先进管理方法及手段，也要与各自企业的实际相结合，着重消化吸收，并不断加以创新，走引进、消化、创新、发展的路子。

5. 坚持企业利益与社会责任的统一

创办企业，以及把国有企业从政府附属物改制为公司制的独立经营主体，目的是为了适应市场需求、获取经济利益和企业的发展。同时，各类企业的发展对促进国家及地区经济繁荣发挥着决定性作用，也为广大劳动者提供着众多就业机会，为改善人民生活创造了条件。但是，企业追逐经济利益必须时刻注意与社会进步及可持续发展相协调。在资源开发与利用、环境保护、消费者与劳动者利益保护、社会公益事业发展等方面，企业承担着重要的责任。企业要减少资源浪费和对生态环境的破坏，实施清洁化生产，走可持续发展之路。

6. 坚持以人为本，注重企业文化建设

企业竞争归根结底是人才的竞争。加强人力资源的开发与管理是提高企业管理水平及创新能力的重要保证。企业家必须不断提高自身修养，并勇于探索和创新。在人力资源的开发与管理上，要适应知识经济发展的要求，通过事业引导、学习培养、科学绩效评估、激励导向薪资制度、民主管理等，充分调动每个员工的积极性，发挥个人专长，从而保证企业的发展。同时，企业的理念、价值观、精神、工作作风等，成为支撑企业发展的重要力量。因此，必须加强企业文化建设，凝聚企业员工，树立企业良好形象，并推动社会文明的建设。

12.1.4 全面提高企业管理现代化水平的途径

经过20多年的努力，我国企业管理取得了较大进展，积累了一些成功的经验；但仍存在着许多问题和不足，如管理还比较粗放，管理现代化水平还较低，特别是与国际先进水平的差距还比较大。面对新的任务和要求，我国企业要有新思路、新方法、新举措，抓住发展的战略机遇期，积极开拓创新，全面提高企业管理现代化水平。

1. 不断更新观念，树立现代经营理念

进入21世纪，世界范围知识经济的兴起，全球信息化，科学技术迅速发展，企业结构调整，跨国公司兼并，企业强强联合，尤其是随着我国加入世贸组织，对我国企业造成强大的冲击和激励。现在全球500强企业中已经有300多家进入我国，入世适应期只有几年，机遇不会再等我国企业，我国企业只有不断更新观念，不断产生适应国际先进生产力水平的新思维、新观点，并落实在行动上，才能获得发展的机会。永无止境的观念创新，是企业持续成长的要诀，是企业各项创新的导向和关键。

经营理念是企业在经营中遵循的信仰、宗旨和准则，现代经营理念的内涵在于洞察时代的需要，建立前瞻性的经营意识、价值观和使命感。我国企业树立现代经营理念，主要应把握世界经济全球化趋势和国际企业管理发展趋势。

2. 积极运用国际企业管理标准

适应经济全球化和加入世贸组织的新形势，在更大范围、更广领域和更高层次上参与国际经济、技术合作和竞争，充分利用国际国内两个市场的要求，寻求更优的资源配置和市场环境，提高产品的附加值，我国企业必须熟悉和掌握国际通行规则，尽快与国际接轨。当前必须贯彻实施ISO 9000质量管理体系、ISO 14000环境管理体系、OHSAS18001职业、健康安全管理体系等一系列国际标准。

3. 建立健全管理创新的动力机制

创新是企业管理进步和持续成长的活力源泉。我国企业面对入世和经济全球化所带来的日趋激烈的竞争形势，应与时俱进，积极迎接挑战，大力推进管理创新。

要推进管理创新，必须建立健全企业创新的动力机制。企业创新的动力机制，是能够推动企业创新实现优质、高效运行并为达到预定目标提供激励的一种机制。

第一，要进行企业制度创新，这是建立创新的动力机制的前提条件。只有在产权清晰、权责明确、政企分开的前提下，企业才有可能以市场为导向，自主地组织研究开发和生产经营。

第二，要培育企业家的创新精神。企业家是创新活动的主要倡导者、决策者和组织者，企业家的创新精神是搞好企业创新活动的重要因素。

第三，企业应建立激发创新意识的人事制度、分配制度和鼓励人们勇于创新的其他激励制度。

第四，要搞好推动创新的企业文化建设。通过企业文化建设，创造一个良好的创新氛围。

最后，国家和社会应对企业管理创新作出贡献的单位和个人给予表彰和鼓励。

4. 推进企业组织结构的调整重建

组织结构被称为企业的“骨骼”系统，是企业生产经营管理活动正常运营的保证。企业组织结构的调整和企业重建主要包括企业的规模结构、管理结构、生产组织结构等方面，关系到企业整体管理水平的提高。

推进企业组织结构的调整、重建，主要有以下三方面。

① 企业组织规模结构的适度化和虚拟化。对关系国民经济命脉的重要行业和关键领域，要通过上市、兼并、联合、重组等资本运营手段扩大经营规模，形成一批拥有著名品牌和自主知识产权、主业突出、核心能力强并具有一定国际竞争力的大公司和企业集团。中小企业应向“专、精、特、新”的方向发展。

② 管理组织结构的网络化、柔性化和扁平化。要着重减少管理层次，使管理重心下移；利用企业外部资源进行虚拟经营，与相关企业组成既有竞争又有联合的战略联盟等。

③ 生产业务组织的再造和结构的柔性化。特别是生产组织结构要适应消费者的时尚化、个性化的要求，做到小批量、多品种、多样化生产。有的企业还要实行大规模定制生产，既满足消费者的需求又使成本降到最低。

5. 完善企业治理结构，提高科学决策水平

建立现代企业制度，企业治理结构是核心。只有健全完善企业治理结构并规范运作，才能真正形成企业决策机构、执行机构和监督机构相互协调、相互制约的机制，提高企业决策的科学化水平。在这方面，即使是上市公司也仍存在一定的差距。

完善上市公司治理结构，需要从逐步改变大股东性质入手，鼓励发展战略投资者，积极推进控制权在公司内部的市场化，包括公司高层经理人员的选拔要通过内部竞争或通过外部经理市场来选择，推行经理人股票期权制度和员工持股制度，完善监管规则和法律环境，加快市场化监管体系的建立等。

6. 加强风险管理，防范和化解经营风险

风险管理是对潜在意外损失进行识别、衡量和处理。具体地说，风险管理是有目的、有意识地通过计划组织和控制等管理活动来阻止风险损失的发生，削弱损失发生的影响程度，以获取最大利益的过程。

对我国企业而言，要防范和化解企业经营管理风险，一定要高度重视企业的战略管理，增强企业对环境的长期适应性；一定要把效益目标置于增长目标之上，培育企业的核心竞争能力，从企业内部经营和外部交易两个方面，培育企业持续的竞争优势，推动企业健康发展。对入世后面临的困难和国际形势的变化，我国企业不能盲目乐观，而要抓住时机，提高

自己的适应和竞争能力。

7. 大力开发人力资源

中国入世后，国际跨国公司的大举进入，首先使企业感受到的压力和争夺就是人才。当代企业之间的竞争，说到底就是人才的竞争。人力不再仅仅表现为生产成本，而成为一切资源中一种重要的资源，是企业经营发展的宝贵资本。人本管理已成为企业管理的核心内容。

实施人本管理，大力开发人力资源，企业主要应从战略的高度，通过求才、用才、育才、留才，为自己获得高技术的智能工人、精通技术的科学研究开发人才、善于经营管理的高级管理人才和专家型、复合型的知识人才；通过企业的发展、收入报酬、感情纽带等，吸引人才和留住人才，使企业拥有丰富的人才资源。求才、育才、留才的目的是用才，要建立充分调动人才积极性、智慧与创造力的用人机制，发挥人才的作用，切实提高企业的竞争能力。当前，要重点探索管理人员、科技人员、一般员工按生产要素贡献进行量化分配的激励措施和在企业产权制度安排中如何突出人力资本价值等问题。通过建立学习型组织，强化职工终生的持续教育和培训。

8. 加速企业管理信息化建设

企业管理信息化的核心是运用现代信息技术，把先进的管理理念和方法引入到管理流程中。企业管理现代化是动态的，不同时期、不同发展水平会有不同的内涵、不同的体系、不同的模式，出现不同的典型，但是要特别强调管理的针对性、实用性、有效性，有实际经济效益，切莫搞形式主义，走过场。面对日新月异的信息技术所引起的经营管理思想与方式的变革，企业必须善于利用各种信息技术来实现和落实管理思想与管理方式的创新，不断提升企业的竞争力。尽管目前我国已经涌现出了一批信息化建设方面的先行企业，但总体上说，我国企业管理信息化建设仍处于起步阶段，因此，广大企业尤其是大中型企业应充分认识管理信息化的重要性，大力推进管理信息化建设。

9. 树立诚信经营理念，重视企业道德建设

诚信是企业经营的根本。在我国，迫切需要建立和完善包括个人诚信、企业诚信与政府诚信在内的诚信体系，以维护市场经济的健康运行。

为了推动我国企业加强诚信建设，中国企业联合会在向社会发布的《企业诚信经营自律守则》中，强调企业要强化诚信经营意识，依法经营。陈锦华会长在多种场合大声呼吁和倡导，希望全社会关注企业的诚信建设，企业要以诚信为本，端正经营理念。

企业诚信建设在社会诚信体系建设中处于极为重要的地位。实现企业的诚信经营，从宏观上讲，需要全社会的努力，形成诚信经营的环境氛围。政府需要制定各种有关诚信经营的法律、法规和相关政策，使企业诚信经营有章可循；同时，政府职能部门、社会中介组织和舆论媒体要加大对企业诚信经营的监管与指导，认真维护国家、企业、消费者和投资者的合法权益。政府应采取更严厉的措施，制止欺诈经营和假冒伪劣的行为、经济中的浪费和形式主义行为，以避免其对我国社会经济持续发展造成危害。从微观层面看，企业要有久盛不衰的理念、长期经营的战略思想。企业经营者必须树立信用是一种社会资源的观念，企业要端

正经营理念，强化诚信经营的自律意识，建立诚信经营的自律机制。要从企业文化、治理结构、奖惩机制、舆论监督、管理制度等多方面入手，防范不正当、不道德的经营行为。

10. 重视企业文化建设，塑造良好企业形象

企业文化是植根于企业本身土壤的独特文化和制度，只能内部培养逐步积累。优良的企业文化一旦形成，就能将企业的追求和社会公德、是非标准等融化在全体职工的思想和行动之中，使企业目标与个人目标达到高度契合，人人都自觉地把追求企业目标当成追求个人目标，从而职工产生极强的向心力，企业形成极强的凝聚力。它是企业在竞争中长治久安，立于不败之地的根本保证。

企业应特别注意塑造以企业价值观为核心的个性化文化，以适应社会经济和企业可持续发展的绿色文化，坚持诚信经营的商誉文化，以及加强跨部门、跨地区、跨国界的跨文化管理。应避免贴标签、喊口号、走过场的形式主义，力求通过有效的文化传播和强有力的思想政治工作相结合，使广大职工对优良的企业文化从认知、服从到转化为自己的自觉意识与行动，并与企业形象建设相互促进，从而使企业的物质文化、精神文化和制度文化迈上一个新的台阶，充分发挥文化力对技术力、经济力的促进效应。

12.2　国际企业管理新趋势

近年来，国际上不断出现新的管理经验和管理理论。从大的趋势来看，大致可归结为以下几个主要方面。

12.2.1　创新型管理

现在世界进入了一个“无边界的竞争时代”。急剧变化的年代，“变”是唯一不变的真理。那种固定不变的常规型管理已经不能适应，必将为创新型管理所取代。所谓创新型管理，一是指能快速适应科学技术、经营环境的急剧变化，不断进行观念创新、战略创新、制度创新、组织创新和市场创新，把创新渗透于管理过程之中，作为经常性的主要管理职责。二是指每个管理者，都应成为创新者。每个企业都要为全体员工充分发挥创造才能建立新的机制。三是企业个性化。在激烈的竞争中，一味模仿别人的企业是难以生存的；成功的企业，必须是具有个性化特征的创新型企业，是能够创造出与众不同的产品和独具特色的经营方式的企业。

12.2.2　企业重建是一场管理革命

20 世纪 90 年代以来，在美国和其他工业发达国家兴起了一场轰轰烈烈的企业重建运动。在西方，企业重建运动被认为是继全面质量管理运动之后的第二次工商管理革命。1994 年年底的一项调查显示，在 600 多家欧美的大型企业中，有七成正在推行企业重建计划；其余未进行的，也有半数正在积极考虑。亚洲国家的一些公司也开始重新审视企业的业务流

程、组织体制、效率和竞争力等问题。这场运动引起了各国理论界和实业界的密切关注和极大兴趣。不少人认为，这场管理革命对当今企业的影响可与两个世纪前亚当·斯密提出的分工理论对当时企业界的影响相提并论。

根据美国管理专家哈默的定义，重建企业是从根本上对原有的基本信念和业务流程进行重新考虑和重新设计，以期在衡量绩效的重要指标上，如成本、质量、服务和效率等方面，获得大跃进式的改善。这次管理革命的技术基础则是信息网络对企业内部各个部门、各个岗位的普遍覆盖。这就使职工通过网络可以得到企业内与自己业务有关的任何信息，大大节省了报表、数据在不同职能部门之间流转与延误，缩短了整个生产周期，大大精简了管理人员，提高了工作效率。同时还有助于形成每一职工在自己岗位上了解全局、关心全局的新局面。

12.2.3 注重全球战略

第一，面向全球开发与配置资源。跨国公司在资本、劳动力、技术等经营资源的开发与配置上，开始从国内为主逐步转向在全球范围内统筹考虑和合理配置。即依据不同地区的不同利税和不同金融风险配置资本；依据不同地区技术发展水平和优势，设立相应的技术开发中心，组织技术开发，增强其技术竞争力；依据经营需要，利用和开发人力资源。

第二，跨国公司开始积极开展国际协调型研究开发。一方面，更加重视国内企业的研究开发，不断提高其技术水平；另一方面，积极建立国际协调型研究开发机构，提高综合技术竞争力。

第三，建立基于国际分工协作的高效生产体制。跨国公司正在改变以国内生产为主、海外生产为辅的传统经营方式，力求建立基于合理国际分工协作的、全球范围的高效生产体制。

第四，加强和完善国际营销网络。跨国公司通过启用当地营销人才或加强培训等方式，大力培养不仅懂营销、懂外语，而且熟悉当地文化特点和消费习惯的营销人才；完善国际网络，建立信息交流机制，提高信息共享程度，迅速准确地把握市场营销；加强市场营销与研究开发的联系，依据市场需求信息，研制出适销对路的产品。

12.2.4 跨国多元文化管理

管理活动与不同的文化相结合，形成了不同的管理哲学和管理风格。有的人分析：美国是以“法”为中心的管理，日本是以“理”为中心的管理，中国是以“情”为特质的管理。以“法”为中心的管理，强调的是尊重规则和秩序，追求卓越的特征，因而使它一直处于创新管理的领先地位。以“理”为中心的管理注重后来居上，善于对人家成功的管理模式进行改进；追求功利而牺牲道义，追求群体利益而牺牲个人。以“情”为特质的管理，则注重发掘人的内在潜力和积极性，强调管理的“人和”效应；侧重于人的作用和价值实现，对制度管理和条例管理比较松懈；在强调人事关系方面，理性精神表现得不充分。

值得注意的是，美国通过对日本管理模式的研究和反思，企业经营理念正在不断变化，开始重视人力资源开发和员工队伍的稳定等。日本也在检讨原有管理模式的不足，进而强化人事竞争机制，摒弃论资排辈。随着经济全球化的迅速发展，在管理文化上取长补短，相互融合，是必然的趋势。

12.2.5　对企业经营者的素质要求更高

企业的兴衰成败与企业经营者本身素质的紧密关系越来越受到各国与广大企业的确认。

今天的经营者至少需要具备以下四种基本素质，才能使企业经营成功。

第一，经营者要能接受新的挑战。企业要有活力就必须对变化的环境做出迅速有效的反应。由于信息技术的发展，现在一个决策不能像以前一样花很长时间，而是必须十分快捷甚至要当场拍板。要做到这一点就要求企业领导人对其经营环境非常熟悉。

第二，企业经营者要有一定的技术功底。对技术不懂行就会有害于在关键时刻做出正确决策而丧失市场时机。现在需要的是技术型的工商管理人才，即既懂工商管理，又懂工程技术。

第三，企业要取得成功在很大程度上取决于其领导人运作资金的能力。企业经营者对金融市场要有充足的知识。领导班子中要有专人对企业最重要的资产——现金、股票和债券的经营专门负责。

第四，企业能否成功还取决于他们对人力资源的管理和培养。驱动企业发展的是人而不是机器设备。不论是开发一个新的产品，或是开辟一个新的市场，都需要职工的创造性。而创造性是需要有激励机制才能产生的。

12.2.6　建立跨职能的机动组织

适应经营环境的快速变化，要求组织具有更大的弹性，并大大提高组织整体的综合效能。过去以专业分工为基础的职能部门制，提高了管理工作的专业水平，但也带来部门间互相割裂、难以协调的弊端。由于各项管理活动相互交织及经营环境日益复杂化，任何重要环节的活动，都需要各类专业人员的配合与协作。例如技术开发或产品设计，需要了解市场，了解生产状况，需要综合汇集市场调研、生产、营销、财务等多方面人才的智慧。为此，必须突破部门分工的严格界限，为实现某一特定目标和任务，实现职能的重新组合，建立跨职能的机动团队，增强企业的活力、效能与系统整体合力。

12.2.7　企业管理从产品驱动到顾客驱动

使消费者满意将是未来企业成功的关键。企业不能仅从表面接受这个理念，而要将之作为经营决策的主要驱动力；不是简单地将顾客要求结合到企业新产品或服务开发过程中，而要将满足顾客的需求作为企业所有活动的基本原则，愿意并有能力将顾客置于组织的中心。越来越多的企业已开始将激励和奖励制度建立在顾客满意程度的基础上。顾客驱动型公司要摈弃只关心价格和产品质量的传统做法，而将注意力集中到顾客价值和全面质量管理方面。为此，企业将越来越多地采用顾客信息管理系统，对顾客的需求变化和对企业的反应进行及时监测。

12.2.8 环保日益为人们所重视

随着生态环境的恶化和环保呼声的高涨，人们的价值观念、行为方式及消费心理都发生了重大变化，出现了重视环保、崇尚自然、追求健康的新时尚。

环保产业将成为国际贸易竞争的新势点。绿色营销将是国际市场营销的重点。各发达国家非常重视环保产业，将其视为“朝阳工业”和最有希望的“输出产业”。早在 1994 年 3 月，美国商务部门就把环保产业列为重点出口企业之一，并规定环保产业享受出口免税；日本政府提出了以“21 世纪新地球”为主题的绿色管理计划。进入 20 世纪 90 年代以后，西方各大公司已在纷纷实践“绿色管理”的思想。

我国企业，特别是大型企业应当更多地了解世界经济和企业管理的发展趋势，要了解发展中不断出现的新事物和各种矛盾，抓住机遇，顺应国际发展潮流，努力提高企业管理水平，使我国经济得到长足发展，使中华民族处于兴旺发达较高水平而自立于世界民族之林。

12.3 对 21 世纪企业管理的展望

人类社会进入 21 世纪，工业社会正向知识社会转型，经济全球化与区域经济一体化结合，企业管理创新出现了十大趋势：经营战略全球化、竞争理念双赢化、企业组织学习化、管理行为人性化、经营决策知识化、管理手段信息化、风险管理超常化、顾客服务个性化、生产模式柔性化、管理文化兼容化。

12.3.1 经营战略全球化

进入 21 世纪，企业经济活动的国与国之间的界限已变得更加模糊，知识、信息、资本、人才等在全球流动，企业竞争更加激烈。因此，企业必须强化全球意识，按照以下程序实施全球化经营战略。

第一，企业应面向全球开发与配置各种资源。在资本、技术、劳动力等各种生产要素的开发与配置上，要从以国内为主逐步转向全球统筹考虑。即：根据不同地区的利税不同、金融风险不同而配置资本；依据不同地区的各自技术发展水平和优势不同，设立相应的各地区的技术开发中心，加大技术开发力度，增强其技术的竞争实力；根据生产经营活动的实际需要，充分利用和有效开发各地区的人力资源。

第二，将企业的国内研究与国际合作研究并重。即不仅要重视企业的国内研究开发活动，不断提高企业自身的技术水平，而且要积极建立国际合作研究机构，充分利用国际的研发力量，多途径提高企业的技术竞争力。

第三，建立基于国际分工协作的高效生产体制。目前，许多跨国公司正在转变以国内生产为主、海外生产为辅的传统生产经营方式，力求通过产业结构调整、生产基地海外化等途径，建立全球范围内基于国际分工的生产体制。

第四，不断完善和加强国际销售网络。首先，通过国际培训方式，大力培养既懂营销又懂外语，而且熟悉当地文化传统和消费习惯的高素质营销人才；其次，不断完善国际营销网络，提高信息共享程度，并准确把握市场营销的动态；最后，要能够依据国际市场的需求状况，研制出适销对路的顾客满意的产品。

12.3.2 竞争理念双赢化

21世纪企业的竞争环境发生了根本性变化。网络革命为经济全球化提供了技术条件；科学技术的飞速发展，促使产品生命周期大大缩短；世界经济自由化和区域经济一体化为企业的发展提供了广阔的空间，企业的竞争已由有界向无界。所以，当今的企业应该树立全新的竞争理念，即不要把击败竞争对手作为企业最终目标，而要树立共存共荣的合作理念，把企业看成是商业生态系统中的一个参与者。无论是提高市场占有率，还是开辟新市场，都必须与其他企业联手合作，整合优化资源，共同创造让顾客满意的新价值。

自20世纪90年代以来，西方发达国家的跨国公司就纷纷从击败竞争对手转向建立战略联盟，互将对方看成是商业生态系统中的一员，实行大企业之间的联合、渗透，共同开发市场，从而有效地避免恶性竞争，化解经营风险，为企业的进一步发展赢得了更多更好的商机。因为，不论企业大小，各有其优势与劣势。只要进行合作，就能取长补短、优势互补，就能有效地整合各方优势资源，就能实现协同制胜、联盟双赢的目标。

12.3.3 企业组织学习化

在21世纪，究竟是什么样的企业组织才是最终的赢家？美国麻省理工学院的彼得·圣吉教授推崇了一种最为成功的企业组织——“学习型企业”。所谓“学习型企业”，是指以共同愿望为基础、以团队学习为特征的学习化的企业组织。它把团队学习、个体学习与各种激励有机地结合起来，不但使人能够勤奋地工作，而且能够让人“更聪明地工作”。它通过营造整个组织的学习氛围，增强企业的学习能力，提高群体智商，使企业的员工活出生命的意义，实现自我超越，不断创造新的辉煌。

学习型企业的领导者应该扮演好三种角色。第一是优良系统的设计师。作为企业的领导者不仅要设计组织的共同愿望，而且要设计组织发展的基本理念。第二是共同愿望的仆人。作为仆人应该对实现组织愿望具有强烈的责任感和合作感，并自觉地服从组织愿望的召唤。第三是促进组织成员努力学习的教师。作为教师应该协助组织成员正确把握真实情况，提高他们对组织的了解能力，促使每个组织成员树立终生学习的观念，使整个组织成为充满创造力和学习力的系统。企业领导者通过三种角色的扮演，必将促进整个企业学习，及时克服发展道路上的学习障碍，使得整个企业成为名副其实的工作学习化和学习工作化的组织，不断向组织成长极限挑战，不断开发企业创造未来的潜能，最终达到提升企业核心竞争力的目的。

12.3.4 管理行为人性化

21世纪的企业管理，更加重视知识和知识的载体——拥有科学知识和学习能力的高素质人才。他们是企业生产力中的最具活力、富有创造性和增值潜力的要素，是新世纪企业最重要的资源。因此，企业不仅需要他们贡献双手，而且更需要他们贡献蕴藏在大脑中的智慧，这就要求企业管理者在工作中主动关心员工的个体利益，全面实施人性化管理。在实际工作中，企业员工在许多情况下都是以个体的形式出现的。他们往往更多地优先考虑个人在企业中的地位、利益、价值和尊严，最为关心的是自己的才能有没有施展的机会，人生的价值能不能得到充分实现。所以，企业的领导者务必把人作为管理的起点和终点，不仅要满足个人的物质要求，而且要满足个人的精神需求；实现人的全面发展，让企业每位员工都能真正感受到浓郁的人性味。

企业实现人性化管理，并不排斥集体主义、团体合作和共同创新的精神。团体是由个体所组成，只要个体的智慧得到充分发挥，就一定能促进团体“智商”的提高，就能使企业更具有创造力和竞争力。

总之，新世纪企业只有不断地加强人性化管理，才能创造和保持一种宽松的环境，才能让每位员工都有施展才华的机会，才能使员工树立与企业同命运、共呼吸、共存共荣的坚强信念。也只有具备这样环境的企业，才能在21世纪的市场竞争中立于不败之地。

12.3.5 经营决策知识化

21世纪，人类将完成由工业社会向知识社会的转变，知识的生产、学习、创新，将成为人类最重要的活动。知识将替代权力和资本。企业的发展壮大，不再仅仅依靠投入生产过程中的各种有形生产要素，而取决于企业将知识融入产品、服务和经营决策的能力。因此，企业要从注重资本扩张的粗放型决策转向体现知识化要求的集约型决策。知识社会客观上要求经营决策知识化。其决策的过程就是知识资源的收集、处理和利用的过程，企业经营活动的成败，关键取决于科学、准确、快速的知识化决策。西方发达国家许多先进的企业已设立知识主管（CKO），其主要任务是：

① 负责企业信息和知识的收集、处理、存储和利用，并向企业最高决策层提供咨询；

② 负责对企业员工的培训，不断扩大知识面和增加知识量，提高企业员工的科技文化素质。

知识化决策还表现在：

① 基于网络技术的知识资源的快捷传递和最新知识有效地运用于经营决策之中；

② 知识化经营决策，迫使企业的隐性知识转化为显性知识，个人的知识转化为组织知识，从而极大地提高了企业积累和运用知识的能力；

③ 企业的领导层不仅把知识共享和创新视为赢得竞争优势的根本，而且把知识积累列入企业的长远发展规则，以追求“知识资本”给企业带来的巨大效益；

④ 各企业充分利用决策支持系统、信息库、专家和知识的“生产与创新”的无限性，获取新的竞争优势。

所以，21 世纪的知识化经营决策，必将显示出强大的生命力和美好的前景。

12.3.6　风险管理超常化

在新世纪里，高新技术产业将飞速发展，网络世界空前膨胀，这既给企业带来了商机，也给企业增强了风险。风险经营并不可怕，可怕的是企业不能超前化解风险。因此，企业经营者必须居安思危，高度重视“风险管理”，充分利用企业的智力资源，超前分析研究企业的潜在风险，则企业经营者就能够有所为而有所不为，就能及时控制风险、转移风险、分散风险，最终战胜风险。

企业要实现“风险管理”超常化，必须做到以下几个方面。

首先，经营者要有超常的意识，随时准备化解风险。特别是在企业一帆风顺时，要能够意识到潜在的风险，超前决策，采取措施，做到未雨绸缪，这样才能提高企业抗风险的能力。

其次，企业必须建立各级风险责任制，要求员工在各项工作中能够超前考虑到生产风险的可能性，及时采取对策。特别是要建立风险预警预报制度，制定化解风险的战略与策略。同时，企业还要设立抗风险基金，主要用于新产品开发和科技创新的投资。

再次，企业必须将激励机制与风险责任制有机地结合起来，重奖超前化解风险的有功之臣，并严惩因玩忽职守直接导致企业危机爆发的失职人员。

这样才能确保企业彻底摆脱潜在风险的威胁，使企业不断创造奇迹。

12.3.7　管理手段信息化

计算机技术的发展和互联网络的兴起，突破了传统的时空限制，促进企业拥有了可靠、快捷的全球信息传递系统，同时也带来了一套全新的经营思路和管理手段，即营销模式电子化、管理手段信息化。它的产生是信息技术和网络应用的直接结果，信息不对称和信息滞后状况将得到彻底改善，信息的有效传递、处理和反馈使得在线决策成为可能，从而极大地降低了管理成本，提高了管理效率。随着信息技术的飞速发展，电子商务、虚拟经营、敏捷供应链管理等全新的管理模式不断涌现，导致新世纪的企业管理，几乎一刻也离不开计算机和互联网络。尤其是电子商务的迅猛发展，必然掀起网上购物的热潮。因此，企业要想在这样的经营环境中取胜，必须充分利用信息技术，实现管理手段信息化，不断优化配置企业资源，快速适应顾客需求。可以预见，未来企业竞争优势的形成，在很大程度上取决于企业管理信息化的水平。

12.3.8 顾客服务个性化

21 世纪是人类生活日益富裕的时代，文化生活多姿多彩，顾客对商品的要求越来越高，不同的顾客具有各不相同的个性化要求。因此，企业是否能够为顾客提供个性化服务，将关系到企业能否获得成功。针对这一新的变化，企业必须树立全新的经营理念。第一，顾客是真正的“上帝”。应充分认识到顾客是企业的基础和利润的来源。第二，顾客是企业的重要资源。只有不断地开发顾客资源，才能持久地推动企业向前发展。

为了满足新世纪顾客的个性化要求，更有效地开拓市场和引导市场，企业应该尽快地与顾客建立卓有成效的“一对一关系”，从而使企业能够为顾客提供更便捷和周到的优质服务，提高顾客的满意度和忠诚度，吸引并拥有更多的忠诚顾客。

总之，21 世纪的企业要将顾客置于服务的中心，把满足顾客个性化需求作为经营的基本原则。这主要是由于企业创造的价值必须得到顾客的认可才有实际意义；企业竞争力的强弱，最终表现为顾客满意度的大小。由此可知，顾客直接影响着企业的发展，只有加强顾客关系管理，不断满足顾客个性化要求，才能在复杂多变的市场环境中赢得竞争优势，才能使企业不断发展壮大，永葆青春活力。

12.3.9 生产模式柔性化

在 20 世纪，企业的生产模式经历了两次重大革新。第一次，是在 20 世纪 20 年代初开始的以分工和交换为基础的大批量集中生产模式，给企业带来了规模经济效益。第二次，是在 20 世纪 60 年代初开始的适应多品种、多层次消费需求，旨在突破大批量生产局限性的精益生产模式，尽可能地使不同消费者的个性化需求得到最大程度的满足。例如，准时生产(JIT)、柔性制造系统（FMS)、并行工程（CE)、灵捷制造（AM)、供应链管理（SCM)、企业资源计划（ERP）等。分析其革新的根据动因，主要有两个方面：一方面，计算机通信、数据管理技术、传感技术、仿真技术等的发展，为企业实现多品种、个性化、柔性化生产提供了技术条件；另一方面，顾客追求个性化需要的欲望越来越强烈，同时以顾客为中心的市场竞争愈演愈烈。所以，传统的大批量生产方式必须向柔性化生产方式转变。

21 世纪最具代表性的柔性生产模式是定制生产。它是以提高劳动生产率为前提，以最大程度地满足顾客需求为目标的全新生产模式。这种生产模式充分发挥了大规模生产和定制生产的优势。即以大规模生产的成本和速度，为小批量多品种市场定制任意数量的产品。例如，GM 公司提供一种计算机终端汽车服务系统，根据顾客要求所定制的汽车，其价格并不高于批量生产的汽车。海尔集团提出“顾客设计，海尔制造”的柔性生产模式，并在其网络上提供个性化定制、用户设计、建议等服务，以追求企业的产品零缺陷、资金零占用、库存零余量和顾客零距离的理想目标。在新的世纪里，只有对顾客的需求能够作出快速反应的企业，才能在竞争中求得生存。大规模定制的柔性生产模式一定是各国企业生产方式的发展方向。

12.3.10　管理文化兼容化

在新世纪里，各国企业面临的是一个瞬息万变、群雄逐鹿的世界。随着经济全球化的发展，必然形成知识化、信息化和一体化的趋势。很显然，单纯依靠本土文化管理模式和管理技巧，很难使企业获得成功。由于地理区域的差异，必然造成文化的巨大差异，当管理活动与不同文化相互融合的时候，就能够形成不同的管理哲学和管理风格，最终创造出一种崭新的文化——“第三管理文化”。

参考文献

[1] 陈天祥，王国颖. 人力资源管理. 广州：中山大学出版社，2004.
[2] 伍双双. 人力资源开发与管理. 北京：北京大学出版社，2004.
[3] 于桂兰，魏海燕. 人力资源管理. 北京：北京大学出版社，2004.
[4] 王化成，刘俊彦. 财务管理学. 北京：中国人民大学出版社，2001.
[5] 陈建萍. 企业管理学. 北京：中国人民大学出版社，2004.
[6] 谢明荣. 现代工业企业管理. 南京：东南大学出版社，2000.
[7] 孔茨. 管理学. 张尹晓，译. 北京：经济科学出版社，1998.
[8] 刘冀生. 企业经营战略. 北京：清华大学出版社，1995.
[9] 单凤儒. 管理学基础. 北京：高等教育出版社，2000.
[10] 张亚，郑予捷. 现代企业管理. 北京：科学出版社，2004.
[11] 施礼明. 生产与作业管理. 北京：中国财政经济出版社，2000.
[12] 严学丰. 生产管理学. 上海：上海财经大学出版社，1996.
[13] 陈富生，黄顺春. 现代企业管理教程. 上海：上海财经大学出版社，2004.
[14] 德鲁克. 卓有成效的管理者. 北京：机械工业出版社，2005.
[15] 白玉，熊银解，陈德恭. 现代企业管理. 修订版. 武汉：武汉理工大学出版社，2001.
[16] 徐盛华，陈予慧. 现代企业管理学. 北京：清华大学出版社，2005.
[17] 张东生. 企业战略管理. 北京：机械工业出版社，2005.
[18] 王基建，白玉. 现代企业管理. 武汉：武汉理工大学出版社，2005.
[19] 麦克劳德，谢尔. 管理信息系统：管理导向的理论与实践. 8版. 北京：电子工业出版社，2002.
[20] 司有和. 科技编辑学通论. 合肥：中国科学技术大学出版社，2004.
[21] 于清文. 信息经济时代，北京：京华出版社，2003.
[22] 杨文士. 管理学原理. 北京：中国人民大学出版社，2006.